汽车检修技能提高教程丛书

汽车碰撞钣金修复
技巧与实例

第4版

顾平林　冯小青　主编

机械工业出版社

本书系统地讲述了汽车碰撞钣金修复的理论知识、维修步骤、实用技巧等,并通过典型的车身修复实例提高图书的实用性。这些实例涉及了车身修复累积误差的处理,如二次碰撞、二次修复、二次更换、过度拉伸、跑偏、共振、啃胎、漏水、漏尘等,在每个实例后都有修复心得,能够帮助读者更好地领会汽车碰撞修复的思路。

　　本书图文并茂,从汽车碰撞钣金修复工作与时俱进的理念出发,使理论与实例相结合,让读者更快、更好地掌握汽车碰撞钣金修复技术。在内容编排上,体现了理论联系实际、深入浅出的特点。本书是广大一线碰撞钣金维修技工的重要参考资料,也可供相关汽车院校师生使用。

图书在版编目(CIP)数据

汽车碰撞钣金修复技巧与实例/顾平林,冯小青主编. — 4 版. —北京:机械工业出版社,2015.7(2023.7重印)

(汽车检修技能提高教程丛书)

ISBN 978-7-111-50770-3

Ⅰ.①汽… Ⅱ.①顾… ②冯… Ⅲ.①汽车 – 钣金工 – 维修

Ⅳ.①U472.4

中国版本图书馆 CIP 数据核字(2015)第 150037 号

机械工业出版社(北京市百万庄大街22号　邮政编码100037)
策划编辑:连景岩　杜凡如　责任编辑:连景岩　杜凡如
责任校对:纪　敬　　　　封面设计:张　静
责任印制:单爱军
北京虎彩文化传播有限公司印刷
2023 年 7 月第 4 版第 8 次印刷
184mm × 260mm · 19.75 印张 · 490 千字
标准书号:ISBN 978-7-111-50770-3
定价:49.90 元

前　言

汽车是人们平时出行的重要代步工具。随着汽车保有量的增加，汽车碰撞事故也越来越多。而不论事故大小，汽车的碰撞损伤都需要进行修复。这使得汽车碰撞钣金修复行业具有很好的发展前景。

汽车钣金修理设备及工艺随着汽车制造材料、制造工艺的变革而改变，这就对汽车碰撞钣金修复人员的理论知识、技能水平和操作方法提出了更高的要求。因此，提高相关人员的技术水平成了当务之急。

本书从汽车碰撞钣金修复的一线操作需要出发，提出了自己的维修观点、理念与实际修复技巧，适应当代国际品牌汽车入驻国内市场后的生产服务需要，符合汽车碰撞钣金修复的要求。本书系统地讲述了汽车碰撞钣金修复的理论知识、维修步骤、实用技巧等，并通过典型的车身修复实例讲解来提高图书的实用性。这些实例涉及车身修复累积误差的处理，如二次碰撞、二次修复、二次更换、过度拉伸、跑偏、共振、啃胎、漏水、漏尘等，在每个实例后都有修复心得，能够帮助读者更好地领会汽车碰撞钣金修复的思路。

本书图文并茂，从汽车碰撞钣金修复工作与时俱进的理念出发，使理论与实例相结合，让读者更快、更好地掌握汽车碰撞钣金修复技术。在内容编排上，体现了理论联系实际、深入浅出的特点。本书是广大一线碰撞钣金维修技工的重要参考资料，也可供相关汽车院校师生使用。

在编写本书过程中，得到了不少同行专家的帮助和支持，并参阅了大量文献资料，借此出版之际，特向他们表示诚挚的谢意。本书由南通理工学院的顾平林老师、汽修专家冯小青主编，参与本书编写的还有汤锦如、聂繁、管梓萌、陈龙、何海涛、张美娟、迟虎、盛春朋、南海、卢震寰、柴小杰、关正斌、吕一清等。

由于水平有限，书中难免存在差错，请广大读者批评指正。

编　者

目 录

前言

第一章 汽车碰撞和钣金修复知识 ……………………………………… 1

　第一节　汽车碰撞知识 ………………………………………… 1

　　一、汽车碰撞信息 ……………………………………… 1

　　二、汽车碰撞情况分析 …………………………………… 2

　　三、汽车碰撞对车身结构的影响 ………………………… 4

　　四、车身损坏原因分析 …………………………………… 14

　第二节　汽车车身材料 ………………………………………… 14

　　一、车身用材料的分类 …………………………………… 14

　　二、车身用金属材料 ……………………………………… 15

　　三、车身用非金属材料 …………………………………… 20

　　四、复合材料研发和未来汽车车身材料的应用趋势 …… 23

　第三节　钣金修复常用工具 …………………………………… 24

　　一、车身整形通用工具 …………………………………… 24

　　二、车身外形修复机 ……………………………………… 27

　　三、等离子切割机 ………………………………………… 27

　　四、二氧化碳气体保护焊机 ……………………………… 28

　　五、铝焊机 ………………………………………………… 28

　　六、点焊机 ………………………………………………… 29

　　七、气动锯 ………………………………………………… 30

　　八、气动铣孔枪 …………………………………………… 30

　　九、角磨机 ………………………………………………… 30

　　十、电子车身底盘测量系统 ……………………………… 31

　　十一、车身大梁校正设备 ………………………………… 31

　　十二、凹陷拉拔工具 ……………………………………… 33

　　十三、其他设备 …………………………………………… 34

　第四节　车身维修师眼中的四轮定位 ………………………… 36

　　一、四轮定位参数 ………………………………………… 36

　　二、四轮定位不良造成的故障 …………………………… 38

　　三、四轮定位参数的检测与路试 ………………………… 38

　　四、四轮定位调整的预检 ………………………………… 38

　　五、四轮定位仪简介与四轮定位的调整过程 …………… 38

　　六、运用四轮定位仪的其他注意事项 …………………… 44

第二章　钣金展开放样 ·· 47

第一节　放样的基本知识 ··· 47
　一、基本几何图形画法 ··· 48
　二、放样与样图 ··· 49
　三、线段实长的求法 ··· 53

第二节　可展表面与不可展表面 ·· 55
　一、几何形状分析 ··· 55
　二、可展表面与不可展表面总结 ·· 56

第三节　平行线展开法 ··· 57
　一、平行线展开原理 ··· 57
　二、平行线展开法应用 ·· 57
　三、平行线展开法特征 ·· 59

第四节　放射线展开法 ··· 60
　一、放射线展开法原理 ·· 60
　二、应用举例 ·· 60
　三、放射线展开法小结 ·· 63

第五节　三角形展开法 ··· 63
　一、三角形展开法原理 ·· 64
　二、应用举例 ·· 64
　三、三角形展开法小结 ·· 67

第六节　相贯体的展开 ··· 68
　一、直线型相贯线的展开 ·· 68
　二、用素线法求形体相贯线及其形体展开 ·· 68
　三、用纬线法（纬圆法）求取形体相贯线及其展开图 ·································· 70
　四、用辅助平面法求形体相贯线及其展开图 ·· 72
　五、求相贯线方法的选择及使用条件 ·· 73

第七节　不可展表面的近似展开 ·· 73
　一、纬线法展开球面 ··· 74
　二、经线法展开球面 ··· 75
　三、三角形法展开正圆柱螺旋面 ·· 76

第八节　各种展开方法的比较 ··· 76
　一、3种展开方法展开各种可展表面的比较 ·· 76
　二、相贯体展开的各种方法比较 ·· 77

第九节　样板的特点和作用 ·· 77
　一、样板的种类 ·· 78
　二、样板的特点 ·· 78
　三、样板的用途 ·· 79
　四、样板的使用方法 ··· 79
　五、样板的制作方法 ··· 79

第十节　板厚处理 ··· 80

一、根据构件的断面形状进行板厚处理 ……………………………… 80

二、根据构件咬接形式进行板厚处理 ………………………………… 83

三、板厚处理小结 ……………………………………………………… 85

第三章 汽车钣金修复工艺和零部件修复方法 ……………………… 87

第一节 汽车钣金修复工艺 …………………………………………… 87

一、传统车身修复工艺 ………………………………………………… 87

二、现代车身修复工艺 ………………………………………………… 88

三、车身钣金件修复工艺 ……………………………………………… 89

四、车身严重损坏的修复技术 ………………………………………… 93

五、汽车车身钢板修复方法 …………………………………………… 96

六、车身结构件的修复方法 …………………………………………… 101

七、汽车车身修复测量工艺 …………………………………………… 102

第二节 汽车碰撞修复步骤 …………………………………………… 103

一、损伤诊断 …………………………………………………………… 103

二、确定维修方案 ……………………………………………………… 109

三、拉伸校正 …………………………………………………………… 112

四、焊接修整 …………………………………………………………… 118

五、装复调试 …………………………………………………………… 120

第三节 铝质车身修复技术 …………………………………………… 120

一、使用铝材的意义及铝材特性 ……………………………………… 121

二、铝质车身修复应具备的条件 ……………………………………… 122

三、如何正确修复铝质车身 …………………………………………… 122

第四节 汽车后端碰撞的修复 ………………………………………… 125

一、查找损伤部位 ……………………………………………………… 125

二、进行修复校正工作 ………………………………………………… 125

三、装配 ………………………………………………………………… 126

四、密封和防锈处理 …………………………………………………… 126

五、车身后端修复注意事项 …………………………………………… 127

第五节 汽车前端和侧面碰撞的修复 ………………………………… 127

一、车身前端损坏的修复 ……………………………………………… 127

二、车身侧面损坏的修复 ……………………………………………… 129

三、车门的修复 ………………………………………………………… 130

四、应力消除工艺 ……………………………………………………… 135

五、车身校正过程中的注意事项 ……………………………………… 135

第六节 钣金修复的新方法和新工艺 ………………………………… 136

一、钣金胶与可透焊底剂的应用 ……………………………………… 136

二、挖补技术在碰撞修复中的应用 …………………………………… 138

三、新材料车身构件的修理焊接要求 ………………………………… 140

四、无尘无水干磨工艺 ………………………………………………… 143

第四章 钣金修复质量和安全生产要求 ……………………………… 144

第一节　汽车钣金维修在维修技术中的地位 …………………………………… 144
　　一、汽车钣金给人的印象 …………………………………………………… 144
　　二、汽车钣金维修的重要性 ………………………………………………… 144
　　三、正视汽车钣金维修与汽车维修技术的关系 …………………………… 145
第二节　汽车钣金修复事故的预防 ……………………………………………… 147
　　一、事故预防方法 …………………………………………………………… 147
　　二、工作守则 ………………………………………………………………… 147
第三节　汽车钣金修复安全知识 ………………………………………………… 148
　　一、车身修复车间的布置 …………………………………………………… 148
　　二、维修人员的安全与防护 ………………………………………………… 150
　　三、工具设备的安全操作 …………………………………………………… 152
第四节　车身修复的质量要求 …………………………………………………… 153
　　一、车身修复质量要求 ……………………………………………………… 153
　　二、车身修复质量的检验 …………………………………………………… 154
　　三、汽车喷涂的要求 ………………………………………………………… 155
第五节　汽车保险理赔与配件品质 ……………………………………………… 156

第五章　钣金件修复技巧与自制小工具 ………………………………………… 158
第一节　汽车车身修复技巧和方法 ……………………………………………… 158
　　一、车身擦伤的修复技巧 …………………………………………………… 158
　　二、车身凹坑的修补技巧 …………………………………………………… 159
　　三、锈孔或裂口的修理技巧 ………………………………………………… 159
　　四、填充填料和重新喷漆 …………………………………………………… 160
　　五、汽车小划伤的处理技巧 ………………………………………………… 161
第二节　车身结构件的二次更换技巧 …………………………………………… 161
第三节　乘员室地板的更换技巧 ………………………………………………… 163
　　一、待修车辆地板的切割 …………………………………………………… 164
　　二、切割工具、工艺的选择与要求 ………………………………………… 164
　　三、新地板的选择 …………………………………………………………… 164
　　四、新旧板件搭接处的处理 ………………………………………………… 164
　　五、焊接的手段及技巧 ……………………………………………………… 165
　　六、隔声减振防腐胶的作用 ………………………………………………… 165
第四节　车身外皮的修复技巧 …………………………………………………… 165
第五节　自制拉拔钉修复铝质车身表面 ………………………………………… 166
　　一、自制拉拔钉修复铝质车身 ……………………………………………… 166
　　二、为什么不用电钻打孔 …………………………………………………… 167
第六节　发动机罩开关和前后风窗玻璃防水措施 ……………………………… 167
　　一、发动机罩开关过程中的几点建议 ……………………………………… 167
　　二、预防前后风窗玻璃漏水的措施 ………………………………………… 168
第七节　累积误差的处理技巧 …………………………………………………… 168
第八节　拉伸过度的处理技巧 …………………………………………………… 170

一、成型构件碰撞损伤修复与拉伸过度 ……………………………………………… 170

二、车身大梁及立柱的拉伸校正 ……………………………………………………… 172

第九节 车身表面凹坑的检查与修复 …………………………………………………… 174

一、车身凹坑的检查 …………………………………………………………………… 174

二、车身表面小坑的修复 ……………………………………………………………… 175

三、车身表面漫坑的修复 ……………………………………………………………… 177

四、车身表面死点坑的修复 …………………………………………………………… 178

第十节 汽车装饰对车身结构的影响 …………………………………………………… 179

一、铺地胶对车身结构的影响 ………………………………………………………… 179

二、玻璃贴膜对车身结构的影响 ……………………………………………………… 179

三、增设防盗遥控装置对车身结构的影响 …………………………………………… 181

四、改造音响系统对车身结构的影响 ………………………………………………… 181

五、个性化的外形改变对车身结构的影响 …………………………………………… 181

六、加装发动机下护板对车身结构的影响 …………………………………………… 181

第十一节 汽车车身钣金件损伤修复实例 ……………………………………………… 181

一、车身门槛损伤的修复 ……………………………………………………………… 181

二、车身后侧围板损伤的修复 ………………………………………………………… 183

三、车身侧板棱线损伤的修复 ………………………………………………………… 184

四、车顶板损伤的修复 ………………………………………………………………… 185

第十二节 科学进行拆装底盘装甲的技巧 ……………………………………………… 186

第六章 车身构件的拆卸、更换与调整 ……………………………………………… 188

第一节 汽车车身构件更换步骤与分解图 ……………………………………………… 188

一、汽车车身构件更换步骤 …………………………………………………………… 188

二、轿车车身构件分解图 ……………………………………………………………… 189

第二节 车身构件拆解、分割的原则和方法 …………………………………………… 192

一、选择进行拆解的部位 ……………………………………………………………… 192

二、车身构件的拆解与安装作业 ……………………………………………………… 193

三、车身非结构性或装饰性钣金件的更换 …………………………………………… 203

第三节 发动机罩的拆卸、更换和调整 ………………………………………………… 205

第四节 车门槛板、立柱、梁的拆卸和更换 …………………………………………… 209

一、车门槛板的拆卸和更换 …………………………………………………………… 209

二、立柱、梁的更换方法 ……………………………………………………………… 210

第五节 保险杠、翼子板、格栅和天窗的拆卸、更换和调整 ………………………… 215

一、保险杠的拆卸、更换和调整 ……………………………………………………… 215

二、翼子板的拆卸、更换和调整 ……………………………………………………… 216

三、格栅的拆卸与更换 ………………………………………………………………… 217

四、天窗的拆卸、更换和调整 ………………………………………………………… 217

第六节 汽车车门、玻璃与行李箱盖的拆装和调整 …………………………………… 220

一、车门的拆装 ………………………………………………………………………… 220

二、玻璃的拆装 ………………………………………………………………………… 226

三、行李箱盖的调整 …………………………………………………… 230
第七节　车身钢板的更换 ……………………………………………… 231
一、正确选择钢板的更换和连接方式 ………………………………… 231
二、确定分割位置及板件的分离 ……………………………………… 232
三、板件的安装与定位 ………………………………………………… 232
第八节　承载式车身结构件与非结构件修与换的掌握 ……………… 233
一、承载式车身结构件修与换的掌握 ………………………………… 233
二、非结构件修与换的掌握 …………………………………………… 234
第七章　塑料件的修复 ………………………………………………… 236
第一节　汽车用塑料概述 ……………………………………………… 236
一、塑料的特点 ………………………………………………………… 236
二、塑料的种类 ………………………………………………………… 238
三、塑料的识别 ………………………………………………………… 240
第二节　汽车塑料件维修程序 ………………………………………… 240
一、热固性塑料维修程序 ……………………………………………… 240
二、热固性塑料维修注意事项 ………………………………………… 241
第三节　汽车车身塑料零部件的修补 ………………………………… 242
一、汽车塑料件的损伤修理 …………………………………………… 242
二、塑料件的焊接 ……………………………………………………… 244
三、修理聚乙烯材料 …………………………………………………… 245
四、超声波栓焊 ………………………………………………………… 246
五、汽车塑料件喷涂前的表面处理 …………………………………… 246
六、塑料孔洞、穿孔的修复 …………………………………………… 246
七、汽车塑料件喷涂面漆工艺操作 …………………………………… 248
第四节　塑料保险杠、灯具的破损修复 ……………………………… 250
第五节　用玻璃钢材料修复汽车塑料 ………………………………… 252
一、材料及工具准备 …………………………………………………… 253
二、零部件修复前的准备工作 ………………………………………… 253
三、破损处的修复 ……………………………………………………… 253
第六节　塑料件面漆涂装 ……………………………………………… 255
一、汽车塑料件常用的油漆 …………………………………………… 255
二、硬塑料件的喷漆 …………………………………………………… 256
三、汽车软顶的喷涂 …………………………………………………… 256
四、塑料件喷漆实例 …………………………………………………… 257
第八章　汽车碰撞修复实例 …………………………………………… 259
第一节　桑塔纳汽车修复实例 ………………………………………… 259
一、桑塔纳轿车锈蚀车门的修复 ……………………………………… 259
二、桑塔纳2000碰撞修复后有共振现象 ……………………………… 261
三、桑塔纳底部受伤故障排除 ………………………………………… 263
第二节　与汽车异响有关的车身修复实例 …………………………… 265

一、马自达6车门窗玻璃升降过程中的"咔嗒"声的排除 …………………… 265

二、本田车事故修复后异响排除 …………………………………………… 266

三、捷达轿车更换前纵梁后异响排除 ……………………………………… 266

第三节　漏水、漏尘的车身修复实例 ……………………………………… 267

一、红旗轿车乘员室后排脚下雨后大量积水 ……………………………… 267

二、红旗轿车行李箱尘土多 ………………………………………………… 268

三、红旗轿车前乘客位滴水 ………………………………………………… 269

四、马自达6 2.0轿车门槛内积水 ………………………………………… 269

五、福特福克斯地毯下有水 ………………………………………………… 271

第四节　帕萨特汽车车身修复实例 ………………………………………… 272

一、帕萨特B5碰撞修复实例 ……………………………………………… 272

二、帕萨特领驭碰撞损伤修复实例 ………………………………………… 273

三、帕萨特领驭轿车碰撞修复实例 ………………………………………… 276

四、帕萨特B5轿车更换空调风扇后出现共振 …………………………… 282

第五节　其他车身修复实例 ………………………………………………… 285

一、奇瑞A5散热器框架的组焊过程 ……………………………………… 285

二、奥迪A6事故修复后跑偏现象的排除 ………………………………… 287

三、广州本田轿车铝合金缸体螺纹修复 …………………………………… 288

四、北京现代索纳塔电动后视镜故障 ……………………………………… 289

五、捷达轿车左前门玻璃升降失灵 ………………………………………… 289

六、别克君威车门锁芯易撬故障 …………………………………………… 290

七、福克斯行李箱打不开故障 ……………………………………………… 290

八、轿车后翼子板的局部更换 ……………………………………………… 292

九、承载式轿车前纵梁的更换 ……………………………………………… 294

十、使用拔坑器修复奥迪右侧围凹坑 ……………………………………… 297

第九章　汽车涂装技术 …………………………………………………………… 299

一、漆面修复材料的准备 …………………………………………………… 299

二、面漆涂装工艺 …………………………………………………………… 300

三、面漆喷涂的方法和技巧 ………………………………………………… 304

四、面漆层的干燥 …………………………………………………………… 305

五、塑料件的漆面修复 ……………………………………………………… 305

参考文献 ………………………………………………………………………… 306

第一章

汽车碰撞和钣金修复知识

第一节　汽车碰撞知识

汽车碰撞是造成汽车损伤和人员伤亡的重要形式，会给国民经济带来巨大的损失。作为汽车钣金工，只有掌握汽车碰撞的基本知识，才能对汽车碰撞损伤部位进行有针对性的修复。

一、汽车碰撞信息

在汽车发生碰撞时，汽车车身的前部和后部都要在某种程度上损坏，这样才能吸收碰撞能量，并保证汽车有足够的安全空间避免驾乘人员受伤。图1-1所示为汽车车身变形区域和安全区域，从图中可以看出，汽车的发动机室和行李箱处于变形区域，而乘员室处于安全区域。当汽车以48km/h的速度撞上障碍物时，**发动机室的长度会被压缩30%~40%，但乘员室的长度仅被压缩1%~2%**。

图1-1　汽车车身变形区域和安全区域

为了能够保质保量地修复好汽车车身，在进行修复工作之前，必须先对汽车车身的碰撞损坏进行精确的诊断，确定导致变形的主要原因、损坏的类型、严重程度并分析损坏的范围，找到受损部件。之后，再根据检测结论制订修复步骤。如果没有对受损车辆进行精确的诊断，那么修复工作就很难进行，甚至会造成返工。

汽车车身钣金修复人员要了解的汽车碰撞的相关信息主要有如下几个方面：

1）了解汽车车身的构造。

2）目测确定碰撞的位置。

3）目测确定碰撞力的方向及大小，然后检查可能存在的损坏。

4）确定车身的损坏范围，以及其他零部件（车轮、悬架、发动机等）是否也有损坏。

5）沿着碰撞路线系统地检查部件的损坏，直到找不到任何损坏的痕迹。

6）测量主要构件定位参数，将实测的定位参数与标准值进行比较。

7）检查悬架和整车的其他系统的情况。

二、汽车碰撞情况分析

弄清汽车碰撞实际发生的过程，对查找汽车损坏位置及确定修复方案是非常有帮助的。应尽可能多地了解事实真相，并结合实际的测量数据正确制订出修复的具体步骤。这样虽然花费一点额外的时间，但却减少了盲目性，达到事半功倍的效果。

汽车被撞时，撞击力的大小、方向、位置及受损程度取决于事故发生时的实际状况。问询驾驶人及目击者事故发生的具体情况，对分析查找损伤件的范围非常有帮助，其中要重点确定以下几项：**被撞击汽车的尺寸、构造、车速、行驶方向，撞击车的车速、质量、行进意图（行驶方向），被撞击的方向及位置，碰撞时汽车上乘客人数及他们分布的位置。**

由于碰撞发生前，驾驶人都会有条件反射，故撞伤大都有规律可循。如果驾驶人的第一反应是要绕离危险区，汽车的边缘会被蹭伤，如图1-2所示；如果驾驶人的反应是猛踩制动踏板，损坏的范围就会是汽车的前部，如图1-3所示。若碰撞点在汽车前端较高部位，就会引起车壳和车顶后移及后部下沉；若碰撞点在汽车前端下方，车身惯性就会引起汽车后部向上变形，使车顶被迫上移，在车门的前上方与车顶篷之间形成一个极大的裂口，如图1-4所示。

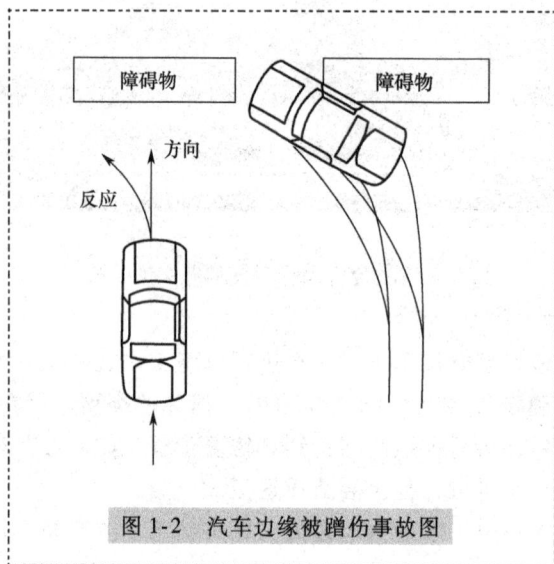

图1-2　汽车边缘被蹭伤事故图

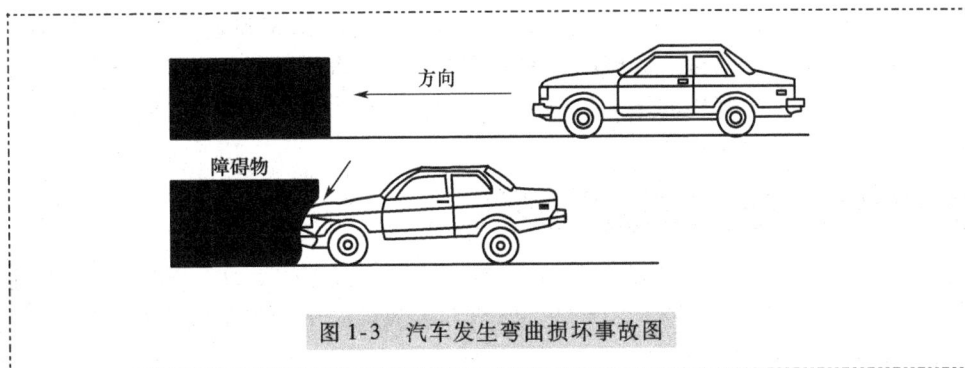

图 1-3　汽车发生弯曲损坏事故图

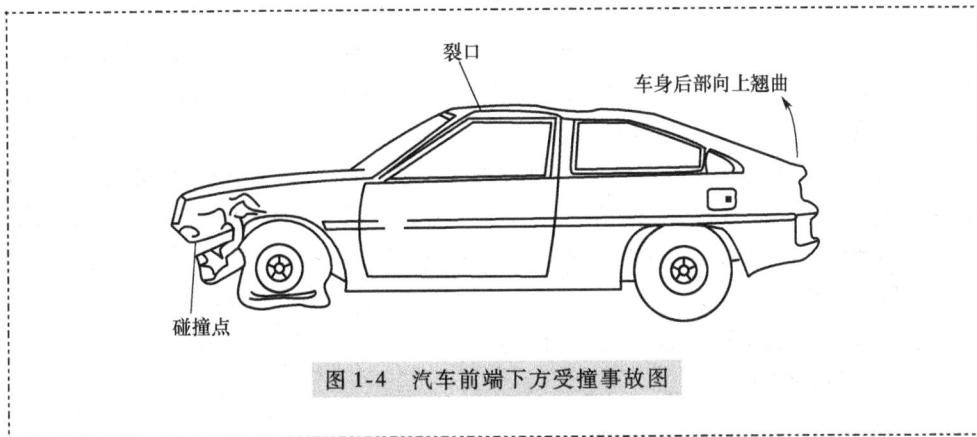

图 1-4　汽车前端下方受撞事故图

　　质量相近、车速相同的汽车发生碰撞，也会因撞击对象不同而有较大的差异。汽车撞上电线杆和墙壁的结果就完全不同。撞上墙壁，碰撞面积大，损伤轻，如图 1-5a 所示；撞上电线杆，碰撞面积较小，创伤较严重，甚至会使保险杠、发动机罩、散热器等部件都产生严重变形，发动机也会因碰撞而移位，甚至还会影响到后部的悬架，如图 1-5b 所示。

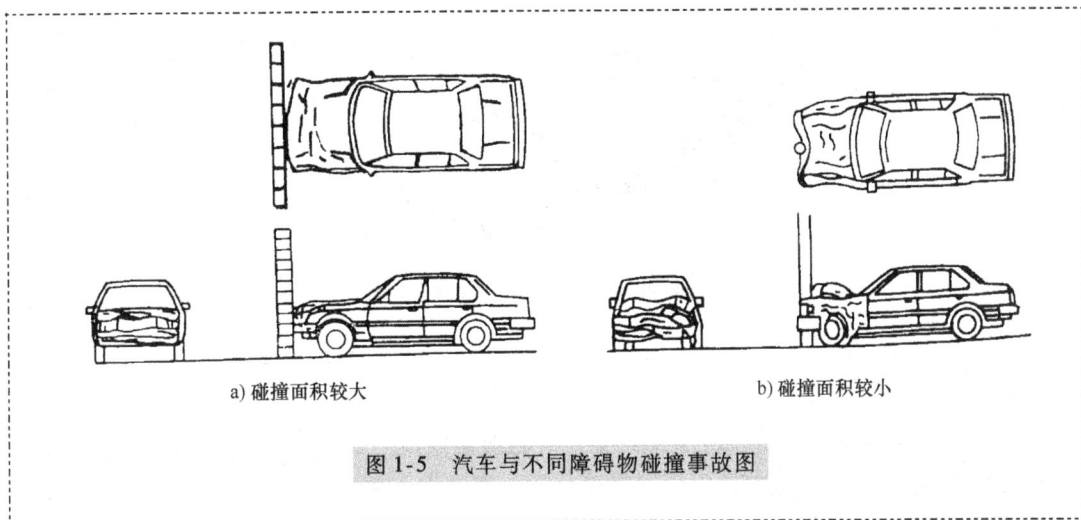

a) 碰撞面积较大　　　　　　　　　b) 碰撞面积较小

图 1-5　汽车与不同障碍物碰撞事故图

　　如果甲乙两车相撞，碰撞部位不同，那么损伤结果也会不同。当汽车乙撞向行驶中的汽车甲的侧边时，汽车乙的运动会使其前端后移，而汽车甲的运动则会"牵引"汽车乙的前端使其向一侧偏斜，虽然只有一次碰撞，但损坏却发生在两个方向上；同向快速行驶的两辆汽车碰撞发生损坏时，位移可能发生在一个方向上，但若某车又冲向路边护栏，则会发生二次碰撞，从而引起两处完全不同的损坏。

三、汽车碰撞对车身结构的影响

碰撞后的车身会因为车身结构、碰撞时的受力方向、碰撞时受力大小的不同而产生不同的变形。下面分别分析汽车碰撞对非承载式车身和承载式车身的影响。

1. 对非承载式车身的影响

（1）非承载式车身的特点 图1-6所示为非承载式车身。采用承载式车身的汽车，其发动机、传动系统、车身的总成部分是固定在一个刚性车架上，车架通过前后悬架与车轮相连，如图1-7所示。非承载式车身与车架通过弹簧或橡胶垫柔性连接在一起。在这种情况下，安装在车架上的车身对车架的紧固作用不大。而车架则承受发动机及底盘各部件的重力、这些部件工作时通过其支架传递的力以及汽车行驶时由路面通过车轮和悬架传来的力，其中悬架传来的力对车架或车身影响最大。图1-8中车架上圈出的部位为**车架刚度较小的部位，主要用来缓冲和吸收来自汽车前端或后端的碰撞能量**。车身通过橡胶件固定在车架上，橡胶件同样能减缓从车架传至车身上的振动效应。遇强烈振动时，橡胶垫上的螺栓可能会损坏，并导致车架与车身间出现间隙。由于振动的大小和方向不同，可能会出现车架受到损伤而车身却没有损伤的情况。

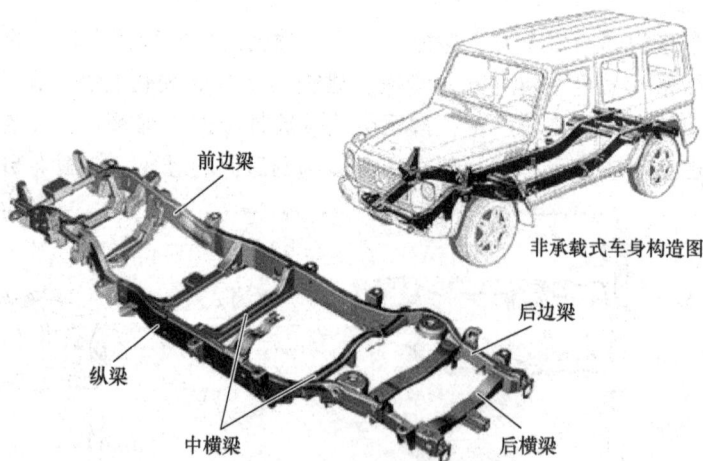

前边梁

非承载式车身构造图

后边梁

纵梁

中横梁

后横梁

图1-6 非承载式车身

（2）车架变形的种类

1）侧向损伤或摆动损伤。由车身的侧面引起的碰撞所造成的损伤称为侧向损伤或摆动损伤。侧向损伤可以从车身的异常情况来确认，一般受力一侧的车身局部会产生裂纹，而另一侧可能有折皱出现。另外车辆发生侧向损伤时还可能**导致行李箱盖和发动机罩在开启或关闭时配合不当等**。侧向损伤或摆动损伤如图1-9所示。

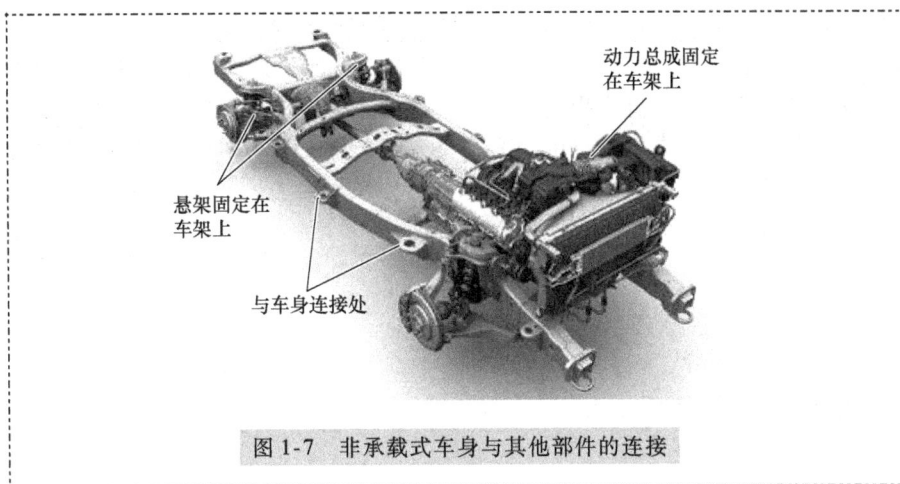

动力总成固定
在车架上

悬架固定在
车架上

与车身连接处

图 1-7　非承载式车身与其他部件的连接

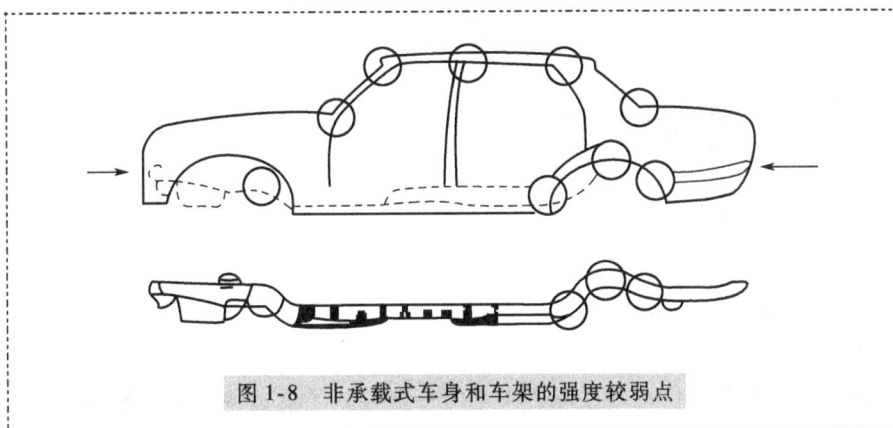

图 1-8　非承载式车身和车架的强度较弱点

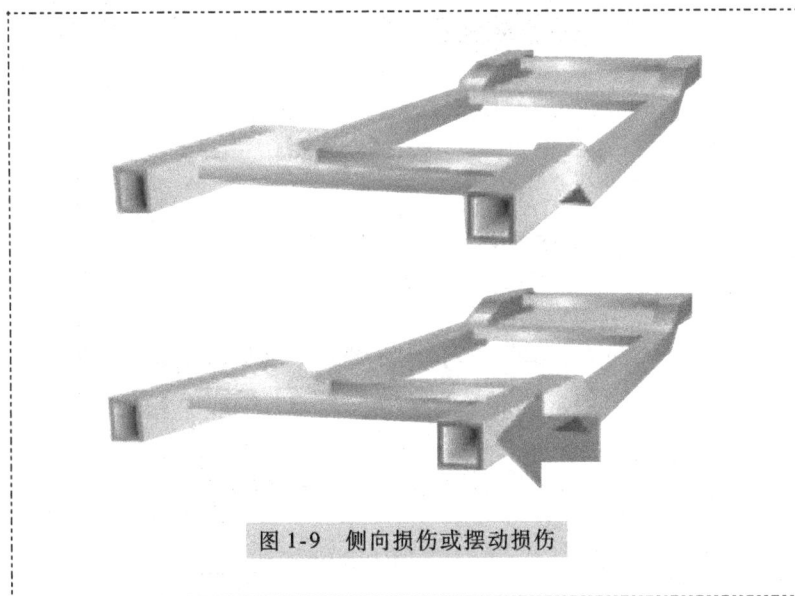

图 1-9　侧向损伤或摆动损伤

　2）下垂损伤。下垂损伤如图 1-10 所示，它是在车身出现部分降低的状态时，部分结构件呈现下凹变形的损伤。**下垂损伤通常由前方或后方的正向撞击引起。**

3）折叠损伤。当汽车车身部件(结构件、覆盖件)被撞击变形后的长度小于该件的原始长度时，就称其为折叠损伤。折叠损伤基本上都**发生在车辆的前部或后部，也就是车身的变形区域内**，折叠损伤的特征是车门有可能配合良好，但在翼子板、发动机罩、车架纵梁、行李箱盖等部位会出现折皱或严重的扭曲变形。折叠损伤如图1-11所示。

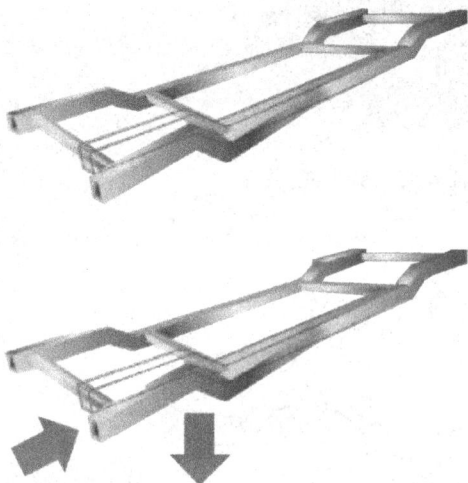

折皱区

图1-10 下垂损伤   图1-11 折叠损伤

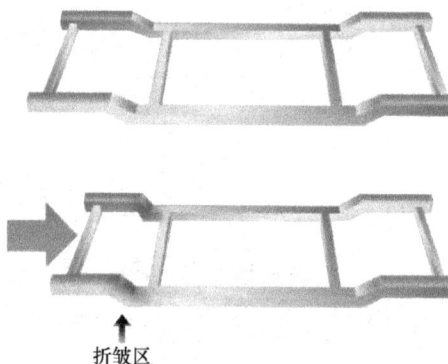

4）菱形损伤。菱形损伤是指碰撞后汽车的一侧移到了后边或前边的车身变形形式。菱形损伤会影响到整个车身的外形，通常表现出来的现象是**发动机罩、车门、行李箱盖等错位，后轮罩、后围板、车顶等部位可能出现折皱**。菱形损伤如图1-12所示。

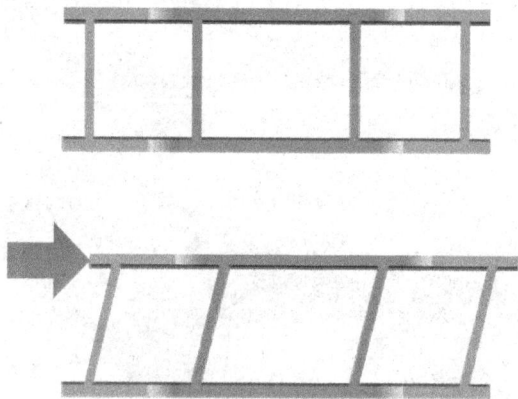

图1-12 菱形损伤

5）扭曲损伤。扭曲损伤是指碰撞后车身的一角高于正常状态，而相对的一角则低于正常状态的车身变形形式。扭曲损伤出现的可能原因是**汽车高速撞上路基、隔离墩等障碍物**。扭曲损伤如图 1-13 所示。

2. 对承载式车身的影响

（1）承载式车身的特点　承载式车身的汽车在平直路上行驶很平稳、固有频率低、噪声小、重量轻，广泛应用于轿车上。承载式车身（图 1-14）的汽车没有刚性车架，只是加强了车头、侧围、车尾和地板等部位，车身和底架共同组成了车身本体的刚性空间结构，其底盘强度较有大梁结构的非承载式车身低。这种承载式车身除了其固有的承载功能外，还要直接承受各种负荷。相比非承载式车身，这种形式的车身具有较大的抗弯和抗扭的刚度，质量小，高度低，汽车重心低，装配简单，高速行驶稳定性较好。但由于道路负载会通过悬架装置直接传给车身本体，因此汽车内的噪声和车身所受振动较大。

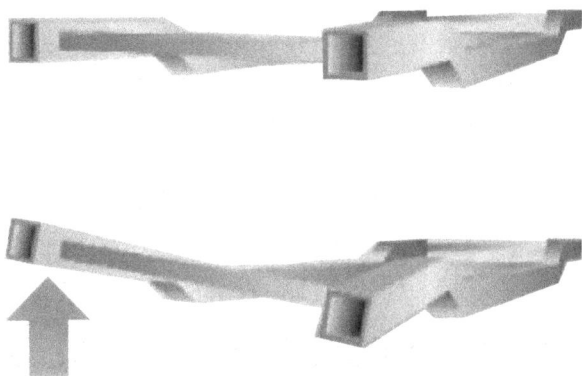

图 1-13　扭曲损伤

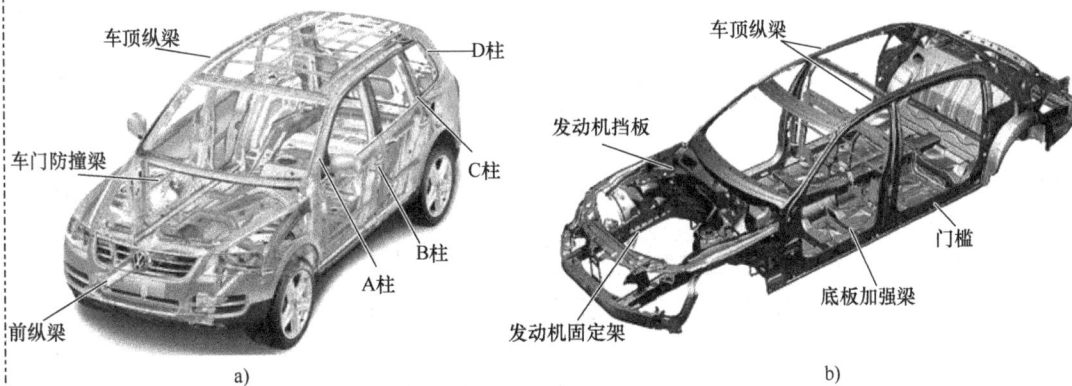

a)

b)

图 1-14　承载式车身结构

（2）承载式车身碰撞分析　碰撞对承载式车身的影响可以用图 1-15 所示的圆锥形法进行分析。承载式车身结构的汽车通常被设计成能够很好地吸收碰撞时产生的能量。这样受到撞击时，汽车车身由于吸收撞击能量而产生变形，撞击能量通过撞击点向车身扩散，车身结构从撞击点依次吸收撞击能量，使撞击能量主要被车身吸收。将目测撞击点作为圆锥体的顶点，**圆锥体的中心线表示碰撞力的方向，其高度和范围表示碰撞力穿过车身壳体扩散的区**

域。圆锥体顶点即撞击点附近，通常为主要的受损区域。

由于整个车身壳体由许多片薄钢板连接而成，碰撞引起的振动大部分被车身壳体吸收，如图1-16所示即为碰撞能量沿车身扩散的方向和传递路线。

振动波的影响被称为二次损伤，通常此损伤会影响整体式车身内部零部件的结构，并**造成相反一侧的车身产生变形损伤**，如图1-17所示。为了控制二次损伤变形，并为乘员提供一个更为安全的空间，承

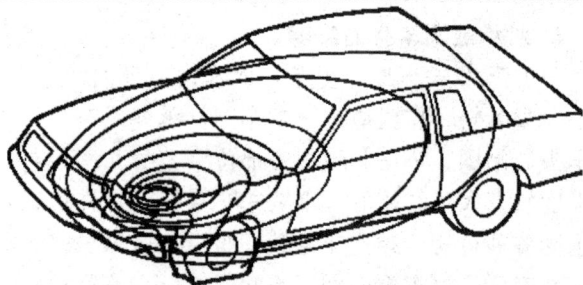

图1-15　运用圆锥形法确定碰撞对承载式车身的影响

载式车身结构汽车在前部和后部设计了如图1-18所示的碰撞应力吸收区域，这些区域也是承载式车身横向刚度较弱的部位。

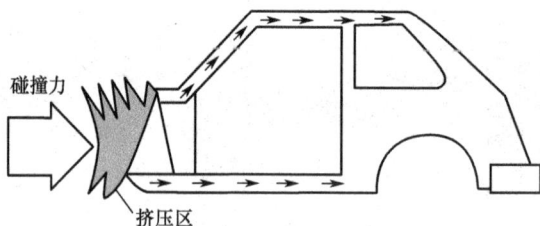

图1-16　碰撞能量沿着车身扩散

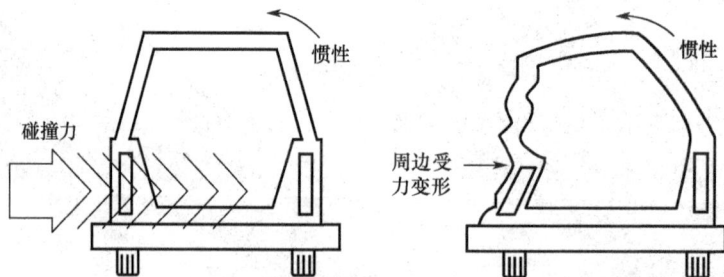

图1-17　因惯性作用汽车车顶向受撞击一侧移动

在受到碰撞时，它能按照设计要求形成折曲，这样传到车身结构的振动波在传送时就被大大减小。也就是说，来自前方的碰撞应力被前部车身吸收了，如图1-19所示。在受到碰撞时，它能按照设计使来自后方的碰撞应力被后部车身吸收，如图1-20所示。图1-19、图1-20所示分别为承载式车身前部、后部刚度较弱部位，即应力吸收区域。

（3）承载式车身碰撞分类　承载式车身的碰撞损伤一般是按照碰撞部位进行分类的，可分为前部碰撞、后部碰撞、侧面碰撞、底部碰撞和顶部碰撞。

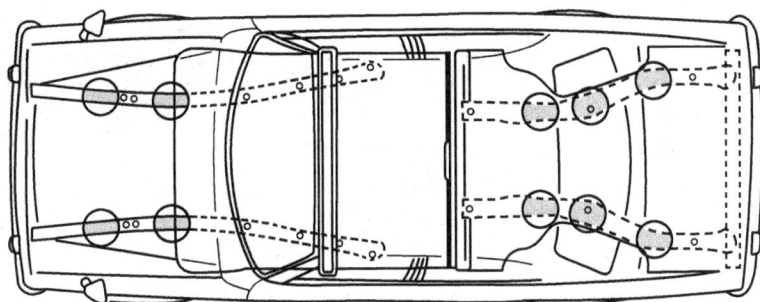

图1-18 承载式车身的横向刚度较弱部位(应力吸收区域)

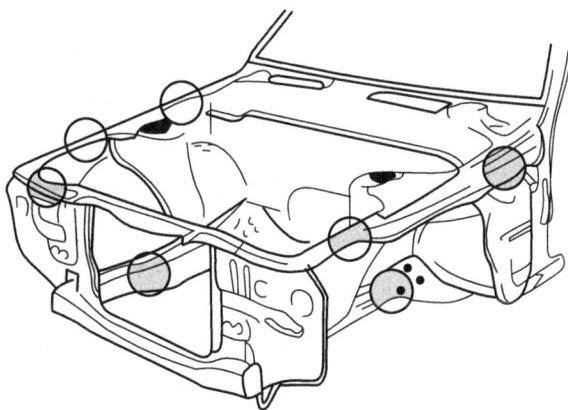

图1-19 承载式车身的前部刚度较弱部位(应力吸收区域)

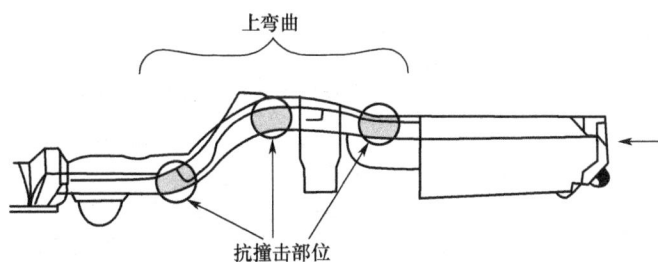

上弯曲

抗撞击部位

图1-20 承载式车身的后部刚度较弱部位(应力吸收区域)

1) 前部碰撞如图1-21所示。在汽车碰撞中,重要的是保护车内人员的安全,所以在碰撞中驾乘室的变形越小越好。汽车在设计时考虑到这一点,在汽车碰撞时,让一部分机构先溃缩,吸收一部分的撞击能量,从而减少传递到驾乘室的撞击力。若汽车前端正面发生碰撞损伤,说明汽车在碰撞事故中多为主动者。碰撞的冲击力主要取决于被评估汽车的重量、速度、碰撞范围及碰撞源。碰撞较轻时,保险杠会被损坏向后推,前纵梁、内轮壳、前翼子板、前横梁及散热器框架都会变形;如果碰撞较重,那么前翼子板就会弯曲变形,并移位碰触到车门，发动机罩铰链会向上弯曲变形并移位触到前围盖板，前纵梁变形加剧并造成副梁的变形；如果碰撞程度更加剧烈，那么前立柱会产生变形，车门开关困难，甚至造成车门变形；如果前面的碰撞从侧向而来，由于前横梁的作用，前纵梁就会产生如图1-22所示的变形。图1-23所示为前部碰撞吸能示意图，前端碰撞常伴随着前部灯具及护栅的破碎，冷凝器、散热器及发动机附件损伤，车轮移位等。图1-24所示为前部碰撞冲击力分散路线。

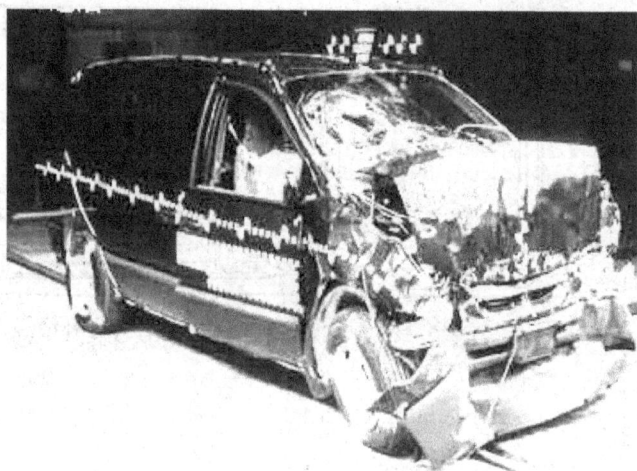

图1-21 前部碰撞图

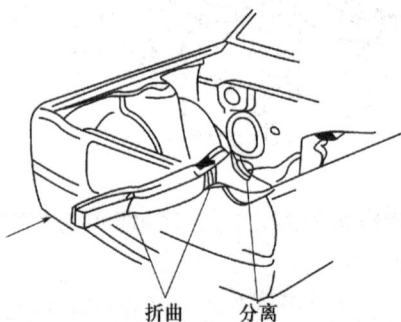

折曲　分离

图1-22 承载式车身的弯曲和断裂效应

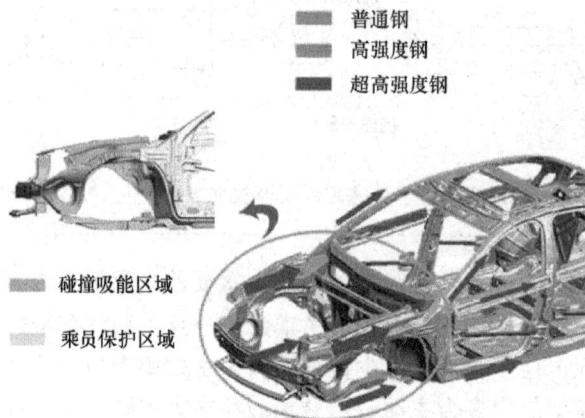

普通钢
高强度钢
超高强度钢

碰撞吸能区域
乘员保护区域

图1-23 前部碰撞吸能示意图

图 1-24　前部碰撞冲击力分散路线

2）后部碰撞如图 1-25 所示。汽车后端受到正面碰撞损伤时，若损伤较严重，说明汽车在碰撞事故中为被动者。汽车遭受后端碰撞损伤时，碰撞的冲击力主要取决于撞击物的重量、速度及被评估汽车的被碰撞部位、角度和范围。如果碰撞较轻，通常会使后保险杠、行李箱后围板、行李箱底板产生压缩弯曲变形；如果碰撞较重，则会使 C 柱下部前移，C 柱上端与车顶接合处会产生折曲，使后门开关困难，后风窗玻璃与 D 柱分离，甚至破碎；如果碰撞更严重，会造成 B 柱下端前移，在车顶 B 柱处产生凹陷变形。后端碰撞常伴随着后部灯具等零部件的损坏。

同样是为了保护驾乘室中的人员，在汽车后部受到撞击时，利用特殊设计的车身，将撞击力分散、转移，从而减少传递到驾乘室的撞击力，达到保护车内乘员的目的。图 1-26 所示为后部碰撞冲击力分散路线。

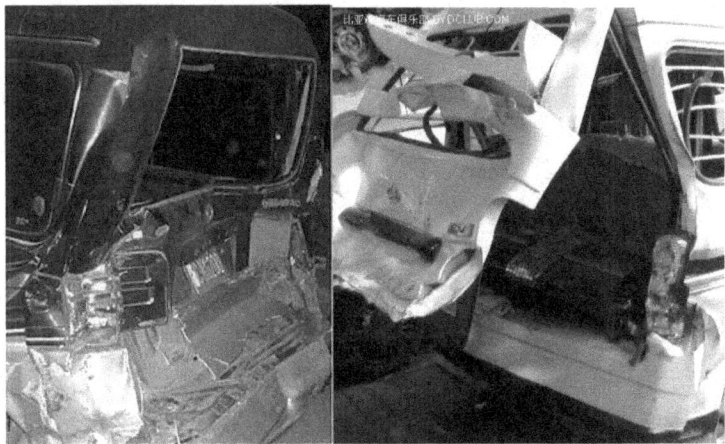

图 1-25　后部碰撞图

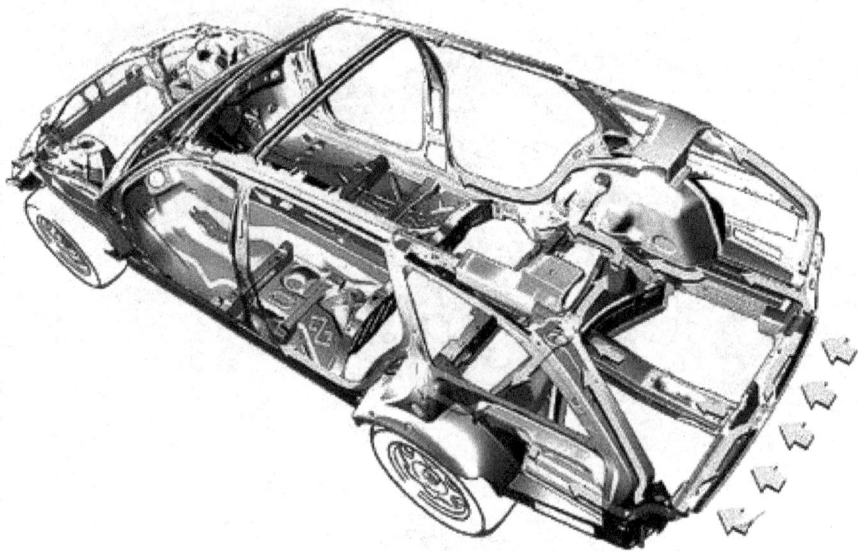

图 1-26　后部碰撞冲击力分散路线

3）侧面碰撞如图 1-27 所示。在确定汽车侧面碰撞时，分析汽车的结构尤为重要。一般来说，对于严重的碰撞，车门 A、B、C 柱以及车身、地板都会产生变形。当汽车遭受侧向较大的冲击力时，惯性会使另一侧的车身产生变形。若前后翼子板中部遭受严重碰撞，还会造成前后悬架零部件的损伤；前翼子板中后部遭受严重碰撞时，还会造成转向系统中的横拉杆、转向器齿轮齿条的损伤。为了避免驾乘人员受伤，很多承载式车身都设计了车门防撞梁。车门防撞梁如图 1-28 所示，它是减少驾乘人员受侧面撞击的最重要防线。因为在受到侧面撞击时，驾乘人员的身体与车门间没有过多的空间作为缓冲（不同于正面撞击，驾乘人员

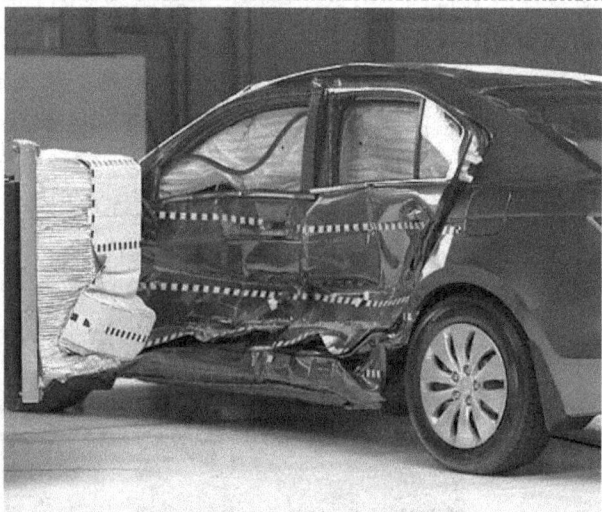

图 1-27　侧面碰撞图

前方还有一定的空间作为缓冲），直接会收到外力的侵害。防撞梁的强度越高，对驾乘人员的防护就越好。

4）底部碰撞如图 1-29 所示。底部碰撞多为行驶中路面凹凸不平、路面上有异物，如石块等，造成车身底部与路面或异物发生碰撞，致使汽车底部零部件与车身地板损伤。常见的易发生底部损伤的部件有前横梁、发动机下护板、发动机油底壳、变速器油底壳、悬架下托臂、副梁、后桥和车身地板等。

图 1-28 车门防撞梁

图 1-29 底部碰撞图

5）顶部碰撞如图 1-30 所示。单独的顶部碰撞损坏发生概率较小，且这种顶部受损多由空中坠落物所致，以顶部面板及骨架变形为主。汽车倾覆是造成顶部受损的常见形式，汽车倾覆造成顶部受损常伴随着车身立柱、翼子板和车门的变形以及车窗玻璃的破碎。

图 1-30 顶部碰撞图

四、车身损坏原因分析

轿车车身的损坏主要有两种形式：**车身疲劳自然损坏、人为及意外事故损坏**。

1. 车身疲劳自然损坏

随着汽车使用年限和运行里程的增加，即便是使用者十分爱护汽车，并定期进行维护，且车辆没有发生意外事故，一辆新车也会逐渐变成旧车。汽车的自然损坏主要是由道路不平引起的汽车颠簸振动、汽车发动机本身引起的自身振动等原因造成的。振动会使汽车车身地板或某些部位产生变形或裂纹，引起整个车身变形，车门下沉，门缝间隙变大，车门关闭不严。汽车行驶时，钣金件的振动、各部连接件脱焊和开裂，会形成振动噪声。汽车使用日久，其表面油漆受到日光和严寒天气的侵蚀，也会逐渐龟裂；车身薄钢板受到水汽的侵蚀，内外表面防护层遭到破坏，也会使车身逐渐锈蚀；表面油漆受到坚硬物体的刮蹭而划伤，也会留有痕迹，使油漆光亮度降低，甚至使表面油漆的某些部位脱落掉。达到一定程度后，在汽车大修的同时，需要进行汽车车身修理。

2. 人为及意外事故损坏

撞车和翻车是轿车车身损坏的重要原因。撞车表现为几种不同形式：**两车相撞、多车连环碰撞；撞击其他物体而损坏，如撞到树、电线杆、墙等障碍物上，或翻在沟里等**。损坏形式主要有以下5种：

（1）轻微损坏 汽车前照灯和前照灯周边撞坏，油漆表面刮伤、擦伤或油漆脱落，汽车在行驶过程中受飞来的石块砸伤或自身刮碰在坚硬物体上造成的损伤都是轻微损坏。

（2）轻度损伤 汽车散热器格栅损坏、车灯损坏、前翼子板损坏或汽车车身某个较小部位的损坏都属于轻度损伤。汽车运行中，发生了意外事故，无论碰撞程度或轻或重，一般汽车车身某些部位均有轻度损伤，如钣金件轻度变形和油漆损伤等，都是轻度损伤。

（3）中等损坏 汽车保险杠损坏、翼子板损坏、发动机罩损坏、前风窗玻璃损坏和前围立柱损坏、行李箱盖损坏、车门损坏和车门立柱损坏都属于中等损坏。

（4）严重损坏 汽车前保险杠、发动机罩、翼子板以及车门、行李箱盖等处均发生损坏，甚至汽车车顶盖和地板也发生损坏，汽车的发动机室、乘员室和行李箱均发生变形，这种损坏程度可以称为严重损坏。汽车发生较严重意外事故时，往往伴有汽车车身的严重损坏。

（5）翻车和严重撞车损坏 发生严重撞车事故或意外翻车事故时，不仅乘员人身安全受到损害，汽车车身也会发生严重损坏，甚至发生整车严重变形。翻车又分为90°翻倒、180°亮底盘，甚至360°翻车和720°翻车。对汽车不同形式的损伤，需要采取不同的修理方法进行修复。

第二节 汽车车身材料

一、车身用材料的分类

汽车钣金构件除有足够的强度和耐用性，还需要满足车型、外观、安全、经济性等生产技术和汽车销售方面的要求。为此，钣金构件需由钢铁、铝及铝合金等金属材料和塑料、橡胶、玻璃等非金属材料组成。

车身用材料大致可分为三大类：金属材料、非金属材料和复合材料。

1）金属材料包括钢板、铸铁等重金属材料，铝、镁、钛等轻金属及其合金材料、泡沫金属等材料。

2）非金属材料包括塑料、纤维、树脂、玻璃、橡胶、非金属泡沫材料等。

3）复合材料包括玻璃纤维增强塑料、纤维增强金属、纤维增强陶瓷等。

二、车身用金属材料

车身所有的材料并不是都强度越高越好，要看用在什么地方。如驾乘室的框架（如横梁、纵梁、ABC柱等），为了使驾车室的空间尽量不变形（保证驾乘人员安全），就必须采用高强度的材料。如车前和尾部的材料（如发动机盖板、翼子板等），为了能够吸收撞击力，可以使用强度相对较低的材料。

图1-31所示为车身金属材料。

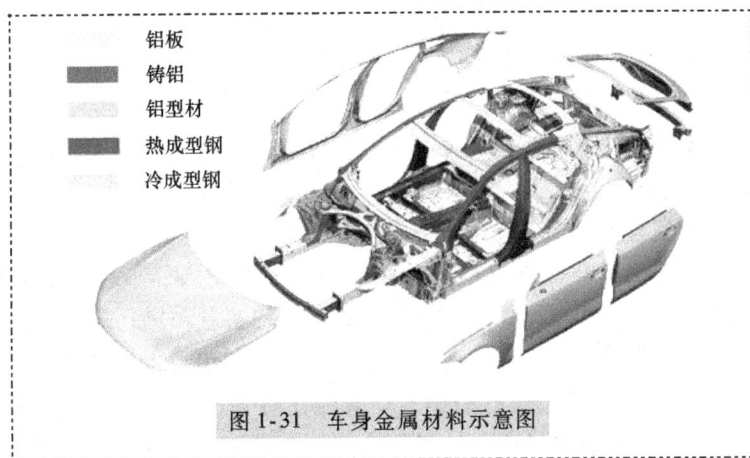

图1-31　车身金属材料示意图

1. 金属材料的主要力学性能

金属材料在使用过程中，会受到各种外力作用，工程上将这种外力称为载荷。载荷的具体形式有拉伸、压缩、弯曲等。金属材料在载荷作用下所表现出来的性能称为力学性能。评定金属材料力学性能的主要指标有强度、弹性、屈服强度、塑性和硬度等。

（1）强度　强度是指金属材料在外力作用下，抵抗变形和破坏的能力。金属材料在外力作用下，其内部都会产生大小与外力相等、方向相反的力，这种力称为内力。单位面积上产生的内力称为应力。强度的大小通常用应力来表示。根据外力作用形式的不同，强度可分为抗拉强度、抗压强度、抗弯强度、抗扭强度和抗剪强度等。一般材料常用抗拉强度作为基本评定指标。

金属的抗拉强度是通过拉伸试验测定的。方法如下：将一定横截面积的金属试样在规定条件下拉伸直至断裂。随着拉力的增加，试样横截面积将缩小，长度被拉长。试样在拉断前的最大拉力与原横截面积的比值，称为抗拉强度。比值越大，说明该金属抗拉强度越好。

当金属材料所受拉力超过抗拉强度时，材料就会被拉断。在钣金成形过程中，为了不使零件损坏，所加外力不得超过材料所能承受的最大拉力。

（2）弹性　金属材料在外力作用下会产生变形。当外力消除后又能完全恢复原状的性能，称为弹性。这种变形越大，表明该材料弹性越好。在弹性变形范围内，外力与变形成正

15

比。弹性越好的材料，钣金加工时越难成形。

（3）塑性 塑性是指金属材料在外力作用下，发生塑性形变而不被破坏的能力。材料一般受拉伸长，受压缩短。如这种变形量越大而又不发生破坏，则表明该材料塑性越好。

（4）屈服强度 金属材料在外力作用产生塑性变形到一定程度时，即使外力不再增加，而材料的变形仍继续增加的现象，称为屈服。开始发生屈服现象时的强度称为屈服强度。屈服强度是金属材料即将发生显著变形的标志。材料屈服强度越高，则材料产生塑性变形所需施加的外力也越大，因此，在钣金成形过程中，要使材料获得一定形状，所加外力必须大于材料产生屈服现象时所需的外力。

（5）硬度 它是指金属材料抵抗外物压入其表面的能力。它是衡量材料软硬程度的指标。如果外物越不容易压入，则表明该材料硬度越高，反之材料越软。材料硬度的高低，通常用布氏硬度试验法和洛氏硬度试验法来测定。

（6）冷作硬化 金属材料在常温下加工时，会出现随加工次数的增多而材料硬度不断增加的现象，即为冷作硬化。冷作硬化会造成钣金修复困难，因此，修复过程中需注意加工次数，可用热处理方法来消除冷作硬化。

所谓热处理是指钢在固体状态下，通过加热、保温、冷却来改变钢组织和性能的一种方法。具体热处理方法有退火、正火、淬火和回火等。

2. 金属材料的类型

（1）钢板 车身用钢板有热轧钢板、冷轧钢板、镀覆钢板、不锈钢板和高强钢板五大类。汽车钣金用钢板大多是厚度为 0.6 ~ 2.0mm 的冷轧薄钢板和热轧薄钢板。近年来，随着防腐蚀和车身轻量化要求的发展，镀膜薄钢板和高强度钢板用量也显著增加。

1）热轧薄钢板。它是由含碳量低的钢锭在高温状态下直接将板料轧至所需尺寸而形成的板料。热轧钢板弹塑性和强度适中，但延伸性能较差，容易开裂，适用于制作外观要求不高的一般构件。常用热轧薄钢板尺寸规格见表1-1。

表1-1 常用热轧薄钢板尺寸规格

钢板厚度/mm	钢板宽度/m										
	0.6	0.65	0.70 0.71	0.75	0.8	0.85	0.9	0.95	1.0	1.1	1.25
	钢板最大长度/m										
0.6	1.2	1.4	1.42	1.5	1.5	1.7	1.8	1.9	2	—	—
0.65 ~ 0.90	2	2	1.42	1.5	1.5	1.7	1.8	1.9	2	—	—
1.0	2	2	1.42	1.5	1.6	1.7	1.8	1.9	2	—	—
1.2 ~ 1.4	2	2	2	2	2	2	2	2	2	2	3
1.5 ~ 1.8	2	2	2	6	6	6	6	6	6	6	6

2）冷轧薄钢板。这类钢板是将热轧钢板经过酸洗后在常温下轧薄，并经退火处理而成的，薄钢板一般都是冷轧钢板。冷轧钢板的厚度尺寸精度高，表面质量好，比热轧钢板具有更好的压缩加工性能。许多需要平滑美观的部位，如整体式车身、车门等都用冷轧薄钢板制成。常用冷轧薄钢板尺寸规格见表1-2。

表1-2　常用冷轧薄钢板尺寸规格

钢板厚度/mm	钢板宽度/m										
	0.60　0.65 0.70　0.71 0.75　0.80	0.90 0.95	1.0 1.1	1.25	1.40 1.42	1.5	1.6	1.7	1.8	1.9 2.0	
	钢板最大长度/m										
0.5 ~ 0.65	2.5	3	3	3.5	—	—	—	—	—	—	
0.70 ~ 0.75	2.5	3	3	3.5	4	—	—	—	—	—	
0.8 ~ 1.0	3	3.5	3.5	4	4	4	—	—	—	—	
1.1 ~ 1.3	3	3.5	3.5	4	4	4	4	4.2	4.2	—	
1.4 ~ 2.0	3	3	4	6	6	6	6	6	6	—	

3）镀膜薄钢板。它是将冷轧、热轧薄钢板再镀一层金属（锌、锡、铅）膜的钢板。按镀层不同，可分为镀锌、镀铅、镀锡薄钢板。这类钢板呈亮白色，具有表面美观、耐蚀性能好等特点，但焊接、磨损等会造成镀层脱落，日久便会锈蚀。它可用于制造燃油箱、油底壳等。镀锌薄钢板分为冷轧连续热镀锌薄钢板和单张热镀锌薄钢板，常用镀锌薄钢板规格见表1-3。镀铅薄钢板的尺寸规格见表1-4。

表1-3　常用镀锌薄钢板规格　　　　　　　　（单位：mm）

品种	冷轧连续热镀锌薄钢板 （GB/T 2518—2008）	单张热镀锌薄钢板 （YB/T 5331—1993）
厚度	0.25 ~ 2.50	0.35 ~ 1.50
宽度	700 ~ 1500	710 ~ 1000
长度	1000 ~ 6000	750 ~ 2000

表1-4　镀铅薄钢板尺寸规格　　　　　　　　（单位：mm）

厚度	0.5	0.9	0.9	1.0	1.0	1.2	1.2	1.2	1.2	1.2	1.5
宽度	900	800	1000	1000	1000	850	880	950	1000	1010	1000
长度	1800	1500	2000	1640	2000	1700	1635	1840	2000	1600	2000

4）高强度钢板。高强度钢板的种类较多，主要有加 Si、Mn、P 等固溶强化型，加 Nb、Ti、V 等的析出硬化型，复合组织型，双相型和回火、退火型等。高强度钢板的抗拉强度一般在 600MPa 以上，其破坏强度为低碳钢板的 2~3 倍，故称高强度钢板。这类钢板强度高、重量轻，但受到碰撞或受热变形时难以修复到原来的形状，因此，必须严格控制加热温度。近年来，随着车身轻量化的发展，高强度钢板的用量将越来越大。图1-32 所示为整体式车身使用高强度钢板的常见部位。

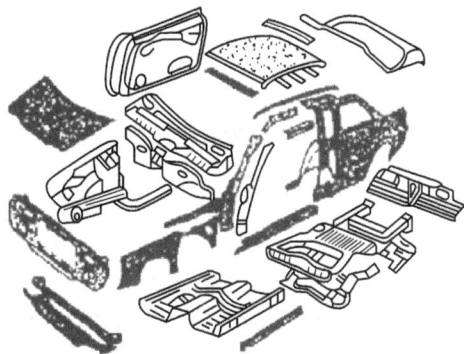

图1-32　整体式车身使用高强度钢板的常见部位

5）复合钢板。复合钢板又称双金属钢板。它是以一种金属材料为基体，再复合上另一种金属材料，以便达到既能降低成本又能满足特殊需要的目的。如铜－钢金属复合钢板可用于制造高压热交换器等；不锈钢复合钢板可以部分代替不锈钢用于制造防锈容器、防护罩等。

6）不锈钢板。不锈钢板是在碳钢中添加铬或是铬和镍，经热轧和冷轧所制成的钣金材料，由于该材料耐蚀性极强，不生锈，表面光亮，故称不锈钢板。

根据钢板的厚薄程度不同，钢板可分为薄板、中板和厚板三种。板厚小于3.2mm的称为薄板，板厚为3.2~5mm的称为中板，板厚为5mm以上的称为厚板。轿车车身使用钢板的厚度一般为0.6~2.0mm。

钢板在车身材料的使用中所占的比例很大。就轿车而言，20世纪80年代以前生产的轿车中，钢材占整个车身自重比例为60%~67%。近年来，随着轻金属材料和非金属材料的普遍采用，钢板所占车身总重的比例已下降到55%~60%。但高强度钢板的使用却由20世纪80年代的占车身总重的3%~5%，上升到90年代的10%以上。

（2）型钢　型钢在钣金作业中，主要用于制作框架、柱和成形件等。型钢的种类很多，按照断面形状不同，可分为简单断面型钢和复杂断面型钢。

1）简单断面型钢有圆钢、方钢、六角钢、扁钢等，其断面形状依次为圆形、方形、六角形、长方形。

2）复杂断面型钢有角钢、槽钢和工字钢等。

① 角钢又分为等边角钢和不等边角钢，其断面形状如图1-33a所示。角钢的尺寸规格用号数来表示，号数表示角钢边长的大小，如3号角钢表示边长为30mm的等边角钢。

② 槽钢的断面形状如图1-33b所示。其尺寸规格用号数来表示，号数表示槽钢高度h的大小，如10号槽钢，其高度为100mm。

③ 工字钢的断面形状如图1-33c所示，其尺寸规格用号数来表示，号数表示工字钢高度h的大小，如10号工字钢表示高度为100mm的工字钢。

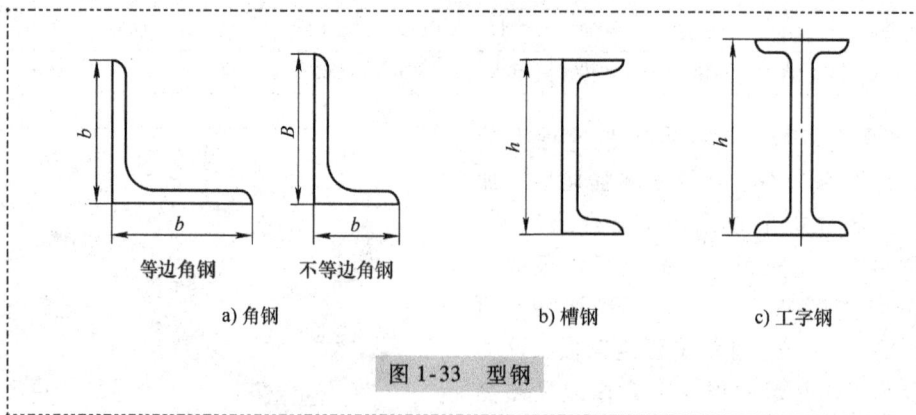

a) 角钢　　　b) 槽钢　　　c) 工字钢

图1-33　型钢

（3）车用轻金属材料　汽车车身使用的轻金属材料主要有铝板、铝合金、镁合金和钛合金等。镁合金和钛合金20世纪90年代就已在轿车上开始使用，但在车身上用量所占比例很小。铝及其合金在车身上的应用越来越多，特别是轿车，其所占汽车自重的比例也越来越高。80年代，铝及其合金在轿车车身上的使用比例（占车身自重的百分比）为3.6%~

5%，90年代后使用比例上升到7.5%～10%。近年来铝及其合金在汽车车身上的应用越来越多，有很多汽车使用了铝质车身。

1）铝及铝合金。铝材在车身上的应用在近几年非常突出。铝合金强度高且质量轻，耐蚀性优越，受到车辆制造者的青睐。国外很多车辆的车身使用铝材，在德国甚至已经出现了全铝车身的汽车。铝车身的出现使车辆的总体质量下降，在节约能源等方面起到了很好的作用。但铝的加工与钢材比较起来要困难得多，尤其是在进行冷加工校正和焊接时需要用到很多的新工艺。铝及铝合金的焊接性较差，焊接必须先除去焊接处的氧化膜并使用专用的铝焊剂。

纯铝为银白色金属，密度小（仅为2.7g/cm³），质量轻，耐蚀性好，能和空气中的氧气反应生成致密的氧化膜保护层，避免金属的进一步腐蚀。铝的强度和硬度都不高，是一种软金属材料，因此，汽车上使用的一般是铝中加入其他金属组成的合金，即铝合金。

铝合金具有密度低、强度高、加工性能好等特点，既保持纯铝质量轻，外表美观、耐腐蚀、弹塑性好、易于加工成形等优点，同时强度又较纯铝有了显著提高。作为结构材料，因其加工性能优良，可制成各种截面的型材、管材、高肋板材等，以充分发挥材料的潜力，提高构件刚度和强度。铝合金按其成分和生产工艺不同，可分为形变铝合金和铸造铝合金两大类。前者是以板材、管材等形式供应的铝合金，有良好的弹塑性，适于压力加工成形；后者是用来制作铸件的铝合金，它具有良好的铸造性能，但弹塑性差，不能进行压力加工，适于直接铸造成形。铝合金板属形变铝合金，可用于制作饰条、车身外表覆盖件、行李箱盖板等。按成分中铝之外的主要元素硅、铜、镁、锌分为四大类。变形铝合金有很好的力学性能，适合于变形加工。按性能和实用特点不同，可以分为防锈铝、硬铝、超硬铝和锻铝四大类。汽车用的铝合金必须具有的性能有强度、成形性、耐蚀性、焊接性、表面处理性等。

汽车车身的重量约占汽车总质量的30%。汽车轻量化中，车身的轻量化占有举足轻重的地位。因此，用铝板取代钢板制造车身覆盖件也成为汽车轻量化的必然。德国奥迪A8型高级轿车的整个车身均采用铝材制造，框架采用立体框架式结构，覆盖件为铝板冲压而成。这种铝车身与钢车身相比，质量减轻30%～50%，油耗降低5%～8%。日本本田公司生产的轿车车身用铝合金达162kg，比钢车身减重约40%。奔驰公司新一代S系列轿车前桥拉杆和横向导臂、前桥整体支承结构采用铝合金材料，这种部件的质量与钢件相比轻35%。就铝板覆盖件的应用发展趋势看，强度高、成形加工性好、表面质量优良的铝板将取代钢板成为汽车覆盖件的主要材料。

在汽车轻量化的发展过程中，铝材料也遇到其他轻型材料的竞争和挑战。比如镁、塑料、陶瓷材料等。镁的密度比铝轻得多，用于制造某些汽车零部件较铝更为合适。

2）钛合金。钛合金具有较高的抗拉强度（441～1470MPa），较低的密度（4.5g/cm³），优良的耐蚀性能和在300～550℃温度下有一定的高温持久强度和很好的低温冲击韧性，是一种理想的轻质结构材料。钛合金具有超塑性的功能特点，采用超塑成形-扩散连接技术，可以以很少的能量消耗和材料消耗将合金制成形状复杂和尺寸精密的制品。

钛合金是以钛为基加入其他合金元素组成的合金。钛合金具有密度低、比强度高、耐蚀性能好、工艺性能好等优点，是较为理想的航天工程结构材料。钛合金可分为结构钛合金和耐热钛合金，或分为α型钛合金、β型钛合金和α+β型钛合金。

国产工业纯钛有TA1、TA2、TA3三种，其区别在于含氢、氧、氮杂质的含量不同，这些杂质使工业纯钛强化，但是塑性显著降低。工业纯钛尽管强度不高，但塑性及韧性优良，尤其是具有良好的低温冲击韧性，同时具有良好的耐蚀性能。多用于350℃以下的工作条件。

3）镁合金。镁合金具有密度小、强度大、铸造性能和机加工性能优良、减振性和屏蔽性好等优点，镁合金压铸近年来表现出强劲发展的势头。压铸成形过程具有高压力和高速度成型的特点，是生产镁合金零部件的有效方法。镁合金压铸成形技术主要包括镁合金熔化及保护、压铸型设计、工艺过程控制，承力零部件的后续热处理等。应根据生产零部件的大小配备相应压铸机，也可利用现有普通冷室压铸机生产镁合金压铸件。

镁合金技术特性：由于镁在熔炼过程中易氧化燃烧，采取措施控制镁合金液的质量对获得良好性能的压铸件尤为重要。根据镁合金液态成形的特点，并结合我国目前大多数压铸设备现状，通过控制镁合金液质量及合理选择压铸工艺参数，在普通冷室压铸机条件下可以实现装饰性或功能性要求压铸件的生产。注意：在对镁合金材料进行热加工时请做好防火工作，镁合金会产生剧烈的燃烧。

三、车身用非金属材料

如前所述，车身用非金属材料包括塑料、纤维材料、复合材料、玻璃和橡胶等。近年来，塑料、非金属复合材料等非金属材料的使用在车身自重中所占比例明显提高，这些材料约占车身总重的25%左右（玻璃除外）。

1. 塑料

为实现车身轻量化并节约燃油，提高汽车安全性和舒适性，近年来，汽车上越来越多的零部件用塑料制造，如仪表板、装饰板、转向盘等。塑料在轿车上的应用如图1-34所示。

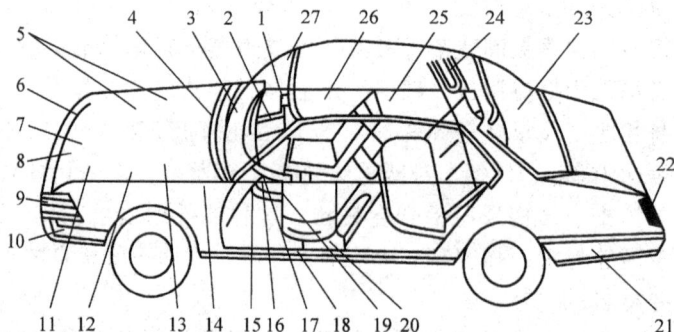

图1-34 塑料在轿车上的应用

1—转向盘 2—转向柱套 3—仪表板 4—通风道 5—自动变速器油储油箱 6—散热器格栅 7—冷却风扇 8—风扇护圈 9—灯外壳 10—前保险杠 11—清洗material池 12—电线被覆 13—空气滤清器 14—暖风壳 15—杂物箱 16—加速踏板 17—控制箱 18—下弯板 19—驻车制动手柄 20—油道盖板 21—后保险杠 22—后灯壳 23—后托架 24—后支柱 25—中心支柱 26—顶盖 27—前支柱

塑料具有质量轻，耐蚀性好，减振，减摩，强度较高，绝缘性佳，复杂形状能一次成型等优点。但耐热性较差，易燃烧。

塑料种类繁多，按其受热时的性能不同，在汽车上使用的塑料可分为两大类：热塑性塑料和热固性塑料。

（1）热塑性塑料 这类塑料具有能反复加热软化或熔化，制成一定形状的产品而其基本性能保持不变的特点。其成型工艺简单，但耐热性较差，最高使用温度一般不超过120℃，否则将软化变形。此类产品破损时可在塑料焊机上焊接修补。常用的有聚乙烯、聚丙烯、ABS、有机玻璃等。

（2）热固性塑料 这类塑料在加热状态时会发生化学反应，硬化后得到永久形状。产品破损时不能采用焊接的方法修复。一般用化学粘结剂粘合。此类塑料有酚醛、有机硅、不饱和树脂等。目前，不饱和树脂常用玻璃纤维进行增强固化后制作车身构件。环氧树脂玻璃钢和聚酯树脂玻璃钢是制造全塑车身最有代表性的材料。聚合反应可使树脂转变成为固态。如果在聚合过程中与起增强作用的多层玻璃布结合，能获得很好的适合于制造车身壳体的聚酯树脂材料。用于制作玻璃布的玻璃纤维丝的直径为 0.025mm，并均匀分布于不同方向，这可以确保聚酯树脂产品具有均匀的强度和良好的力学性能。一般抗拉强度在 246MPa 以上，抗弯强度在 392MPa 以上。这种聚酯分层塑料就是人们常说的玻璃钢（Glass Reinforced Plastics，GRD）。

玻璃钢车身的基本制作工艺：当模型准备好以后，用刷子或喷枪在它上面涂抹一层液态聚酯树脂和硬化剂，然后覆以玻璃纤维或玻璃布，利用相应设备对玻璃纤维或玻璃布加压。这种程序需重复若干次，直到用这种方法制取的玻璃钢达到所需的厚度为止。玻璃钢自行固化后，再从模型上取下进行边角修整，这相当于金属车身壳体的一整套部件或焊接组合构件。

用玻璃钢制作的轿车车身壳体，有时只分为上下两个部分。如尺寸较大的车身壳体，要按车顶、车身侧体、后壁等分成六大板块。

2. 橡胶

橡胶是高弹塑性的高分子化合物，在很宽的温度（–150～–50℃）范围内，能保持良好的弹塑性。橡胶具有一定的强度，不透气、不透水，耐磨、绝缘、吸振。缺点是易老化，易燃烧，耐油性差等。

橡胶按其来源不同，分为天然橡胶和合成橡胶，二者性能相近。天然橡胶是从橡胶树等植物中采集的一种高弹塑性物质，经特定工艺加工而成。合成橡胶是从石油、天然气等原料中提炼而成的，用来代替天然橡胶。橡胶广泛用于制造轮胎、密封制品、电绝缘材料、胶管等。

3. 玻璃

玻璃通常具有透明、硬而脆、隔音等特性，有艺术装饰作用和较好的化学稳定性。特制玻璃还具有隔热、防爆、防辐射等特殊功能。

汽车上大量使用玻璃，能使驾驶人有更好的能见度，视野开阔。汽车玻璃主要集中在前风窗、侧窗、车门窗及后窗上。汽车常用的玻璃种类有钢化玻璃、区域钢化玻璃（即半钢化玻璃）、夹层玻璃（国外汽车常采用 HPR 夹层玻璃）和普通复合玻璃四种。其中夹层玻璃有聚乙烯醇缩丁醛夹层玻璃、聚丙烯酸甲酯夹层玻璃、醋酸纤维夹层玻璃和硝酸纤维夹层玻璃（此种应用较少）。现代汽车上使用的玻璃都是钢化玻璃和夹层玻璃。

玻璃的使用量占轿车自重的3%左右，占轿车车身重量的10%左右。对于客车、载货汽车而言比例要相对小些。

（1）钢化玻璃 通过淬火（钢化处理）可以使普通硅酸盐玻璃质地变得非常坚固。这种钢化玻璃是通过加热使之达到软化程度时（一般为600℃左右），向玻璃两面急速吹送冷风，通过急冷进行所谓"风淬"处理而得到的。玻璃表面冷硬后形成的压应力，使强度得到提高。钢化玻璃的强度和耐冲击能力要比普通玻璃高3~5倍。一旦受到碰撞损伤，就会瞬时变成带钝边的小碎块，不会给人员造成更大伤害。

然而，这个特点也有不好的一面，重度撞击使玻璃微粒的平衡一旦破坏，就立即成为碎末状态（图1-35a）。所以，这种全钢化玻璃不适合镶装在前风窗上。

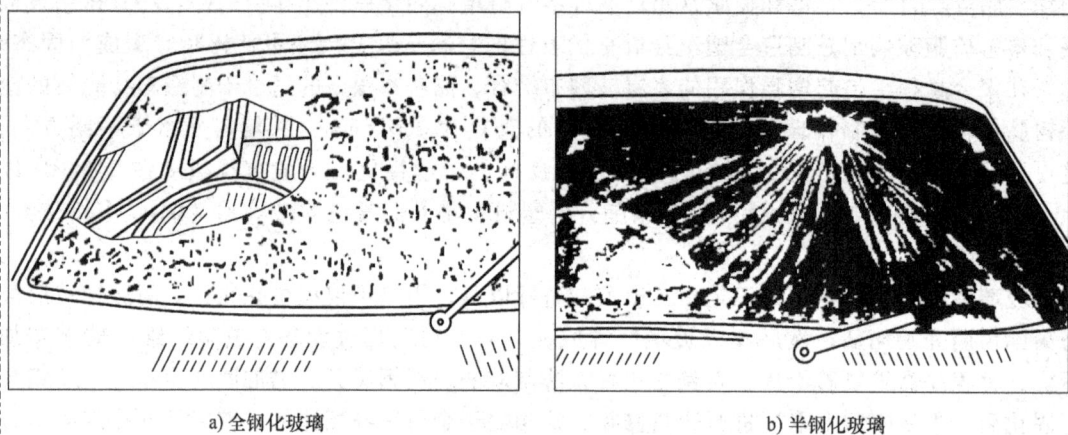

a) 全钢化玻璃　　　　　　　　　b) 半钢化玻璃

图1-35　钢化玻璃

将玻璃部分淬火形成的半（局部）钢化玻璃，是指在驾驶人的主视线范围内不作淬火处理，其余部分则与全钢化玻璃相同；钢化与非钢化部分有逐渐的过渡（图1-35b）。

（2）夹层玻璃　夹层玻璃是针对淬火玻璃存在的不完善之处而产生的，它是迄今为止最适合于前风窗的安全玻璃。用两块或三块薄玻璃板，中间夹入聚丙烯酸甲酯或聚乙酸酯透明薄膜，使两层或三层玻璃粘接成为一体，形成夹层式安全玻璃。由于夹层玻璃中间的透明胶层能与玻璃取得一样的曲率，故透明度并不受夹胶层的影响。

夹层玻璃的抗弯强度虽不及钢化玻璃，但也相差不远。因为安全玻璃的弹塑性也是重要的评价指标之一，而夹层玻璃的弹塑性比钢化玻璃优越得多，而且还具备了钢化玻璃所没有的其他特性，如当汽车发生冲撞时的抗冲击能力和抵抗变形能力较强；当玻璃受到重创破损时，粘接起来的玻璃也不会像钢化玻璃那样顷刻变成碎片。许多试验和实践都证明，夹层玻璃可以有效减轻撞击事故发生时玻璃碎片对人员的伤害。

（3）特殊用途玻璃　特殊用途玻璃一般是在钢化玻璃基础上，通过专门的工艺加工出来具有特殊功能的汽车玻璃。

为了使车窗玻璃具有遮挡阳光照射的功能，在硅酸盐玻璃中加入微量的Go（钴——蓝色）、Fe（铁——红褐色）或其他金属元素，便成了能够抵抗紫外线照射的有色玻璃。有些有色玻璃还能随阳光的强弱自动变化色度，以减轻乘员眼睛的疲劳程度，增加了乘坐的舒适性。

前风窗的上部也适于着色，以遮挡阳光对驾驶人的照射。但这种有色玻璃的颜色是逐渐过渡的。在驾驶人正常视野范围内仍为无色透明的。

还有，将能够接收无线电信号的天线夹在玻璃内或印制于玻璃表面，就使风窗玻璃有了接收无线电信号的功能；将电热金属粉按一定的宽度与间隔，在生产过程中与玻璃烧结在一起，通电后就有了除霜功效等。这些都是近年来汽车玻璃家族中涌现的有特殊功能的新产品。

四、复合材料研发和未来汽车车身材料的应用趋势

（1）复合材料 复合材料是由两种或两种以上化学本质不同的组分经人工合成的材料，其结构为多相，一类组成相为基体，起粘接作用；另一类组成相为增强相，用以增强材料的力学性能和提高材料的比强度、比刚度等。先进复合材料是比通用复合材料有更高综合性能的新型材料，它包括树脂基复合材料、金属基复合材料、陶瓷基复合材料和碳基复合材料等。先进复合材料具有高的比强度、高的比模量、耐烧蚀、抗侵蚀、抗核、抗粒子云、透波、吸波、隐身、抗高速撞击等一系列优点，是工业发展中最重要的一类工程材料。

单一成分的材料在其力学性能方面有些情况下很难满足需要，人们将多种单一材料采用各种方法混合在一起形成新的混合材料，也就是复合材料的雏形。现在常用的复合材料是在工业技术不断创新和发展的基础上发展起来的。

复合材料按性能可分为：功能型复合材料和结构型复合材料两种；按基体分类可分为高分子基（PMC）、金属基（MMC）和陶瓷基（CMC）复合材料；按增强相的种类、形状分类，可分为颗粒状、层状和纤维增强复合材料。纤维增强复合材料应用最多，高分子基的纤维增强复合材料通常也称纤维增强塑料（FRP），金属的纤维增强复合材料也称纤维增强金属（FRM），陶瓷基的纤维增强复合材料称纤维增强陶瓷（FRC）。纤维增强复合材料还包括碳纤维增强碳素复合材料（C/C），一般把它编入 CMC 范围。

在 FRP 材料中，应用最多的是 GFRP，即玻璃纤维增强塑料（俗称玻璃钢）。在 FRM 材料中，有连续纤维增强金属、晶须增强金属和粒子增强金属。在 FRC 材料中，有碳纤维系FRC、陶瓷纤维系 FRC 和晶须纤维系 FRC，以及属于 CMC 类的 C/C 复合材料。

1）树脂基复合材料。树脂基复合材料具有良好的成形工艺性、高的比强度、高的比模量、低的密度、抗疲劳性、减振性、耐蚀性、良好的介电性能、较低的热导率等特点，广泛应用于汽车制造工业中。树脂基复合材料可分为热固性和热塑性两类。热固性树脂基复合材料是以各种热固性树脂为基体，加入各种增强纤维复合而成的一类复合材料；而热塑性树脂则是一类线性高分子化合物，它可以溶解在溶剂中，也可以在加热时软化和熔融变成黏性液体，冷却后硬化成为固体。树脂基复合材料具有优异的综合性能，制备工艺容易实现，且原料成本低。

2）金属基复合材料。金属基复合材料具有高的比强度、高的比模量、良好的高温性能、低热膨胀系数、良好的尺寸稳定性、优异的导电导热性。铝、镁、钛是金属基复合材料的主要基体，而增强材料一般可分为纤维、颗粒和晶须三类。碳纤维增强铝、镁基复合材料在具有高比强度的同时，还有接近于零的热膨胀系数和良好的尺寸稳定性。这类材料被广泛地应用于军事工业当中。

3）陶瓷基复合材料。陶瓷基复合材料是以纤维、晶须或颗粒为增强体，与陶瓷基体通过一定的复合工艺结合在一起组成的材料的总称。由此可见，陶瓷基复合材料是在陶瓷基体中引入第二相组元构成的多相材料。它克服了陶瓷材料固有的脆性，已成为当前材料科学研究中最为活跃的一个方面。陶瓷基复合材料具有密度低、比强度高、热力学性能和抗热振冲击性能好的特点，是关键的支撑件材料之一。陶瓷材料的高温性能虽好，但其脆性大。改善陶瓷材料脆性大的方法有相变增韧、微裂纹增韧、弥散金属增韧和连续纤维增韧等。

（2）复合材料在汽车上的应用 高强度与高弹性模量的复合材料具有和金属材料相近的力学性能，在一定条件下有金属薄板所不能比拟的优点。如复合材料的质量很轻，节油效果明显；成形容易，制造成本低；耐腐蚀、热导率低，有利于隔音隔热；尺寸稳定性好；易于涂装等。所以，汽车车身轻量化的主要发展方向就是利用复合材料来替代部分金属材料。

目前在汽车上已经普遍应用的有：用玻璃纤维增强不饱和聚酯片状模塑料（SMC）制造的车身空气导流板、前翼子板和前挡泥板延伸部件、前照灯罩、发动机罩、装饰条、尾板等；用传递模塑工艺技术（RTM）制造的车身板件加强肋等；将树脂、填料、玻璃纤维等各种成分混炼成粒状料，然后模压成型，制造发动机室、挡板、空调器壳等。还有些复合材料在车身上的使用仍处于试验阶段，如用碳纤维复合材料（CFRP）制作的传动轴、悬架片簧、保险杠、车门、车身等，在不久的将来可实现大量应用。

（3）碳纤维复合材料 在碳纤维复合材料（CFRP）方面，由于碳纤维增强聚合物基复合材料有足够的强度和刚度，已在航天航空等领域广泛使用。它也是适用于制造汽车主结构——车身、底盘最轻的材料，受到汽车工业广泛重视。预计 CFRP 的应用可使汽车车身、底盘减轻重量 40% ~ 60%，相当于钢结构重量的 1/6 ~ 1/3。用 CFRP 制造的板簧为 14kg，减轻重量 76%。但由于碳纤维增强复合材料的价格昂贵，碳纤维增强复合材料在汽车中的应用有限。为提高碳纤维增强复合材料的用量，发展廉价的碳纤维和高效率碳纤维增强复合材料的生产方法和工艺已成为汽车轻量化材料研究中的关键课题，并已取得了一些进展。

第三节 钣金修复常用工具

一、车身整形通用工具

除了各种扳手、螺钉旋具、钳子和铁剪刀等工具外，常规的车身整形通用工具有：

（1）球头锤 球头锤属于钣金作业的多用途工具，用于校正弯曲结构，一般用于车身零部件的修复。

（2）橡皮锤 橡皮锤用于柔和地敲击薄钢板，不会损坏油漆表面。

（3）铁锤 铁锤是复原损坏钣金件必需的工具，用来敲打损坏的金属板，使其大致回复原形，在更换金属板时则用于清理损坏的金属板。使用铁锤应注意以下事项：

1）使用前确保锤柄安装牢固，切记不要使用松动或锤柄损坏了的锤子，以免锤头脱落造成事故。

2）使用尺寸和质量合适的锤子进行作业。

3）锤面出现过度磨损、碎裂或蘑菇头等，应进行修整或更换，以免损坏钢板或使飞溅物飞出造成人员损伤。

4）锤击时锤面应平行于工作面，避免用力不匀或用锤角敲打。

5）不要以锤击锤。

6）在敲打冲头、錾子等工具时，锤面应按比例大于这些工具的头部。

7）锤把保持干净，不应粘有油污或砂粒，防止工作时锤子滑落。

8）木制手柄中间部位相对较细，以增加敲击钢板时的回弹性能，减小劳动强度，更换安装手柄时，应充分考虑这点。

9）禁止把钢管焊接在锤头上作为手柄使用，以免振手和增大劳动强度。

（4）镐锤　在维修小的凹陷面时，可使用镐锤尖端，将凹陷部位从内部锤出，对中心进行柔和地轻敲即可。镐锤平端与顶铁配合使用，可以去除高点和波纹。

（5）冲击锤　在维修大的凹陷面时，可以使用冲击锤对其进行初步校正，或修复加工内部板和加强部位。在操作冲击锤时需要较大的力量，故一般不用于光洁表面的修复。

（6）精修锤　在用冲击锤去除凹陷之后，可以使用精修锤对凹陷进行修复，得到最后的外形。

以上六种工具实物图见表1-5。

表1-5　各种锤子实物图

 球头锤	 橡皮锤	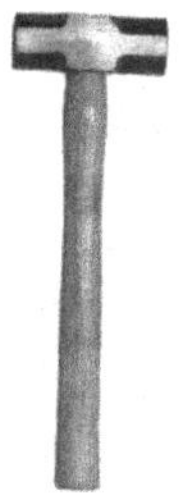 铁锤
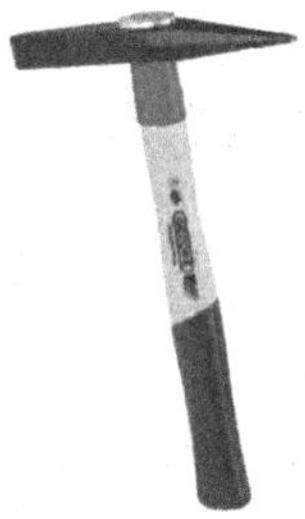 镐锤	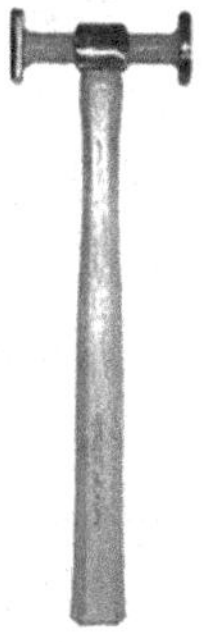 冲击锤	 精修锤

（7）顶铁　顶铁是一种手持的铁砧，与锤配合进行钣金修理作业，也称为垫铁或衬铁。图1-36a所示为各种不同形状的顶铁。不同形状的顶铁适于车身表面不同特定形状的凹陷或外形的修整。顶铁的形状与面板外形的配合是十分重要的。

用顶铁法修整可分为"正托"和"偏托"两种方式。

1）"偏托"法。该方法是直接用顶铁抵住最大凹陷处，使用木锤或尼龙锤敲击凹陷周围产生的隆起变形，即"深入浅出"地由最大凹凸变形处开始敲平，如图1-36b所示。用"偏托"法修整平面，一般不会造成板件伸展，因为顶铁抵住的是板料背面的凹陷处，而锤子击打的则是板料正面的鼓凸部位。

2)"正托"法。当局部凹凸变形被修平至一定程度时,应改用图1-36c所示的"正托"法进一步敲平。"正托"法是将顶铁直接顶在板料背面不平的位置上,同时用锤子将顶铁位置的正面敲平。由于锤子的敲击作用会使顶铁发生轻度回弹,在锤子敲击的同时顶铁也将同时击打板料。此时,顶铁垫靠得越紧,展平的效果就越好。

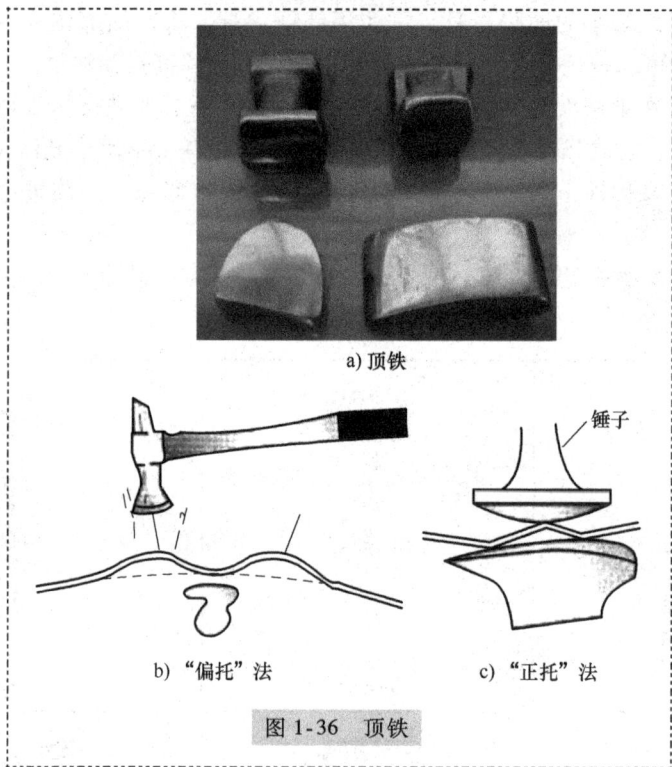

a) 顶铁

b) "偏托"法   c) "正托"法

锤子

图1-36 顶铁

(8)撬镐 不同的长度和形状的撬镐,可以进入有限的空间,撬起凹点对车身进行修复。

(9)整形锤 整形锤一般包括一个锤柄和九种不同形状的凿子,如图1-37所示。维修工可以根据被修复表面的不同形状选择相应的凿子,装嵌在锤柄上使用。

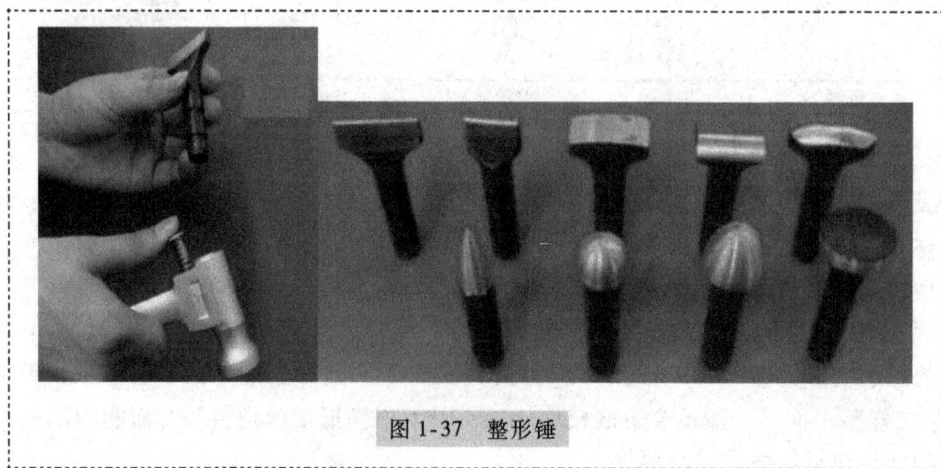

图1-37 整形锤

二、车身外形修复机

车身外形修复机又叫介子机，它是近年来在维修行业普遍采用的一种用于修复车身外形凹陷损伤的设备。**它具有投入成本低、操作简单、使用方便、维修效率高等优点，可在车身的变形部位进行直接点焊、游锤整平、垫片焊接、炭棒缩火、钩锤整平和两板点焊等多种操作**。车身外形修复机及其操作方法如图 1-38 所示。

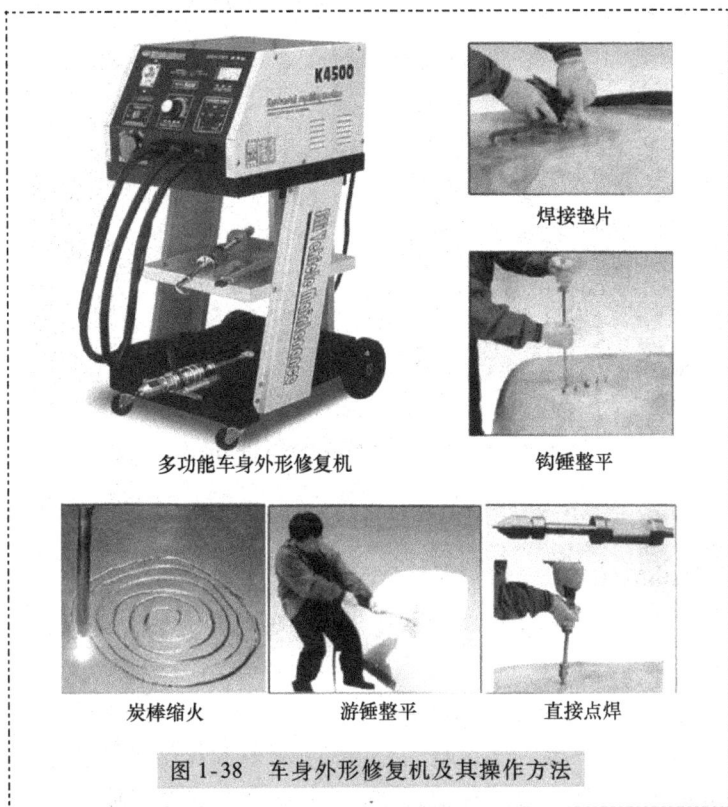

多功能车身外形修复机　　　　钩锤整平

炭棒缩火　　　游锤整平　　　直接点焊

图 1-38　车身外形修复机及其操作方法

在使用车身外形修复机对车身的变形部位进行修复时，可以在不拆除车身变形区域周围零部件和易燃物品的情况下对车身变形部位进行修复。修复步骤少，修复时间短。使用车身外形修复机对车身变形区域进行修复，不会破坏材料的金属结构和降低车身的牢固性能，也不会大面积地破坏车辆的原有涂层，节省了涂装过程中刮灰及喷漆原材料的消耗量。

三、等离子切割机

等离子切割是利用高温等离子电弧的热量使工件切口处的金属局部熔化（和蒸发），并借高速等离子的动量排除熔融金属以形成切口的一种加工方法。

在进行等离子切割时，配合不同的工作气体可以切割各种氧气切割难以切割的金属，**尤其是对于有色金属（不锈钢、铝、铜、钛、镍）切割效果更佳**。等离子切割技术的主要优点在于切割厚度不大的金属，切割速度快，在切割普通碳素钢薄板时，速度可达氧气切割的 5～6 倍，切割面光洁，热变形小，几乎没有热影响区。

等离子切割技术发展到现在，可采用的工作气体（工作气体是等离子弧的导电介质，又是携热体，同时还要用于排除切口中的熔融金属）对等离子弧的切割特性以及切割质量、速度都有明显的影响。常用的等离子弧工作气体有氩、氢、氮、氧、空气、水蒸气以及某些混合气体。

空气等离子切割机是应用最广泛的热切割设备之一，通常以压缩空气作为工作气体，以高温、高速的等离子弧为热源，将被切割的金属局部熔化，并同时用高速气流将已熔化的金属吹走，形成狭窄切缝。等离子切割机及其操作方法如图1-39所示。

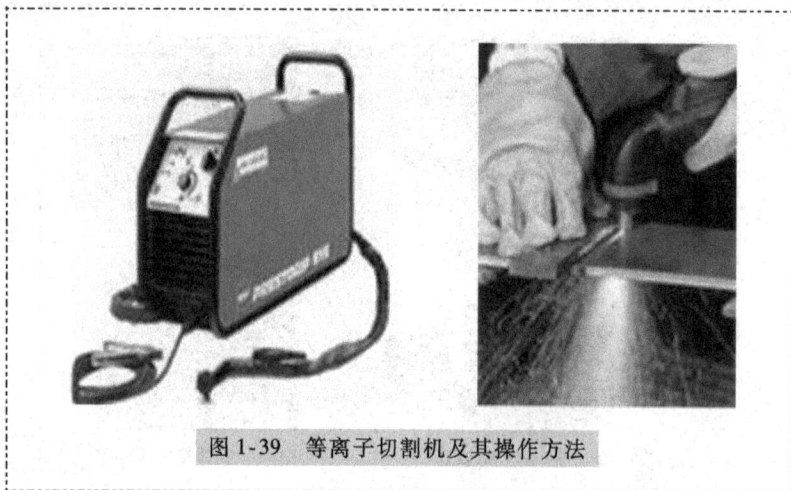

图1-39　等离子切割机及其操作方法

四、二氧化碳气体保护焊机

在汽车车身修复过程中，经常要进行焊接操作。**焊接技术具有焊后重量轻、密封性好、生产效率高等特点。**

在各种惰性气体保护焊机中，二氧化碳（CO_2）气体保护焊机是最常见的一种，它使用焊丝进行焊接，焊丝和电极以一定的速度自动进给，在母材和焊丝之间出现短弧，短弧的热量使焊丝熔化，将母材连接起来。在焊接过程中，采用二氧化碳对焊接部位进行保护，以免母材接触到空气而氧化。二氧化碳气体保护焊机及其焊接车位构件如图1-40所示。

五、铝焊机

随着汽车新材料的使用，许多汽车部件采用铝及铝合金材料。与钢板相比，铝板的修理难度更大。铝比钢柔软，铝经过加工硬化之后，更难加工成形，且被加热容易变形。铝制车身构件的厚度通常是钢件的1.5～2.0倍。

铝焊机采用低电压大电流，将电能通过电弧瞬间转换为热能，采用高纯度氩气作为焊接时的保护气体，避免焊接时产生气孔、杂质，同时交流氩弧焊和MIG气保焊均具有一定的阴极清理功能，可以直接去除铝及铝合金上的氧化膜。因为铝焊机体积小，操作简单，使用方便，焊接效率高，焊缝成形好，熔深大，能焊透铝及铝合金板达到优质的结合效果，且焊接强度同母材同等，密封性好，从而在工业及生活各领域得到广泛应用。

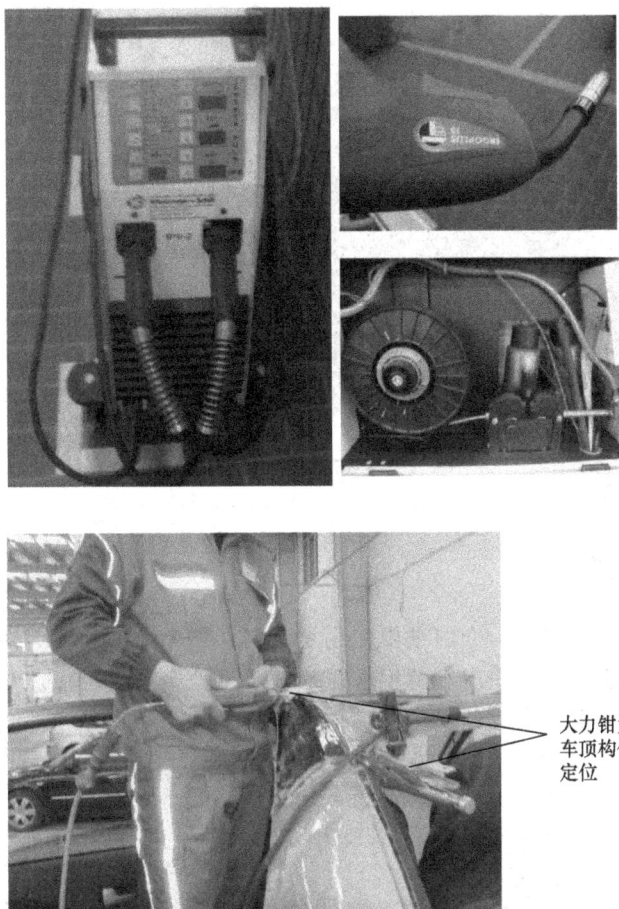

大力钳为车顶构件定位

图1-40 二氧化碳气体保护焊机及其焊接车位构件

铝焊机在使用过程中会产生弧光，弧光中含有红外线、紫外线，同时也会产生金属蒸气和烟尘等有害物质，**钨极氩弧焊中的钨棒含有少量放射性元素，所以必须做好防护措施**，另外由于采用氩气作为保护气体，不宜在有风的焊接场所操作。

六、点焊机

点焊可分为单点焊及多点焊两种。在多点焊时，需使用两对以上的电极，并且在同一工序内形成多个熔核。点焊机采用的是双面双点过流焊接的原理，工作时两个电极加压工件使两层金属在两电极的压力下形成一定的接触电阻，而焊接电流从一电极流经另一电极时在两接触电阻点形成瞬间的热熔接，且焊接电流瞬间从另一电极沿两工件流至此电极形成回路，不会伤及被焊工件的内部结构。汽车制造企业对车身的焊接主要使用点焊，现在随着修理水平要求的提高，汽车维修企业也开始使用点焊，图1-41所示为汽车钣金维修常用的点焊机。

图 1-41　点焊机

七、气动锯

气动锯在汽车车身修理过程中的主要作用是下料、切断、修整、剪切外形等。气动锯通常可以剪切玻璃钢、塑料、白铁皮、薄钢板、铝板及其他金属材料板。专业的汽车车身修理技师可以用气动锯将薄钢板切成任何形状，也可以用气动锯切直径为几厘米的孔。气动锯外形如图 1-42 所示。

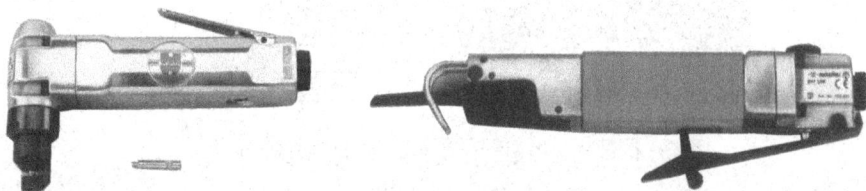

图 1-42　气动锯

八、气动铣孔枪

在进行板件（如后翼子板）焊接前，需要在待焊板件的外侧预先铣出点焊孔（盲孔），这样在进行点焊操作时，能够在铣出的孔内形成熔池，确保点焊焊透，提高焊接强度。

气动铣孔枪用来铣出这些点焊孔。气动铣孔枪也用于在拆除板件（如更换车门外蒙皮时，需先将原车门上的旧蒙皮拆除）时对焊点进行清除。气动铣孔枪及其操作方法如图 1-43 所示。

九、角磨机

对车身表面进行整形、焊接、粘接（玻璃钢件及塑料件）等作业后，一般需要进行打磨处理，以便得到更接近于原车状态的车身外形尺寸和表面质量，使修复后的车辆美观，减少涂装工序的材料消耗量。

汽车维修企业通常选用角磨机作为修整车身局部凸起的工具。角磨机可分为电动和气动

两种。两种形式的角磨机如图 1-44 所示。

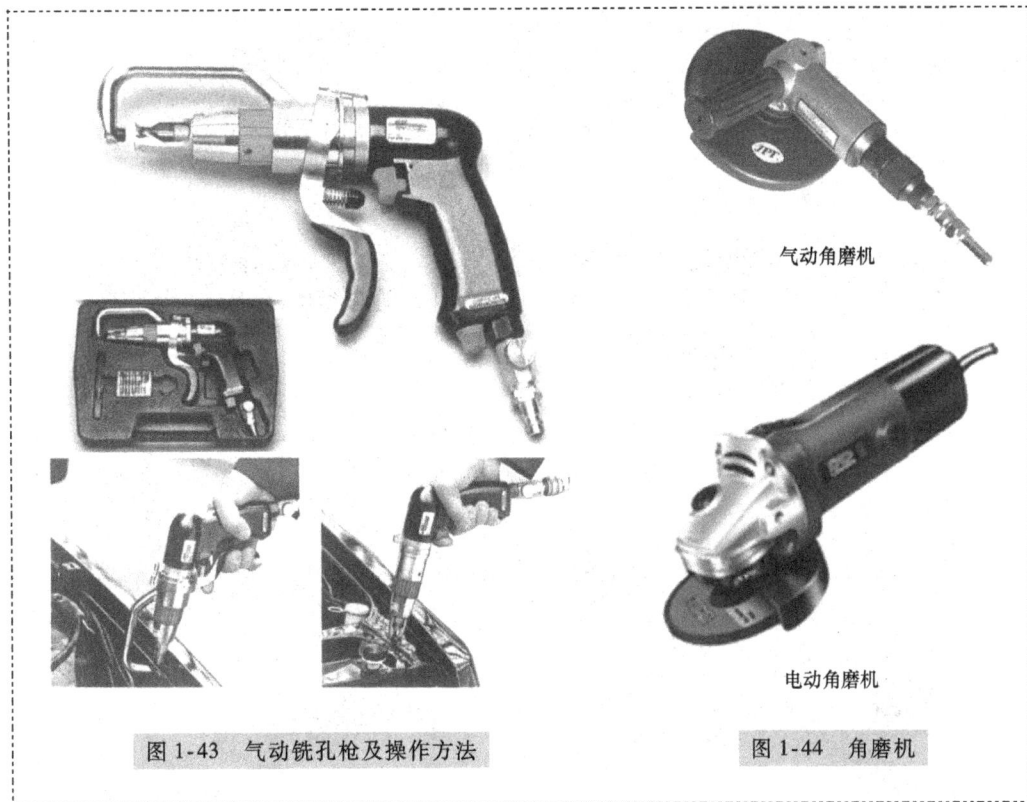

气动角磨机

电动角磨机

图 1-43　气动铣孔枪及操作方法　　图 1-44　角磨机

十、电子车身底盘测量系统

电子车身底盘测量系统是高级汽车修理厂配备的既实用又快捷的测量系统，它具有测量准确、迅速的特点。该系统能够通过测量车身和底盘上任意一点的空间三维坐标，并与原厂标准数据的比较，确定事故车各点的偏移量，为保险公司定损和修理厂对汽车底盘及车身外形修复提供翔实的依据。

在拉伸作业过程中，电子车身底盘测量系统能够动态地显示拉伸点的坐标变化量，使车身的变形修复一次拉伸成形。

电子车身底盘测量系统不仅可以测量车身底盘上任何一点的坐标，而且可以测量零部件的参数，从而判断零部件是否变形。

电子车身底盘测量系统可配合大梁校正设备、举升设备、四轮定位仪等设备一起使用。电子车身底盘测量系统及操作方法如图 1-45 所示。

十一、车身大梁校正设备

汽车车身大梁校正设备是事故汽车修理作业的高级设备之一，其投入通常在十几万至几十万元不等，利用车身大梁校正设备对车辆的变形损伤进行修复，具有精度高、修复速度快等优点。

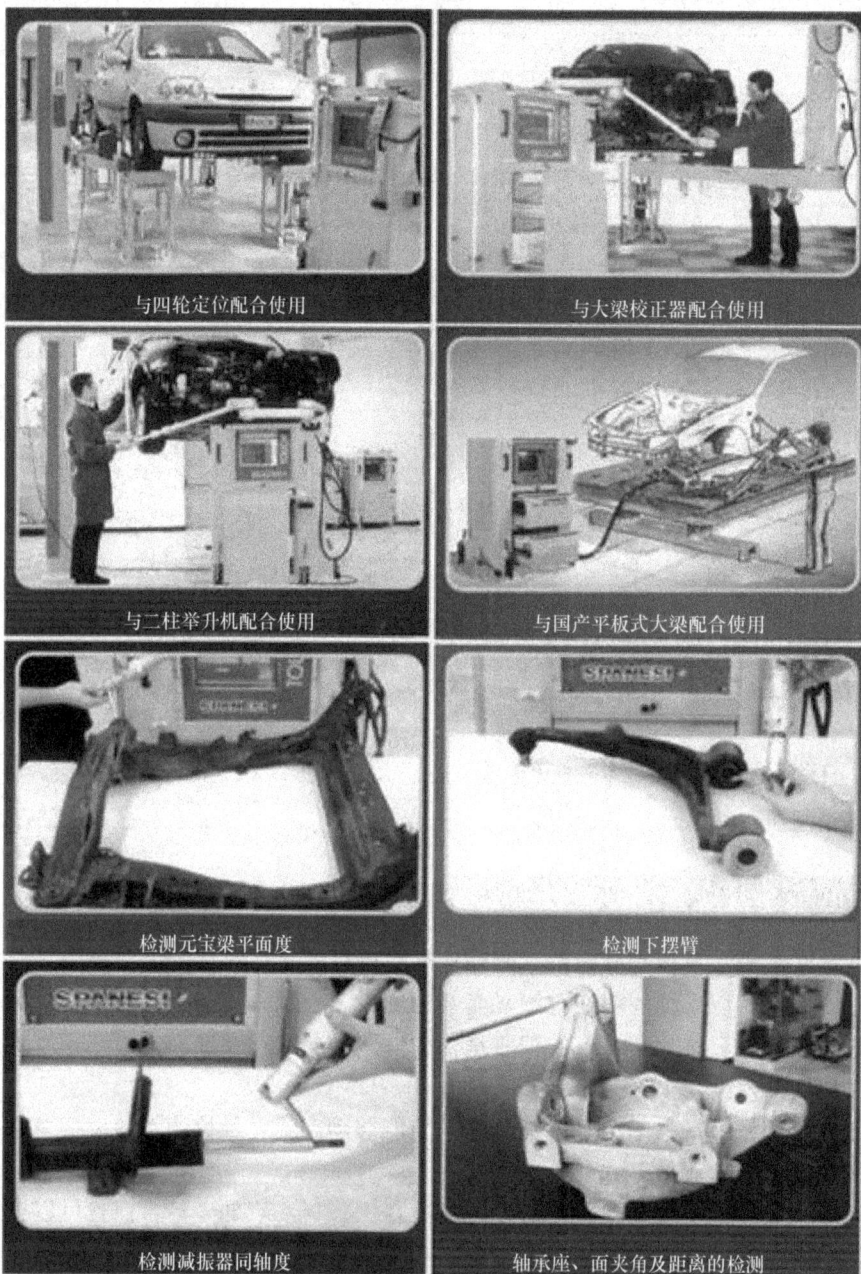

与四轮定位配合使用　　　　与大梁校正器配合使用

与二柱举升机配合使用　　　　与国产平板式大梁配合使用

检测元宝梁平面度　　　　检测下摆臂

检测减振器同轴度　　　　轴承座、面夹角及距离的检测

图1-45　电子车身底盘测量系统及操作方法

　　由于设备投入资金大，相对车身修复成本较高，因此目前国内未广泛采用。车身大梁校正设备如图1-46所示。

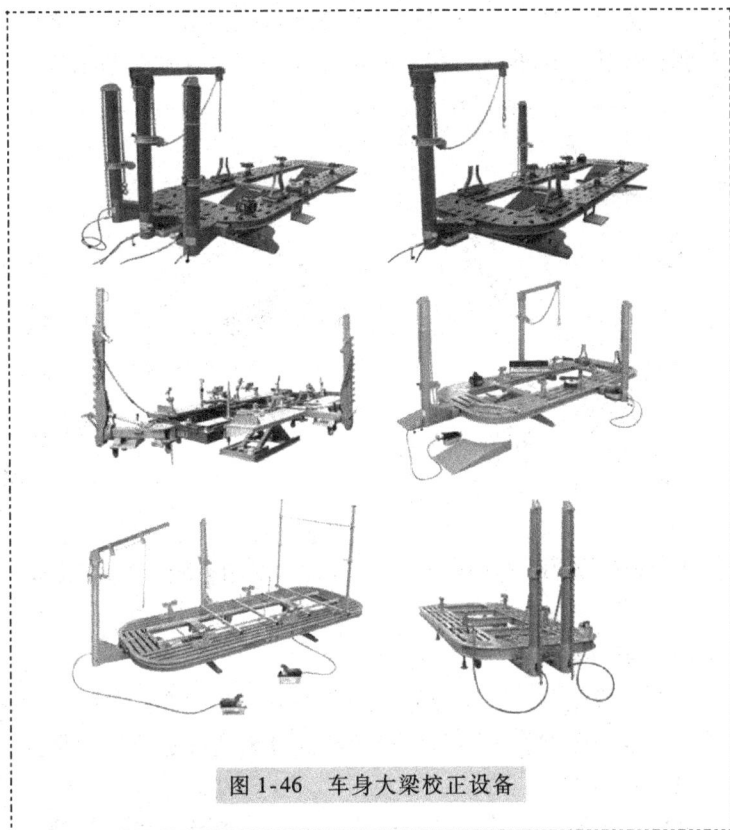

图 1-46　车身大梁校正设备

十二、凹陷拉拔工具

1. 强力拉拔组合工具（图 1-47）

强力拉拔组合工具的特点有：针对较强硬板件设计，采用简单的顶拉原理，配有多种支脚，可根据不同位置进行组合，方便拉拔；可以任意调节拉拔幅度；具有锁止功能，方便同时进行其他动作；拉拔力量大，基本满足车身外钣金件的快速拉拔维修。

2. 棱线拉拔组合工具（图 1-48）

棱线拉拔组合工具的特点有：采用简单的顶拉原理；配有多个支脚、横梁，可根据不同位置进行组合，方便拉拔；可以根据需要控制拉拔幅度；方便对车身腰线位置进行快速拉拔作业，并确保拉拔质量；拉拔力量够强，基本满足车身外钣金件的快速拉拔维修。

3. 气动拉拔器（图 1-49）

气动拉拔器用于汽车门或大客车车身平面凹凸的修复，可装在空气压缩机上，针对大平面凹陷用吸盘把整平面拉起，不伤害汽车油漆。

4. 省力拉拔组合工具（图 1-50）

省力拉拔组合工具的特点有：采用简单的杠杆拉拔原理；配有支脚、拉钩及横梁，可根

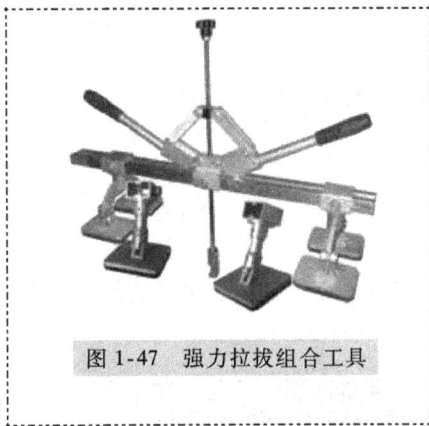

图 1-47　强力拉拔组合工具

据不同位置进行组合,方便拉拔;可以根据需要控制拉拔力量及幅度;方便对车身顶部等位置进行快速拉拔作业;拉拔力量够强,基本满足车身外钣金件的快速拉拔维修。

图 1-48　棱线拉拔组合工具

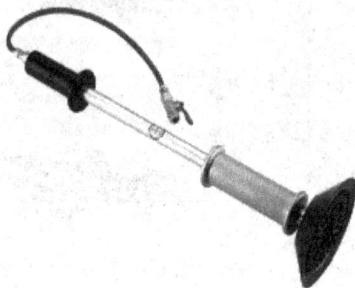

图 1-49　气动拉拔器

5. 简易拉拔组合工具（图 1-51）

简易拉拔组合工具的特点有:采用力的相互作用原理;配有多种手拉钩,方便提拉车身焊接的垫片等介子;与钣金锤配合可更简单地对车身外钣金件进行拉伸修复。

6. 辅助工具（图 1-52）

辅助工具有钣金滑动拉锤、拉伸指针、垫片拉杆、拉伸垫片和碳棒等。

图 1-50　省力拉拔组合工具

图 1-51　简易拉拔组合工具

图 1-52　拉伸辅助工具

十三、其他设备

除了上面详细介绍的相关设备外,汽车钣金维修还需要用到干磨机、烤灯、铝修复工具、大梁台等工具,它们分别如图 1-53 ～ 图 1-56 所示。

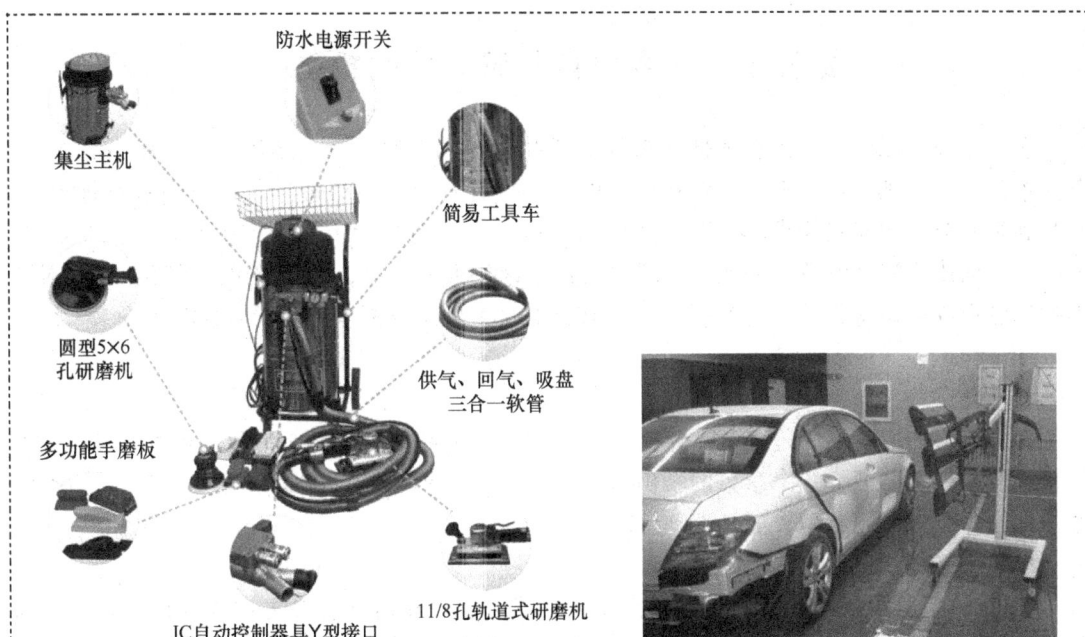

防水电源开关

集尘主机

简易工具车

圆型5×6
孔研磨机

供气、回气、吸盘
三合一软管

多功能手磨板

11/8孔轨道式研磨机

IC自动控制器具Y型接口

图 1-53　干磨机

图 1-54　烤灯

图 1-55　铝修复工具

图 1-56　大梁台

第四节　车身维修师眼中的四轮定位

多年以来，四轮定位的重要性越来越受到关注，汽车的校正包括两个独立部分：第一，车身校正，务必确保悬架安装点都在正确的安装位置；第二，修理后对汽车进行整体检测，使其满足制造商的误差要求（累积误差合格）。四轮定位对现代汽车的行驶安全性至关重要，因此，正确使用测试设备显得尤为重要。对钣金维修人员来说，如果修复工作不到位，就会影响四轮定位的调整，因此，四轮定位是钣金维修人员需要重点关注学习的项目。

一、四轮定位参数

四轮定位的主要目的是确保车轮正常滚动而不发生磨损、拖行、滑行等现象。悬架与行驶系统的调整主要围绕八个参数的精确调整进行：前轮前束角、主销后倾角、车轮外倾角、主销内倾角、内外倾总角、前轮后移、20°转向角和推进角。

1. 前轮前束角

图 1-57 中所示前轮前束角 A 是在汽车正视图上车轮相对于行驶方向同向倾斜形成的夹角，总的倾斜角是 A、B 之和。后束是在正视图中车轮上端向外，前束则是车轮上端向内。**束角的调整要确保汽车行驶的直线性，不正确的束角将导致轮胎的过度磨损。**

2. 主销后倾

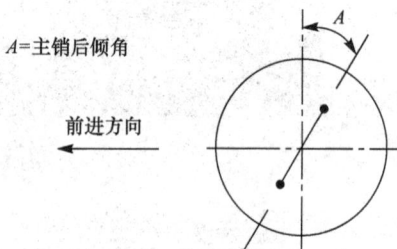

图 1-58 所示的主销后倾角是车轮转向轴线与铅垂线之间的夹角，正后倾是转向轴线上端后移，负后倾与正后倾情况相反，后倾角有助于汽车保持直线行驶，转向后使车轮自动回正。**不正确的主销后倾角会降低汽车操纵稳定性，但不会加速轮胎磨损。**

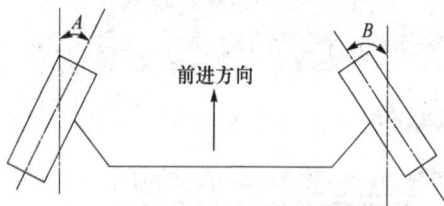

图 1-57　前轮前束角　　　　　　　图 1-58　主销后倾角

3. 车轮外倾角

图 1-59 所示的车轮外倾角，是汽车正视图上车轮相对于铅垂面向外（或向内）倾斜的夹角，正外倾是正视图中车轮上端向外，负外倾则是车轮上端向内。外倾角用于控制转向时的中心点，如果中心点位于轮胎中心则转向会很省力，不适当的外倾角将加速轮胎内外侧的磨损，并会使转向困难。

4. 主销内倾角

图 1-60 所示为主销内倾角，在正视图上就是转向轮的转动轴线与铅垂线的夹角，调整它的目的和调整车轮外倾角一样。它将在一定程度上减小车轮外倾角，因此能降低车轮的磨损。

5. 内外倾总角

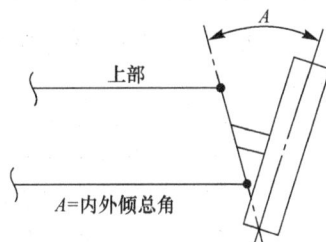

图 1-61 所示为内外倾总角，它是指车轮外倾角与主销内倾角之和。**主销与车轮外倾线的交点应该位于轮胎的中心**，即轮胎与地面的接触点，不正确的角度将导致轮胎磨损加剧并会使转向操纵困难。

6. 前轮后移

图 1-62 所示为前轮后移，它是指其中一个前轮相对于另一轮位置向后移动，过大的前轮后移量将使汽车在行驶中偏向前轮后移的一侧。

7. 20°转向角

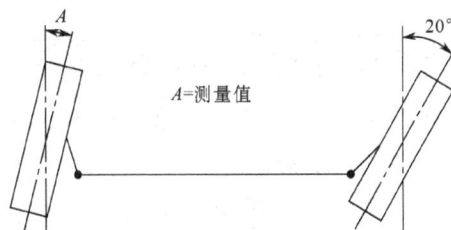

图 1-63 所示为 20°转向角，该角允许两前轮在转向时走不同的弧度，此时内轮与前进方向成 20°夹角。此角的功能是使外轮有更大的转弯半径，它的错误的变化将加速轮胎磨损。

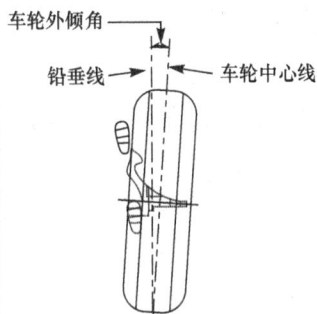

图 1-59 车轮外倾角　　图 1-60 主销内倾角　　图 1-61 内外倾总角

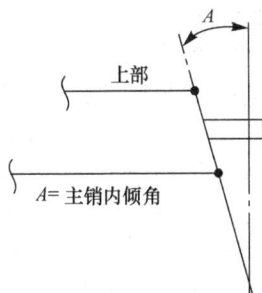

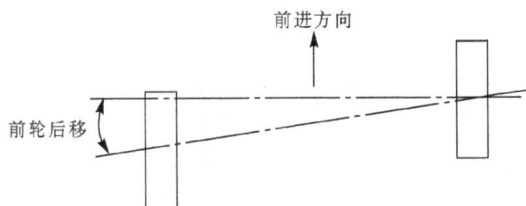

图 1-62 前轮后移　　图 1-63 20°转向角

8. 推进角

图 1-64 所示为推进角，它是汽车行驶方向（即推进线）与汽车中轴线的夹角，若推进线与中轴线不重合，那么汽车将不沿中轴线行驶。

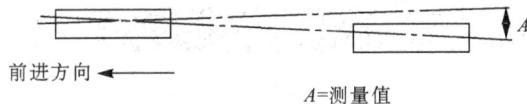

图 1-64 推进角

二、四轮定位不良造成的故障

四轮定位各参数不正确造成的主要故障及原因如下：

1) 转向盘过沉，原因是车轮后倾角过大。

2) 转向盘发抖，主要是由轮胎的静态或动态不平衡、车轮中心点偏心产生凸轮效应造成的。

3) 车辆行驶中跑偏，原因是车辆的左右后倾角或外倾角数值不相等、车身高度左右不相等、左右轮胎尺寸或气压不相等或轮胎变形。

4) 转向盘不正，原因是后轮前束不良造成斜推进线、转向系统不正。

5) 轮胎产生非正常磨损，原因是轮胎的前束和倾角的参数偏移。

三、四轮定位参数的检测与路试

通过目测和汽车在平直路面上的路试可以判断汽车是否需要进行四轮定位调整，基本的检测如下：

1) 测量汽车悬架高度。

2) 观察汽车静止时的状态，是水平还是弯扭。

3) 轮胎充气情况，轮胎型号匹配是否正确。

4) 轮胎是否有不均匀磨损情况。

5) 低速行驶时轮胎有无跳动现象。

6) 如果高速行驶时发生转向摩擦或出现噪声，则表明某些部件松动或损坏。

四、四轮定位调整的预检

预检主要是指前后轮胎和转向装置的检测。

1. 前后轮胎的检测

1) 检测轮胎的磨损情况。

2) 检测轮胎的物理问题。

3) 检测各轮胎的型号匹配问题。

4) 检测各轮胎的标准气压。

2. 转向装置的检测

转向装置的检测是指检测拉杆装置、拉杆管套、中心连杆、手动转向齿轮、动力辅助转向装置、万向节、螺旋弹簧、摇臂等零部件，并校准调整设备。

五、四轮定位仪简介与四轮定位的调整过程

1. 四轮定位仪简介

（1）汽车车轮定位的检测方法　汽车车轮定位的检测方法，有静态检测法和动态检测法两种类型。

1）车轮定位的静态检测法是在汽车静止状态下利用车轮定位仪对车轮定位进行几何角度的测量。

2）车轮定位的动态检测法是在汽车以一定车速行驶的状态下，用侧滑试验台检测前轮的侧滑量，以判断前轮前束和前轮外倾配合是否恰当。

（2）侧滑试验台检测原理　为了减少前轮纵向旋转平面接地点至主销轴线与地面交点的距离，并使前轴在承受较大载荷后前轮不致产生内倾，在前轮定位中出现了前轮外倾这一角度。但前轮外倾后，在两前轮滚动中出现了向外张开滚动的趋势。虽然在刚性前梁或车架的约束下，前轮并不能真正向外分开滚动，但两前轮分别给地面向内的侧向力和轮胎在地面上的滑动摩擦是实际存在的。此时，若使这样的汽车前轮在两块互不刚性连接然而可以左右自由滑动的滑动板上前进通过时，则可以看到两块滑动板向内靠拢。滑动板向内的靠拢量，即为该前轮的侧滑量。

前轮前束是为纠正前轮外倾后致使前轮向外张开滚动这一不足而出现的。当前束值恰到好处时，即给已经外倾的前轮一个合适的方向修正量时，前轮每个轮的瞬时滚动方向都会接近于正前方。此时，即使汽车前轮再通过同样的滑动板，滑动板也不会左右移动。若前轮前束值太大，则两前轮滚动中又会有向内靠拢的趋势。刚性前梁和车架不允许两前轮真正向内靠拢，但两前轮分别给地面一个向外的力并在地面上的滑动摩擦也是实际存在的。此时，若汽车的前轮通过上述同样的滑动板，则两滑动板向外滑动。滑动板的滑动量，即为该前轮的滑动量。

侧滑试验台就是利用上述滑动板在侧向力作用下能够横向滑动的原理来测量前轮侧滑量的。可以看出，检测中若滑动板向外移动，表明前轮前束太大或负外倾太大；若滑动板向内移动，表明前轮外倾太大或负前束太大；若滑板不移动，表明前轮没有侧滑量，则前束与外倾配合得恰到好处。

前轮外倾对滑动板的作用：不管车辆前进还是后退，其侧滑量相等且侧滑方向一致；前轮前束对滑动板的作用：在车辆前进和后退时，虽侧滑量相等但侧滑方向相反。

用同样方法也可测量后轮侧滑量。

在检测时，若滑动板的长度为1m，汽车以3~5km/h的速度平稳垂直通过滑动板，侧滑量为1mm，则代表车辆每行驶1km侧滑1m。按国家标准《机动车运行安全技术条件》的规定，用侧滑试验台检测前轮侧滑量，其值不超过5m/km。因此若**检测车的侧滑量为0~3mm范围内，则表示良好；侧滑量3~5mm表示可用；侧滑量5mm以上为不良**。

（3）四轮定位仪的分类　定位仪是一种测量汽车车轮定位参数的设备。检测前轮定位参数的设备称为前轮定位仪。汽车的操控性能不仅与前轮有关，后轮定位参数也很重要，检测前后轮定位参数的设备称为四轮定位仪。

四轮定位仪的测量方式及数据处理、数据传输方式随着电子技术的发展而不断变化，但是其基本测量原理大致是相同的，只有采用的测量方法（或使用的传感器的类型）及数据记录与传输的方式不同。

1）按通信方式的不同分类

① 有线通信：传感器通过电缆把测量数据传送到主机，有线数据传输可采用的技术有

很多种，采用何种技术主要取决于性能价格比等因素。其主要特点是传输可靠，成本低廉。

②无线电通信：通过无线电通信技术把传感器测量数据传送到主机（待传输数据经调制后以高频无线电波为载波向周围空间发送。它所采用的无线电频段一般是 433MHz）。与红外线传输相比，无线电传送具有传输无方向性、传送距离远、受障碍物影响小等优点，其主要缺点是成本较高。

③红外无线通信：红外线无线传输技术是把需要传输的数据经过调制后经由红外线载体发送，红外线接收器在接收到调制的红外线信号后经过解调恢复传输数据。由于红外线具有方向性，因此红外线的传输也具有方向性，而且存在不能被遮挡、传输距离不远等缺点。其主要特点是技术简单、成本低。但由于红外线传输具有方向性，因此红外无线通信与蓝牙通信比较，有怕强光、怕阻挡等不利因素。

④蓝牙无线通信：bluetooth 是 1998 年 5 月由爱立信、IBM、英特尔、诺基亚、东芝 5家公司联合制定的近距离（10m 内）无线通信技术标准（2.4GHz），它是由无线电波做载体进行数据交换。蓝牙通信的标志是采用蓝牙通信协议，硬件上采用蓝牙模块，效果上抗干扰能力较强。

从以上可以看出，蓝牙通信仅仅是众多通信方式中的一种，它不是测量方式，并不影响测量精度，也不是衡量一台定位仪优劣的主要指标。

2）按测量方式的不同分类

①拉线式角位移传感器：该传感器实际上是一只精密可变电阻，在轴的带动下，产生电压的变化，通过模拟量到数字量的转换，形成相对转动角度信号。

②重力锤式倾角仪：它实际由两部分组成，即锤部分和电子部分，由于重力的作用，锤始终垂直于大地，带动电子部分产生角度的相对变化。

③电子式倾角传感器：它是一种高科技产品，该倾角传感器有多种形式，如电容式、磁阻式、重力式等几种，全为非接触测量产品，根据原理不同，其性能也有较大差异。

④激光与光电接收板＋电子式倾角传感器

a. 激光：激光是作为测量系统的光源（激光发射器）而应用于四轮定位仪的，与其他光源相比，它具有单色性好，方向性强，光亮度极高的特点。因此，激光光源可以实现以较小的功率，测量较远的距离，由于其单色性好，因此它可以避免环境光对测量系统的干扰。但激光测量的精度较低，且对人体有害。

b. 光电接收板：在四轮定位仪中与激光配合使用的接收器，为光敏元阵列，而不可以用 PSD和 CCD。因为激光的光斑均匀性差，且具有干涉和衍射的特性，不利于 PSD 和 CCD 的接收。

⑤红外线与 PSD＋电子式倾角传感器

a. 红外线：红外线是自然界普遍存在的光源，它的本质也是光，只不过这种光肉眼不可见，用于四轮定位仪的红外发射管是一种半导体器件。红外线在四轮定位仪中的通信系统和测量系统均可使用。红外线用于通信系统是作为通信的载体，它采用调频的方式。应用于测量系统时，红外线作为发光源提供给 CCD 或 PSD 使用。由于红外发射管光斑均匀（特点），因此 CCD 或 PSD 的光源必须使用红外或可见光，而不能采用激光。红外线通信与蓝牙通信比较，有怕强光、怕阻挡等不利因素，因此对环境要求较高。

b. PSD：又称光电位置传感器，它是一种光电转换器件，当 PSD 的受光面某一位置存在光照的情况下，其输出电流会有相应变化，将光敏面上的光点位置转换成电信号，它是一种模拟器件（输出的是模拟信号）。PSD 测量方式的测量范围相对比较窄，且受环境光及温度的影响较大，因此，PSD 产品的精度和稳定性较差，需要经常对设备进行校正。

⑥ 红外线与 CCD + 电子式倾角传感器

CCD 又称光电耦合器件，是 20 世纪 70 年代初发展起来的新型半导体集成光电器件。CCD 元件为数字元件。应用在四轮定位仪上的 CCD 一般为线阵结构，由几千个相对独立的像敏单元以 13 ~ 14μm 的相邻距离均匀分布在一条直线上形成线阵。光线照射到像敏单元产生信号电荷，信号电荷在外部脉冲的作用下直接输入传感器的微电脑处理器进行处理，从而准确地计算出入射光的角度以及前束角度。由于 CCD 上像敏单元分布均匀，其线性度好，**因此，CCD 产品具有测量精度高，无温度系数，使用寿命长等诸多优点**。

元征公司的 X-531 四轮定位仪由红外发光管 + CCD 传感器 + 倾角传感器 + 无线电射频通信模块组成，其数据传输更加稳定可靠，是所有 2D 四轮定位仪产品中精度最高、性能最可靠、技术最先进的。

⑦ 红外线与 CMOS 图像传感器。CMOS 是互补金属氧化物半导体的统称，应用于四轮定位仪产品的是由 COMS 做成的图像传感器。首先，CMOS 图像传感器的动态范围远比 CCD 差。其次，CMOS 图像传感器的分辨率低，最多也不过 640 线，因此精度比 CCD 要低。再次，CMOS 图像传感器对环境的光线要求较高，太明或太暗时就不能正常工作。

⑧ 蓝牙与 CCD + 电子式倾角传感器。**蓝牙通信不怕阻挡，不怕光，数据吞吐量较大，但怕强无线电干扰**（比如 2003 年的太阳黑子对整个世界的无线电通信都造成影响），另外由于其历史短，成本较高。

⑨ 3D 技术。3D（3Dimension 是三维立体的意思）定位仪由高分辨率的摄像机将各车轮的立体姿态信息送给电脑，然后计算各车轮相对于测量系统的位置关系和角位置关系，最后计算车轮的定位参数。

3D 测量方式的基本测量原理是采用图像识别技术，用面阵 CCD 数码相机采集装在车轮反光板上的图像信息，以测量出车轮的各种定位参数。**3D 的优点是取代了传统的装有高精度光学电子装置的传感器，仅用一块反光板做靶标**。

3D 图像定位仪的测量装置由高分辨率 CCD 摄像头、反射光板构成。每个车轮上装夹一个带特定反光斑的反光板，因为 CCD 焦距的缘故，必须使每个反光板对应一个相应焦距的 CCD。电脑内要安装图像采集卡，在使用时，电脑还要取得举升机的高度信息，以便得到正确的计算结果。

电脑首先将汽车举升到规定的高度，然后分时逐个选通各个 CCD，并采集 CCD 送来的图像信息，计算机根据所采集的图形信息计算各定位角度。其测量原理是计算各个反光板的二维角坐标（对应于前束、外倾，如图 1-65 所示）、反光板中心在 CCD 中的坐标以及到对应 CCD 的距离，而四个 CCD 在选定的三维坐标系中的坐标是固定不变且已知的，这样，各反光板中心在该坐标系中的坐标就可以求出。于是各反光板的相对位置就可全部求出，也就能求出车辆各车轮的参数，如前束、外倾、退缩角等。主销参数的测量方法与其他定位仪的测量方法相似。

3D 影像定位仪的测量部分使用高分辨率的面阵图像传感器（面阵 CCD 或数码相机），而原来的机头由一反光板代替，反光板上有按一定规律排列的反光斑，用图像传感器观察反光板，根据其反光斑的位置及大小计算各车轮的位置参数。若车轮外倾时，反光板在 CCD 的视野中绕视野中心轴线旋转，各反光斑的上下左右位置均发生变化，只要先求出各反光斑的中心点的位置，再根据解析几何的原理就可计算出这些反光斑旋转了多少角度。

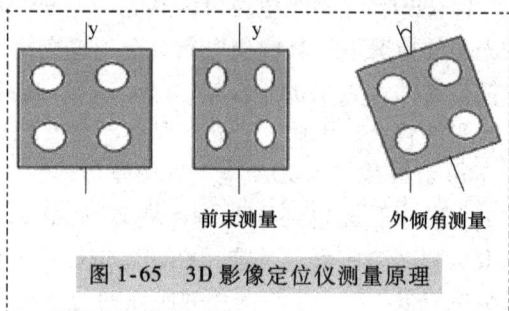

图 1-65　3D 影像定位仪测量原理

前束测量　　外倾角测量

由于测量距离不能与事先调整的对焦距离完全相等，图像不清晰，计算精度就要打折扣，**所以这种定位仪在测量时要求轻轻推动车辆前后移动若干距离以得到不同姿态的多次测量。**

该定位仪主要的问题是精度问题，由于 CCD 的焦距与反光板到 CCD 的实际距离可能因车型不同而相差较远，聚焦就成为影响测量精度的最大障碍。加之由于该类 CCD 成本较高，设计者还希望在每侧只使用一个 CCD，焦距问题就更突出了。如果采用自动聚焦，但调整聚焦的成像对象不够理想，而且自动聚焦本身也会带来测量误差，因此要选择更高分辨率的 CCD 才能解决问题，所以这种定位仪目前还不适宜大批量普通用户。

图 1-66 所示为百斯巴特四轮定位仪。

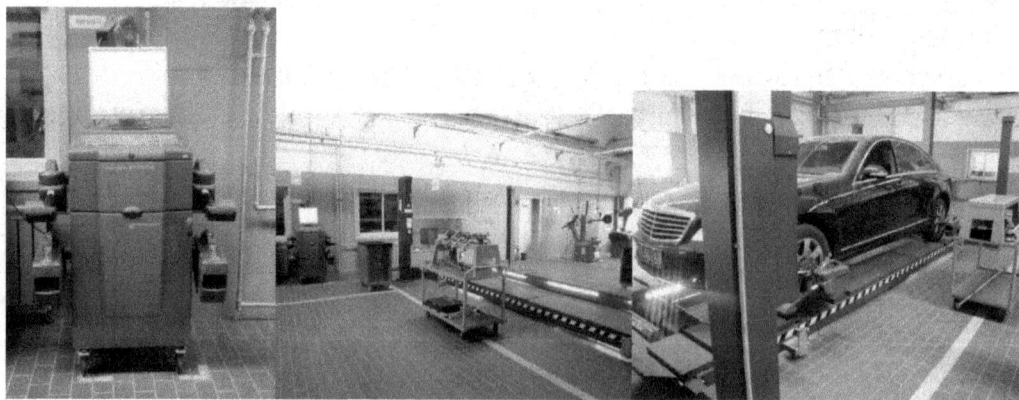

图 1-66　百斯巴特四轮定位仪

2. 四轮定位的调整过程

1）两轮调整法节省时间、操作简便、设备要求低，被许多修理厂使用。然而，它的工作效率完全依赖于所修汽车是否有两平行轴，且前后轮是否在同一直线上。图1-67所示为计算机的前轮前束数据分析。四轮调整法则更多依赖于计算机技术，它对调整过程进行实时检测，该法是以后轴的中心线为基准来调整四轮的转向角，同时使用计算机系统进行计算。因此可以容易地确定出转向轮的中心并进行调整，从而确保汽车在直线行驶时转向轮保持平行。

2）检查配重和倾角是否正确。图 1-68 所示为计算机的前轮外倾数据分析。一些操作不规范的维修企业，为了追求竣工速度和时间，在对事故修复车进行四轮定位时，往往会忽视车辆自重状态。如维修时，车身大梁拉伸、整形和校正都结束之后，油漆工对车身内表面的涂装也完成，机电工整装发动机、变速器、悬架系统，起动后马上进入四轮定位程序。这样，很多时候发动机罩、风

图 1-67　计算机的前轮前束数据分析

窗玻璃、保险杠甚至座椅都没安装，就开始四轮定位操作了。他们只关注是否跑偏、翘曲等问题。如果前后轮轴距基本正常，就会检验主销倾角、车轮内倾角、车轮前后束等。发现问题就强行硬改零部件以求达标，虽然事故的碰撞修复是允许个别甚至几个点位参数存在 ±3mm 的误差，但由于车身自重不对，倾角就会有变化，不达标时，一些所谓"经验丰富"的修理工就会锉改螺钉固定孔来校准四轮定位参数。图1-69所示为桑塔纳轿车的倾角调整。

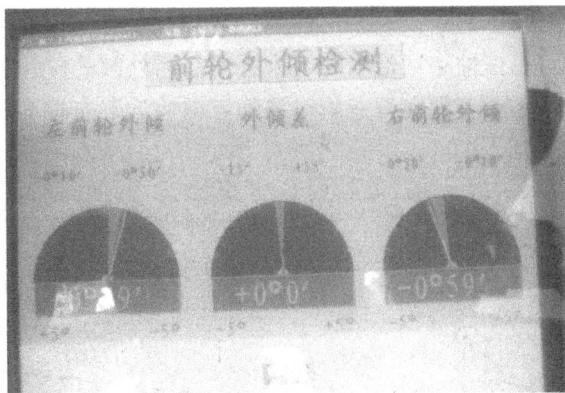

图 1-68　计算机的前轮外倾数据分析

这样的结果只能是当时没有装配完好的修复车辆能临时上路，可能会有较好的状态。而当整体修复装配竣工后，再以各种车速、在各种路况上进行路试时，问题又会显现出来。偶尔也有当时没问题的，出厂后正常使用不久又出现问题的车辆。没有根治的四轮定位问题一定要彻底解决。还要注意承载状态，如车辆进入四轮定位仪支架后，驾乘人员没有全部下车，有时甚至行李箱内还有较重的物品，这样定位的结果与前者相似。前者是配重不足，后

者则是配重严重超出车辆四轮定位时的自重要求。

总之，如使用先进的设备、科学的手段和技巧进行四轮定位，就能够避免在行驶中的跳动转向、力矩转向、左右牵引、转向器摆振、转向盘不能自动回正、垂直舒适性差、车身倾斜、行驶中异响及行驶事故造成的转向沉重等问题出现。

图 1-69　桑塔纳轿车的倾角调整

六、运用四轮定位仪的其他注意事项

1. 车轮前束和车轮外倾的配合

车轮外倾的产生使两侧车轮有向外滚开的趋势，车轮将在地面上出现边滚边滑的现象，从而加剧了轮胎的磨损。

而单从车轮前束而言，它使两侧车轮有向内滚进的趋势，车轮也会在地面上出现边滚边滑的现象，增加轮胎的磨损。

但车轮外倾的缺陷可以由前束的恰当配合来补偿。因外倾的向外滚开趋势可用前束的向内滚进趋势来抵消，最终保证车轮在每一瞬时滚动方向接近于向着正前方，以达到减低轮胎磨损及滚动阻力的目的（图1-70）。

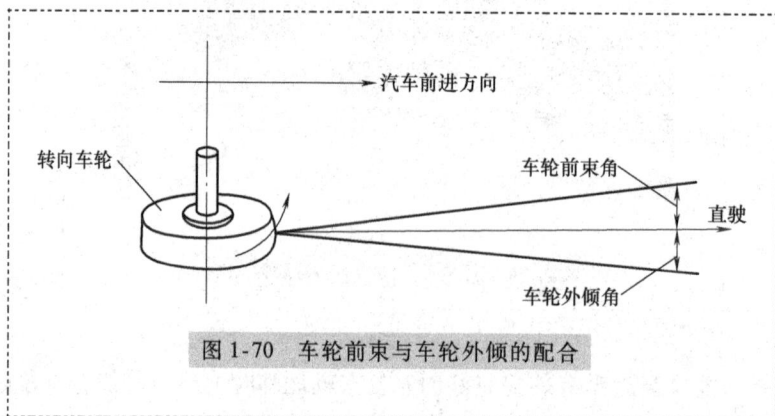

图 1-70　车轮前束与车轮外倾的配合

然而，也会出现另一种情况：**当前束失准或外倾角失准时，将不能保证车轮在每一瞬时的滚动方向接近于向着正前方，这样便会造成轮胎磨损及滚动阻力增大的不良现象。**

那么相对而言前束失准与外倾角失准造成的危害哪一种更严重呢？

2. 前束失准与外倾角失准造成的危害性对比

图 1-71 的两条曲线分别表示了外倾角失准和前束失准对轮胎磨损的影响。横坐标表示前束和外倾角，纵坐标表示相对磨损率。

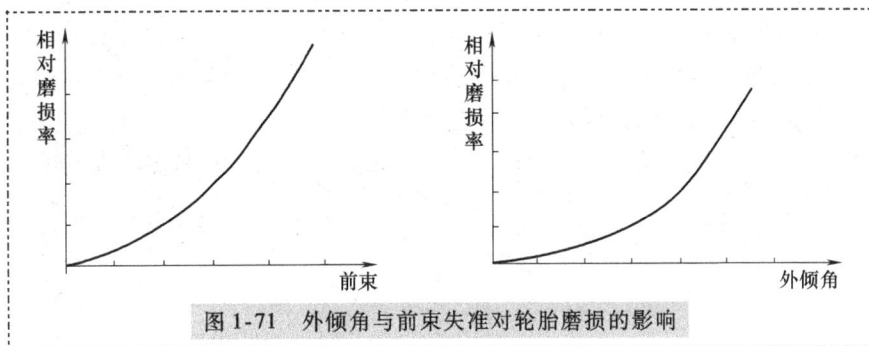

图 1-71　外倾角与前束失准对轮胎磨损的影响

结合图示及其他研究可以得知：

1）在相同的时间里，前束失准状态下轮胎磨损曲线比外倾角失准轮胎磨损曲线上升得要快。

2）外倾角不当磨损的是轮胎胎冠的一侧，而前束不当磨损的是遍布整个轮胎胎面成锯齿状的损坏。

3）轮胎磨损与前束设定误差呈递增比例。若一个轮胎只有 3mm（0.25°）的偏差，每行驶 1km 轮胎就侧滑 2m 左右。看起来数值好像不大，但会因此使轮胎的寿命减半。

这证明前束失准造成的轮胎磨损比外倾角失准造成的更为严重。

知识链接 1　为什么现代轿车的后轮外倾角大都设计为负值，且前轮外倾角也较小？

传统的设计思想中，设置外倾角的目的是适应汽车载荷的变化，减低轮胎的偏磨损，并减轻轮毂紧固螺母的负荷，防止该螺母滑扣飞出而酿成事故。这对于大型车辆是必要的。

而对于轿车来说，载荷相对不大且载荷变化也较小，而车速却越来越高，这样，解决因高速行驶引起的轮胎偏磨损和操纵稳定性问题便更为重要。

高速转向时汽车具有很大的惯性离心力，即使悬架具有横向稳定杆，车身也会自然向外侧倾斜。因此在静止状态具有正外倾的车辆在转向时外倾角更大，造成外侧车轮的侧偏角比内侧车轮大得多，内外车轮的实际转向角与纯滚动时的转向角差距较大，从而引起内外车轮产生不同程度的侧滑。这种拖滑状态不仅增加了轮胎不正常磨损，还使轮胎与地面的附着力减小，降低了车身的横向稳定性。

基于上述考虑，车轮具有负外倾，即车轮在静止状态下向内倾斜，在转向时车轮外倾角趋于零，从而减小转向时的磨损和提高转向时的横向稳定性，防止高速行车时出现的"激转"及危险的自动转向现象。

　　知识链接 2　为什么现代轿车有的前轮正外倾却可用负前束来配合，而后轮负外倾却要用正前束来配合？

　　这种情况一般是发生在前置发动机前轮驱动，后轮也是独立悬架的现代轿车上。

　　因为是前置发动机前轮驱动，汽车在前轮牵引力矩作用下，由于转向杆系存在间隙和弹性变形，前轮前端发生了绕主销向内的靠拢滚动，因而这种车辆设置的前束值都比较小，有的甚至为负前束，以给前轮一个恰到好处的修正量。

　　而后轮作为从动轮，要克服后轮滚动阻力矩的作用，因后轴杆系存在间隙和弹性变形，后轴将产生一定弯曲，使后轮出现前张现象，因而这种车辆的后轮前束角大都为正值，以给后轮一个恰当的修正量，即使后轮外倾角为负值。

第二章

钣金展开放样

钣金展开是指将物体表面按其实际形状和大小，摊在一个平面上。展开所得的平面图形，称为该物体的表面展开图（图2-1）。

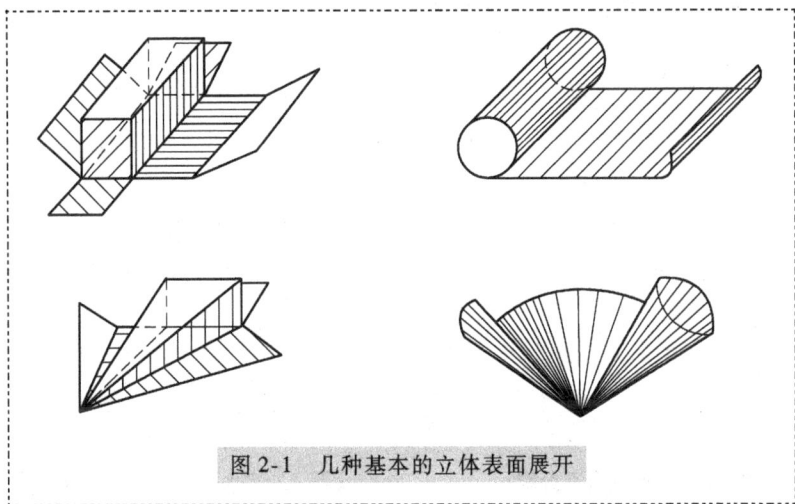

图2-1　几种基本的立体表面展开

钣金展开在机械制造部门有着广泛的应用，在汽车钣金制造维修中也占有极其重要的地位，如汽车轿车覆盖件、车身大梁、弹簧钢板、消声器等，都是由钣金材料制成的。依靠施工图把工件的实际大小和形状划到施工板料或纸板上的过程称为放样。放样是施工下料的第一道工序，与钣金展开、下料有着极其密切的关系。所以学好钣金的放样与展开是学好汽车钣金修理的第一步，必须本着认真钻研、循序渐进的态度学好它。

第一节　放样的基本知识

用图解法作展开图的第一道工序就是放样。

放样（又称为放大样）就是依照施工图把工件的实际大小和形状划到施工板料或样板材料的过程。学习放样图与钣金构件展开图，首先必须学好放样展开图的基础知识，这就需要了解常用几何作图方法，各种几何形体的分析方法，断面图在放样图中的应用，放样图与施工图的关系，放样在钣金展开中的作用等知识。只有熟练地掌握了放样的基本技能，才能为钣金展开的正确操作打好基础。在放样工作与钣金工作中，由于图形大都是在平面板料上作出，单纯依靠直尺量具是很难测量的，所以除必要的量具外，大都借助于划线工具来保证图形的准确度。本节将从基础入手，介绍放样的基本知识。

一、基本几何图形画法

钣金作业的放样展开都由基本图形组成，这里仅介绍几个常用基本图形的画法。

1. 作已知线段 *AB* 的垂直平分线（图2-2）

作图步骤：

1）分别以线段两端 *A*、*B* 为圆心，以大于 1/2 *AB* 为半径画弧，交 *AB* 线上下于 *O*、*O'* 两点。

2）连接 *O*、*O'* 点，所得连线 *OO'* 即为线段 *AB* 的垂直平分线。

2. 作以 *a* 为距离的已知线段 *AB* 的平行线（图2-3）

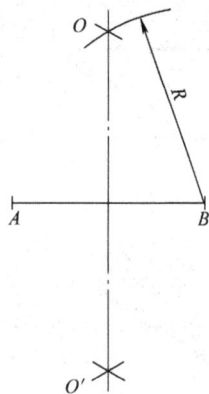

图2-2 作已知线段 *AB* 的垂直平分线

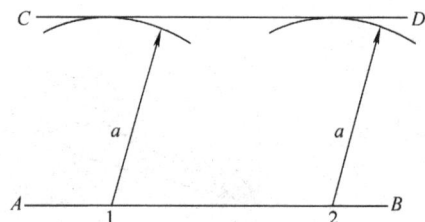

图2-3 作以 *a* 为距离的已知线段 *AB* 的平行线

作图步骤：

1）在 *AB* 直线上任取 1、2 两点。

2）分别以 1、2 两点为圆心，以 *a* 为半径画弧。

3）作两弧的外切线 *CD*。

则线段 *CD* 为线段 *AB* 距离为 *a* 的平行线。

3. 圆的等分（圆内接多边形画法）

（1）计算法（系数法任意等分圆周） 若已知圆直径和等分数，可由三角函数算出每一等分边长。为便于作图，可利用等分好的圆周系数表（表2-1）。计算公式见式（2-1）：

$$a_n = KD \tag{2-1}$$

式中 a_n——正 n 边形边长度，单位为 mm；

D——正 n 边形外接圆直径，单位为 mm；

K——n 等分时的等分系数。

（2）圆内接正六边形画法（图2-4）

作图步骤：

1）以 *R* 为半径作圆。

2）过圆心 *O* 作互相垂直的两直径分别交圆于 *A*、*B*、*C*、*D*。

表 2-1　等分圆周系数表

n	K	n	K	n	K	n	K	n	K
1	0	21	0.14904	41	0.07655	61	0.05148	81	0.03878
2	1	22	0.14231	42	0.07473	62	0.05065	82	0.0383
3	0.86603	23	0.13617	43	0.073	63	0.04985	83	0.03784
4	0.70711	24	0.13053	44	0.07134	64	0.04907	84	0.03739
5	0.58779	25	0.12533	45	0.06976	65	0.04831	85	0.03695
6	0.5	26	0.12054	46	0.06824	66	0.04758	86	0.03652
7	0.43388	27	0.11609	47	0.06679	67	0.04687	87	0.0361
8	0.38268	28	0.11196	48	0.0654	68	0.04618	88	0.03569
9	0.34202	29	0.10812	49	0.06407	69	0.04552	89	0.03529
10	0.30902	30	0.10453	50	0.06279	70	0.04486	90	0.0349
11	0.28173	31	0.10117	51	0.06156	71	0.04423	91	0.03452
12	0.25882	32	0.09802	52	0.06038	72	0.04362	92	0.03414
13	0.23932	33	0.09506	53	0.05924	73	0.04302	93	0.03377
14	0.22252	34	0.09227	54	0.05814	74	0.04244	94	0.03341
15	0.20791	35	0.08964	55	0.05709	75	0.04188	95	0.03306
16	0.19509	36	0.08726	56	0.05607	76	0.04132	96	0.03272
17	0.18375	37	0.08481	57	0.05509	77	0.04079	97	0.03238
18	0.17365	38	0.08258	58	0.05414	78	0.04027	98	0.03205
19	0.16459	39	0.08047	59	0.05322	79	0.03976	99	0.03173
20	0.15643	40	0.07846	60	0.05234	80	0.03926	100	0.03141

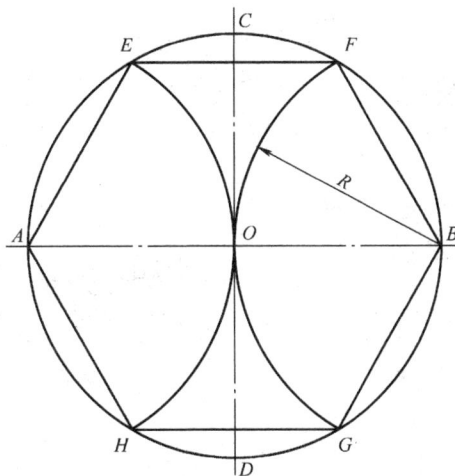

图 2-4　直径为 D 的圆内接正六边形画法

3）分别以 A、B 为圆心，以 R 为半径作弧交圆于点 E、F、G、H，将圆周六等分。

4）连接 A、E、F、B、G、H 各点，即为所求圆内接圆的正六边形。

二、放样与样图

钣金展开的方法有两种，即图解法和计算法。目前，我国通用的钣金展开法为图解法。所谓图解法，就是根据施工图，通过一系列线作图得到展开图的方法。

1. 放样

放样就是根据施工图的要求，按正投影原理，把构件的形状、尺寸按 1:1 的实际形态划到施工板料或样板材料上，这样划出来的图就称为放样图。随着科学技术的不断发展，已经出现了光学放样自动下料的新工艺和电子扫描放样的新技术，并已逐步推广应用。实际工作中，特别是在汽车钣金维修中多为单件作业或小批量生产，所以实尺放样仍然是目前广泛应用的最基本方法。

2. 放样的一般步骤

（1）读图　首先要读懂钣金构件的施工图和主要内容，并对构件的形状尺寸进行分析，整理出构件各部分在空间的相互位置、尺寸大小和形状。

（2）准备放样工具　了解施工图的各项要求后，根据放样的具体情况准备放样所需的工具、夹具、量具等。

放样划线的具体操作包括标志中心线、划轮廓线、定位线等。划线时，除了要保证线条清晰均匀外，最重要的是保证尺寸准确。为了保证生产尺寸的准确、提高工作效率，必须熟练地掌握各种基本几何图形的画法和正确准备及使用工具。在钣金划线中，通常使用的工具有划针、圆规、角尺、样冲和曲线尺等。常用划线工具如图 2-5 所示。

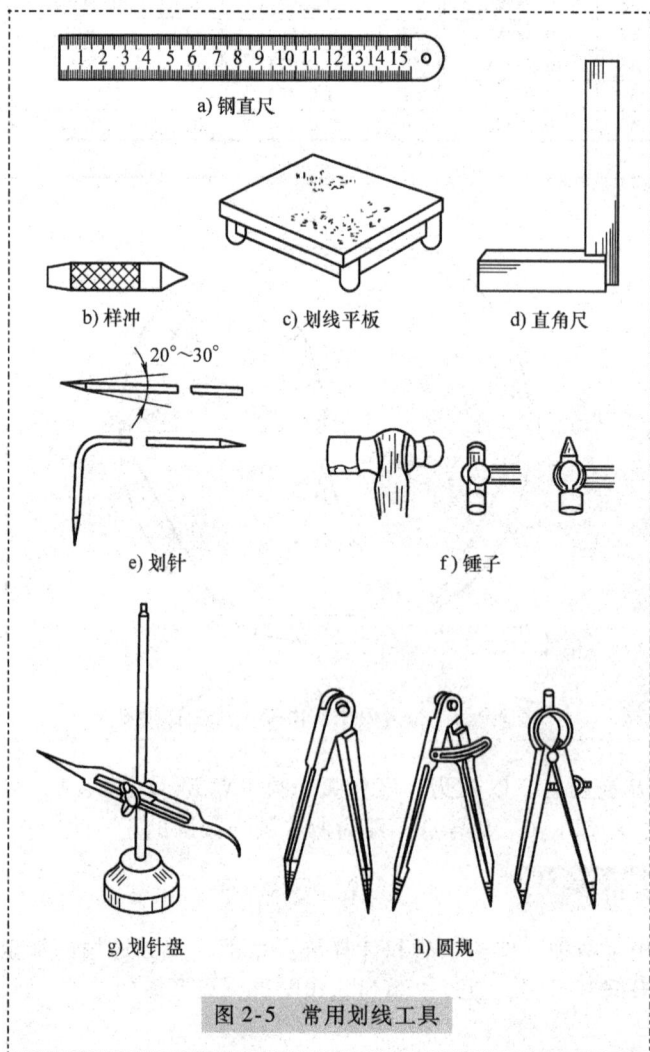

图 2-5　常用划线工具

1）划针。划针主要用于在钢板表面划出凹痕的线段。通常用直径为 4～6mm，长约 150～250mm 的弹簧钢丝和高速钢制成。划针的尖端淬火后磨锐，以保证有足够的强度、硬度以及锋利性。

2）圆规（划规）。圆规用于在钢板上划圆、圆弧或分量线段的长度等。常用的圆规用工具钢制成，两规脚尖淬火后磨锐，以保证划出的线条清晰。

3）长杆圆规（划规）。长杆圆规专为划大圆、大圆弧，或分量较长直线时使用。两杆脚可依照所需尺寸任意调整，画较大圆弧时，需两人配合操作使用。

4）钢直尺。常用的钢直尺有 150、300、500、1000 等规格（单位均为 mm）。

5）直角尺。直角尺有扁平和宽座的两类。扁平的直角尺主要用于划直线以及检验工件装配角度的正确性；使用宽座直角尺时，可以将宽座内边靠在钢板的直边上，划出与直边垂直的线。这种直角尺灵活方便，适用于各种型钢的划线。

6）样冲。为使钢板上所划线段能保存下来，作为施工过程中的依据或检查标准，就要在划线后用样冲沿线冲出小眼作为标志。使用圆规划圆或在钻孔前，也要用样冲在圆心上冲一小孔作为圆规定心或钻头定心定位之用。

7）划线规。划线规用作划与型钢边沿平行的直线。

8）曲线尺。划线工作中，经常遇到需光滑地连接各曲线已知定点的工序，用曲线尺连接这些点可以提高工作效率和划线的精确度。

9）小锤子。小锤子用于敲打样冲，常用工具钢制成，头部经淬火处理。

除此以外经常用到的还有量角仪、粉线、划针盘、万能角度尺和各种不同长度的直尺等工具，均根据施工图放样时的需要采用。

3. 选择放样基准

所谓放样基准，实际上是划线基准。即是放样划线时起点的基准线、基准面、基准点。基准的确定，通常情况下应选构件的对称面、底面、重要的端面以及回转体的轴线等。在板料放样划线中，基准一般只选择两个，具体可根据以下三种情况来选择，如图 2-6 所示。

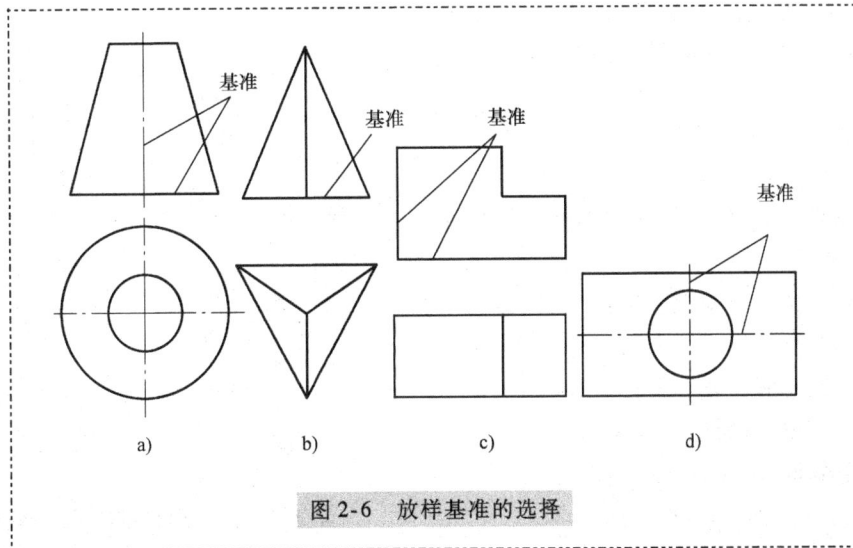

图 2-6 放样基准的选择

1）以两个互相垂直的平面或直线作为基准。

2）以一个平面和一条中心对称轴线作为基准。

3）以一个平面和两条中心对称轴线作为基准。

4. 划线的基本规则

为了保证划线的质量和准确性，必须严格遵守以下规则：

1）垂直线必须用作图法划，不能用量角器和直角尺划。

2）用圆规在钢板上划圆、划弧或分度尺寸时，为防止圆规脚尖的滑移，必须先用样冲冲出脚眼。

3）放样划线后要认真检查各部线条有无遗漏，各部尺寸位置是否正确。

5. 放样划线时的注意事项

1）核对板材的型号规格是否与施工图要求相符；对于重要产品所用材料，应有合格检验证，板材的化学成分和力学性能应符合施工图规定的要求。

2）划线前板材表面应干净、平整。如发现表面呈波浪形或凹凸不平过大时，为避免影响划线的准确性，应事先矫正。

3）注意检查材料表面有无夹渣、麻点、裂纹等缺陷。如有时，应错开排料，以避免出现废品，浪费材料。

4）划线工具（如直尺、角度尺等计量工具）应定期检查矫正，尽可能采取高效率的工具。

5）划线前应在划线部位刷涂料，以便辨认线痕。

6. 放样操作

1）首先划出所选择的基准线，对于图形对称的零件、构件，一般先划中心线和垂直线，作为划其他线的基准。对于非对称零件，尤其是板料加工来说，至少要划出两个方向的基准线。

2）根据施工图上的要求，对应基准线划其他线。

① 按照基本几何作图法划出各部位的圆弧线。

② 对应基准线，由近到远，划出各段直线。在截取线段时，必须从划出的基准线有关部位开始截取。不能脱离基准线另划线段。

③ 按施工图的要求和钣金放样要求，完成所有线条的划制。

3）在放样图的重要部位打样冲眼。打样冲眼时应注意：

① 直线少打，但两端必须打上。

② 曲线多打，要反映出曲线特征。

③ 重要线间的交点必须打上。

④ 圆心部位必须打上。

⑤ 准备截取线段的起点必须打上。

至此，放样图全部工作完成。

作图 2-7 所示的圆锥台放样图（不考虑板厚）。

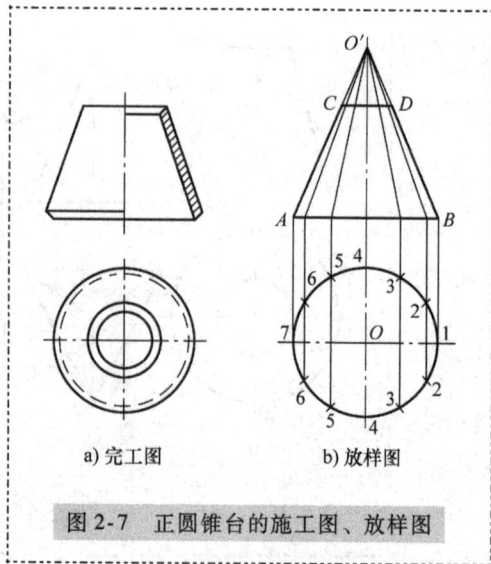

a) 完工图　　b) 放样图

图 2-7　正圆锥台的施工图、放样图

其作图步骤如下：

1）根据设计尺寸（施工图）外形，划出中心轴线，再划出与中心轴线垂直的底边线。

2）在中心轴线上取圆心 O，以锥台底边为半径划出平面图（即俯视图）。

3）在锥台底边上，以中心轴线交点为对称点，划出底边 AB 等于施工图底边。

4）划出与底面距离等于施工图立面图高度的平行线。

5）在平行线上截取与中心轴对称线的线段 CD，使 CD 等于施工图上口宽度。

6）连接 AC、BD 即为圆锥台立面图。

7）把平面图的圆周 12 等分，得到等分点。

8）延长 AC、BD 交于 O 点。

9）在立面图上划出与 12 等分点相对应的素线。

至此，依施工图划的正圆锥台放样图完成。

三、线段实长的求法

在钣金作业的放样与展开中，展开图就是钣金构件表面铺平后的实际形状尺寸图。为了求得各表面的实形，就必须求得构成表面各线段的实长。在各种形体中，有一部分处于特殊位置，即平行于投影面的线段可反映实长，但处于其他位置时却不能反映实长。这就必须通过作图法或计算法求得线段实长。常用的线段实长作图求法有直角三角形法、直角梯形法、旋转法和更换投影面法等，这里重点介绍常用的直角三角形法、直角梯形法和旋转法。

1. 直角三角形法

直角三角形法就是作一个直角三角形，使这个直角三角形的一个直角边等于空间直线在某个视图中的边长，另一条直角边为该直线段在另一个视图中的空间距离（高度差），则斜边即为空间直线的实长。

如图 2-8 所示，已知空间线段 BC 的两面投影为 bc 和 $b'c'$，求线段 BC 的实长。

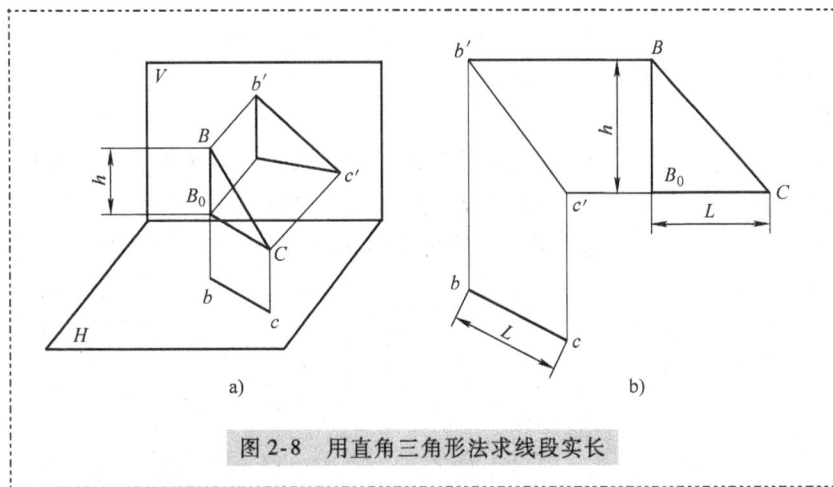

图 2-8 用直角三角形法求线段实长

由于 BC 倾斜于两投影面，所以其投影 bc 和 $b'c'$ 均不反映实长。这时作一辅助线 B_0C // bc，得直角 $\triangle BB_0C$。

在直角 $\triangle BB_0C$ 中，只要知道两个直角边 BB_0 和 B_0C，就可求出斜边 BC。因为 B_0C 等于 bc，可以从水平投影中量得，又因为 BB_0 等于 B 点和 B_0 点的高度差 h，可以从正投影中作图求得，因此，求 BC 实长的作图步骤如下：

1）作一直角三角形，令 $L = bc$ 为一直角边。

2）使 bc 的竖向距离（高度差）h 为另一直角边。

3）斜边长即为线段 BC 的实长。

2. 直角梯形法

直角梯形法就是以空间直线段在某个视图中的投影长为直角梯形的一个腰长，以空间直线段在另一个视图中的投影两端点到水平轴的垂直距离分别为直角梯形的两个底，则另一个腰长即为空间直线实长。

如图 2-9 所示，已知空间一般位置线段 AB 和两投影 ab、$a'b'$，求空间线段 AB 实长。

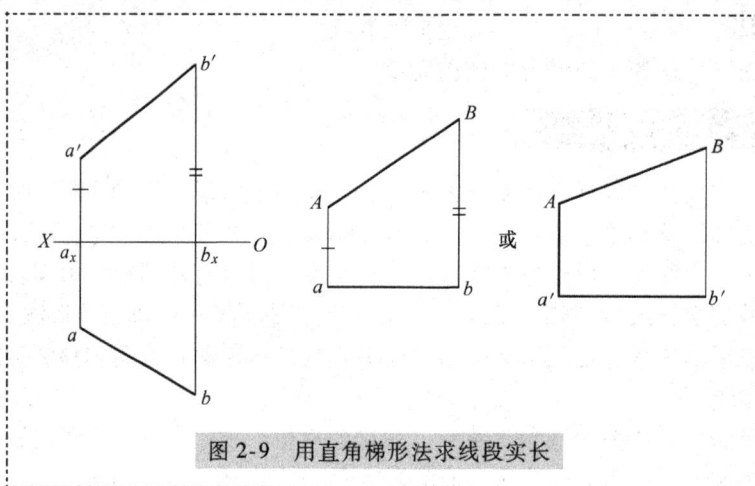

图 2-9　用直角梯形法求线段实长

作图步骤如下：

1）作一直线段，使其长等于 ab。

2）过 a、b 分别作线段 ab 的垂线，使长度分别等于 $a'a$ 和 $b'b$。

3）连接梯形两端点，即为 AB 实长。

3. 旋转法

旋转法就是保持投影面不变，使倾斜直线绕垂直于某一投影面的直线，旋转成与投影面相平行的直线，则直线在与其平行的投影面上的投影就反映它的实长。

如图 2-10 所示，已知空间直线段 AB 的两投影 ab 和 $a'b'$，求 AB 实长。

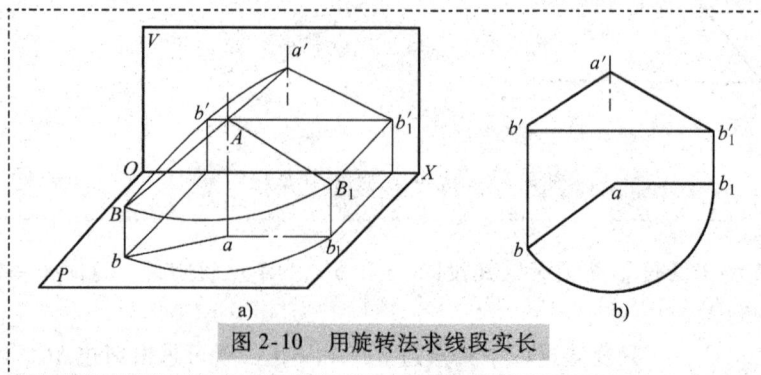

图 2-10　用旋转法求线段实长

1）以 a 为圆心，把 ab 旋转到与投影面平行的位置 ab_1。

2）过 b' 作与 x 轴平行的线，与过 b_1 所作的 OX 轴的垂直线交于 b'_1 点。

3）连接 $a'b'_1$，即为 AB 实长。

第二节　可展表面与不可展表面

一个钣金构件的制作，必须在放样图的基础上，将其表面展开，才能依据展开图下料制作。

掌握展开图的共同规律及基本方法成为钣金工作的特有技能。展开图就是在展开过程中所画出来的构件表面实形图，它是钣金下料工艺的依据。

钣金零件的表面形状是相当复杂的，根据形体的表面特征有平面、曲面以及曲面平面相结合的形体。那么在钣金展开放样中，究竟哪些形体是可以展开的表面，哪些形体是不可展表面呢？通过对几何形状的分析，可以得到答案。

一、几何形状分析

在日常生活里，经常会遇到各种各样的钣金构件，这些构件的形态虽然各不相同，但可以说都是各种各样的简单几何体的组合。要掌握放样、展开及下料的技能，首先要掌握各种几何体的特性及其投影规律。

基本几何体分平面立体（图 2-11）和曲面立体（图 2-13）两种。钣金制品中，几乎所有构件都是这两种几何体的组合。

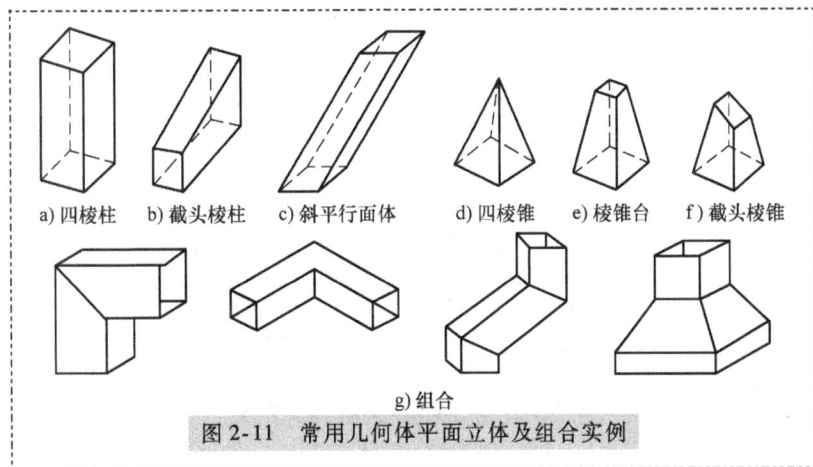

a) 四棱柱　b) 截头棱柱　c) 斜平行面体　d) 四棱锥　e) 棱锥台　f) 截头棱锥

g) 组合

图 2-11　常用几何体平面立体及组合实例

1. 平面立体

平面立体分为棱柱体、棱锥体和多面体。

（1）棱柱体　棱柱体的棱柱线彼此平行，有三棱柱、四棱柱及不同的多棱柱体。

（2）棱锥体（图 2-12）　棱锥体的棱面交于一点，它们分为三棱锥、四棱锥以及不同的多棱锥。

（3）多面体　有些多面体也由 4 个梯形平面所组成。从表面上看是四棱锥，但若把它的 4 根棱柱延伸，并不能交于一点，得不到一个共同的锥顶。这种形体不属于棱锥体范畴，只能叫多面体。

综上所述，棱柱体、棱锥体及多面体虽形体各异，但有一个共同点，它们的表面全部是两条直线所包容，都是直线的轨迹。

2. 曲面立体

在曲面体中，有一部分是旋转体。由一条母线（素线为直线或曲线）绕一固定轴线旋转，形成旋转体。旋转体外侧的表面，称旋转面。圆柱、正圆锥、球等都是旋转体，其表面都是旋转面（图2-13）。

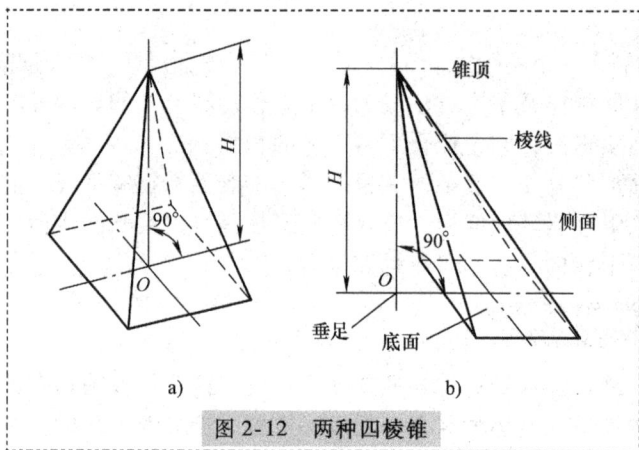

图 2-12 两种四棱锥

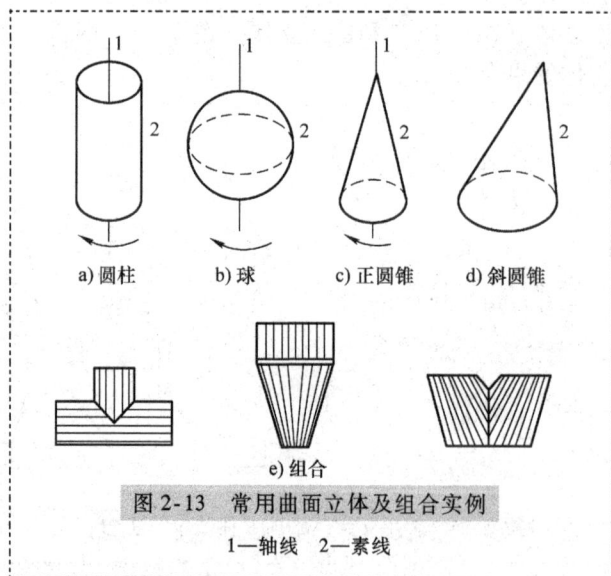

图 2-13 常用曲面立体及组合实例

1—轴线 2—素线

从图2-13中可看出，圆柱体是一条直线（母线）围绕着一条直线，始终保持平行和等距离旋转而成的；正圆锥体是一条直线（母线）与轴线相交，始终保持一定的夹角旋转而成的；球体则是一条半圆弧的母线，以直径为轴线旋转而成的。

二、可展表面与不可展表面总结

从钣金构件的几何形体分析可以得出如下结论：

1）钣金构件中所有形体，包括复杂形体都是由一个或几个基本几何形体构成的。

2）所有钣金构件的形体都是由直线或曲线线条的运动轨迹形成的。

3）凡直线的旋转或直线运动的轨迹形成的几何体及其组合，均是可展开表面。这些形体包括棱柱体及其组合、棱锥体及其组合、多面体及其组合、圆柱体及其组合、圆锥体（包括斜锥体）及其组合以及这些形体中的相互组合。

4）凡是曲线旋转或曲线扭转运动轨迹形成的几何形体均是不可展开表面。这些不可展形体包括球面、卵形面、椭圆球面、螺旋抛物面等各种异形曲面体。尽管这些形体不能展开，但是在钣金构件中又可能遇到，所以对这些形体可以采用近似展开的方法。

第三节　平行线展开法

如果形体的表面是由一组互相平行的直素线所构成的，如棱柱面、圆柱面等，其表面的展开可以用平行线法。

一、平行线展开原理

若形体表面是由无数条彼此平行的直素线所构成的，那么其相邻的两条素线及其上下端口曲线所围的微小面积，就可以近似地看成是梯形或长方形，当分成的面积较多时，各小平面面积的和就等于形体的表面面积。若把小平面面积按照原来的分割顺序和上下位置不遗漏、不重叠地铺开来时，形体的表面就被展开了。由于素线在摊平前是互相平行的，所以铺平后仍互相平行。作图时充分利用这一特性，只要找出这些素线之间的距离，以及它们各自的长短，即可得到展开图。按这一原理和方法绘制展开图的方法称为平行线法。

二、平行线展开法应用

1. 用平行线法作直立四棱柱面的放样展开图（图2-14）

从放样图可以看出，直立四棱柱四条棱边均是垂线，长度相等，上下底面互相平行，仅四个立面的宽度不同而已。

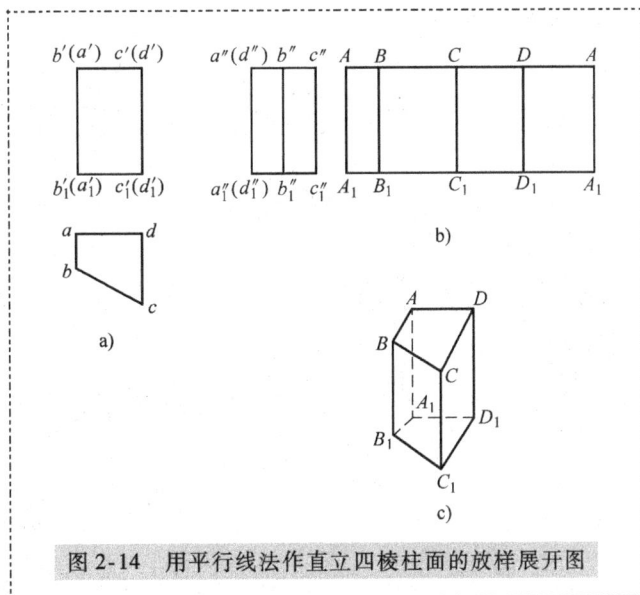

图 2-14　用平行线法作直立四棱柱面的放样展开图

所以展开图上下边必定是一条直线，作图步骤如下：

1）在上下底正面投影延长线上的适当位置依次截取长度 $AB = ab$、$BC = bc$、$CD = cd$、

$DA = da$，得到线段 AB、BC、CD、DA 即为四棱柱面上下棱边实长。

2）过 A、B、C、D 各点作延长线的垂线分别与另一底边相交，得 AA_1、BB_1、CC_1、DD_1、AA_1，即可得到直立四棱柱的展开图。

2. 用平行线法作斜口直立四棱柱面的展开图（图 2-15）

从图 2-15 中可以看出，它的四条平行的棱线都是垂线，只是四条棱边的高度不同而已。而且下底面与棱边垂直，那么只要在延长线上适当截取不同高度即可。因此，斜口直立四棱柱面展开图作图步骤如下：

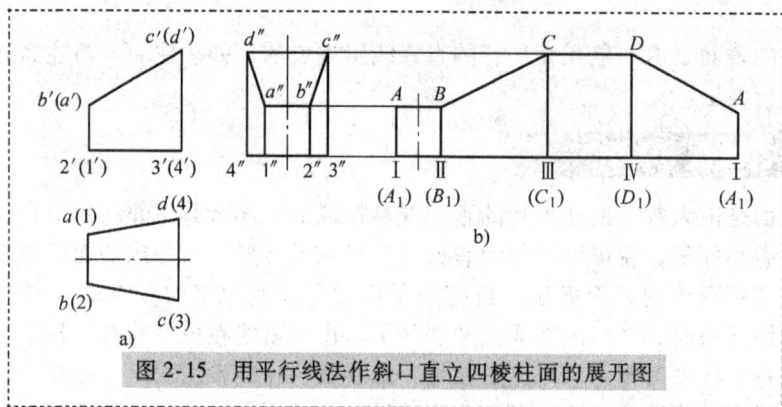

图 2-15　用平行线法作斜口直立四棱柱面的展开图

1）在俯视图或左视图底边的延长线上适当的位置依次截取线段 $A_1B_1 = ab$，$B_1C_1 = bc$，$C_1D_1 = cd$，$D_1A_1 = da$，即为斜口四棱柱底边各边边长。

2）过 A_1、B_1、C_1、D_1 四点作底边延线的垂线并分别截取线段 $AA_1 = 1'a'$，$BB_1 = 2'b'$，$CC_1 = 3'c'$，$DD_1 = 4'd'$，即得到斜口四棱柱各平行棱边的高。

3）连接 AB、BC、CD、DA 即得到斜口直立四棱柱的展开图。

3. 用平行线法作斜放四棱柱面的展开图

从立体图可以看出，斜放四棱柱面 4 个柱形棱边是互相平行的，它的正投影和上下底面的水平投影均反映实长，但与上下底面的 4 个棱边并不垂直。如图 2-16 所示，在斜口棱柱

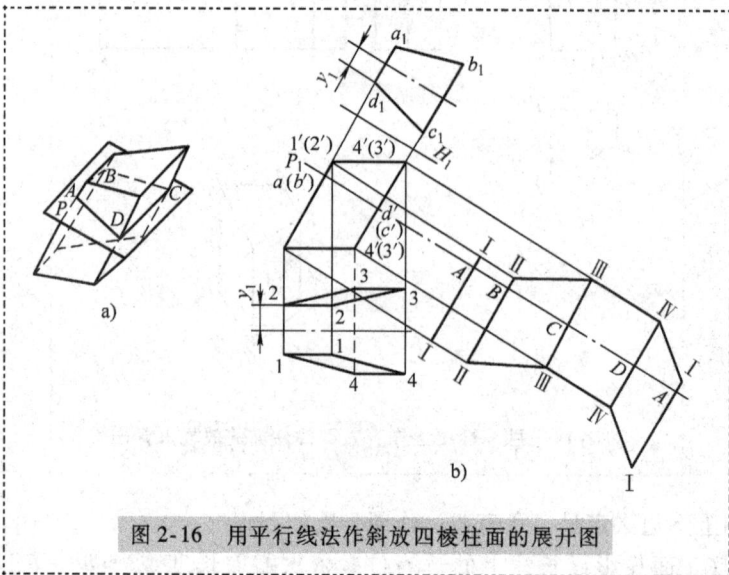

图 2-16　用平行线法作斜放四棱柱面的展开图

中间的适当位置作一个假想平面把棱柱切开，使该平面与棱柱的 4 条棱线垂直，并画出平面与棱柱面割切开的断面图，这样该棱柱就变成两个与图 2-15 同样的斜口直立四棱柱，就可以按图 2-15 的方法展开了。

4. 用平行线法作斜口直立圆柱面的展开图

如图 2-17 所示，圆柱面的轴线垂直于水平面，上口斜截而成。已知尺寸直径 D，高度 H，截面倾角 β，展开图作图步骤如下：

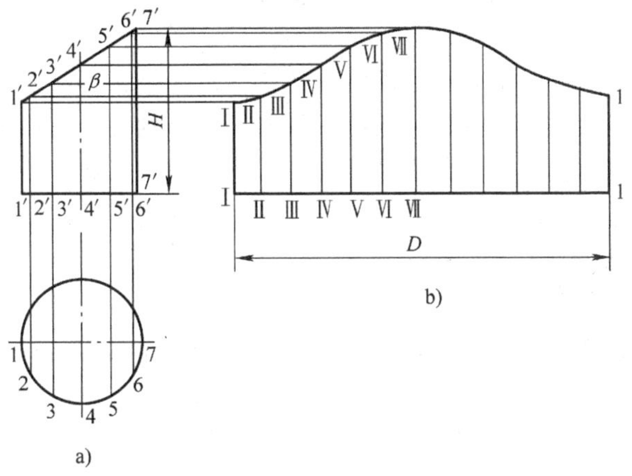

图 2-17　斜口直立圆柱面平行线展开法

1) 在水平投影上将下口 12 等分，得 12 个点，并分别过等分点作主视图底口垂线交斜口于 1′、2′、3′、4′、5′、6′、7′。

2) 作下口底边的延长线，并在延长线上截取线段 12 段，使每段均等于水平投影的已等分弧长，得 12 个交点。

3) 分别过 12 个点作底边延长线的垂线。

4) 过 1′、2′、3′、4′、5′、6′、7′分别作底边的平行线，与 12 个点的垂线相交于 12 个点。

5) 用曲线板把 12 个交点光滑地连接起来即得到斜口直立圆柱面的展开图。

需要说明的是这种近似展开法，其断面图等分点越多，展开越精确。

三、平行线展开法特征

从以上几例展开的情况可以看出，只有当柱状形体的所有彼此平行的素线都平行于某个投影面时，平行线展开法才可应用。

平行线展开法的作图步骤，可归纳如下：

1) 任意等分断面图（或任意分割断面图），由分点向对应视图引投影线（即素线投影线），在该视图上得一系列交点，也就是由断面图上的分点确定形体上有关相应的素线位置和素线长度。

2) 在与该视图素线垂直的方向上截取一线段，使其长度等于正断面周长，且在此线段上照录断面图上各分点，再过各照录点引垂直线，与该视图中在第一步时所得交点而引素线的一组平行的垂直线同名各点对应相交。

　　3）将交点依次连接，完成展开图。

　　在平行线展开图中所说的断面图是正断面图，也就是和彼此素线都垂直的断面图。在展开图中，断面图伸直后所在的线段，称为展开图的长度，展开图上的曲线，称展开曲线。与展开长度垂直的直线和展开曲线必有交点，此交点到展开长度所在线段的距离叫展开图的高度。

第四节　放射线展开法

　　如果形体表面是由一族交汇于一点的直素线构成的，则该形体称为锥体，该形体表面称为锥面。所有棱线交于一点的叫棱锥；所有素线交于一点的旋转体叫圆锥。所有锥体表面的素线在展开前都交于锥顶。展开后的素线仍交于一点，呈放射状，所以这种展开方法称为放射线展开法。所有锥体锥台的锥面展开都可以应用放射线展开法。

一、放射线展开法原理

　　放射线展开法的原理：可以把锥体表面上任意相邻的两条素线（或棱线）及其所夹的底边线，看成是一个近似的平面三角形。当各小三角形的底边也足够短的时候，则小三角形面积的和就等于原来形体的表面积。若把所有的小三角形依次铺开成平面，原来的形体表面也就被展开了。作展开图的关键是确定这些素线（或棱线）的长度和相邻素线（或棱线）间的夹角，或者利用两条素线（或棱线）所夹的底边线实长来确定，通过三角形底边线两点间距离间接达到确定其夹角的目的。

二、应用举例

1. 正四棱锥面的展开

　　如图 2-18 所示为四棱锥面的立体图、放样图及展开图的绘制过程。在放样图的主、俯视图上，用双点画线表示出各棱线的正面投影和水平投影的延长线，它们分别交于 o'、o 的连线与棱锥底垂直，这说明该四棱锥面的 4 条棱线 AⅠ、BⅡ、CⅢ、DⅣ 同交于 O 点。此四棱锥面的上、下口互相平行于 H 面。可将锥面看成为由大的四棱面 O-ⅠⅡⅢⅣ 划去上部的小四棱锥面 O-ABCD 而形成。绘制其展开图，需要求出各棱线和上、下口各边实长。因为该形体形状是前后和左右对称，四条棱线的长度相等，所以只求出其中一条棱线的实长即可。而上、下口都平行于 H 面，其各边的水平投影均反映实长。上、

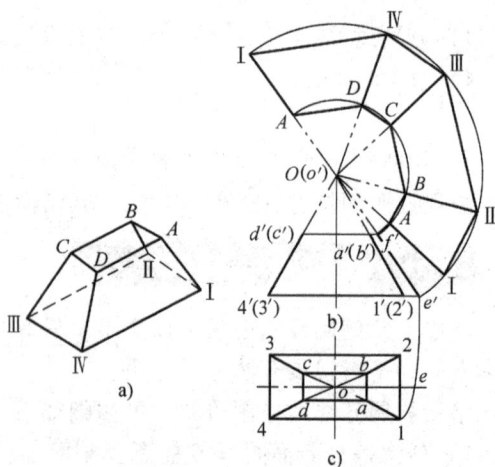

图 2-18　正四棱锥面的立体、放样及展开图

下口各顶点 A、B、C、D 和 Ⅰ、Ⅱ、Ⅲ、Ⅳ 分别在 4 条棱线 OⅠ、OⅡ、OⅢ、OⅣ 上,其作图步骤如下:

1)用旋转法求 OⅠ 的实长,以及 A 点在实长上的位置。以 O 为圆心,OⅠ 为半径画弧(将 OⅠ 旋转至水平位置 oe),过 e 点向上作铅垂线与正投影 $4'1'$ 延长线交于 e',连接 $o'e'$,则 $o'e'$ 是 OⅠ 的实长。延长 $d'a'$ 交 $o'e'$ 于 f',则 $o'f$ 是 OA 的实长。

2)以 O 点为锥顶,在适当位置画射线 OⅠ 作为展开图的起始点。

3)以 o' 点为圆心,$o'e$ 为半径画弧;交 o'Ⅰ 于 Ⅰ 点,再以 Ⅰ 点为圆心,以 Ⅰ Ⅱ 为半径画弧与圆 O 交于 Ⅱ 点,用直线连接 Ⅰ Ⅱ 点,得 OⅠ Ⅱ 面的展开图,再以 Ⅱ 点为起始点,同样的方法用水平投影 Ⅱ Ⅲ 的长为半径画弧,交于 Ⅲ 点,便得到 OⅡ Ⅲ 的展开图。同理依次作出 OⅢ Ⅳ 与 OⅣ Ⅰ 两棱面的实形展开图。

4)作上口各边在展开图的位置,以 O 为圆心,$o'f$ 为半径画弧,与 OⅠ、OⅡ、OⅢ、OⅣ 相交于 A、B、C、D 各点,再依次用直线连接相邻两点,即得到四棱锥面的展开图。

2. 作正圆锥面的展开图

图 2-19 所示为正圆锥面放样图的主、俯视图及其展开图。从图中可以看出,要想将此图展开,必须先将圆锥水平投影任意等分,一般作 12 等分,得等分点 1、2、3……上下半圆至 12 即可,并通过这些等分点作正投影的垂线——即这些点的正投影 $1'$、$2'$、$3'$……至 7 即可。用直线将这些点与锥顶相连,得到半边的 7 条素线(实际上所谓 12 条素线正投影背面是看不见的,即便想画也是与正面素线重合的)。将这些素线看作是棱面,用该十二棱锥面代替圆锥面绘制其展开图。

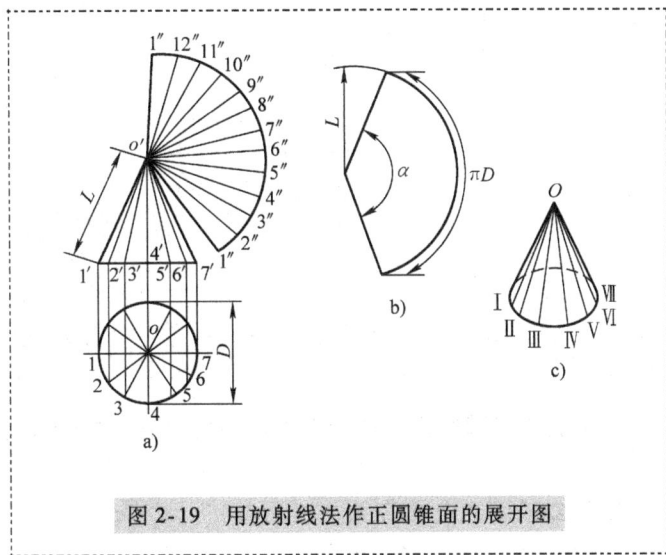

图 2-19　用放射线法作正圆锥面的展开图

其作图步骤如下:

1)将圆周面水平投影圆 12 等分,得等分点 1、2、3……12 点。画出这些等分点的正投影 $1'$、$2'$、$3'$……$12'$,分别连接 $o'1'$、$o'2'$、$o'3'$……$o'12'$ 为圆锥面的素线。

2)以锥顶正投影 o' 为圆心,以反映实长的素线投影 $o'1'$ 为半径画圆弧,在圆弧上适当位置取一点 $1''$ 为起点,依次用水平投影上一个等分弦长如 12 的长度在圆弧上截取 12 段,得 $1''$、$2''$、$3''$……$13''$(实为 $1''$),把 13 个等分点连起来的扇形即为正圆锥面的展开图。

上述作图过程中，用等分圆周的一个等分弦长代替弧长，得到的展开图是一个近似展开图，有一定误差。适当增加等分数，即等分数越多，越接近实形，就可以使其误差保持在工程允许的精度范围内。也可利用圆锥面投影与展开图间的关系，计算出扇形的中心角 α，然后作图，这样可将误差消除。

3. 斜截圆锥锥面的展开

图 2-20 所示为斜圆锥面的立体图、展开图及放射图。由图可知，此构件由圆锥面斜截去顶部，斜截面为椭圆，作展开图对应求出锥顶至斜截面素线的长度。

其作图步骤如下：

1）将圆锥面的水平投影 12 等分，并作等分素线的水平投影与正面投影，等分素线的正投影与截平面对应相交于 a'、b'、c'、d'……共 12 点。

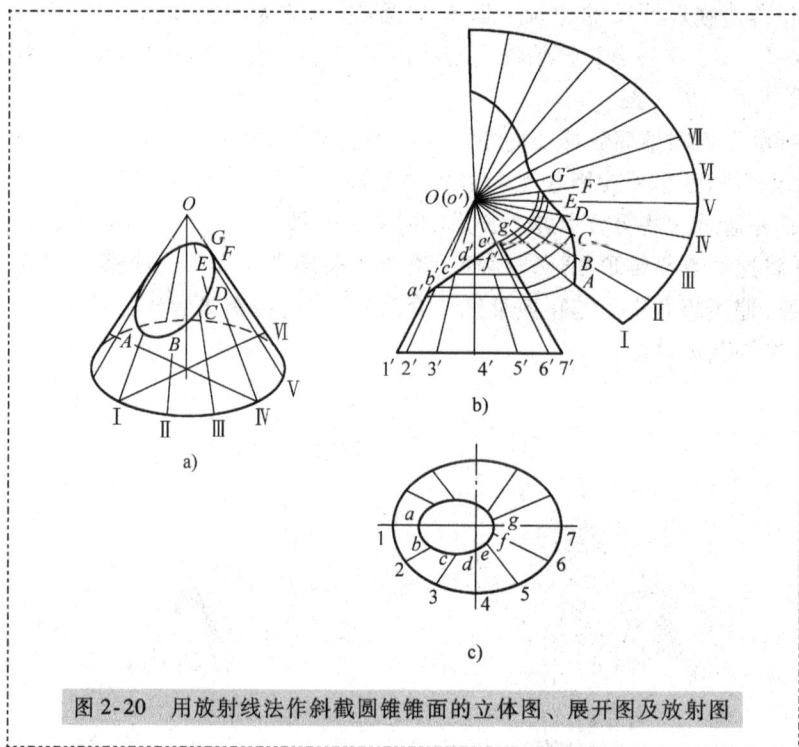

图 2-20　用放射线法作斜截圆锥锥面的立体图、展开图及放射图

2）用圆锥面展开的方法画出圆锥面的展开图。画出扇形后，将中心角 12 等分，在展开图上画出各等分素线。

3）用旋转法求素线至截平面交点的实长，过交点 a'、b'、c'、d'、e'、f'、g' 作轴线的垂直线段，与轮廓线 $o'7'$ 相交的交点至 o' 的长为所求各素线实长。

4）分别在各等分素线 $O\mathrm{I}$、$O\mathrm{II}$、$O\mathrm{III}$……依次截取 OA、OB、OC……令它们分别等于相应素线的实长，得 A、B、C……各点，并用同样的方法画出另一半对称点，再用光滑曲线将这些点连接，即得到上口倾斜的圆锥面展开图。

4. 斜圆锥面的展开（图 2-21，选学）

提示：斜圆锥面与圆锥面的展开基本相同，不同之处是各素线均不相等，在放样图正投影中除两轮廓因平行于投影面反映实长外，其余各素线均不反映实长。另外斜圆锥面的正截面是椭圆线，等分比较困难。因此，通常是利用它的截面形状为圆的辅助断面图的投影进行等分。

可以参照图 2-21 试作斜圆锥面的展开图。

三、放射线展开法小结

放射线展开法是很重要的一种展开方法。它运用于所有锥体及锥截管件或构件的侧面展开，尽管锥体表面各种各样，但展开方法却大同小异，作法可归纳如下：

1）在两视图中（或只在某一视图中）通过延长投影边等手段完成整个锥体的放样图。

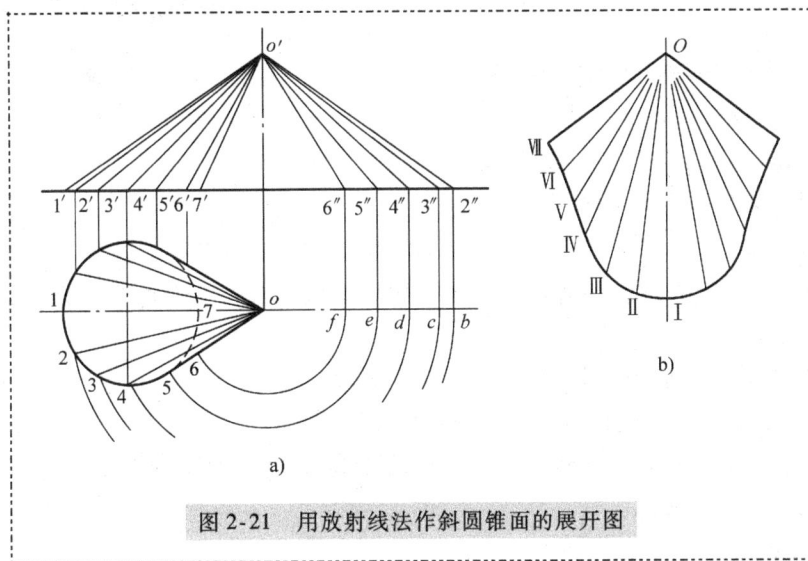

图 2-21　用放射线法作斜圆锥面的展开图

2）通过等分断面周长（或任意分割断面全长）的方法，作出各分点所对应的断面素线（包括棱锥侧棱以及侧面上过锥顶点的直线），将锥面分割成若干小三角形。

3）应用求实长的方法（常用旋转法、直角三角形法），把所有不反映实长的素线，与作展开图有关的直线的实长一一求出来。

4）以实长为准，利用交轨法（正锥体可用扇形法），作出整个锥体侧面的展开图，同时作出全部射线。

5）在整个锥体侧面展开图的基础上，以射线为骨架，以有关实长为准，再画出锥体被截切部分所在曲线的展开曲线，完成全部展开图。

第五节　三角形展开法

对于可展曲面来说，因为整个曲面是可展的，因此每一部分也一定是可展的。有些钣金构件的表面是由平面、柱面和锥面的全体或部分曲面等组合而成的任意形状表面，即全部是由各种可展表面的部分表面组合而成的，因而也一定是可展的。

如图 2-22 所示是天圆地方构件，可以把它看成是由 4 个斜圆锥部分表面和 4 个三角形平面组合而成的。如图 2-23 所示是上下口均为矩形，但扭转 90° 的构件，它的表面可以看成是由 8 个三角形小平面组合而成的。这类构件采用前述的平行线法或放射线法作展开图虽然可以，但却非常麻烦，若采用另一种方法——三角形展开法就简便得多了。

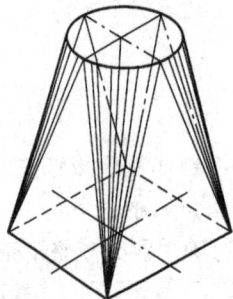

图 2-22　天圆地方构件立体图　　　图 2-23　扭转90°的构件立体图

一、三角形展开法原理

若形体的表面是由若干平面与曲面、曲面与曲面、平面与平面构成的，那么就可以把表面划分成若干小三角形，然后把这些小三角形按原来的相互位置和顺序不遗漏地铺平开来，则形体表面就被展开了。

三角形展开法虽然能用于任何形体，但由于这种办法比较烦琐，所以只有在必要时（三角形展开法比平行线法或放射线法简单时）才采用它。如当形体表面无平行的素线或棱线，不适用平行线展开法，又无集中所有素线或棱线的顶点，不适于用放射线法展开时，才采用三角形展开法作展开图。

二、应用举例

1. 天圆地方构件的展开（图 2-24）

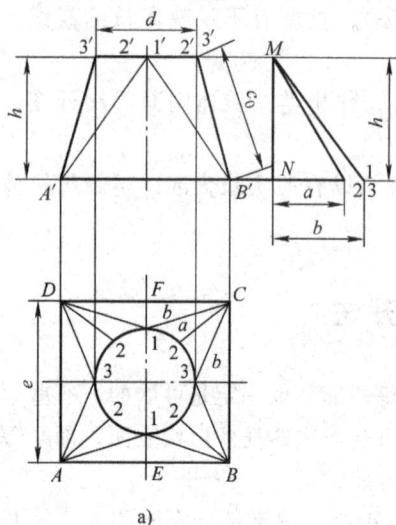

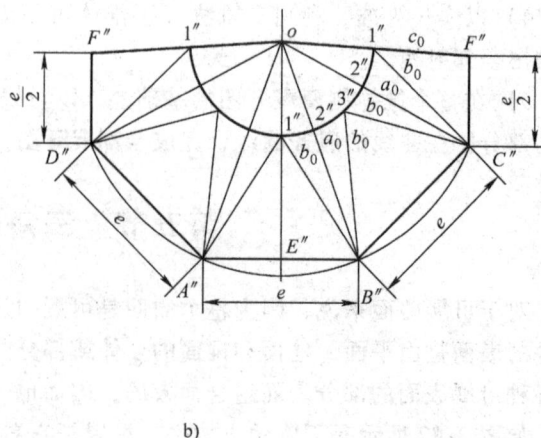

图 2-24　天圆地方构件的放样图、展开图

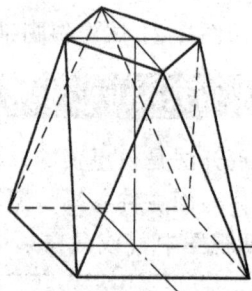

从图中可以看出，天圆地方形体上端口为圆形，下端口为方形，上口和下口都是水平面，水平投影反映上、下口实形，4个三角形为全等三角形，4个部分锥面形状和尺寸也完全一致，只要将其中一个锥面分成若干个三角形，即可作出整个形体表面的展开图。天圆地方又称变形管或变形接头，即由方形转为圆形或由圆形转为方形，在各类管道中被广泛应用。其展开作图步骤如下：

1）将平面图中圆周8等分，将等分点1、2、3分为4组，并和相近四角顶点 A、B、C、D 连接。再由等分点向上作垂线交立面图上口于 $3'$、$2'$、$1'$、$2'$、$3'$，再与立面图下底两角 A'、B' 相连。即把天圆地方的侧表面分割成若干个小三角形，本例共分为16个小三角形。

2）由于构件前后左右都是对称的，俯视图中被中心轴线分割开的4个1/4表面完全相同，其上口与下口在平面图中反映实长和实形，取接缝为 EF 处，由于 EF 是水平线，因此在主视图中相应线段 $B'3'$ 就反映实长。而 $B'2'$ 在任一投影中都不反映实长，这就必须应用求实长方法求出实长。本例较方便地采取了直角三角形法求实长。即在主视图侧旁引一形体高度线 $MN = h$，另两条直角分别为俯视图中 $A2$、$A1$ 的长度 a 和 b，连接两条斜边即为 $A1$、$A2$ 的实长，即找出三角形每一边的实长。

3）作展开图。

① 作线段 $A''B''$ 使其等于底边 e 长，分别以 A''、B'' 为圆心，以 $A1$ 的实长 $M1$ 为半径画弧交于 $1''$ 点，这就画出了形体三角形平面的一面，即小三角形 $A''B''1''$；实际为形体 $AB1$ 的实形。

② 再以 $1''$ 为圆心，以上口1、2的弧长为半径画弧与以 B'' 为圆心，以 $A2$ 的实长 $M2$ 为半径的圆弧交于 $2''$ 点，这样就作出了小三角形 $B''1''2''$，实际为形体 $B12$ 的实形。

③ 同理再以 $2''$ 为圆心，以23的圆弧长为半径画弧，与以 B'' 为圆心，以 $A1$ 的实长 $M1$ 为半径画弧交于另一点 $3''$ 点……以此类推。

④ 由于本例是在 $F1$ 处取的接缝，两端三角形 $1''F''D''$ 和 $1''F''C''$ 是分别以 D''、C'' 为圆心，以 $e/2$ 为半径与以 $1''$ 为圆心，以 $E''1''$ 为半径的交点。

⑤ 这样按顺序先后相邻位置，不遗漏、不重叠、有顺序地把形体表面每个分解后的小三角形交点全画出来，并在上口光滑地以曲线连接，其他部分以直线连接，准确地铺平在同一平面上，得到天圆地方的形体表面展开图。

2. 方形锥面管的展开

图2-25所示为方形锥面管的放样图展开图。从图中可以看出，该方形锥面的上口平行于水平面，故在俯视图上的投影反映实形；下口和左右侧面垂直于正投影面，故左右侧面分别是等腰梯形；用三角形展开法求展开图只需将前后面的不规则四边形划分为两个三角形，将斜边实长求出即可。

其作图步骤如下（取对称部位 AB 为接口部位）：

1）将前后面四边形对角线相连，各划分为两个三角形，连接对角点。

2）用直角三角形法求出平面各边的实长，即 $3'7' = 3''7''$，$6'7' = 6''7''$，$6'3' = 6''3''$，$2'6' = 2''6''$。

3）用求出的棱线实长、对角线实长及上下口的实长依次相连拼画出各个平面图形。根据12、56、$2''6''$作出等腰梯形1256；根据23、$3''6''$、$2''6''$作出三角形236；根据$3''7''$、$6''7''$、$3''6''$作出三角形367，再作出右侧等腰的一半 $AB37$。至此即作出展开图对称的半个展开图。

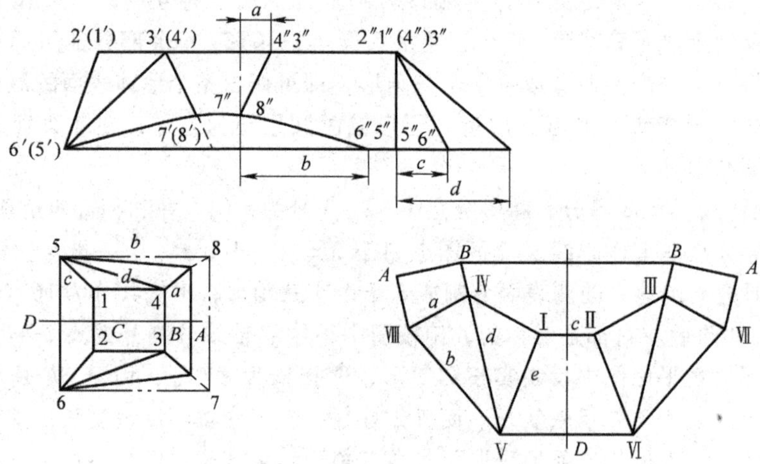

图 2-25　用三角形法展开方形锥面管构件

4）用同种方法作出与3）对称的另一半展开图，因构件取 *AB* 接口，故等腰梯形分两个相等直角梯形 *AB*37 和 *AB*84 为两端展开。这样，即得到方口锥面构件的全部展开图。

3. 作斜天圆地方构件展开图（选学）

图 2-26 所示为斜天圆地方构件的放样图、展开图。

从图中可以看出，此构件表面上方下圆且上口方口与底面倾斜。由于上口倾斜，所以俯视图上口自然形成的 4 个三角形俯视反映的两侧为等边三角形，上下则为不等边三角形，但这 4 个三角形均为真正的平面三角形。正由于平面三角形存在，把圆锥分为很不规则的 4 个部分。如果等分圆周则找不到上下平面三角形的真正交点，势必形成钣金的折皱，故作此构件展开图的关键是找出上下两个平面三角形的两个与底边的交点，然后再近似地等分圆弧，用素线分割若干小三角形后再作展开图，具体方法参照图 2-26 斜天圆地方构件展开图。

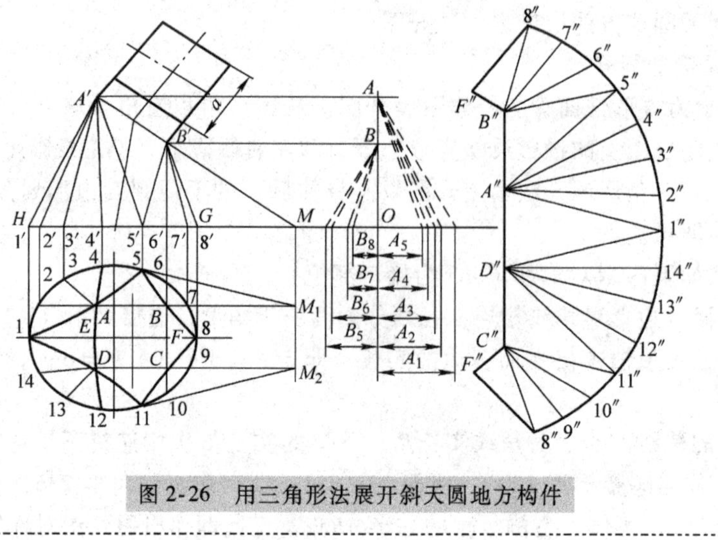

图 2-26　用三角形法展开斜天圆地方构件

4. 圆顶圆底成直角异形接头的展开

如图 2-27 所示，圆顶圆底成直角接头上、下口虽为直角相交，但由于放样图是圆形，故在展开图中无直线可以借鉴，用平行线展开法和放射线展开法困难较多，用三角形近似展开法较为适宜。由于此图形展开过程较为复杂，为了展开方便，将主视图用中性层位置另外画出。图中上口圆平行左视投影面，下口圆平行于俯视投影面。由于该件可把主视图图形分为前后对称的两部分，而在主视图中两个斜边 AB（11′）、CD（55′）反映构件实长，把 CD 作为构件接口，在放样图中上下口处用钣金作图的简化画法画出以上下口为圆心的半圆的断面图形及构件的俯视图一半图形左视图与俯视图，其他部分图可以省略。

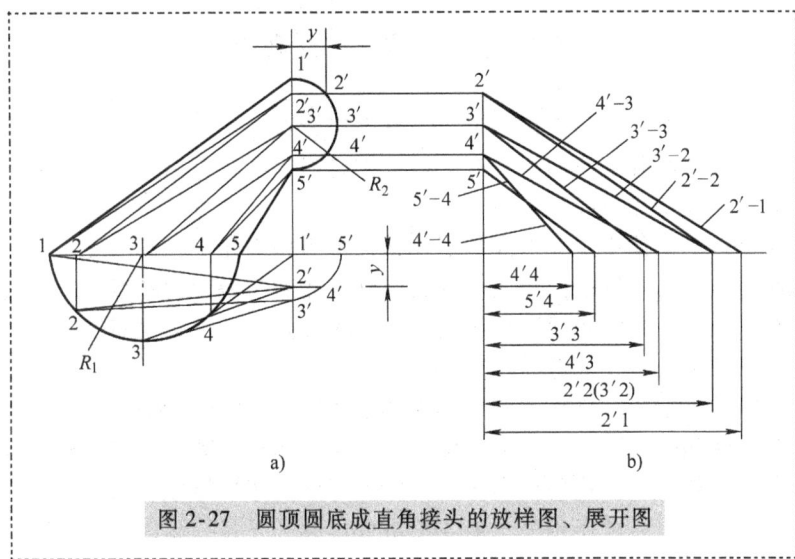

图 2-27　圆顶圆底成直角接头的放样图、展开图

具体作图步骤如下：

1）已知尺寸 D_1、D_2、a、h 和板厚 t，按平均半径 $R_1 = (D_1 - t)$，$R_2 = (D_2 - t)$ 画出放样图。上口半圆作 4 等分（实际为 8 等分整圆），得等分点投影 1′、2′、3′、4′、5′；将下口半圆也同样作 4 等分，得等分点投影 1、2、3、4、5，并将上口等分点 1′、2′、3′、4′、5′ 在半俯视图上作出。

2）连接 11′、22′、33′、44′、55′（实际上 11′、55′ 在俯视图的同一条直线上）。将构件表面划分为 8 个近似平行的四边形单元。连接各四边形的对角线 12′、23′、34′、45′，将构件表面分为 16 个近似三角形。

3）用直角三角形法求出各边实长。在所有 16 个三角形各边中，11′、55′ 平行于主视图反映实长。取 1′2′ = 2′3′ = 3′4′ = 4′5′ = 12 = 23 = 34 = 45 和各三角形边的实长 12′、22′、23′、33′、34′、44′、45′ 的实长，依次有序地排列作出 11′2′、12′2′、22′3′、23′3′、33′4′、34′4′、44′5′、45′5′ 等 16 个三角形，并得到 16 个三角形的 1、2、3、4、5 等，1′、2′、3′、4′、5′ 等 18 个顶点。

4）用光滑曲线将它们连接起来，即得到所要求圆顶圆底成直角异形接头的展开图。

三、三角形展开法小结

三角形展开法又叫回归线展开法，因为它略去了形体原来相邻素线间的平行、相交、异面关系，而用新的三角线来代替，因此对曲面来说是一种近似的展开法，这种方法不仅可用来展开可展曲面，还可以用来作不可展曲面的近似展开图。

三角形展开构件表面的 3 个步骤如下：

1）在放样图中将形体表面正确分割成若干小三角形。

2）求所有小三角形各边的实长。

3）以放样图中各小三角形的相邻位置为依据，用已知的或求出的实长为半径，通过交轨法，依次展开所有小三角形，最后将所得的交点视构件具体情况用曲线或用折线连接起来，得到所需构件的展开图。

第六节　相贯体的展开

前面叙述了构件为单一几何形体的展开方法，可直接作出展开图。但在日常使用的构件中，经常可以看到钣金构件是由两个或两个以上多种形体所组合而成的，这就出现各种不同形体的相交结合——立体相贯问题。

由两个或两个以上形体所组合而成的形体构件称为相贯体。

由两个或两个以上的形体表面相交所形成的结合线称为表面相贯线。相贯线是相邻两形体表面的公有线，也是两形体表面的分界线，相贯线又是一条密封空间线，一些特殊形体的相贯线也可以是一条平面曲线或直线折线。

常见的形体构件组合——立体相贯，可分为棱柱体与棱柱体相交、棱柱体与棱锥体相交、棱柱体与圆柱体相交、圆柱体与圆柱体相交、圆柱体与圆锥体相交、棱锥体与棱锥体相交、圆锥体和圆锥体相交，以及各种形体和球面体相交、多种形体相交等。

这些相贯形体虽然可以看作是单一形体的组合，但又有其特殊性，所以在展开方法上也有其特殊性，其关键就是相贯线的求法。能否正确绘制相贯体放样图的关键是能否正确求出相贯点，通过若干相贯点正确画出形体表面的相贯线。求出的相贯点越多，画出的相贯线越准确。

对于相贯体构件来讲，只需正确地绘制出放样图的立体相贯线，就可以把相贯形体分解开，按单个形体的展开规则进行形体表面的展开了。常见的相贯线求法有直线型相贯线法、素线法、纬线法、辅助平面法等。

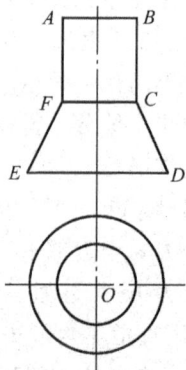

图 2-28　圆锥和圆柱轴线重合的相贯体构件

一、直线型相贯线的展开

直线型相贯是指平面分布的相贯线（平面曲线或平面折线），在所在的平面垂直于投影面时，相贯线在该投影积聚为一条直线的情况（图 2-28）。因为此类构件的表面相贯线为一直线，所以很容易地可以把相贯两构件准确地分开，然后用平行线法展开圆柱体，用放射线法展开圆锥体，这里不再赘述。

二、用素线法求形体相贯线及其形体展开

素线法是利用素线作为辅助线与两形体相交以求相贯线的作图方法。

1. 用素线法求相贯点的原理

用素线法求相贯点的原理：设想圆锥面是由许多素线所组成的，圆锥面上任一点必然在过该点的素线上，只要求出该点的素线投影，即可求出该点的投影。

如前所述，左视图上的投影求相贯线的关键是求相贯点，如图 2-29 所示。

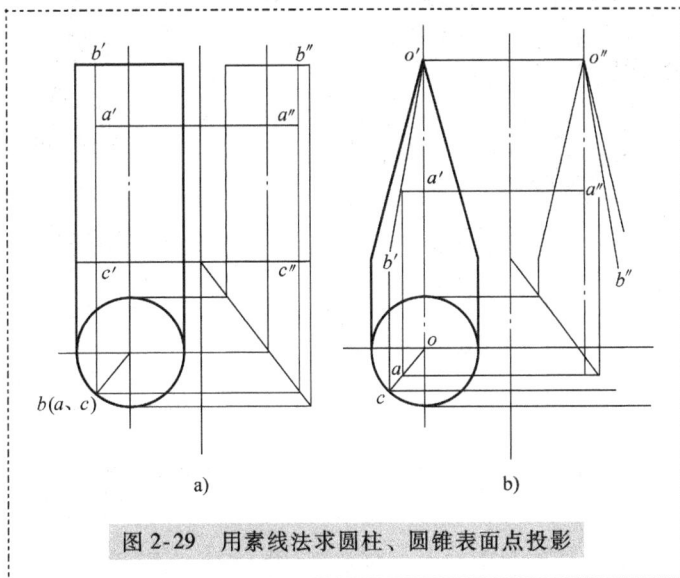

图 2-29　用素线法求圆柱、圆锥表面点投影

用素线法作已知相贯点的投影可归纳如下：

1）在有已知点视图上作过已知点的素线。

2）将该素线投影到另一视图上。

3）最后将已知点投影到另一视图的相应素线上。

2. 用素线法求相贯线的实例

如图 2-30 所示，该形体在左视图上的相贯线为已知，只要按此视图确定素线位置，就可求出另外两图的相贯线，并绘制出两形体的展开图。

其作图步骤如下：

1）由已知尺寸，画出主视图与左视图的轮廓线。将左视图上 $H1'$、$G1'$ 延长交于 O 点，使其成一正圆锥；并以圆锥底长为直径在锥底对应位置画出锥底面半圆周；6 等分半圆周；过等分点 1、2、3、4、3、2、1 引垂线与底边交于点 2″、3″、4″、3″、1″；连接 $O_1 1''$、$O_1 2''$、$O_1 3''$、$O_1 4''$、$O_1 3''$、$O_1 2''$、$O_1 1''$ 交已知左图相贯线于点 1′、2′、3′、4′、3′、2′、1′。

2）主视图同样按左视图圆锥、锥底半圆的画法画出并 6 等分半圆，画出相应素线，只不过根据视图投影规律数字排列为 4、3、2、1、2、3、4；过左视图相贯线各点水平线与主视图相对应各素线相交得 4、3、2、1、2、3、4 各点，平滑连接各点即得两形体相贯的主视图相贯线。

3）把两形体从相贯线处分解，用放射线法画出底边异形截头圆锥展开图。

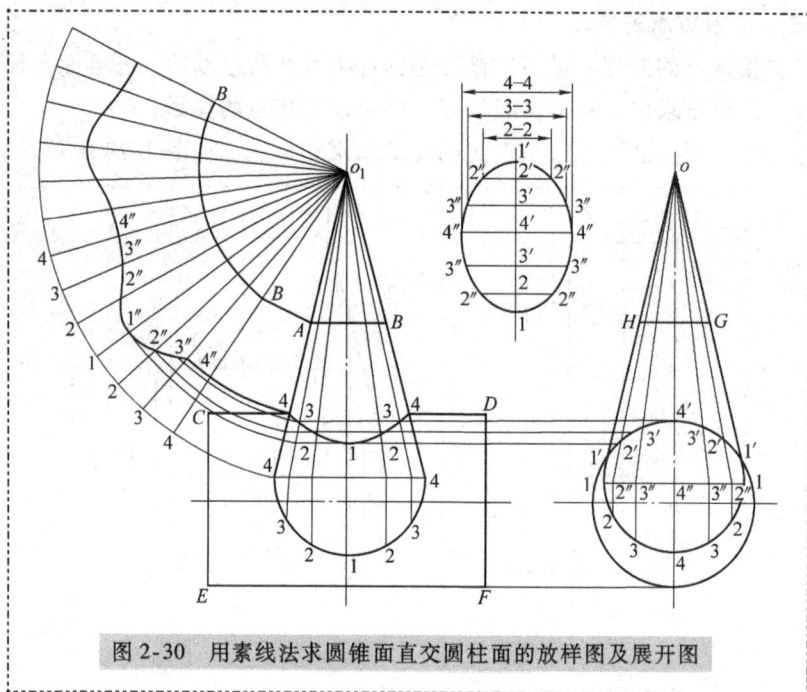

图 2-30　用素线法求圆锥面直交圆柱面的放样图及展开图

4）用平行线法展开圆柱面及圆柱面上相贯部位的切孔。展开切孔时，作一直线 $1'1'$ = $1'1'$弧长，即按左视图上各点间的对应弧，依次求得 $1'$、$2'$、$3'$、$4'$、$3'$、$2'$、$1'$各点，过 $2'$、$3'$、$4'$、$3'$、$2'$各点作直线与 $1'1$ 垂直，并以 $1'1$ 为轴线，在 $2'$、$3'$、$4'$、$3'$、$2'$各点作出的轴线上按左视图相贯线，在 $2'-2'$、$3'-3'$、$4'-4'$的距离上分别求得 $2''$、$2''$、$3''$、$3''$、$4''$、$4''$各点，与轴线对称，用平滑曲线连接各点，即得到圆柱表面相贯线的展开图。

三、用纬线法（纬圆法）求取形体相贯线及其展开图

一个形体如果被几个水平面截切，所得到的一系列水平截交线就叫作纬线，对于旋转体如果轴线垂直于水平面，则纬线一定为一个圆，即为纬圆。

1. 用纬线法求相贯线的原理

用纬线法求相贯线的原理是：若过形体表面任一点作水平切面的截切形体，可得到一条纬线，那么该点必定在该纬线上，只要把该纬线投影到另一视图上，就可求出该点在另一视图上的投影。如在相贯体上作适当数量的纬圆，便可得许多的相贯点，将相贯点平滑相连即可得两形体的相贯线。

已知点 A，求 A 点在俯视图上的投影，如图 2-31 所示：

1）过锥面上任一点 A 作水平的截切形体，交锥面于 $b'c'$两点。
2）过 b'点引垂线交俯视水平中心线于 b 点。
3）以 o 为圆心，以 ob 为半径在俯视图上作纬圆。
4）过 a'点作垂线交纬圆于 a 点，则 a 点为 A 点在俯视图上的投影。
5）按素线法即可再在左视图的截切圆上作出 A 点在左视图上的投影 a''点。

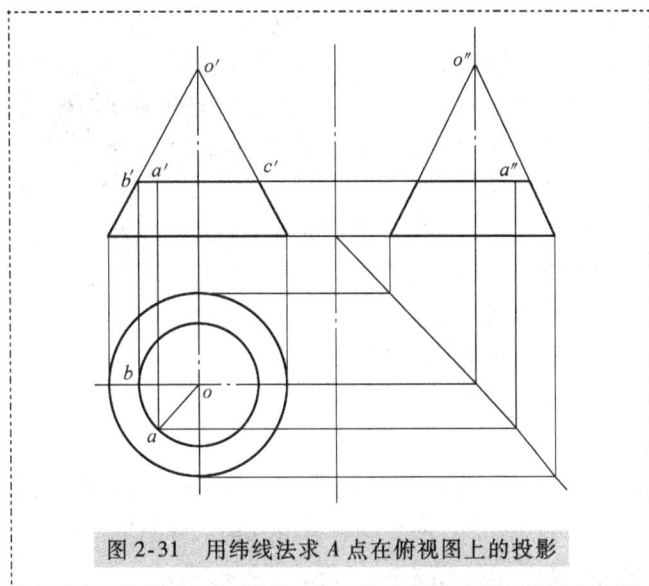

图 2-31　用纬线法求 A 点在俯视图上的投影

2. 用纬线法求圆柱面侧面直交正圆锥面的相贯线及其展开图

如图 2-32 所示，该两曲面相交相贯线为一封闭空间曲线。圆柱面轴线垂直水平面，相贯线在俯视图中积聚成圆，过相贯体相交部分作适当截切纬圆，即可求出主视图的相贯线。

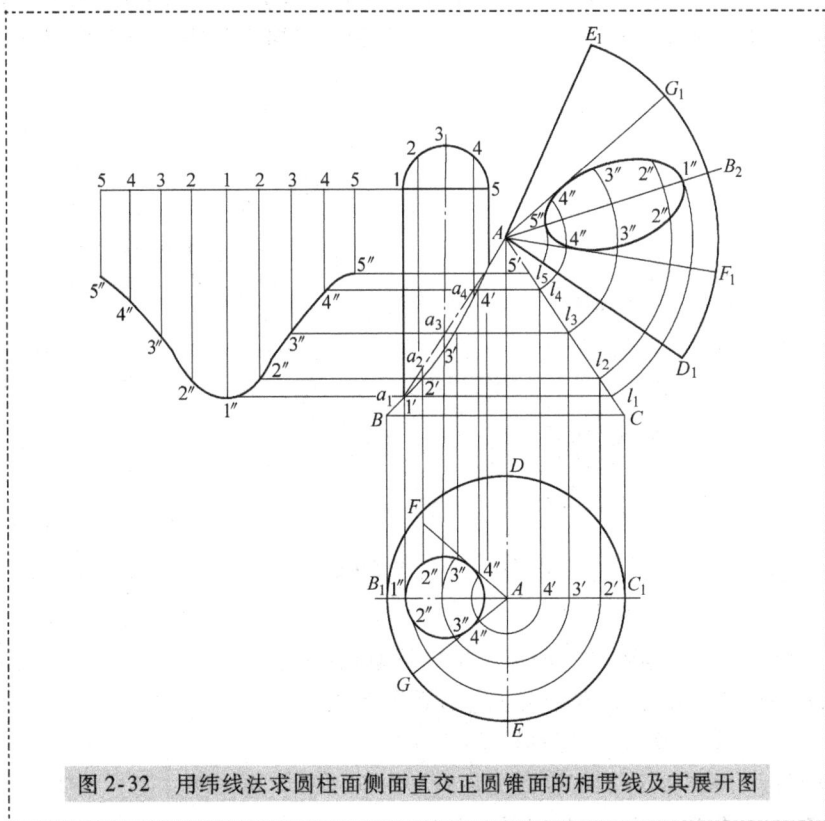

图 2-32　用纬线法求圆柱面侧面直交正圆锥面的相贯线及其展开图

其作图步骤如下：

1）由已知尺寸画出形体放样图。圆柱面与圆锥面相交最高点 5′，最低点 1′。将圆柱面半圆 4 等分并引垂线交圆锥面轮廓线于 2′、3′、4′三点；过 3′、4′、5′点作圆锥体纬线截切线，交锥面另一边于 1″、2″、3″、4″、5″各点，并过这五点作垂线与俯视图水平中心线相交。

2）分别以各截切纬线的实长为半径，以俯视图为圆心作纬圆，交圆柱面投影于 2″、3″、4″各点；过 2′、3′、4′向主视图引垂线，对应交 2′2″、3′3″、4′4″。纬线于 2′、3′、4′各点；光滑连接 1′、2′、3′、4′、5′各点，即得到该形体在主视图上的相贯线。

3）用平行线法画出斜截圆柱面展开图。

4）用放射线法画出正圆锥展开图。

5）在圆锥面展开图上画出相贯线展开图：

① 分别以 a 为圆心以 O′1′、O′2′、O′3′、O′4′、O′5′为半径画弧，交锥面展开图中线于 a、b、o、d、e 点。

② 以锥面中心线为轴线，分别过 b、c、d 各点，对应截取圆柱四纬圆交点得 6 个端点。

③ 分别光滑连接 a 与 e 间 6 点，即得到锥面展开图的相贯线。

四、用辅助平面法求形体相贯线及其展开图

1. 用辅助平面法求相贯点的原理

辅助平面法就是用辅助平面同时截切两相贯体，找出截面与交线的交点——相贯点。如果把一个相贯体特别是在任何投影面上都不能反映实形的相贯线，用若干辅助平面同时截切相贯部分，就可以得到若干个相贯点，如图 2-33 所示，那么相贯线也就可以很容易地连接起来。

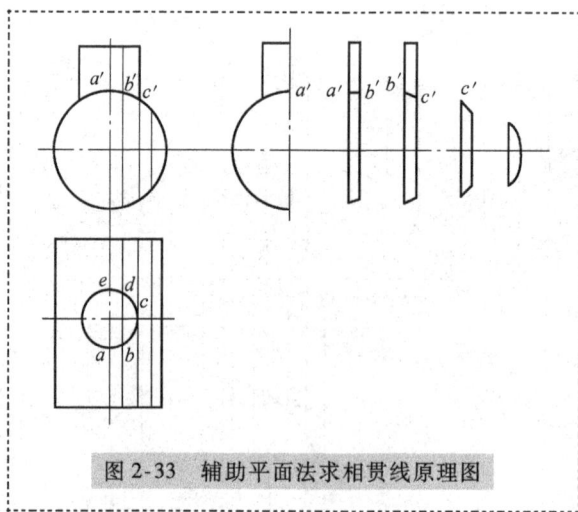

图 2-33　辅助平面法求相贯线原理图

为了使作图简便，选择辅助平面应根据以下原则：

1）辅助平面必须同时过两形体和两形体的相贯处。

2）截交线应是最简单的几何图形。

3）截交平面一般应平行于正投影、垂直于水平投影，这样才方便分别展开投影。

2. 用辅助平面法求作两圆柱相贯的相贯线

如图 2-34 所示，由于圆柱前后左右对称相交，在俯视图上，小圆柱积聚为一个圆。在

左视图上，大圆柱积聚为一个圆，b'、d'两点是主视图相贯最远的两点，且是左视图相贯的最高点。用辅助平面法求相贯点具体作图步骤如下：

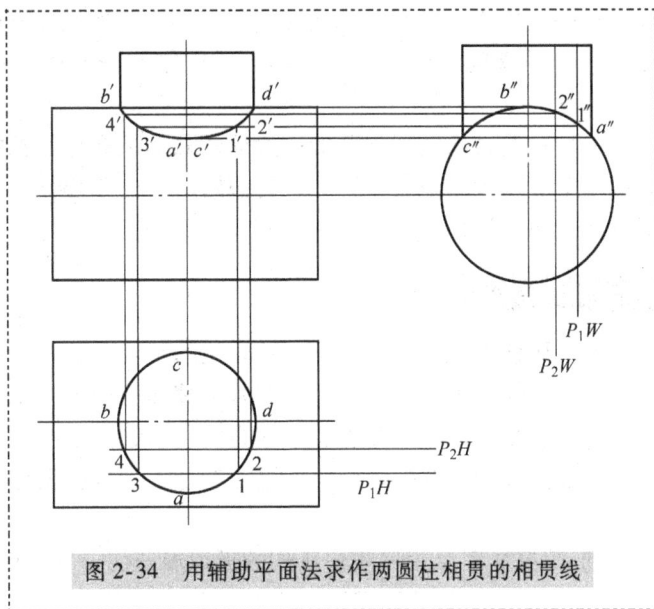

图 2-34 用辅助平面法求作两圆柱相贯的相贯线

1）确定辅助平面 P_1、P_2，使之平行于正投影面，在俯视图中与小圆相交于点 1、2，在左视图中交于大圆上的 $1''$、$2''$两点。

2）按照辅助平面法原理过俯视图 1、2 各点向上引垂线与左视图过点 $1''$、$2''$引的水平线交于 $1'$、$2'$点。$4'$、$3'$作法同理。

3）光滑连接 b'、$4'$、$3'$、a'（c'）、$1'$、$2'$、d'各点即得圆柱的相贯线。

4）从相贯线处分解两圆柱体，用平行线法分别展开。

五、求相贯线方法的选择及使用条件

以上讨论了包括直线型相贯线在内的 5 种求相贯线方法，其他还有移出截面法、中心投影法、迹线法等，因不常使用，不再详细讨论。从上述讨论中可以看出，求相贯线方法都是根据形体相交的不同特点来选择的。究竟用哪种方法好，哪种方法最简便、作图最迅速、最准确呢？可根据以下使用条件来选择求相贯线的方法。

1）应用素线法和纬线法时，相交体的相贯线在某一视图中必须是已知的，至少要画出两视图及断面图。

2）当相贯线在任一视图中均不反映实形时，应用辅助平面法，则至少要画出主、俯两视图及断面图。

3）当相贯线在任一视图中均不反映实形时，也可用辅助球面法，但两形体必须为旋转体，且两形体的轴线应相交，同时平行于某一投影面，至少要画出正投影图。

第七节　不可展表面的近似展开

在形体分析中已经谈到，凡是曲线旋转或曲线扭转所形成的几何形体均是不可展表面，如球面、抛物面、螺旋面等。对于这些形体，虽然不可能得到精确的展开图，却可以通过分割组合，得到它的近似展开图。

将一个不可展形体表面切割成很多小块，然后把每一小块都近似地看成一个小平面，最后把这些小平面按位置、顺序依次地铺在一个平面上，这样不可展形体平面就被近似地展开了。

根据这种思路，对不可展曲面的近似展开的一般原理做如下表述：根据被展开曲面的大小和形状，将其表面按一定规则分割成若干部分，再假定所分的每部分都是可展曲面，将其一一展开，就得到不可展表面的近似展开图。

一、纬线法展开球面

若在球面上任取一点，使该点在垂直于球面某一轴线的平面内旋转，该点的轨迹一定为一条封闭的平面曲线，这条曲线称为球面的纬线。如若沿着纬线的方向划分球面，相邻两纬线之间的球面被近似地看成以相邻两纬线为上、下底边的正圆锥面或圆柱面。然后就可以用前面已经叙述过的展开方法把各个正圆锥和圆柱面进行展开了。这种划分方法叫作纬线划分法，即纬线法展开。

如图 2-35 所示为球形的放样图及用纬线法所作的近似展开图，其作图步骤如下：

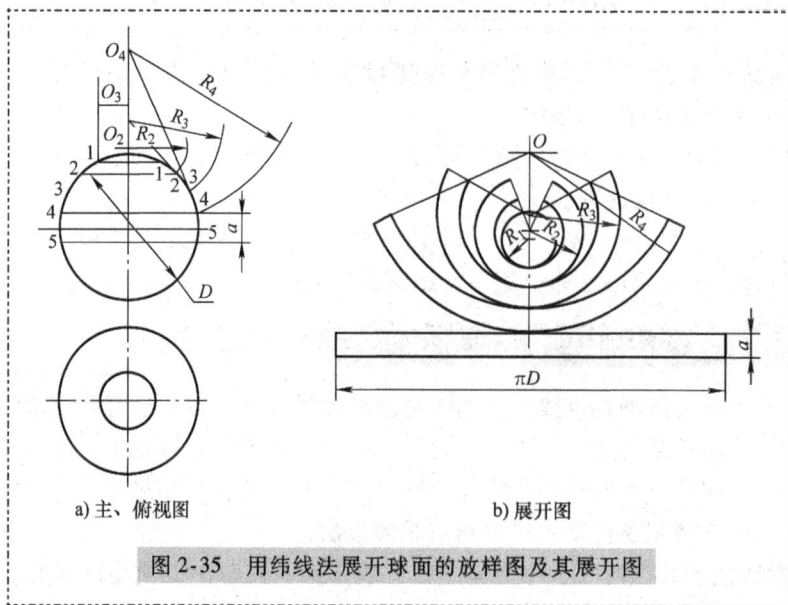

a) 主、俯视图   b) 展开图

图 2-35 用纬线法展开球面的放样图及其展开图

1）在主视图上，包括直径在内作 5 条水平线，实际上为五个垂直于旋转轴的平面与旋转面的交线——纬线。纬线与轮廓线的交点为 1、2、3、4、5。水平投影为 5 个同心圆并反映实形。过 12、23、34 终点作切线，并与轴线交于 O_2、O_3、O_4 点，这样将球面划分为 1122、2233、3344 近似圆锥台面，中间 4455 纬线圈之间近似于一个圆柱面，另一半对称的 4 个面未画，但同样可按上述方法对称画出，共计 9 个单元。

2）中间单元 4455 组成的近似圆柱面，其展开图形为近似矩形，展开长度为 πD，展开图形的宽度为 a，即 2 倍的 4455 宽度。

3）分别展开各锥面，对 1122 近似圆锥面，O_2 为锥顶，R_2 为素线长，12 线为近似圆锥台侧面素线长，22线为底面直径，按这些尺寸画出扇形展开图。同理，按这个方法亦可画2233、3344，近似圆锥台的扇形展开图。

4）上下两个较小球顶面，可以近似地看作是半径为 R_1 的平面圆。至此用纬线法将分为九个单元的球体近似地全部展开了。

二、经线法展开球面

当用一个平面过球面的轴线切割旋转体时，该平面与旋转体表面的交线称为球面的经线。若顺着球体经线方向把球面划分若干等份，把其中两相邻经线之间的不可展曲面近似地看作沿经线方向的单向弯曲的可展圆柱面，然后再用平行线法展开这一近似圆柱面，这种方法叫经线划分法，即经线法展开球面。

如图 2-36 所示为半球的放样图及用经线法所作球面的展开图。具体作图步骤如下：

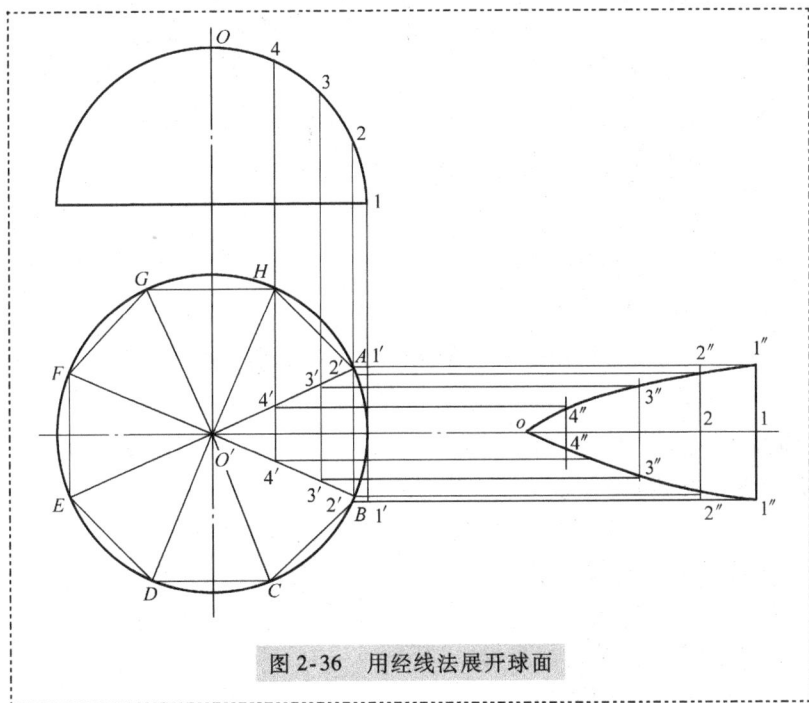

图 2-36　用经线法展开球面

1）将俯视图外圆 8 等分，得等分点 A、B、C、D、E、F、G、H，并将各点与圆心 O' 连线。

2）将主视图 $O1$ 的圆弧线 4 等分，得等分点 O、4、3、2、1，过各等分点作垂线，交俯视图 $O'A$ 与 $O'B$ 于 $2'$、$3'$、$4'$各点。

3）分别过 $1'$、$2'$、$3'$、$4'$、O'各点作一组水平线。在过 O' 直径所作的水平线上适当处取线段 $o1$，并使其等于立面图中 $O1$ 的弧长（实际为 $\pi R/2$ 长，R 为圆球半径）。

4）按主视图 4 等分点照录于 $o1$ 直线上，再分别过 4、3、2、1 各点作 $O1$ 的垂线，与水平线对应相交于 $4''$、$3''$、$2''$、$1''$各点。

5）光滑连接 o、$4''$、$3''$、$2''$、$1''$各点与 $1''1''$直线即得到半球面的近似展开图。

第二章

三、三角形法展开正圆柱螺旋面

如图 2-37 所示为正圆柱螺旋面的放样图及展开图。正圆柱螺旋面的形状，是由一直母线沿着曲导线为圆柱螺旋线及直导线为圆柱轴线运动，且始终平行于轴线所垂直的平面而成形的曲面，是由导程 S 和两个圆柱面的直径 D 和 d 决定的。作图的步骤如下：

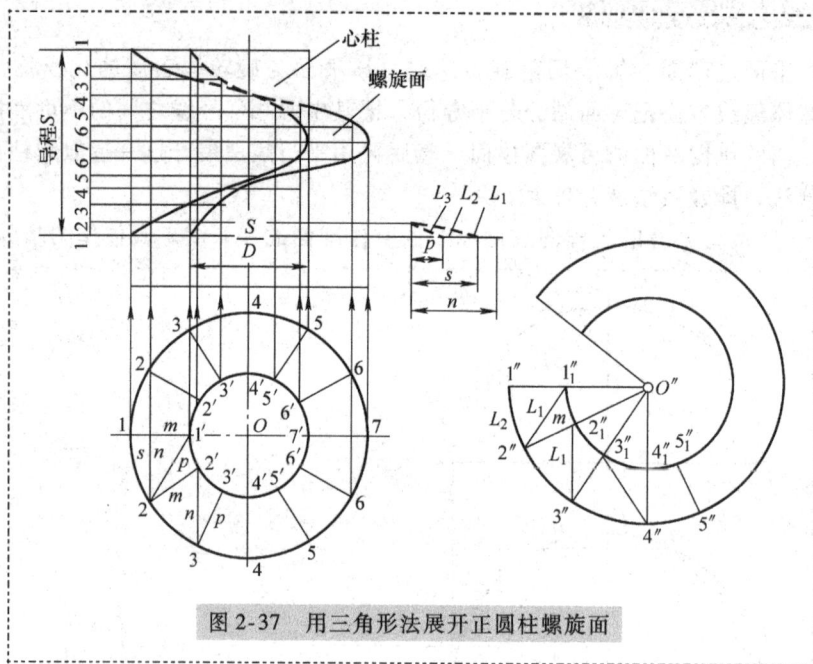

图 2-37　用三角形法展开正圆柱螺旋面

1）将俯视图的外圆 12 等分，得等分点 1、2、3、4、5、6、7、6……2、1 各点，再把这些点与圆心相连，交内圆圆周于 1′、2′、……6′、7′、6′……2′、1′各点，连接 1′2、2′3、……、5′6、……、2′1 得到 24 个三角形，完成三角形划分。

2）用直角三角形法求实长。在 24 个三角形中，有两种三角形，边长分别为 n、m、s 的三角形和边长 n、m、p 的三角形。在三角形中，只有 m 即 $(D-d)/2$ 的边长反映实长。n、p、s 的实长则可用直角三角形法求得。

3）按 n、m、s、p 的实长用交轨画法依次画出各个三角形。

4）把三角形各内、外顶点光滑地连接起来，即得到正圆柱螺旋面的展开图。

第八节　各种展开方法的比较

通过前面的介绍我们知道，正确地选择展开方法基于对形体的正确分析，对相贯体的展开关键则是如何正确地求出相贯线，不可展表面展开的关键是如何正确地分解图形。各种不同形体的展开都有其特殊性，而且都有多种不同的方法进行展开，究竟哪种方法更准确适用，哪种方法更简单易行，通过比较就会有一个较清晰的概念。

一、3 种展开方法展开各种可展表面的比较

平行线展开法、放射线展开法和三角形展开法是制作钣金构件展开图的基本展开方法。

当拿到一个钣金构件的视图时，首先应正确地对构件进行形体分析，对构件表面的棱线或可利用素线进行分析，抓住构件表面的主要特点，在上述 3 种方法中选取可行和最简便的一种。这就必须懂得 3 种展开方法的关系及其应用范围。

1. 3 种展开方法之间的关系

从展开实例中可以看出，三角形展开法能展开一切可展形体的表面，平行线展开法仅限于展开素线相互平行的形体表面，放射线展开法则只适于展开素线交汇于一点的形体表面。这说明了平行线展开法和放射线展开法只是三角形展开法的两种特殊情况。

2. 3 种展开方法的适用范围

当构件表面由相互平行的素线和棱线所组成，而且这些素线和棱线均平行某一投影面，在该投影中反映实长时，比较适合用平行线展开法。

当构件表面的素线和棱线或其延长线能够交于一点，即构件表面为锥体时，适合用放射线展开法。

当构件表面的素线和棱线既不相互平行，又不能交汇于一点时，应采用三角形展开法。对于由多面所围成的构件，用一种方法不好完全展开时，可以同时使用两种方法。三角形法还可用于不可展表面的近似展开，这是平行线和放射线法所不能相比的。

二、相贯体展开的各种方法比较

相贯体的展开，关键在于相贯点、相贯线的求法。只要正确求出相贯体的相贯线，就可以从相贯线位置把形体清楚分开，然后即可用展开形体表面的三种方法展开。

1）素线法、纬线法、辅助平面法虽各有特点，但它们的相同之处都是把相贯线看作是无数相贯点的结合。那么顺次找出具有代表性的几个相贯点，就是它们的共同目的，这个目的就要求准确地找出相贯点在各个视图中的表现规律，而这几种方法尽管形式不同，但都是通过素线相交的原理、视图投影的规律以及点在三视图中的坐标位置等相互关系而确定的。所以素线法是求相贯点的基础，纬线法、辅助平面法都是素线法的发展。

2）几种方法中，针对不同形体的结合，采用适当、间接的方法，或者多种方法的联合使用都是可行的。

素线法具有普遍性，可适用于任何相贯形体。它是在有已知点的视图上作过已知点的素线，然后再根据投影规律将该素线投影到另一视图中，找出素线上相应已知点的位置。

纬线法原理与素线法相同，但它用的是过已知点作纬圆的办法，特别适合于在水平投影面上反映实形的圆锥、圆柱、圆球等形体。

辅助平面法则适用于任何形体的相贯线，只不过所谓辅助平面是过相贯部位所引的若干条平行直线，然后对交点进行投影。辅助球面法则对两形体相贯有特殊要求，它仅适于两旋转体轴线空间相交且必须平行于某一投影面的形体。

第九节　样板的特点和作用

当生产批量大时，不可能逐件放样展开划线；当构件较大时，不可能在一块板料上进行划线；如形状较复杂或引圆弧太大时，也难以在小块材料上进行划线作业。这就需要有一种合理的方法进行放样、展开。在钣金作业中，最常用的方法就是制作样板。

在钣金作业中，对于不适于单件放样展开的构件，按照放样展开规则画到适当的板面材料上，然后准确地剪切校正后制作标准形体展开板面，这种板面称为样板。

一、样板的种类

样板的种类很多，按使用周期、使用材料及用途的不同分类如下：

1. 按使用周期不同分类

（1）单件使用样板　一般用纸质材料制成。

（2）小批量使用样板　一般用胶板或普通金属材料制成。

（3）大批量使用样板　一般用优质钢板，经合理热处理后制成，有时还需要进行表面处理。

2. 按用途不同分类

按用途不同可分为生产用样板和检验用样板。

（1）生产用样板

1）划线样板，专供在板料上划线、排料使用。

2）下料样板，供生产中在下料时划线及比试裁料使用。

3）靠试样板，专供生产构件曲面或使凸凹面成形用，这种样板也可作检验。

4）精密构件样板，制作精度较高，专供制作一些精密构件如精密凸轮等使用。

5）实形样板，即先在纸上放样展开，然后紧铺在板料上划线或按线剪切后再进行分解加工，在钣金修理中经常用到。

（2）检验用样板　检验用样板可分为非标类样板和标准类样板。

1）非标类样板。它包括平面直线样板，供检验大型构件的平面用；形位样板，供检测构件各部位形状位置尺寸使用；外径尺寸样板，专供检验正圆柱、圆锥等旋转体外径用；内径尺寸样板，专供检验构件槽时使用。

2）国家标准类样板。它包括靠试样板，这里主要指检测平面平直度和垂直度的直尺、弯尺及刀口平尺等；中心样板，主要用来检测常用角度、刀样板等；螺纹样板，主要用来检测米、英制螺纹的螺距；圆弧样板，用来检测构件的圆弧连接部分，如外径规、内径规等；线规，主要用来检测各种标准线材直径。当然，严格地说，几种国家标准样板实际均是靠试样板，均是用靠试的方法进行检测。几种常用的标准样板如图2-38所示。

二、样板的特点

样板是钣金工放样展开工艺的结晶。它完全是按照钣金工放样、展开的划线规则进行放样展开，然后按照展开图下料制作而成的。

样板具有通用性。它一旦制成，就成为钣金划线下料的依据，划线、下料数量多少均是一样。

样板具有准确性、榜样性。它是构件展开的样板，划线下料后，构件是否合格，一般均应以样板为检测对比标准。

样板还具有示范性。在批量生产之前，往往需通过制作样板来试验构件的成形情况，以判定板厚处理及成形中的意外变化因素。

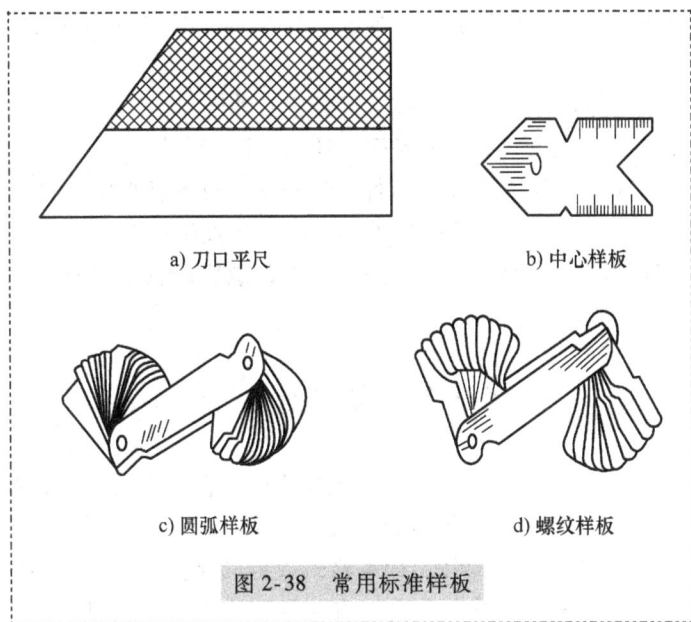

a) 刀口平尺　　　　　　　b) 中心样板

c) 圆弧样板　　　　　　　d) 螺纹样板

图 2-38　常用标准样板

三、样板的用途

样板在钣金作业中，占有很重要的地位。

1）样板适用于大批量的钣金生产。在大批量生产中，使用样板划线可节省单件划线时间，省力省工。

2）利用样板可以方便地在板料上合理排料。不但节省了放样展开时辅助划线的材料，而且排除了单件划线排料的不合理性和无数条线交错的混乱性，可节省大批原料。

3）利用样板划线下料可以大幅度提高钣金构件的质量，保证构件的一致性、通用性和互换性，易于实现构件的标准化，方便检测，减少质量问题的偶然性。

4）利用样板试制构件，减少了批量生产中划线下料的盲目性，可及时根据构件的成形情况，发现存在的问题，确认准确无误后再进行大批量生产。

四、样板的使用方法

1）爱护样板，做到轻拿轻放，不得敲、打、挤、压。

2）使用样板划线时，应将划针与样板边缘向外、向前构成30°的倾斜度，既可保证按样板实形，又可保证操作时划针不颤动。

3）使用样板检测时，不论哪种检测工具，均应把检测面与构件被检测部位贴紧，且必须保证检测样板整体与被检测面垂直。

4）使用后应妥善保存样板，注意防锈、防腐、防变形。

5）使用实形样板应把纸板与板料摊平，避免折皱变形引起下料不准。

五、样板的制作方法

样板的制作方法如下：

1）按放样展开规则在样板材料上准确划线，划线后，删去不必要的线条或做好不必要线条的标记。

2）用金属材料制作样板，应在展开线上打好中心冲眼。

3）按照构件板厚要求和接口要求做好板厚处理，留好余量。

4）按照划好的展开线条剪切裁料，对曲线部分应特别注意避免过裁和裁伤。

5）按一定金属加工方法进行切削精加工，并随时检查样板形状尺寸。

6）加工完后应进行严格检验，或进行构件试制，最后确认样板准确无误后，才能投入使用。

第十节 板 厚 处 理

任何一个钣金件都是由一定厚度的板料制作而成的。在不同情况下，板厚会对钣金构件的尺寸和形状产生一定的影响，将这些影响在放样及展开的过程中采取相应措施予以消除的实施技术称为板厚处理。对于薄板构件，如果略去板料的厚度，其产生的影响对构件的误差一般可以在工程允许的公差范围之内。因此，在实际工作中，当板厚小于或等于 1.5mm 时，可以不考虑板厚处理问题。对于厚板构件则必须研究处理，掌握板料厚度处理的规律，并设法将板料厚度略去，画出没有板厚的放样图、展开图，以保证加工后所得到的钣金构件符合设计要求。

一、根据构件的断面形状进行板厚处理

1. 断面形状为曲线时的板厚处理

1）图 2-39 所示为将板厚为 t 的平板弯曲成圆弧状的断面长度变化。当板料弯曲时，里皮压缩、外皮拉伸，它们都改变了原来长度，只有中心层长度不变（这里假定板的中心层与板的应变中心层重合，实际上板料弯曲时长度不变的应变中心层将依弯曲程度的不同而有微观位移，并不一定在板的中心层上，但位移量很小）。因此，下料时的展开长度应以中心层的展开长度为准。

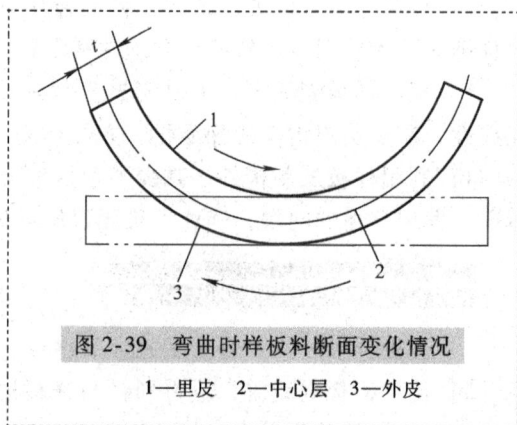

图 2-39 弯曲时样板料断面变化情况

1—里皮 2—中心层 3—外皮

圆管是断面为曲线构件的特例，如图 2-40 所示，其展开长度必须以中径为准计算，展开图为一矩形，高度为 H，矩形的长为 πd_1，即等于 $\pi(d+t)$ 或 $\pi(D-t)$，在实际中，这类圆管的放样图只需画出中径尺寸即可。

2）圆锥管的板厚处理，如图 2-41 所示，圆锥管的大小端均以中径为准绘制放样图、展开图。其展开图为一扇形，它的大端中径弧长为 $\pi\left(D-\dfrac{t}{2}\right)$，小端中径弧长为 $\pi\left(d-\dfrac{t}{2}\right)$，圆弧所对圆心角 α 为

$$\alpha = \left(d - \frac{t}{2} \right) \times 180° / L$$

a) 视图   b) 放样图   c) 展开图

图 2-40 圆管在放样展开时的板厚处理

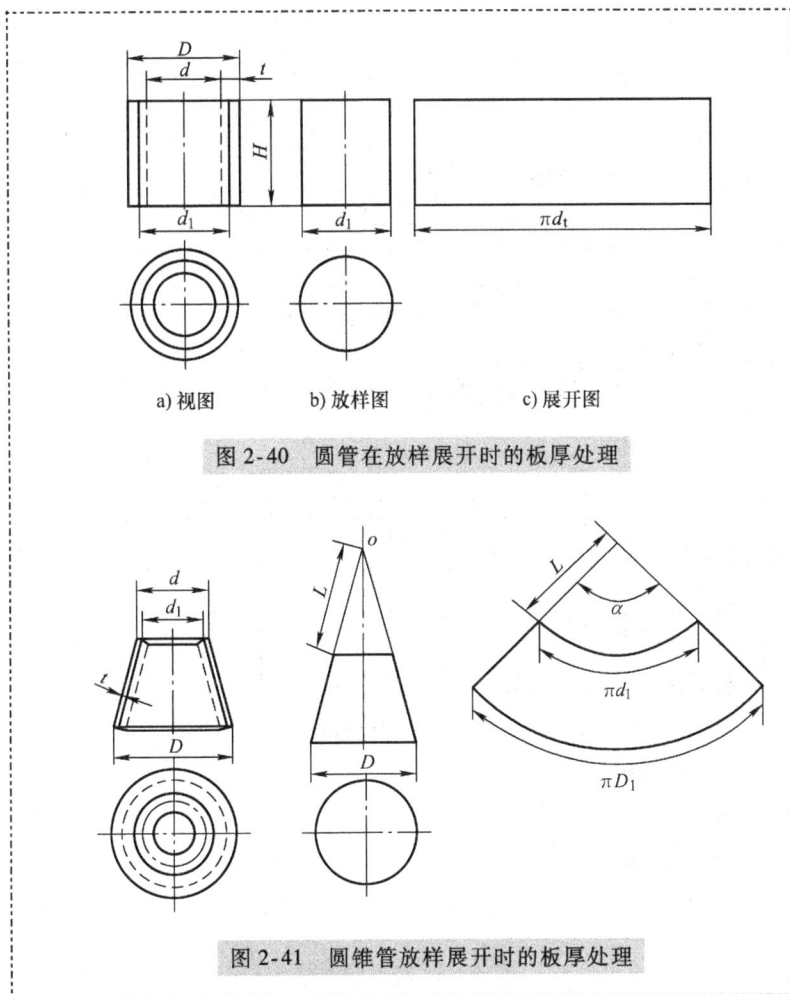

图 2-41 圆锥管放样展开时的板厚处理

综上所述，断面形状为曲线时，板厚处理的方法是，以板厚的中心层为准绘制放样图并进行展开，长度以中心展上度为准。

2. 断面形状为折线时的板厚处理（图 2-42）

当平板被折成斜角时，其里皮弯折处半径是极小的（接近零）圆角，可看作板料在角点处发生急剧弯折，这时里皮长度变化很小，而外皮弯折处则是半径近似等于板厚 t 的圆角，这时外皮与中心层都有较大的长度变化，未被弯折的 L_1、L_2 的长度几乎没有变化，因此，这类构件在进行板厚处理应以里皮为准。这类以里皮为准的板厚处理原则，适用于所有断面呈折线形状的构件。图 2-43 所示的矩形管就是以里皮为准放样展开的一个实例。其展开图为一矩形，根据矩形管图进行放样及展开时，高不变，仍为 H；长度按视图里皮为准，即为 $2a + 2b$。对于一些如图 2-44 所示的弯折板，也同样一概以里皮为准，即 $L = A + B + C$。

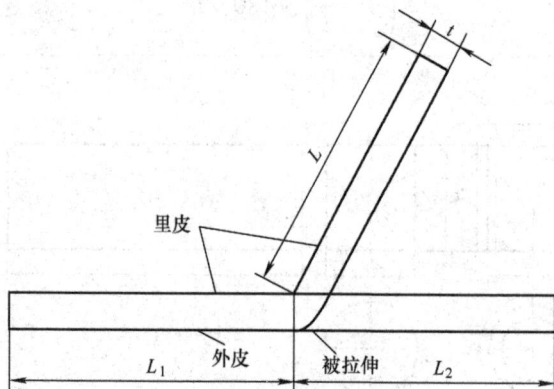

图 2-42　弯折时板料断面变化情况

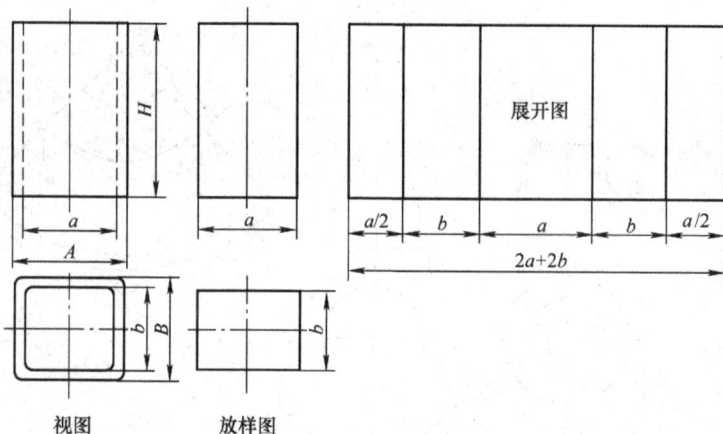

图 2-43　矩形管板厚处理

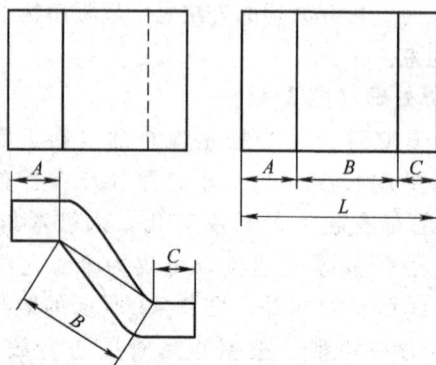

图 2-44　向两个不同方向弯折平板的板厚处理

综上所述，断面形状为折线时，板厚处理的方法是以里皮长度为准，绘制放样图，并予展开。以天圆地方接头为例，应用上述两类板厚处理规律，如图 2-45 所示。该管件表面确立为倾斜面，下口为折线成形，上口为曲线成形，且上下口断面均不为一个水平面。根据以上板厚处理规则，则折断部位以里皮为准，曲线圆则以其中心层，绘制放样图，并进行展开。

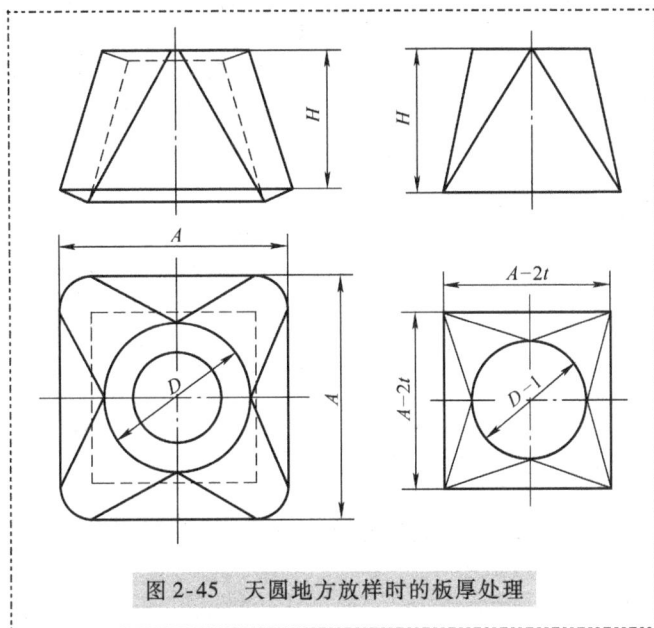

图 2-45 天圆地方放样时的板厚处理

二、根据构件咬接形式进行板厚处理

板厚处理不仅与构件本身的形状有关，而且还与构件的咬接口形式有关。

1. 接（咬）口与接（咬）缝

接口与接缝是两个不同的概念，所谓接口是指构件上由两个或更多的形体相交而形成的结合处，如 90°两节圆管弯头的结合处（实际也是形体相贯的相贯处），就叫接口；而所谓接缝，则是指一块板料成形后，对应边相接的卵条缝，它是本身相对边缘的结合，是零件自身成形的需要。但是不论是接口或接缝，都需要进行板厚处理。

图 2-46 所示为两节 90°圆管弯头的对比情况。图 2-46a 所示为两节 90°弯头。图 2-46b 所示为接口处没有进行板厚处理的情况。很明显，由于没有进行板厚处理，不但弯头角度不对，而且接口中部还有缝隙（即缺肉）。图 2-46c 所示则是经板厚处理接口处的情况，两支管接口处完全吻合，在加工成形时自然省工省力。可见接口处的板厚处理也是一个不容忽视的问题。

在生产中，由于工艺不同，板厚处理的方式也不同，一般可分为铲坡口和不铲坡口两种。

2. 不铲坡口时的板厚处理

不铲坡口是指下料时沿金属板面的垂直方向切割而形成的直角坡口，常称自然坡口。分析等径直角弯头（图 2-47）可知，弯头内侧管外皮在 A 处接触，而弯头外侧圆管里皮在 B 处接角，其他部位则由 A 到 B 逐渐地过渡到中心层接触，再过渡到里皮接触。A 处坡口在里，*B*处坡口在外，在作展开图时应根据这一特点，以相互接触位置的相应素线的尺寸为准。

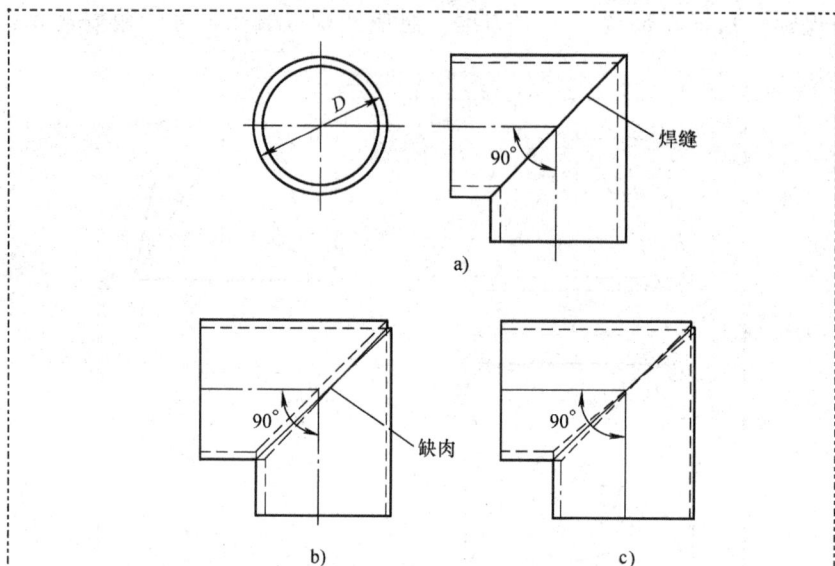

图 2-46 弯头接口处板厚处理前后情况

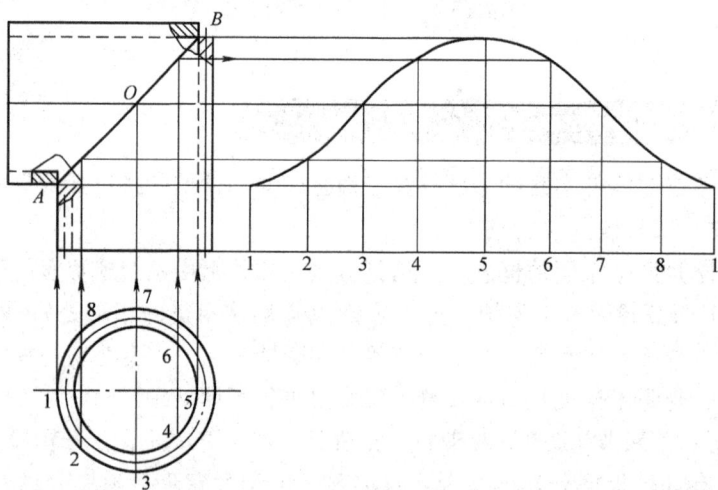

图 2-47 等径直角弯头不铲坡口的板厚处理

在实际展开过程中，常将断面圆周均分为若干份，本例为 8 等分，等分点 1、2、8 画在外皮上，因为它们离 *A* 点较近；4、5、6 画在里皮上，因为它们离 *B* 点较近；3、7 两点则在中心层上。然后由 1~8 向上引垂线与 *AB* 相交，弯头下口至各交点的距离，即为展开图上相应素线的高度。

基于上述理论，放样图可这样绘制，在正面图中画出弯头内侧的外皮、弯头外侧的里皮，以及两个端口的线及接口 *A*、*B* 的连线。在断面图中画出左边的外皮半圆、右边的里皮半圆、以及中心层所在圆，然后再取等分点就可以依次展开了。

总之，不铲坡口的板厚处理较为复杂，要具体形体具体分析，以构件接触部位的有关尺寸作为放样图和展开图的尺寸标准。

3. 铲坡口时的板厚处理

铲坡口是将板边切割成一定形状的斜坡，板厚构件在接口处铲坡口，不仅可以调整接口接触部位，还能改善焊接条件，提高焊接强度。常用的坡口有 X 形和 V 形两种，如图 2-48 所示。

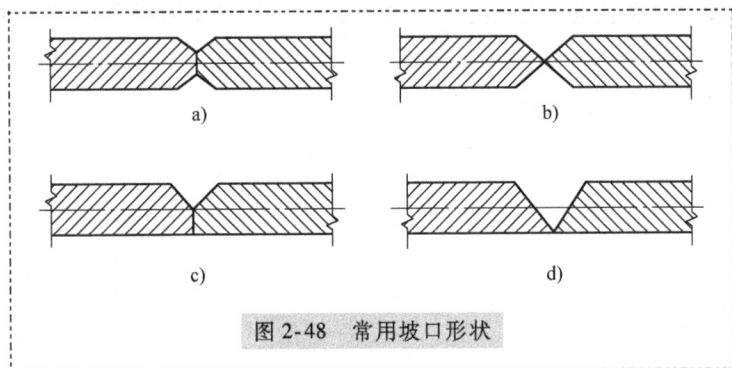

图 2-48　常用坡口形状

仍以 90°圆管弯头为例，铲成 X 形坡口后，只有板厚中心层接触，因此，放样图只要画出板厚中心层就可以了。展开图的展开长度和展开高度都以板厚中心层为准，如图 2-49 所示。

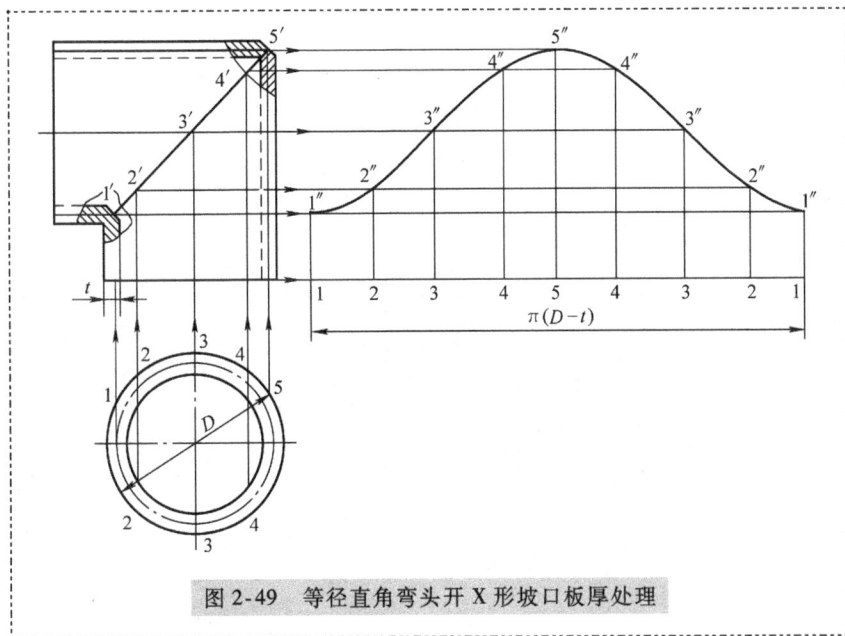

图 2-49　等径直角弯头开 X 形坡口板厚处理

三、板厚处理小结

综上所述，可以将板厚处理的一般规则归纳如下：

1）管件的展开长度。断面为曲线时，一律以板厚中心层的展开长度为准；断面为折线的，一律以板的里皮为准。

2）侧面倾斜的构件高度，一般以板厚的中心层高度为准。

3）相交构件放样图的高度和展开高度，不论铲坡口与否，一般以接触部位为准。假如里皮接触则以里皮尺寸为准，外皮接触就以外皮尺寸为准。如果是中心层接触，则以中心层尺寸为准。

4）如不铲坡口时，某些构件的接口部分往往产生这样的情形：在不同的地方外皮接触，这时在放样图上，要把相应的接触部位画出来，展开图上各处的高度也相应地各取接触部位的高度。

第三章

汽车钣金修复工艺和零部件修复方法

第一节　汽车钣金修复工艺

一、传统车身修复工艺

　　自汽车承载式车身出现以来，为适应汽车燃油经济性和环保性的需求，汽车的车身钢板重量越来越轻，钢板厚度越来越薄，材料的合金成分越来越复杂。特别是近几年来，新材料、新技术随着汽车工业的日新月异得到了普遍的推广。在汽车发生碰撞损坏后，必须采用全方位拉伸的方法进行校正，尽量不采用或少采用加热的方式，以防止金属内部结构发生改变，导致强度降低，使汽车在不幸遭遇的"二次碰撞"时不能有效地保护驾乘人员的安全。一个新兴而有生命的行业——汽车碰撞修理业，不断地发展和壮大。

　　碰撞损伤修复过程中的形状与功能恢复越来越受到广大车身维修师的密切关注和研究。结合多年车身碰撞修复的经历，笔者认为：传统的车身修复，看重形状恢复，一般采取撬、锤、简单拉伸等钣金修复工艺，切割和焊接使用氧－乙炔火焰，对变形严重的车身外表金属使用氧－乙炔火焰高温集点收火。图3-1所示为对构件损伤进行的强行拉伸。对于经碰撞的事故车辆，在传统钣金修复过程中，通常有这样的理念：钢铁材质的构件几乎全部进行整形修复，且一般不更换；高分子材料件、铝合金构件损伤后大多采用换新的方法，很少进行整形修复。如此修复的车身，由于大面积使用氧－乙炔火焰进行高温处理从而使钢板软化，这样钢板形状基本能够恢复，如果再涂装到位，表面看上去是车身修复成功。但是所有经氧－乙

外焊拉伸板强行拉伸

图3-1　对构件损伤进行强行拉伸

焕火焰高温处理过的结构件，车身外表金属材料被高温氧化而脱碳、析出金属晶粒并且会变薄、变性。 原车设计的防撞、抗压功能几近消失，且结构件的内表面根本无法进行防锈、防腐处理，时间不长就会产生锈蚀现象。图3-2所示为氧-乙炔火焰处理的损伤构件。

如果不幸遭遇"二次碰撞"后，车辆损伤变形就会较上一次更为严重，人、财、物的损伤就更大，驾乘人员的安全也得不到保障。

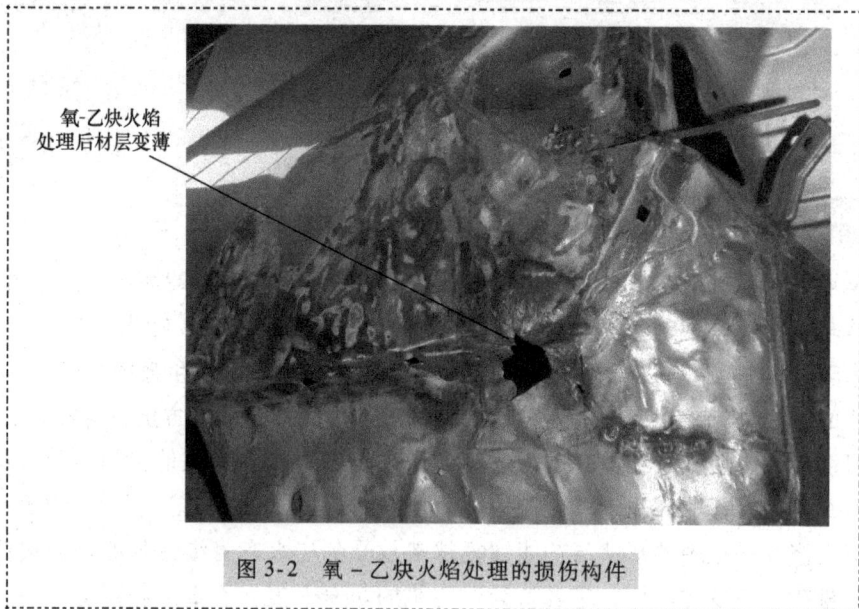

氧-乙炔火焰
处理后材层变薄

图3-2　氧-乙炔火焰处理的损伤构件

二、现代车身修复工艺

新型汽车大多采取刚性结构设计（如马自达"3H"结构车身），同时还广泛使用了钢性材料（如高强度钢），使驾乘人员的安全得到充分保障。随着大家对车辆主动安全要求的增强，汽车生产商要求对车辆的碰撞修复采用小损伤修复。该办法通常使用车身外形修复机，利用介子拉伸整形、炭棒收火。**大范围的损伤，特别是车架、大梁的损伤，需要使用车身定位夹具固定，多点反复拉伸校正，测量必须使用三维测量系统进行规范操作。**

对一些结构件的外皮损伤，如果超过1/3以上，一般建议更换此件；如果超高强度钢的加强肋、防侧撞杆发生损伤，则一律要求换新。对这些结构件，切割必须使用气动、电动锯或者等离子切割机，焊接则必须使用惰性气体保护焊接（应当使用75%的Ar、25%的CO_2气体，或者其他类似的以氩为基础的混合气体，焊丝应符合美国焊接协会标准AWS—EX—70S—6的要求）。这样可以有效控制板件受热变形的面积，同时，焊接点要绝对牢靠。更换结构件时，也可按照原车设计使用电阻点焊。使用电阻点焊时，总焊点点数要增加20%~30%，这样不仅能够使碰撞损伤的车身外形得以恢复，而且构件的功能也能因此而复原到原车的设计水平，主动安全性得以保障。

钣金件碰撞损伤范围相对较小（30cm×30cm以下）的严重折皱无法整形和校正时，可采用挖补技术进行局部更换新件加以修复。这样做，如果处理得当，形状与功能都可以得到恢复。图 3-3 所示为外焊拉伸板强行拉伸奥迪 A6 门槛位，从图中可看出，车身下部分折皱严重。

此处折皱严重

图 3-3 外焊拉伸板强行拉伸奥迪 A6 门槛位

三、车身钣金件修复工艺

汽车车身修复作业中常对车身覆盖件的局部变形、凹瘪和柱类零件的弯曲进行修复，这是车身修复的主要工艺手段和操作人员的必备技能。不同的车身结构和部位，需要使用不同的修复工艺。

1. 局部修复

进行车身局部修复工作时，可将损伤部位放入托模中，用钣金托模修复车身表面。采用钣金托模的修复方法又有正托法和偏托法。正托法是将钣金托模直接置于金属板背面凸起部位，用钣金锤在另一面直接锤击变形部位。这对于修复隆起和平整较小的凸起十分有效。但正托法容易造成金属板件的延展变形，锤击部位的金属将变薄并且钣金件面积会增大。

（1）偏托法 在托模修复的实际工作中，常采用偏托法，如图 3-4 所示。偏托法常用于多部位的连续变形修复。操作时，将钣金托模置于金属板背面的最低处，钣金锤则在另一面敲击变形的最高处。对于图 3-5 所示的车身变形部位，也可以同时使用两把钣金锤敲击变形部位，这样可以避免修复过程中受力不均等工艺缺陷。

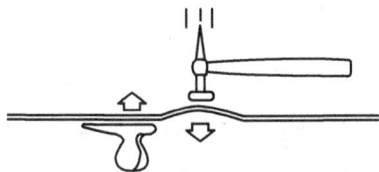

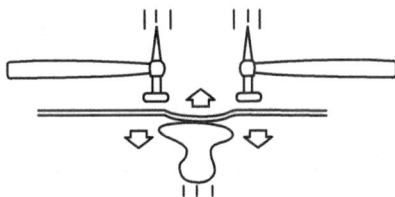

图 3-4 偏托法 　　图 3-5 用两把钣金锤进行修复

（2）修平刀修复法　汽车车身结构许多部位间隙狭小，不能放入托模，这种部位可以借助修平刀进行修复。图3-6a所示为各种不同形状的修平刀，图3-6b、图3-6c、图3-6d、图3-6e所示为修平刀的使用方法。操作时，将修平刀紧贴变形部位背面，用钣金锤敲击变形部位。此方法对车身表面的微小隆起和划伤有很好的修复效果。

修平刀在修复过程中还可以起支撑作用，例如，用修平刀对内部结构无损伤的车门局部变形进行修复十分有效。如图3-7a所示，先用修平刀撬动变形部位，把向内凸出的隆起撬到正常位置，然后再按图3-7b所示方法，用修平刀和钣金锤将车门板修复完好。操作时应掌握好锤击的力度，修平刀支撑点的位置和锤击力度与位置应相互配合，如锤击力大于修平刀的支承力，就达不到修复的目的，甚至还会加剧部件变形。**一般应使修平刀的支撑力略大于锤击力，这样会得到较好的修复效果**。操

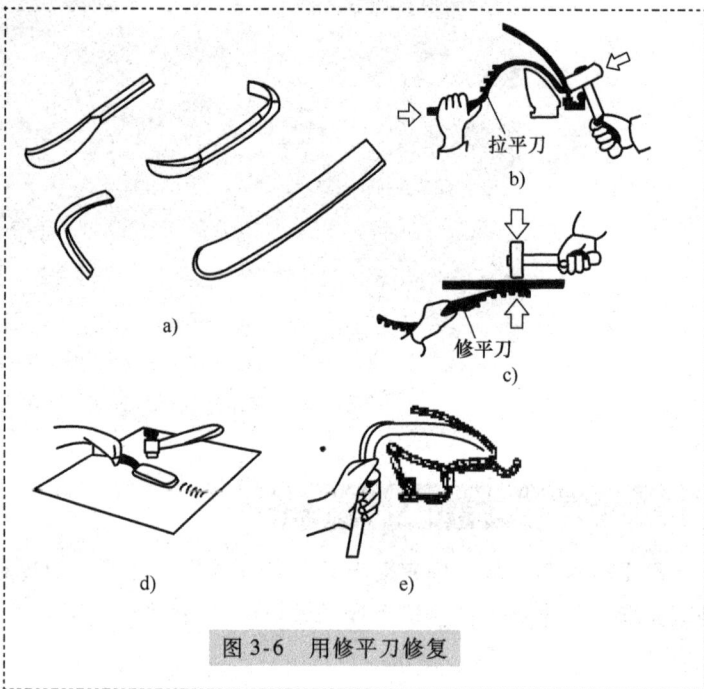

图3-6　用修平刀修复

作中应遵循"敲高顶低"的原则，并注意随时调整顶点与锤点的位置。连续敲击一点或力度过大、次数过多，都不可避免地使金属板面发生延展，造成板类构件二次翘曲变形。

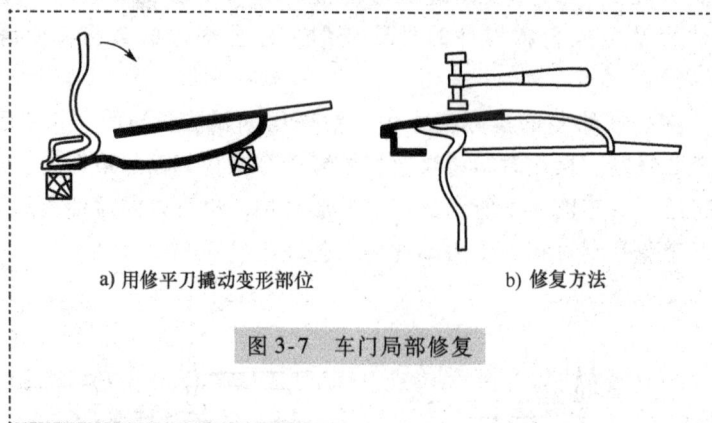

a) 用修平刀撬动变形部位　　　　b) 修复方法

图 3-7　车门局部修复

（3）热收缩法　车身局部凸起和拱曲时，可用气焊枪将变形部位加热至红色后，用木锤敲击加热点四周，冷却后再用铁锤将其整平，如图3-8所示。

（4）拉杆修复法　先在凹处钻多个小孔，再用拉杆一端的弯钩钩住小孔，然后握住拉杆手柄慢慢向外拉拔。拉力务必与板面垂直且用力要均匀，**千万不要撬动拉杆，防止拉杆对板件造成二次损伤。**也可边拉边用气焊枪加热，最后在修复的面板小孔上用锡焊补好锉平。本章后面有该方法的具体操作步骤。

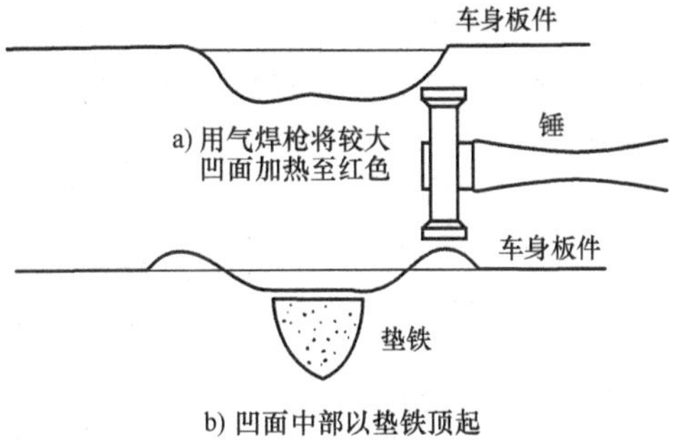

图3-8　较大凹陷的修整

2. 局部凹凸修复

车身修复常常需要进行局部凹凸部位的整形，如图3-9所示，操作方法概括为：中间凸出，敲击凸出部分的四周；变形复杂时，敲中间。敲击时要注意敲击点、锤击力度和敲击次序。在初步整平以后，对表面残留的细小凹凸部位，还要进行更加精细的敲平作业，如图3-9c所示。

操作时先从损伤较大的部位着手，如板件受损面积较大则应从距维修人员较远或不便操作的部位开始。修复时要注意手、眼的配合，并确保锤面的中心而不是锤面的边缘落在敲击点上，如图3-9a所示；托模应紧跟敲击点，锤击的次数要少，并应保证每次的锤击和托模的顶托都有效。托模、修平刀、铁锤工作面的形状必须与车身构件的几何形状相吻合，否则就达不到修复要求，如图3-9b所示。

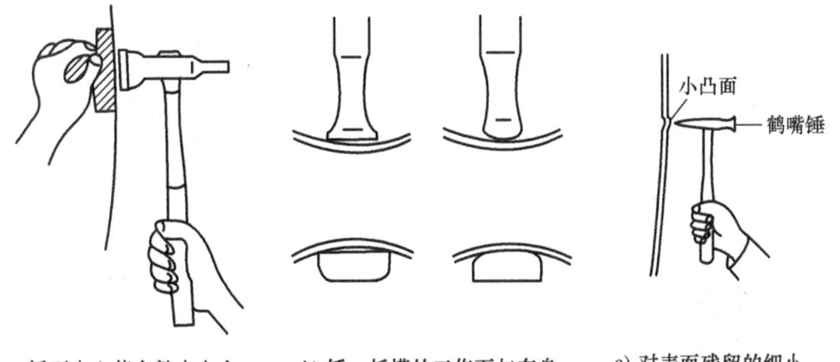

a) 锤面中心落在敲击点上　　b) 锤、托模的工作面与车身构件的几何形状相吻合　　c) 对表面残留的细小凹凸进行精细修复

图3-9　局部凹凸修复方法

对图3-10所示板件变形进行修复时，在完成粗略整形后，要按照图3-10所示的操作方法，用托模或修平刀顶住锤击点的反面，同时用钣金锤按图3-10所示的顺序敲平变形区域。

锤击时要注意以下几点：

1）应按图3-11所标出的顺序进行锤击，落锤点在波峰处并且从锤击点开始向中心逐渐移动。

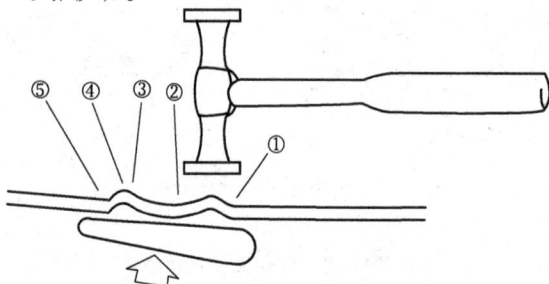

图3-10　整形操作顺序　　　　　　图3-11　整形锤击顺序

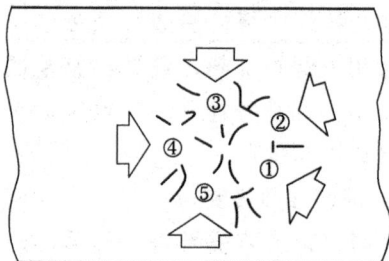

2）如果采用了火焰加热辅助方法，则锤击操作的速度宜快不宜慢，车身薄板件的散热速度很快，更要注意操作的速度，否则达不到预期的修复效果。

3）锤击的力量应适中，锤击过度会使修复区域再次拉伸，形成二次损坏。

图3-12所示为四种钣金修复实例，从图中可以看出不同损伤形状修复的具体操作方法。

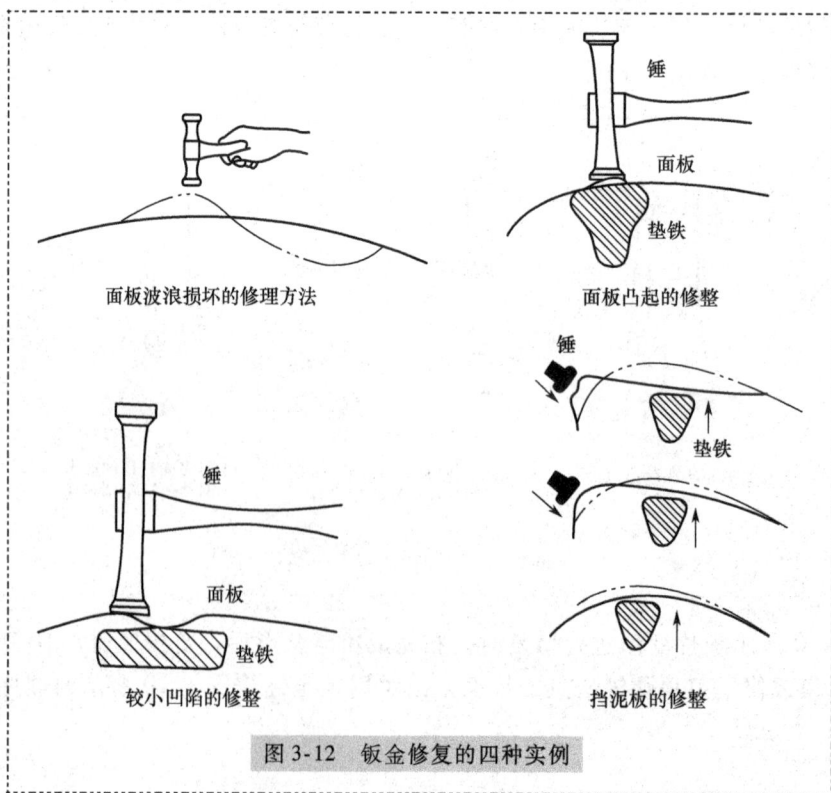

图3-12　钣金修复的四种实例

四、车身严重损坏的修复技术

在进行修复之前，应先询问事故发生时汽车的速度、撞车或翻车的部位、方向及角度，了解相撞汽车的位置、角度等情况，以直观地确定碰撞损伤的部位和可能波及的区域。还可结合试车和使用测量仪器对汽车进行全面检查，确认车身地板是否变形，车身是否受到整体损伤和整体扭斜，检查并确认轿车车门是否开启自如等，以确定汽车的损坏程度和修理方式。

1. 更换车身

汽车发生严重事故时，若车身几乎全部损坏，地板严重变形，车身侧面、汽车车顶盖、发动机罩盖和行李箱盖几乎无一完好，则可判定该车身整体无法修复，可按照用户需求进行整车车身的更换。从事故车上拆下全部可用的零部件，对发动机总成等主要总成进行全面检查和修理。换用新的轿车车身总成和需要更换的全部零件，按照轿车的整车装配工艺，重新予以装配。**整车装配完成后，应对汽车进行全面的检查、调整和试验，确认汽车全部指标合格后，才能竣工交车。**

2. 更换车身局部结构件

如果汽车发生碰撞时，只有局部车身发生损坏，如前后翼子板、车门、发动机罩盖或行李箱盖受到损伤时，可以更换车身局部结构件。这样不仅省时省力，还可能节约修复费用。如能买到所要更换的部件，如车身翼子板，只要把损坏的翼子板拆卸下来，再将新翼子板按要求安装到车身上，即可完成车身的修复。在修复过程中伴随着汽车其他零部件的拆卸和安装，应保证达到汽车维修质量要求。

面板局部损坏时，可切割下损坏部分，再把相同尺寸的新板焊接在割口处，用带有沟槽的垫铁和锤子敲击焊缝处，使之低于周围面板3mm而形成沟槽。然后打磨沟槽，除去污物，用焊料将沟槽填平，打磨后再进行喷漆，如图3-13所示。**板面损坏严重无法修复时，应更换总成或钣金零件。**

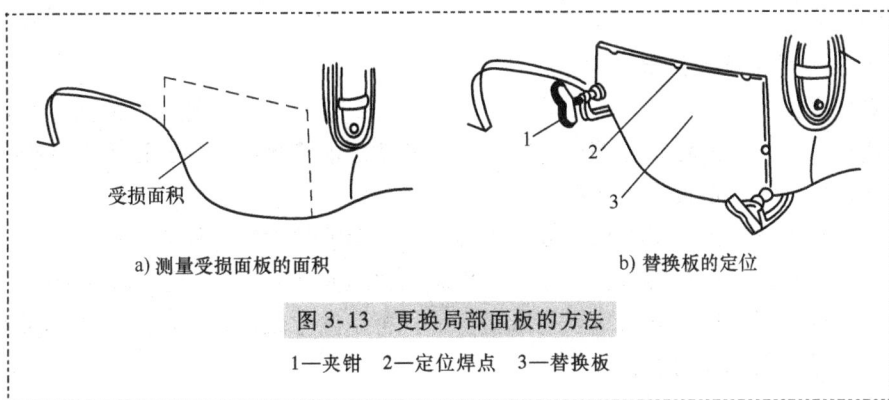

a) 测量受损面板的面积　　　　　　b) 替换板的定位

图3-13　更换局部面板的方法

1—夹钳　2—定位焊点　3—替换板

3. 车身地板的校正

如果汽车发生严重损坏，车身地板发生变形，但不必全部更换车身，则应先校正车身地板和车身，再修复损坏的车身钣金件。当车身地板发生变形后，汽车上各主要总成的位置就可能发生变化，汽车的四轮定位参数也可能发生变化，从而影响到汽车的正确装配和行驶，因此必须对车身地板进行校正。在车身地板左右两侧的中前部和后部开四个大定位孔，作为车身地板的装配、制造的定位基准。在车身地板前部的两根前纵梁上各开两个定位孔，用于车身和发动机总成的定位。车身地板上的定位孔作为车身装焊时的定位基准，以保证汽车车身焊接成一个整体，装配时作为各总成的装配基准，将各总成装在车身上，成为一辆完整的汽车，用于保证发动机总成的安装位置，保证汽车转向系统、传动系统、行驶系统、操纵装置等定位准确可靠。

> 车身地板校正的最佳方法是使车身地板定位孔恢复到原来的位置。当车身地板变形时，一般只有一个地板定位孔不能与定位销配合，很少有两个定位孔不能与定位销配合的情况。不能配合时，应采用车身地板强力牵引法使其恢复原来的形状，使地板上的四个定位孔与四个定位销配合。对地板进行强力牵引时，要按照与汽车相撞时的反方向进行牵引，先缓慢地牵引，当确认牵引方向完全正确时再使地板完全恢复原有形状。当车身地板定位孔校正完成后，再校正两根前纵梁上的定位孔。采用牵引法使前纵梁的定位孔能与定位销匹配。车身地板校正完成后，再进行车身钣金件的修理。

4. 车身侧面校正

车身侧面受到严重损伤时，车身侧面变形可能由一侧传至车身地板，使车身地板发生严重变形，也可能传至车顶盖，使车顶盖发生变形。甚至可能从车身地板和车顶盖传至车身另一侧而使车身侧面凸起，同样应以校正的方法使其恢复原来的形状。当一侧门槛发生严重变形时，应使用牵引法牵引门槛。可视变形部位和变形情况，在门槛处焊上几块牵引铁。顶住前后两端车身地板，使用液压机具和牵引索牵拉牵引铁，还可以在车身地板的前后两端辅以反向辅助牵引，可得到良好的效果。

牵引时要首先检查牵引力的方向和支撑点的位置是否正确。要先缓慢牵引，用较小牵引力，确认牵引得法后，再牵引到位。 因其有弹性后效，因此牵引量要适度大点，这样在卸除牵引力后，能刚好恢复到原来的形状。变形全部恢复后，再把牵引铁焊切下来，进行车身侧面钣金修理。

5. 车身立柱的更换和修复

车身立柱受到严重损坏后，不能简单地进行修复，只能更换。把受损的部分立柱用气动锯或气焊法切割下来。先对相关部位进行校正，然后才能换接新立柱，因为立柱受损可能导致车顶盖和车身地板等部位发生变形。

由于立柱是箱形断面封闭结构，故只焊接接口处不能将两段立柱牢固地连在一起，应在箱形结构内部焊缝上加衬板再进行焊接，衬板焊在原车和新件上。最后，焊封接口。接口精确对接后，可用铜焊或锡焊方法填补接口不平处，再用砂轮或砂纸打磨平整，在保证立柱强度的情况下使其恢复原来的形状。

6. 尽量采用就车修复工艺

对承载式车身进行校正时，尽可能采取就车修复工艺。 这样在牵引时，可就势使周围变形部位稍微恢复一些形状，同时也可节省时间。图3-14所示为受损的前保险杠骨架，它是通过螺钉与前纵梁连接在一起的。通常情况下，大多数钣金维修人员会将其拆下再修复。前保险杠骨架在受到撞击后，撞击力传递到纵梁前部而使其发生变形。骨架拆下后没有合适固定方式，故很难采取一个缓和的修复力进行修复，另外修复完骨架后还需要对前纵梁进行修复。所以可进行就车修理，使用拉具对变形部位施加一个与撞击方向相反的缓和的力，然后使用一根合适的撬棒，从边缘的开口部位伸进去对骨架侧边的一些凹陷部位进行修整，如图3-15 所示，这样会获得非常好的效果。

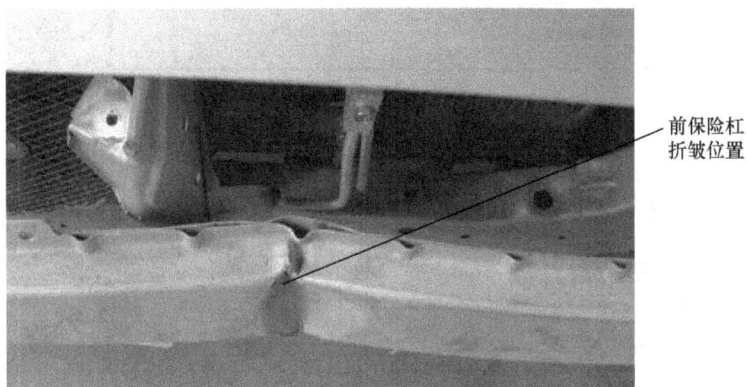

图 3-14　损伤的前保险杠骨架

前保险杠
折皱位置

使用一根合适的
撬棒对骨架侧边
的一些凹陷部位
进行修整

图 3-15　骨架侧边一些凹陷部位的修整

　　当然，非承载式车身结构件也可以采用就车修复方法。非承载式车身即传统的大梁式车身，其车架在受到撞击产生变形时，通常的修复方法是将乘员室拆下后再单独对车架进行修复。该车架在拆除乘员室等结构件后也没有较好的固定方法，所以该车架的有些损伤变形可采用图 3-16a 所示的方法进行就车修理。车架在受到撞击产生侧向弯曲时，可将一根有足够强度的工字形钢放在车辆的一侧，用木块将其垫到与车架水平的位置，用链条将工字形钢与车架的前后部位固定，对弯曲部位施加推力进行修复。同时，也可采用图 3-16b 所示在弯曲部位垫加钢管或木块的方法进行修复。这种弯曲大多会出现在车架的某个横梁部位，造成两侧梁同时变形。如果大梁的两侧都出现弯曲而中间没有横梁，则应使用分离式液压顶将两侧的弯曲部位支撑到原来的宽度，这样在施加推力时有利于将力传递到另一侧，便于将两侧同步修复。对于上下弯曲的大梁也可以采用这种方法，修复时直接将工字形钢放在大梁的下部，并采用相同的修复方法即可。但在修复时，应尽可能地使工字形钢与车架接近，以便获得稳定的修复力，链条与大梁固定时也应选配合适的木块，以防止变形。

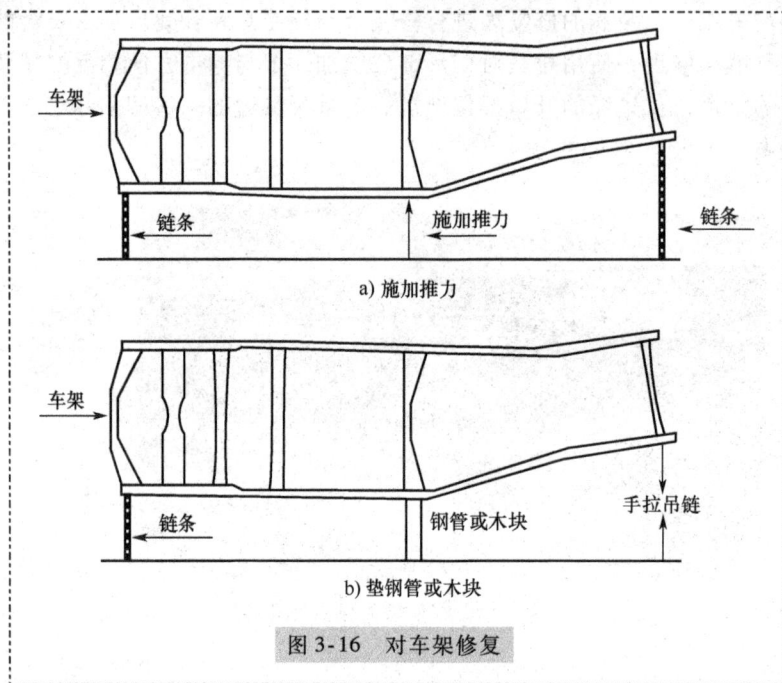

车架

链条 施加推力 链条

a) 施加推力

车架

链条 钢管或木块 手拉吊链

b) 垫钢管或木块

图 3-16 对车架修复

五、汽车车身钢板修复方法

车身外部钢板不恰当的修复，不仅在表面上会给人比较粗糙和拼凑的感觉，而且还会影响到车辆的使用寿命，甚至给车辆埋下安全隐患。例如，车辆在使用过程中出现的渗水、漏风、进灰尘、异响等故障，多数情况是因为钢板修复不到位造成的。

1. 修复严重损伤的钢板

保险公司对车身钢板损伤程度的界定标准各不相同，但是目前大多保险公司仍以损伤部位面积的大小来确定损伤程度，这种界定损伤程度的方法有其局限性。比如，很多划伤或刮伤部位看起来损伤面积较大，但是只做简单的拉拔即可修复。相反，很多损伤部位的面积虽然较小，但由于损伤较为严重，加上又处于非常复杂的部位，维修作业较为困难。

对于大损伤钢板来说，在同等条件下其遭受横向撞击的钢板修复难度可能要远大于受纵向撞击的钢板的修复难度。当车辆受到纵向撞击时，通常间接损伤的钢板会出现大面积的隆起或凹陷，直接损伤的钢板则会出现比较严重的折皱、卷曲等变形，如图 3-17 所示。对这种受到纵向撞击的车辆无论是间接变形还是直接变形，一般不需进行拆卸解体（更换除外），修复时只需要对内部的结构件、加强件及支撑件进行牵拉，同时进行就车修复即可。这样可有效减少作业时间并有助于板件的应力消除。利用这种方法修复间接变形一般可获得非常好的效果。而直接变形还需在此基础上，通过合适的夹具或焊接拉伸板沿撞击力方向进行反向拉伸。**拉伸时，要遵循"拉伸→保持→再拉伸→再保持"的原则，对折皱和隆起区域进行校正**。整个板件的折皱和卷曲修复平整后，再对板件的凸缘、边缘、车身线及凹槽等部位进行修整，最后对板件上较为平整的区域进行修复。

对于一些受到横向撞击的大损伤钢板，损伤情况通常比较复杂，产生延展的金属较多。修复该类故障应尽量小心谨慎，通常应先修复车身线或凹槽等强度较大的部位，应尽可能使钢板大面积地恢复到原有位置后，再进行微小变形部位的修整。修复时可在车身线、凹槽上焊接一排垫圈，在垫圈中穿上一根拉杆，使用较为平缓的力将损伤部位整体推入或拉出。图3-18 所示就是用该方法修复好的汽车车身面板。

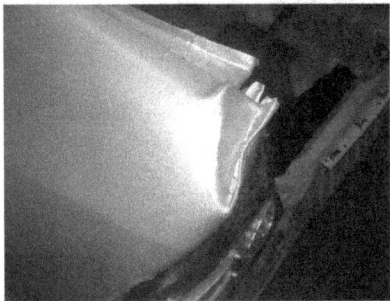

图 3-17　纵向撞击导致弯曲变形

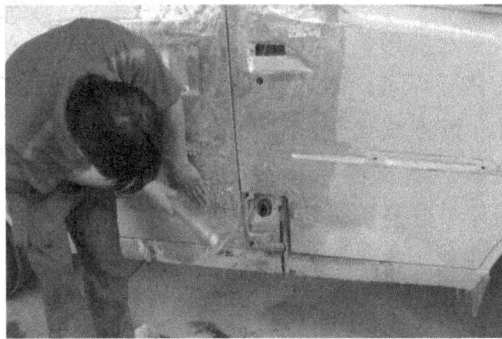

图 3-18　钢板大面积地恢复到原有位置

但是，当撞击力不是直接作用于车身线上时，该部位也可能会由于撞击力而产生变形，这种情况就不能采取上述修复方法了，应首先对直接撞击部位进行修复。受到横向撞击的内部加强件、支撑件及结构件发生变形时，面板将会发生严重延展，同时，在整体长度上也会有明显缩短，如图 3-19 所示。

修复这类损伤部件，通常是将面板与内层分离，先将内层变形部位修复到位，然后再将新面板或修复后的面板连接到内层

图 3-19　整体长度上有明显缩短

上。采用这种修复方法时，一定要确保内层加强件、支撑件及结构件修复到位，之后再对内外层进行连接，以免造成不必要的故障隐患。采用这种方法修复车门、发动机罩（图 3-20）等部件时，一定要注意在面板与内层的边缘咬合位置要进行等距离定位焊，否则会造成整个部件翘曲或变软，特别是铰链位置。如处理不当，车辆在使用过程中将出现车门下沉或发出异响等故障。

2. 钢板特殊部位的小损伤修理方法

车身门框、槛板等封闭式箱形构件位置经常会受到小的凹陷损伤。这种损伤一般面积较小，但撞击部位的金属已经发生了严重的延展。修复时由于无法触及其内部，故一般从凸缘处钻开焊点，伸进撬棒进行修复。该方法比较麻烦，同时还会破坏车身的原有结构。而使用外形修复机强行拉拔效果也不理想，往往会造成钢板

图3-20 发动机罩

出现孔洞。常规的方法很难对这些损伤进行有效修复。这时，通常会使用腻子、硬钎焊或二氧化碳气体保护焊的焊料熔化后，作为填充物对凹陷部位进行修整。由于腻子缺乏足够的强度及韧性，经常会出现开裂现象，而上述焊料填充物在焊接时会由于温度较高容易产生新的变形。在这种情况下，使用软钎焊作为填充物是一种比较好的修整方法。

软钎焊作为填料常采用补锡工艺，由于其熔点低、热影响小，且焊料具有一定的韧性等优势，被维修行业广泛应用。使用该工艺时应注意焊料的成分必须合理：含质量分数为69%的铅，质量分数为30%的锡，质量分数为1%的锑。这样便于在较大的温度区间内维持其可塑性。**修复前要对损伤部位进行清洁处理，作业时温度的控制要合理，稍有不慎，就会导致结合处出现黑边、颗粒粗大等不良现象。**如能充分考虑这些因素进行正确操作，修复后的效果应该比较理想(图3-21)。

3. 锈损面板的修补

对于锈穿或严重凹陷的面板，尤其是车门处，可用敷贴玻璃纤维的方法进行修理。首先将面板表面的锈斑、油污和其他杂物彻底打磨干净，将浸泡了树脂的玻璃纤维布一层层平整地敷在损坏的面板处，最后涂上一层环氧金属层。干透后将表面打磨光滑，然后喷漆。另一种方法是刮灰和上塑料涂层，操作与上述方法类似。

4. 钢板修复注意事项

1) 进行钢板修整可通过锤子与垫铁的配合、外形修复机点焊拉拔等方法进行作业。车身许多位置钢板内侧都有隔声垫，在采用锤子与垫铁配合作业时必须将其清除，否则隔声垫会黏附在垫铁上，对修复质量造成影响。

2) 进行损伤部位的点焊拉拔作业时，焊接电流应尽可能小，以防焊点过大、温度过高。对一些具有足够强度的车身线和凹槽部位进行修复时，应尽量采取整体拉出的方法，以避免单点拉拔时造成凸起点过高或出现孔洞，如图3-22所示。

如果形成凸点，可使用锤子与垫铁配合的正敲法将凸点修平，背部不易触及的凸点可使用修复机上的收缩钢棒加热后轻微施加一个向下的力，这样也可将凸点修平。已经拉出孔洞的区域，应及时进行焊接。如果用腻子填充修复该部位，那么车辆将很难经受行驶时的振动和洗车时高压水枪的压力。修复钢板上一些装饰条的塑料卡扣安装孔时，应该尽量修复到原始平面，如果腻子太厚，这些卡扣将很难安装到位。

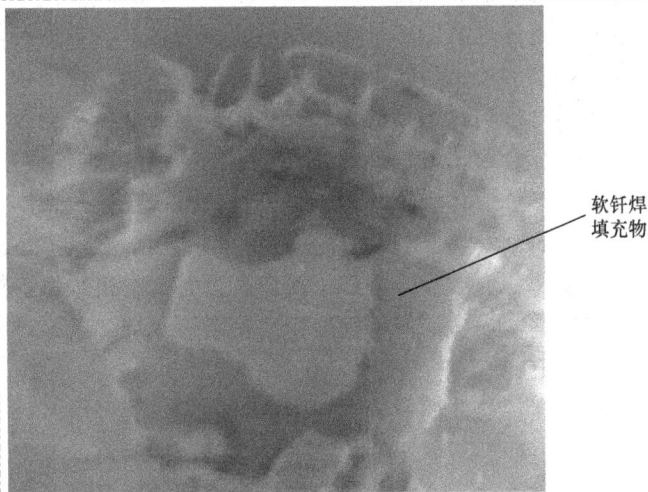

软钎焊填充物

图 3-21　使用软钎焊作为填充物

出现的孔洞

拉拔时造成的凸起点

图 3-22　拉拔时造成的凸起点过高和出现的孔洞

3）修复钢板时，应尽量采取不收缩或少收缩的方法，因为采用热收缩的方法可能改变金属材质并破坏钢板原有的防腐层。

钢板产生轻微鼓起现象时，可使用垫铁、修平刀顶住该部位的内侧，或使用吸盘式拉拔器拉住外侧，采用橡皮锤弹性敲击钢板附近的边缘或加强肋进行修复。在确定必须使用收缩方法时，应尽可能使变形部位接近于原始位置，这样可以避免已经拉延的金属产生额外损伤。对于车顶盖这种大面积板件，在热收缩时即使非常小心谨慎，也经常会造成收缩部位越来越大，甚至蔓延到整个板件的情况。其实在很多情况下这类钢板并不是金属发生延展才出现整体弹跳现象，而是收缩点太多、控点不准造成金属疲软，或内层加强肋与车顶盖连接处

第三章

开胶等原因所致。在确认没有开胶后，不要一直进行加热收缩，以避免情况更加恶化。

维修人员可通过增加内层横向加强肋作为支撑的方法解决该问题。安装内层加强肋时应尽量将其装在其他加强肋的中间位置，与车顶盖的连接部位要进行打胶处理。同时，必须要注意加强肋不可影响到相关构件的安装和车内的整体视觉效果。在金属收缩过度时，可以使用锤子与垫铁配合的正敲法对金属进行重新拉延，或者使用垫铁顶住内侧，施加适当的压力，将外侧加热后使其缓慢冷却，也可以获得同样的效果。

4）车身面积较大的钢板在碰撞过程中极易出现严重折损、延展、撕裂等损伤。由于刮蹭造成钢板变薄，内层、边角部位损伤严重时，将很难保证修理质量，应进行换新，以免造成返修。车身钢板损伤到何种程度需要换新很难量化，只有根据实际情况而定。

5）大面积的钣金件，如发动机罩、行李箱盖、车顶盖、车门等损伤较重时，不宜进行修复。这些钣金件通常面积较大，且抵抗凹陷的能力较差，另外在车辆行驶时的振动，车门、发动机罩、行李箱盖开关时的振动，阳光暴晒及自身发动机的热量影响下，都有可能造成原子灰开裂。因此，这类大面积的钣金件损伤较重时，最好进行换新。

6）判定损伤范围、程度时，要仔细检查损伤钣金件与相邻的钣金件之间的相互配合是否良好，车门、发动机罩、行李箱盖开关时是否顺畅、密封，同时应确认钣金件与内部加强肋是否有开胶、开焊或内、外层咬合不良等现象，避免造成钣金件整体强度降低、异响、密封不严等故障。

7）使用外形修复机修复的最大优点是尽可能少地拆卸内侧零部件。但在进行钢板损伤评估时，应凭借经验、实际损伤情况和相关功能性检测等手段，确认内部零部件、内层支撑和结构是否损坏、开胶和变形，避免造成异响、共振、玻璃升降时与变形部位发生刮蹭等故障。如不能确定，应拆卸内部相关零部件进行检查。**例如，车门撞击变形损伤经常会造成内侧防护梁与钢板开胶，如果修复后不进行打胶处理，将会导致车辆行驶时产生共振，严重的还会导致玻璃升降时升降器与防护梁发生刮蹭。**

8）根据钢板损伤程度及部位不同，应合理选择修复方式、维修设备及工具，规范作业步骤。目前，汽车车身钢板厚度较薄，另外，**刮蹭、撞击、维修中的锤击、采用不正确的研磨工具和研磨方法等，都可能造成钢板变薄。**所以为保证钢板维修后的强度、耐用性及外观质量，维修时应小心谨慎，选择正确的修复作业方式，规范作业行为。对于过渡平缓、受力点较少的凹陷损伤，可以用外形修复机进行修复。如多点受力、加工硬化现象相对较重，且有折皱等损伤，则需要使用锤子与垫铁配合的作业方式。不可一律采用外形修复机修复，可通过拉伸释放应力的折皱，就不要通过锤子与垫铁进行修复，以避免进一步加重钢板的损坏。

9）修复车身钢板前，应对车辆进行防护，避免灰尘及研磨机打磨时的漆膜、碎屑进入车内，确保室内卫生。使用手砂轮打磨、外形修复机栽焊或二氧化碳气体保护焊焊接临时拉伸板时，应对损伤区域的漆面、玻璃、易燃物品进行防护，砂轮打磨时的金属碎屑、焊接时的飞溅物都有可能损伤到车身漆面、玻璃、橡胶和塑料制品。**防护用品可以是防火毯、软纸板、遮蔽纸等，只要能达到防护效果即可。**拆卸车门后，需要焊接临时拉伸板修复车门立柱、门槛板时，也可用硬纸板裁剪出车门的形状进行防护，防止焊接飞溅物和金属碎屑进入车内。另外，还应对损伤区域的周围进行防护，以免磕伤、碰伤这些部位的油漆层。

10）采取焊接临时拉伸板拉伸，或采用外形修复机栽焊、热收缩作业前，应确认其内部没有易燃物及线束等。车身钢板内侧，如后翼子板、车身立柱等内部会粘有隔声垫、隔热棉、发泡材料、线束等，焊接、热收缩时的热量会造成内侧线束烧蚀，甚至可能引起火灾。

11）车身钢板修复时，外部饰板、外拉手、灯具等零部件卡扣的安装孔及螺钉孔应尽可能接近原始平面，不能用原子灰找平，否则安装时会导致配合不紧、螺钉紧固时原子灰开裂、由于原子灰厚度增加导致卡扣无法安装到位等现象。修复后还应将箱形内部断裂的卡扣、从工艺孔掉进的原子灰块等物品清理干净，防止产生异响故障。

12）为保证钢板的耐用性，修复后应进行防腐处理。车身钢板由于撞击，刮蹭，修复过程中的锤击、裁焊、热收缩都可能破坏原有防腐层，并使金属裸露，裸露的金属与空气中的氧和湿气接触，极易形成锈蚀，缩短钢板使用寿命。

钢板防腐包括外表面防腐和钢板内侧防腐，常用防腐材料为油漆、防腐蚀化合物。油漆工艺可在空气与钢板之间形成屏障，是钢板外表面主要的防腐措施，钢板修复后，应对外表面进行清洁、除油，并及时刷涂环氧底漆，以免锈蚀。钢板内侧主要通过喷涂防腐剂达到防腐目的，车身大多数的腐蚀是因内侧表面没有防腐处理造成的。防腐剂类型主要有石油基化合物和蜡基化合物，其中蜡基化合物的使用较为广泛。

喷涂设备一种是罐装自喷式设备，使用喷管从钢板内侧的维修孔、工艺孔、顺水孔等位置喷入损伤的钢板内侧。另一种是使用特制的喷杆、喷嘴，通过压缩空气的压力将防腐材料均匀喷入封闭式钢板的内部。这种设备适用于车门槛板、车身立柱、纵梁及横梁等封闭式箱形部位，优点是射程远、压力大、防腐剂的附着力强，喷嘴进出容易，适用于狭小部位的内腔防腐。

六、车身结构件的修复方法

从理论上讲，车辆受到撞击力后，只要拉住变形部位，按与车所受撞击相反的方向施加与撞击力相等的拉拔力即可。在实际的修复作业中，按照这种原则很难将变形部位修复到位。实际的拉伸力可能要远大于撞击力。在工作中常会遇到很多结构件"拉不动"的问题，即便是采取了多点固定与多点拉伸，且遵循了先进后出、从里到外、先强后弱等原则，也还是拉不动。所以很多情况下应根据损伤部位的实际情况采取可行的措施和手段。

对"拉不动"的结构件，通常采取加热法。**加热法除了要根据板材的强度确定加热部位、加热时间及加热温度外，还应注意火焰，应采取中性焰或轻微的碳化焰，严格禁止使用氧化焰，**这样可有效避免造成部件的过氧化，并适当补充碳元素。

另外不能用水或压缩空气冷却加热区域，必须让它自然冷却，否则金属将会变硬、变脆，从而影响车辆的安全性。但采用加热法时还是会产生一定程度的氧化或一定量的氧化皮，也会有脱碳现象，严重影响到金属表面的光泽度和疲劳寿命。所以，目前很多维修厂并不使用加热法，而是更换受损件或采用冷操作法。

采用冷操作法时，使用木块和锤子消除内应力是比较好的修复手段和方法。但在损伤部位出现比较深的折损变形时，通常需要触及损伤部位的内侧，可部件的结构形式给修复工作带来了一定的困难，所以必须采取一定的措施和手段。

承载式车身大多采用封闭式截面构件：一种是自封闭截面，有完整的四个边，是箱形截面结构；另一种是开口式结构，与其他构件连接形成封闭截面。它们的封闭件有些是垂直的，例如前纵梁与侧面挡泥板连接构件；有些则是水平的，例如将后纵梁连接到行李箱地板上的构件。对这些封闭截面构件的修复，可在拉伸的同时，使用合适的撬棒从构件的端部开口位置伸进后通过与锤子的配合对变形区域进行修整。难以触及的部位可以采取开"小窗"的方式对损伤部位进行修复。如对后部纵梁进行拉伸时，可用气动锯在损伤位置的地板上开U形口，揭开后便于将工具伸入修整（图3-23），修复后将钢板按照原位置用二氧化碳气体保护焊焊接上即可。

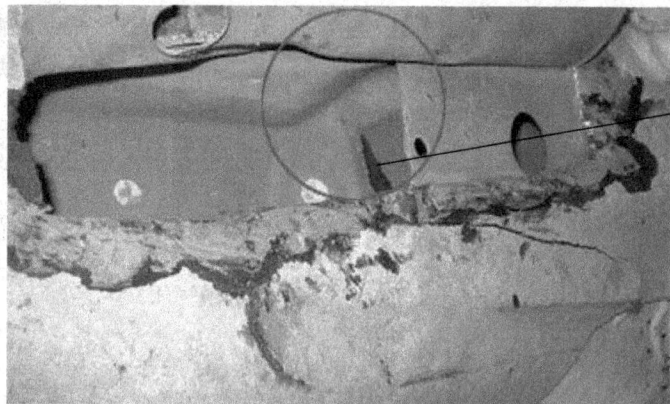

用气动锯开的U形口

图3-23　后板底部开出的U形口

对于不是太严重的前部纵梁损伤，可使用专用钻头在弯曲的纵梁外侧位置钻出一直径约为 15～20mm 的孔，这样在拉伸的同时伸进工具对折损部位进行修整，以便于消除应力。对于修复后留下的孔，可将钻下来的钢板焊接到原位置，也可在修复完成后使用合适的橡胶垫密封孔（图3-24）。**注意：打孔时应尽量远离应力区，而且孔的直径不宜过大**。在拉伸时，应采用过度拉伸或在拉伸到一定程度后保持一段时间，以便有足够的时间让应力充分释放。

图3-24　用橡胶垫进行密封

七、汽车车身修复测量工艺

1. 利用测量工具结合控制点进行分析

车身测量工具主要包括机械测量系统和电子测量系统，它们对于维修前的损伤诊断和维修后的效果确认具有重要作用。车辆测量就是用专用工具和设备，测量车身上各参考点的位置，将测量结果和理想位置（未受损的车身参考点）进行比较，就可以确定车身损坏的范围、方向及程度。车身构件的位置偏差不能过大，一般不超过 3mm，否则装配在车架或承载式车身上的总成，如转向和悬架系统在车辆发生严重损坏时，就会改变其位置，产生振动、噪声等难以控制的问题。测量中需要结合控制点（即参考点）进行重点分析，参考点是在车架或车身上选定进行测量的点，通常是孔、特殊螺栓、螺母、板件边缘或汽车上的其他位置，修理损坏严重的汽车，实际上就是把这些参考点恢复到理想位置的过程。

2. 测量车身尺寸的基准

所有车身尺寸说明中，有两个重要的尺寸参照基准：基准面和中心面。基准面是一个假想与汽车底面平行且有一定距离的平面，汽车制造和修理时，所有高度尺寸都以此作为基准。中心平面将汽车分成左右相等的两半，有些汽车上能看到中心标记，在车顶和车底板上做一系列标记点，这些点都在中心面上，利用中心标记，可以方便迅速地测量横向尺寸。在整个修理过程中，必须对受损伤部位上的所有主要加工控制点对照车型数据复查。准确的损坏情况可用车型数据相对于车身上具体点的测量结果估测出来。维修人员应该对事故车准确进行测量、多次测量并且核实所有的测量结果。

第二节　汽车碰撞修复步骤

随着国内汽车保有量的急剧增长，汽车碰撞事故也呈快速上升趋势。据专业资料统计，最近连续 6 年中，汽车维修中的钣金维修约占全部维修工作量的 17%。而在国内约 30 万家汽车维修企业中，只有 10% 的企业具有维修大型事故车的能力，其余只能从事事故车的小型维修。随着这种趋势的发展，汽车钣金维修业务逐渐被看好，各类汽车维修站、修理厂甚至美容店纷纷加大在钣金维修业务的投资力度。

车辆被撞击受损之后，钣金维修工作也就随之开始了。在各项工艺流程中，维修人员需要使用种类繁多、形式各异的设备工具，如车身校正仪、大梁校正仪、电子测量系统、外形修复机、焊机以及各种打磨切割等工具，采用各种检测维修技术，确保车辆在几何尺寸和使用性能方面恢复到原车水平。图 3-25 所示为汽车碰撞修复的步骤。

一、损伤诊断

损伤诊断是钣金维修的第一步，根据汽车损伤诊断的基本步骤，需要做好以下环节的诊断检测工作。

1. 了解汽车车身材料、结构和车架焊接工艺

要选择合适的钣金维修方式，必须了解车身制造材料和车架焊接工艺。现代汽车与传统汽车在车身制造材料、车架焊接工艺上的差别，导致维修方式发生了变化。图 3-26 所示为现代新型轿车车身前部机构与外围轮廓示意图。比如，传统的非承载式车身主要是由低碳钢或中碳钢制成，在进行焊接和切割时，应使用气动锯，如果使用传统的氧 - 乙炔切割则会对车身造成较大的破坏。现代承载式车身结构通常是用高强度钢板或合金材料（如铝合金）制成，在结构件修理中必须使用二氧化碳气体保护焊、惰性气体保护焊或点焊机进行焊接。另外，钢板厚度的变化以及车身材料合金成分的不同，在焊接方式和相关技术参数的选取上也

第三章

```
碰撞后需修复的汽车 ──────────────→ 了解汽车车身材料、结构和车架焊接工艺
        │
        ↓
     损伤诊断 ──────────────────→ 检测损伤基本状况
        │
        ↓                        确定所有受损部位
    确定维修方案
        │                        利用设备工具测量受损部位
        ↓
 拆卸机械部件和装饰件
        │
        ↓
     车身定位
        │
        ↓
     拉伸校正
        │
   ┌────┼────┐
   ↓    ↓    ↓
维修钣金件 维修机械部件 更换钣金件
        │
        ↓
     焊接修整
        │
        ↓
     防锈处理
        │
        ↓
      喷涂
        │
        ↓
     装复调整
```

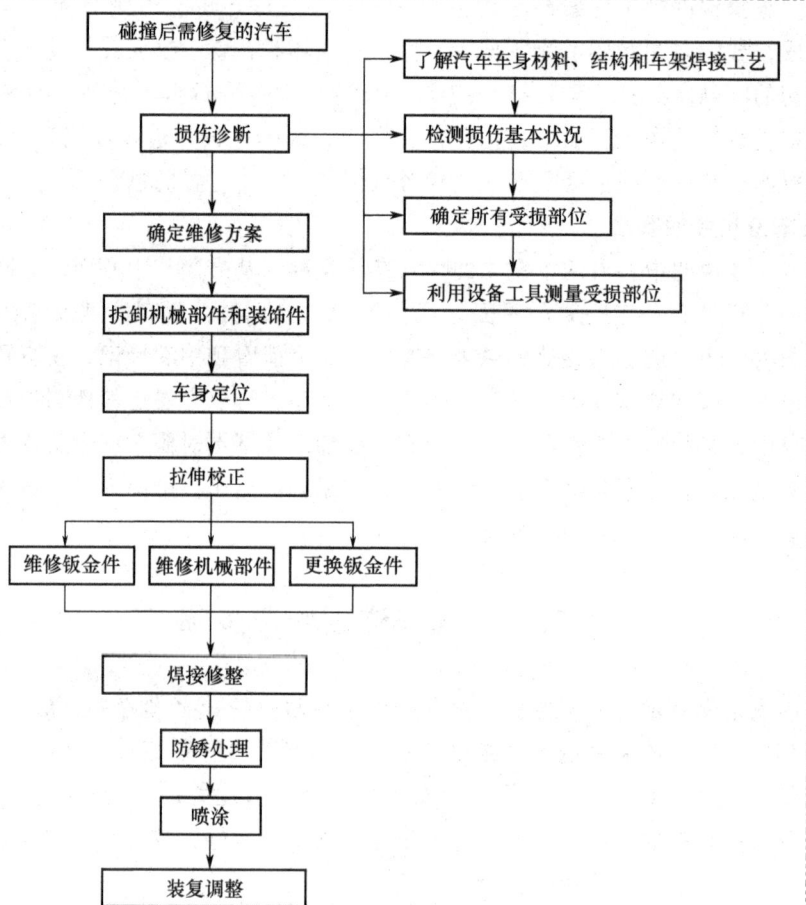

图 3-25　汽车碰撞修复步骤

图 3-26　现代新型轿车车身前部机构与外围轮廓示意图

会有所不同，这就需要熟悉车身材料以便合理维修。在汽车发生碰撞损坏后，必须采用全方位拉伸的方法进行校正，尽量不采用加热的方式，以防止金属内部金相结构发生改变，导致

强度降低，使汽车再次碰撞时不能有效保护乘客。

> 从车身焊接工艺方面来讲，现代车身修复一般采用熔焊、压力焊和粘接等方式，而过去在车身修复中占主导地位的焊条弧焊和氧乙炔气焊在现代车身修复中就要谨慎采用了。焊条弧焊现仅用于车架式车身以及低碳钢车身的修复，氧乙炔气焊、压力电阻焊和粘接只用在一些特殊的工艺中。对于新型的铝合金质车身修复焊接更是需要特殊的焊接工艺。不同结构的车身大梁要采用不同的焊接工艺。在进行车身钣金焊接维修时，要采用不会降低车身原有强度和耐久性的最佳焊接方法，就要熟悉原车各部分所采用的焊接工艺。

2. 检测损伤基本状况

检测损伤的过程中，需要目测碰撞的位置，确定碰撞方向及碰撞力大小，并检查可能存在的损坏。对于事故中损坏的车辆，应询问事故发生时汽车的速度和撞车或翻车的部位、方向及角度，了解被撞汽车的撞击形式、位置和角度等情况，以直观的方法确定碰撞损伤的部位和可能波及的区域。还可结合试车和测量仪器对汽车进行全面检查，确认车身地板是否变形，车身是否受到整体损伤和整体扭斜，检查和确认车门、发动机罩、行李箱盖等开启是否自如等，以确定汽车的损坏程度和选择修理方式。

对车身损伤进行检查时，还应检查构件间的间隙和配合。车身构件大都是用铰链安装在车门立柱上的，因此，为了确定车门立柱是否损伤，可以采用开关车门的方法，来检查车门是否受损。在前部碰撞事故中，要重点检查后门与翼子板的间隙。对于承载式车身，可对其五个部位进行检查，以发现损伤的部位。

第一部位：直接碰撞点造成的直接损伤。仔细检查车身外钣金件涂层，车身附件的塑料件、玻璃、装饰件和车身构件外板等损伤情况。例如，在汽车前端碰撞的情况下，应检查的部位至少包括：前保险杠系统、格栅、发动机罩、前护板、前照灯、玻璃、车门和车轮。如果碰撞点在汽车的后部，应检查的部位至少包括：后保险杠系统、后翼子板、行李箱、后灯、玻璃、车轮等。如果碰撞点在汽车的侧面，应检查的部位至少包括：车门、顶板、玻璃、立柱、地板部分及悬架等。

第二部位：除碰撞点以外发生在其他部位的损伤，又称间接损伤。间接损伤可能涉及较大的范围。检查间接损伤时，应查清碰撞力的大小、方向（角度）、吸收碰撞力构件的强度等。观察构件表面的痕迹，任何车身薄金属材料构件经碰撞挤压都会产生细小的裂纹。例如，车身顶板损伤呈凸起状，应在车身构件各拐角处检查金属构件材料的屈服情况等。

第三部位：检查汽车部件的损伤，检查发动机及传动系统各总成有无损伤。

第四部位：检查乘员室内部附件的损伤。掀开地毯和周围隔热材料，观察金属材料构件的表面，检查座椅安装、安全带锚栓、仪表板等的损伤痕迹。也可转动转向盘使车轮处于直线行驶位置，检查转向盘是否在中间位置、有无自由行程等。

第五部位：检查车身外形构件是否匹配，装饰线是否对齐以及涂层状态是否良好等。

3. 确定所有受损部位

撞击后的车辆不仅限于外表的损伤，虽然车辆在被撞击损伤后，直接看到的只是外表的损伤，甚至保险定损也经常只是对损坏的部位进行评估。其实不然，现在的轿车在车身设计上多数采用刚柔结合的设计原理，利用吸收分解理论来缓冲撞击力，最大程度地保证乘客安全，所以当车辆受到撞击后不仅是撞击部位的变形损坏，其整个车身部件，如大梁、悬架和发动机等部件也可能产生变形。有时，有些车辆前面受到撞击，经检测发现后部也发生了变形。遇到这种情况，如果在钣金维修中只是简单地修复被撞击部位，那么必定给车辆安全带来隐患。因此，在车辆受损之后需要观察车身受损状况，弄清楚碰撞时车身如何受力，力是如何沿着车体传递的，对损伤部位和相关区域的部件进行深入分析，进行科学的诊断，才能确定所有受损部位。检测过程中，需要沿着碰撞时力的传递路线系统地检查相关部件的所有损伤，直到没有任何损伤痕迹以及周边区域的损坏为止。

4. 利用设备工具对受损部位进行测量

（1）车身测量方法　车身测量在事故汽车修复工作中占据着极其重要的位置，是修复工作中最重要的环节和确保最终维修质量的有力保证。车身测量一般可以分为尺寸比较法和目测法两种。

目测法需要钣金维修人员有非常丰富的实际工作经验，而且通过目测法所获得的最终维修质量往往不能令人满意。

尺寸比较法具有相当高的精度，是我们工作中最为常用的一种方法。但它有时也会受到测量工具的精确程度、性能等方面的影响，特别是有很多的钣金技师修复理念比较落后和维修方法单一，对测量设备的各种功能没有全面的了解与认识，不能合理灵活地运用，有的维修人员甚至在测量时还存有误区，所有这些都会导致车身维修质量的下降。笔者根据自己的理解和日常工作中常遇到的问题，对以下几点进行分析和说明。

1）车身外部钢板的测量。在进行测量工作时，其重点是车身比较重要的装配点、工艺孔，这样可以确保车辆修复后的原有性能。对于这些点的测量可以参考厂家或设备商给出的数据，利用车身的对称性原则等进行测量工作。对于车身的很多部位，如车身外部钢板，很多维修人员可能认为是无法进行测量的，且很多设备经销商对此也没有充分的认识与了解。车身外部钢板的修复精度直接关系到车辆修复后的外观质量。但由于其形状复杂、曲率各异等，一般很难采取有效的方法进行测量。通常情况下只能依赖于钣金维修人员的实际操作技能和经验，如通过目测、手感等方法，对钢板是否修复到位进行判定。这些方法往往存在较大的争议性和不确定性，特别是对于损伤比较严重、面积较大的钢板更是难以保证其最终的修复质量。

在无法确定车身外部钢板是否修复到位时，如何进行精确测量？

如果车辆侧面局部发生变形时，可以采用机械测量尺进行测量。首先确定车辆的基准面、中心线，在待测部位的内层结构、加强件没有变形或已修复到位的情况下，使用高精度测量尺测量出其与损伤部位大致相对应的另一侧点的三维数值，再利用车身的对称性原则，将变形部位的点与另一侧的数据进行比较之后，只需按照这些数据对损伤部位进行测量，仔细观察指针或探头与钢板接触是否吻合。如果有不吻合则说明还没修复到位。

通过选择若干个点进行对比测量后，损伤部位的点线面即可得到精确修复。利用这种方法对一些形状复杂、损伤严重、面积较大的车身外部钢板进行测量时，可以首先选择两侧外部钢板周边几个对称的边角点，经过对比测量后确定损伤钢板整体修复是否到位，之后，再利用车身的对称性原则，对损伤部位进行精确测量。

如果车身损伤部位的另一侧也发生变形或无法采用对称法测量时，只能采取从没有变形且型号相同的车身上获取数据进行比对测量。在车身外部钢板无法确认是否修复到位的情况下，该方法不失为一种比较有效的检测方法。

另外，在使用这种方法时，机械测量尺的优势可以得到完全体现。因为，这种情况下电子测量尺很难找到两侧所对应点的准确位置。在进行车身钢板修复时，我们还可以采取很多有效的方法。比如，对于直线可以使用钢板尺划线法，对于车身的轮罩处有规则的弧线可以使用圆规划线法。这些都是测量范畴的一些行之有效的好方法。

2）使用定位夹具测量的注意事项。承载式车身是在生产线上装配完成的，在焊接过程中使用了大量的定位夹具，从而确保所有板件的正确焊接位置。所以定位夹具不但具有夹持、支撑车身的功能，同时它还可以作为车身的测量工具。但在使用此类设备测量时，有些事项应引起维修人员足够的重视，否则很有可能造成测量数据不准确，甚至发生错误。比如在进行车身拉伸校正时，往往采取对修复到位的点使用定位夹具进行夹持固定，以防止在拉伸其他点时发生二次变形。在对修复到位的点进行固定前，一定要采取适当的过度修复，确保其在自由状态下进行固定。假如此时使用定位夹具进行强行固定，虽然它所测得的数据暂时是标准值，但该点在固定力解除后，因应力的作用，位置还是会发生一定的偏差，从而导致最终测量数据发生改变。在使用定位夹具对车身结构件进行夹持换新时也应充分考虑这点，因为在焊接过程中的热量会使板件产生应力，当固定力解除后，固定点的位置也将发生变化。所以，在使用定位夹具更换板件时，应使用锤击焊缝等方法消除应力，并且应反复测量，确保测量数据的可靠性和准确度。

3）车身上部数据测量的重要性。修复事故车时，应该首先明白车身上的哪些点最重要，这样才能在工作时做到有的放矢。一般来说，前桥的后支点、后桥的前支点、发动机和变速器的安装点、减振器与车身的安装点等都是比较重要的关键点。这些点只有在得到精确复位后才可以保证车辆在修复后的行驶稳定性。

在日常工作中经常会遇到维修人员在进行测量时存在的误区，不注重对车身上部尺寸，如减振器上座的测量。往往误认为只要车身底盘数据达到正常值时就不会出现行驶故障。

实例分析：一辆事故车在修复后，经过测量发现轮胎气压、底盘数据、轴距等均正常，而车辆行驶时却出现了跑偏现象。就车辆跑偏故障现象来说，它不但和两侧轮胎气压大小、轮辋轮胎是否变形、两侧轴距的偏差值过大等有直接关系，而且也和车轮的定位参数正确与否有着直接关系。这些参数值正确与否，不但会造成车辆出现跑偏现象，还会导致车辆出现转向不能回位，高速时发飘，转向时发沉费力，轮胎非正常磨损等一系列故障。而车身上部的一些关键部位如减振器上座是否变形将直接关系到四轮定位参数的变化，特别是很多车型的这些角度是不可调整的，一旦车辆竣工后就很难进行及时有效的处理。所以在进行测量工作时，一定要注意车身上部结构件是否变形。

4）正确选择测量基准点。在进行测量（无论是机械测量还是电子测量）前应按照厂家或设备商的要求，在比较坚固的车身中部找出至少四个基准点，以便确定车辆的基准面和中心线，这是实现车身任意点测量工作的首要条件和基础。但在测量前保证基准点没有发生变形是至关重要的，否则偏远的点将会积累误差，导致更大的差错。一旦发现基准点可能发生变形，应重新选择或进行多点测量。特别是对于托底事故的汽车或经常作为举升机支撑车身时的支撑点，这些点极易出现凹陷变形，在利用这些点作为测量基准点时一定要慎重。但是，并不是说发现车身上的点低于正常位置，就说明所选择的基准点或所测量的点已经发生变形。因为在支撑车辆的中部时，车身的前后两端特别是前部车身会由于发动机等部件的重力作用向下发生弹性变形，这时前部车身的实测值往往会低于正常位置。这种情况在工作中比较常见，如在支撑车辆下裙边的情况下，对前部构件如翼子板进行更换时，会发现翼子板和车门之间的缝隙呈上大下小状态。这时应考虑车身是否发生弹性变形，而不能主观判定车身前部尺寸低于正常值。在进行事故车修复时，有的设备商或厂家已经分别给出了发动机拆装前后的两组数据，这样比较利于正确判断测量数据的准确性。图 3-27 所示为用 SPANESI TOUCH 电子测量系统对受损车辆进行测量。

（2）拆检　测量工作需要与拆卸工作结合起来进行，否则便无法准确鉴定全部损伤情况。为便于车身的维修操作和彻底检验损伤，同时避免维修操作时对被拆卸件造成不必要的损伤，要对有关部件进行拆卸。**拆卸的原则是尽量避免零件的损伤和毁坏，连接件的拆卸方法除用扳手外，还可以根据实际情况采用电钻、锯、錾和气割工具等。**

（3）测量的重要性　准确测量是顺利完成各种碰撞修复所必需的程序之一。对承载式车身来说，测量对于成功的损伤修复更为重要，因为转向系统和悬架大都装配在车身上，而有的悬架则是依据装配要求设计的。汽车主销后倾角和

图 3-27　SPANESI TOUCH 电子测量系统

车轮外倾角是一个固定（不可调整）的值，这样，车身发生损伤就会严重影响到悬架结构。齿轮齿条式转向器通常装配在钢架上，与转向臂形成固定的连接，而发动机、变速器及差速器等也被直接装配在车身构件或车身构件支承的支架（钢板或整体钢梁）上。所有这些元件的变形都会使转向机或悬架变形，或使机械元件错位，而导致转向操作失灵，传动系统的振动和噪声，连接杆端头、轮胎、齿轮齿条、常用接头或其他转向装置的过度磨损等。因此，为保证汽车正确的转向及操纵驾驶性能，关键加工尺寸的配合公差必须控制在允许的范围内。

（4）测量基准　所有的车身尺寸手册中都给出了**两个重要的测量基准：基准面和中心线（面）。**基准面和中心线如图 3-28 所示。

基准面平行于车身底部，并与车身底部保持一定的距离，有些汽车生产企业以地面作为汽车的基准面（以地面作为汽车的基准面是将地面假想成理想状态，这种状态在现实生活中是不存在的），汽车生产企业所给的高度方向（或垂直方向）的尺寸都是以此平面作为基准，在汽车修复的过程中也应以此平面为基准进行测量。中心线（面）将汽车平分为左右两部分，即驾驶人侧和前乘客侧，中心线一般只标记在汽车的俯视图或主视图上，但在一些汽车上，其车体中心也会做一些标记，表示此标记就是汽车中心线所经过的位置。

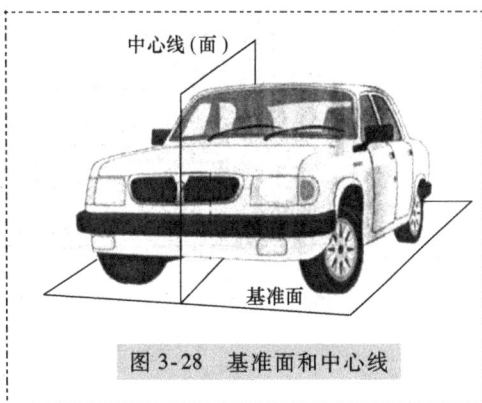

图 3-28　基准面和中心线

（5）测量方法　拆检后的测量是确定修复部位和进行修复的必要前提。**详细的损伤情况可用车身尺寸图相对车身上具体点的测量估测出来，这已成为一种被广泛应用的方法。**车身尺寸图中的数值是以对角线测量法为基础得出的。测量点和测量公差要通过对损伤区域的检查来确定。一般引起车门轻微下垂的前端碰撞，其损伤范围不会扩展越过汽车的中心，因而后部的测量就没有太多的必要。在碰撞发生较严重的位置，必须进行大量的测量，以保证适当的调整顺序。但是，大量的测量记录也可能引起不必要的混淆。在整个修理过程中，不论是传统的非承载式车身汽车还是承载式车身汽车，测量都是非常重要的。必须将受伤部位上的所有主要加工控制点对照生产厂家的车身尺寸说明书进行复查，否则汽车修复就不可能得到令人满意的效果。**为了做到这些，钣金技师必须要准确地进行测量，并多次测量，重新核实所有的测量结果。**

对受损车辆进行测量，要利用先进的测量系统来提高工作效率。在事故车变形检测的过程中，只有经验丰富的专业技师才可以根据事故的大小和撞击的部位，准确分析车辆损伤程度，再由专业钣金技师利用现代化的精密测量设备对车辆进行全面严格的检测，其检测结果要与制造厂商提供的底盘车身数据图进行对比，从而确定合理的修复方案。图 3-29 所示为奥迪 A8 的尺寸参数。

（6）测量中车身数据的作用　即使专业技师拥有丰富的事故车修复经验，但如果不能掌握车辆变形前后的精确数据，那么也很难准确地制定修复方案。所以，对事故车进行专业检测并得到准确的数据才能使专业技师有的放矢。对车身大梁定位参数来讲，所修汽车的车型数据参数是整个修复工作的依据。测量、定位、拉伸和检测都是在原车数据参数的基础上开展的，没有车身大梁定位参数，就无法做好修复工作。车身设计和制造时，就是以车身基准控制点作为组焊和加工的定位基准，同时也是修复工作的测量基准，这些基准点的偏差将直接影响到汽车的各项性能。例如，前悬架支撑点的偏离直接影响到前轮定位角和汽车轴距尺寸。对于一些特殊尺寸，可以通过维修手册查到车身数据资料。

二、确定维修方案

1. 应考虑的主要问题

对车辆进行损伤诊断之后，就需要制定科学的修复方案。这一阶段的主要工作是：针对

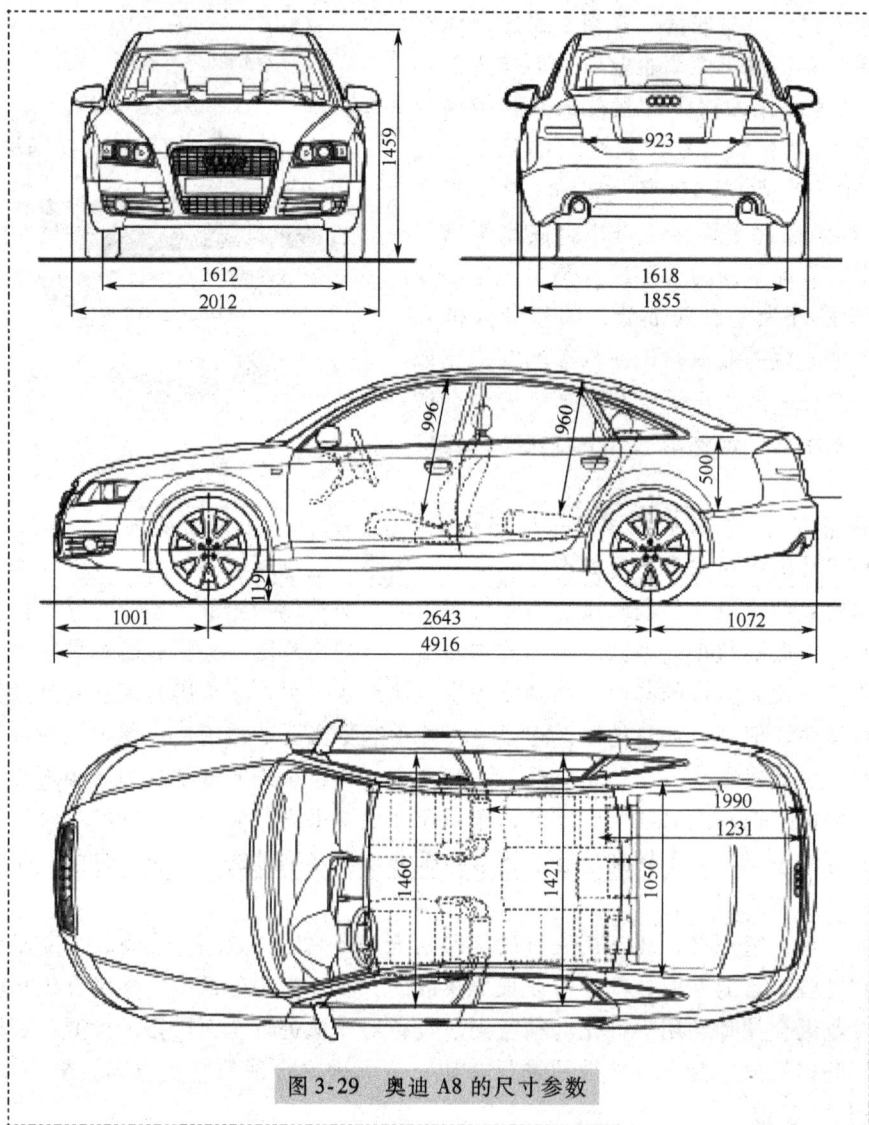

图 3-29　奥迪 A8 的尺寸参数

直接受损部位、间接受损部位及惯性效应受损部位，确定具体的修复方式；根据车身各部位材料的应用情况，确定需要采用的焊接工艺；考虑在校正拉伸过程中如何使用辅助支撑定位，以确保顺利修复；考虑在实施焊接换件作业中如何对需更换部件进行准确定位，以避免焊接完毕后再对所更换的部件位置进行校正。

2. 确定修复方案的原则

制定修复方案时，除了要考虑降低维修成本，还要综合考虑整体维修质量。比如，局部拉伸时如何保证周边部位不受影响，切割和焊接时如何保证金属内部结构尽量不发生较大变化，以及使用何种钻孔、打磨工具才不会对安装造成影响。凡是与整体修复方案有关的因素，考虑得越周详越好，这样才能在后续的工作中有备无患。

3. 维修方案对技术人员的要求

要掌握科学高效的修理工艺，技术人员必须了解当今计算机辅助设计的车架结构知识，以及计算机辅助设计的车架对碰撞能量的吸收和传递方面的知识。除此之外，技术人员还必须熟知车辆碰撞损伤程度、需要更换的部件、需要修理的部位、修理方式的确定、设备工具的选用以及各种操作规范化等方面的知识。这样才能确保最佳修复效果，进而提高客户满意度。

4. 车漆未受损伤的维修方案

可使用 SPANESI 微钣金工具对车漆未受损伤的部位进行维修，如图 3-30 所示。

确定维修方案需要视情况而定，择优而用。在碰撞部位损伤并不严重的情况下，就需要根据具体情况，确定是采用传统钣金维修方案，还是新兴的凹陷修复技术。实际上，只要车漆未受损伤，大多数情况下都可以采用凹陷修复技术。

凹陷修复技术是由日本于 1986年研发出来的，经过多年的发展，在汽车美容行业形成了一项单独的项目，在日本及欧美国家已得到广大车主的认可。1999 年，凹陷修复技术被引进中国，经过多年的探索与实践，现已具备了一套完整的适合于中国国情的推广方案。

图 3-30　用 SPANESI 微钣金工具对车漆未受损伤的部位进行维修

汽车凹陷修复技术是对汽车车身各部位因外界力量撞击而形成的各种凹陷进行修复的新兴技术。它操作方法简单，运用光学、力学及化学等多方面技术原理，对未损伤车漆的凹陷部位通过局部的特殊工艺进行修复，无需传统的钣金、喷漆就可以达到 100% 复原，让车辆恢复原有状态，该技术大大缩短了修复时间。

凹陷修复技术主要针对尚未损伤车漆的凹陷进行修复，由于保留了原有车漆，就避免了烤漆所造成的漆雾、漆流、色差、色变和橘皮等缺陷，从而最大限度地保留了车辆原有价值，这是传统钣金技术无法比拟的。图 3-31 所示为使用凹陷修复技术前后的效果图。

修复一个凹陷部位大约只需 10～90min，大幅度降低了维修费用，大约只需传统钣金、喷漆总费用的 50%。经该技术修复后的车体凹陷部位不易变形、褪色，也不会产生裂痕。

凹陷修复技术投资小，收益高。企业经营该项目，只需要有一个 3～6m² 封闭的车间即可。一次投入，后期不用过多添加材料。几乎只有人工操作成本，而且还弥补了钣金的一部分缺陷，这种维修方式修复时间快，节省了很多不必要的费用，是汽车美容店、维修店以及汽车销售公司所常用的技术。

图 3-31　使用凹陷修复技术前后的效果

5. 车身严重损坏的维修方案

车身严重损坏的维修方案参考本章第一节第四部分车身严重损坏的修复技术，在此不再赘述。

三、拉伸校正

车辆发生较为严重的碰撞事故，绝大多数都需要对车身、大梁进行拉伸校正。确定了承载式车身结构的损伤程度，并完全弄清楚了损伤区域之后，如果根据具体情况需要进行拉伸校正，在受损车辆上"手术台"之前，需要将与碰撞有关的装饰件及机械部件拆卸下来，然后再对事故车进行拉伸校正。

1. 不同种类校正设备的优劣势分析

目前，市场上的校正仪款式很多，较为突出的分为两种：框架式（地八卦）和平台式，如图 3-32 所示。

平台式

框架式

图 3-32　平台式和框架式校正仪

无论何种款式的校正仪，都必须具备以下共同点：

1）具有高强度的车身定位及固定装置。

2）具有较多形状及功能各异的维修拉具，能满足修复不同部位的需要。

3）能进行多点、全方位的校正拉拔工作。

4）能够进行精确地测量，准确检测出各基准点的偏离量及修复误差。

不同类别的校正仪各具特点，框架式较为突出的优点是：占地较小，移动灵活，价格低廉，适合小型修理厂。但是也有其缺点，车辆装夹比较麻烦，需借助举升设备将车辆举起，然后平稳放在校正仪上装夹，配备的2个拉塔只能在地面上移动，而不能够在工作台上随意转动，操作不便。同时，拉拔力有分力抵耗，使得拉力不够强劲。

平台式校正仪就克服了框架式设备的缺点。车辆可以通过电动绞盘把汽车牵引到倾斜的工作台面上，整个平台的高度可以通过液压举升装置进行调节，有利于车身底盘的维修与测量，配备的两个拉塔可以沿工作台轨道进行360°旋转，车辆可进行多点、全方位的维修。同时，拉塔内的液压缸垂直工作无拉力损耗，拉拔力强劲、有效，是目前市场上最为理想的校正仪，但是价格较贵，且占地面积较大，移动不方便。

2. 校正设备的操作流程

不论何种设备，其操作大体分为四步：上车、定位与紧固、拉拔、测量。

测量是汽车修理中不可缺少的重要环节，不仅在诊断过程中需要测量，在修复过程中也需要进行测量。

目前测量分为三种：

1）测距法。这是最简单实用的一种测量方法，直接用钢卷尺测量各构件基准点的距离。

2）定中规法。利用中心置规进行测量。

3）三维坐标测量法。目前市场上已出现了激光测量法，能更精确、有效地将损伤车辆修复如新。无论采用何种测量方法，都必须先对损伤车辆进行检测，找出控制点的形状与位置偏差。

图 3-33 所示为维修人员在进行车身数据的精确测量。

3. 拉伸校正的方法

拉伸过程中要注意方法和程序。拉伸时，每次拉伸一点，然后松开链条，卸力、测量。操作时，**注意"从内到外"完成操作顺序。**

1）长度校正：沿着汽车中心线，对汽车的纵向方向进行拉伸。

2）宽度校正：对汽车的横向方向进行校正。

3）高度校正。

高强度的承载式车身在加热时很敏感，通常不要试图一步就完成拉伸校正。一般应该遵循拉伸—保持平衡—再拉伸—再保持平衡的流程，循环往复。如果车身被碰撞后折叠得太紧，金属有被撕裂的危险，就需要对其进行加热。加热时要注意，只能在棱角处或两层板连接得太紧的地方加热。如果在车架纵梁内侧较低位置，或在箱形截面部分加热，只能使其状态进一步恶化，加热只能作为清除金属应力的一种手段，而不能把它作为软化某一部分的方法。

在预先确定的部位上施加拉力，慢慢地、小心地恢复损坏的钢板的尺寸和形状，完全消除弯曲钢板的应力，就可以实现准确的车身修理。

校正车身时，有一个基本原则，即按与碰撞力相反的方向，在碰撞区施加拉力进行拉伸，任何碰撞修理工作之前，先要决定应采取的碰撞修复程序：在拉伸校正开始之前，拆去汽车上与此次碰撞维修相关的部件。因为承载式车身的损伤较易扩散到离碰撞点较远的部位，且经常扩散到一些意想不到的地方。在决定了

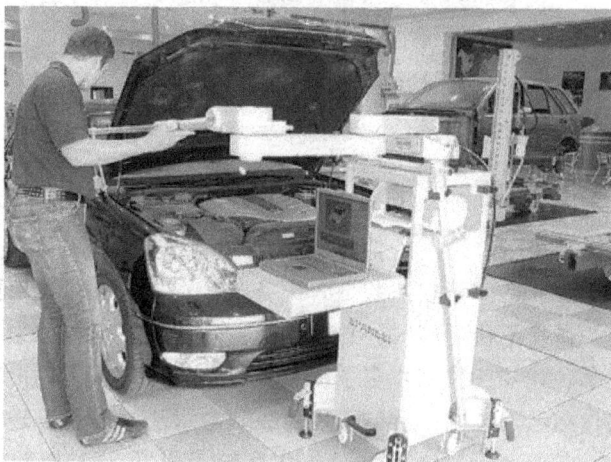

图 3-33 车身数据的精确测量

承载式车身结构的损伤程度，并完全弄清楚损伤区域之后，就可进行拉伸和校正。

计划修理程序时，应掌握一些基本规则，以保证通过少量的金属加工量来修复损坏部件，并且不会造成进一步的车身结构损伤。对于承载式车身的拉伸，必须采用多点固定的方式，至少需四个固定点，根据车身结构，有时或许还需要加另外的固定点。采用多点拉伸，现代设计的汽车都考虑了对碰撞损伤的隔离，对每一损伤部位都作为一个独立体看待。**对于发生损伤的部分，要按照"后进先出"的原则。**拉伸时，每次拉伸一小点，然后松开链条，卸力、测量。**注意"从里到外"完成顺序：首先是长度的纵向拉伸，然后是宽度校正，最后是高度校正。**修复程度可通过尺寸测量来判定。图 3-34 所示为钣金技师在仔细测量车身数据判断修复程度；图 3-35 所示为对几个不同部位的纵向拉伸。金属结构在某些条件下，可以减小其强度。这些条件称为应力集中，就是在负载作用下，应力产生定位凝聚。在承载式车身的设计中，有时设有一些预加应力的零部件，用于控制和吸收碰撞力，使车身结构损坏减少到最小程度，以保证乘客的安全。所以，不要把车身的应力集中件拆掉，只能按照制造商的使用手册的建议进行操作或替换有预应力设计的部件，只有全面恢复车身部件的功能、寿命和外形，方可称得上是科学的修复。

图 3-34 测量车身数据判断修复效果

图 3-35　几个不同部位的纵向拉伸

4. 拉伸部位的选择与固定方式

在结构件的修复作业中，拉伸点的选择和拉伸方向十分重要。通常在拉伸过程中如看不到任何效果或效果不明显时，应考虑改变方向或牵拉的部位。一旦拉拔力的方向不确定时，可把测量探头按照其原始的位置摆放好，然后注意观察损伤变形点与探头的位置偏移量来确定牵拉方向。而对拉伸点的选择，往往并不是直接在撞击部位拉伸，应该选择一些有足够强度的甚至没有明显损伤痕迹的位置。特别是应正确选择拉伸点，如向前牵拉损伤的纵梁时，一定要用夹钳或焊接临时拉伸板固定弯曲的一侧，而不是随意夹持或焊接其他侧面。

对一些有足够强度的部位拉拔，个别情况下还要先对拉伸部位采取一定的措施，如使用夹钳固定时，先使用二氧化碳气体保护焊在拉伸部位焊上几点焊珠，这样可确保夹钳夹持牢固，防止脱落。有些部位需要采取更加复杂的措施，如前部被撞击导致下边梁产生折损变形，常规的方法是使用螺钉将拉板固定在 A 柱下部铰链位置，然后施加向前的拉拔力。但有的车型前门铰链是通过焊接方式与 A 柱连接在一起的，这时只能在该部位上焊接临时拉伸板，并进行拉伸。相信很多经验丰富的维修人员会预见到，这样事先不采取任何措施的拉伸将会造成焊接部位的外层钢板撕裂。这是因为拉伸的部位只是 A 柱的一个表层，而这个表层没有和内部的加强板紧紧连接在一起形成一个整体。所以对这样的部位进行拉伸时，应注意观察内部的加强板是否与外层钢板连接在一起。如果没有连接或连接的焊点很少，应该采用打孔塞焊的方法将二者连接起来；或是在焊接临时拉伸板前，使用磨光机小心翼翼地将拟焊接部位的外层以点或线的形式磨穿，直至漏出内层加强板，便于焊接时将临时拉伸板与内层牢固连接在一起。修复完后将该部位的内外层使用填焊的方式连接在一起即可。如内层加强板与外层钢板不是紧贴在一起时，应采取更换的方法，或在适当部位钻出孔后塞进临时拉伸板，并将其与内层加强板焊接在一起，然后牵拉进行修复。

在采用焊接临时拉伸板的修复方法时，硬钎焊仍具有一定优势（图3-36），特别是在修复后，使用氧乙炔焊稍微加热便可以将焊接物轻易取下，对残留的焊接物加热后也可以使用湿抹布清除干净。但是硬钎焊在焊接过程中只能使母材的表层熔化，不适宜对一些强度较大的部位进行拉伸，同时它的热影响较大，并且焊接部位拉伸后极易出现应力裂纹。所以从目前的趋势看，在采用临时拉伸板进行修复的方法时，二氧化碳气体保护焊将会取代传统的硬钎焊。

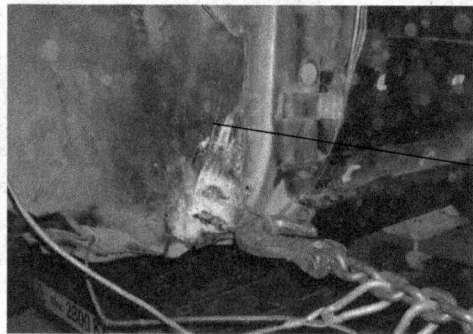

临时焊接的拉伸板（钢筋）

图3-36　使用硬钎焊方法焊接临时钢筋

5. 拉伸校正注意事项

对车身进行拉伸校正是一项非常复杂的工作，在工作中要注意以下问题：

1）校正承载式车身，尤其是采用了高强度钢板的车身，拉伸过程是一个循序反复的过程，一定要首先设计拉伸方案，然后边拉伸、边测量、边调整，随时掌握拉伸部位的变化情况。

2）拉伸设备与车身构件的固定位置，在拉伸的过程中极易因相连部位的过载而受到损坏。可采用多加一些固定夹钳的方法，将负载分散于车身的多个部位。在拉伸时要保证车身牢固，夹具夹紧要牢靠，夹具、拉链、撑拉设备不要过载。尽量采用多点固定，不要使个别夹具发生过载，造成车身的损坏和人身危险。在操作中要尽量采用多点、多向的复合拉伸手段。这样既可以提高工作效率，又可以防止夹具过载损坏车身。

3）尽量不采用或少采用加热的方法，以防止金属内部结构发生改变，导致强度降低，使汽车在第二次碰撞时不能有效保护驾乘人员的安全。汽车车身钣金拉伸校正设备，利用液压的巨大力量对被撞部位进行多点拉伸，为了保证拉伸校正的精度，对事故车进行专业检测并得到准确的数据才能使专业技术人员有的放矢。在事故车变形检测的过程中，车辆在车身大梁校正台上的固定必须使车身中心线与平台中心线一致，如图3-37所示。

只有经验丰富的专业技术人员才可以根据事故的大小及撞击的部位，准确分析车辆损伤程度，再由专业的钣金技术人员利用现代化的精密测量设备（三维测量系统，如电子测量系统）对车辆进行全面严格的检测，其检测结果要与制造厂商提供的底盘车身数据图进行对比，从而确定合理的修复方案。

事故车在车身校正平台上固定时要注意：车身中心线与平台中心线一致

图 3-37　车身校正平台上固定

4）在拉伸过程中，要注意消除内应力，随时用锤击和控制加热等手段释放变形的应力和拉伸时产生的新的应力。锤击时，要防止损坏车身，加热时要控制加热的温度和范围，防止弱化构件的强度。

5）进行拉伸校正时，可以夹住车身构件弯曲部位的内侧表面进行拉伸；构件表面上的凹陷损伤可以通过焊接销钉并用滑动锤或其他拉伸装置进行拉伸校正。

6）如果一些构件凹陷严重，构件金属材料有被撕裂的危险，就需要对其进行加热，且只能在构件棱角处或构件的两层板连接处进行加热。例如，在车架轨梁内侧低点位置，或在箱形截面部分加热。加热只能作为消除金属材料内应力的一种辅助手段，而不能作为使构件某一部分金属材料软化的方法，虽然一般不推荐在构件高强度金属材料板上用焊炬加热，但有时可以小心地用焊炬加热达到辅助修复的作用。

7）杜绝拉伸过度，**遵循正确的拉伸校正顺序，做到"先里后外、先进先出"**，对于车身构件的尺寸变化一般要首先校正长度，然后是宽度，最后是高度。

8）注意操作安全，做好防护工作。

6. 修复车身的技术要求

无论采用何种修复方式修复车身表面，都需要达到规定的技术要求，恢复车辆原有的性能和表面外观质量。

（1）外形的复原　修复时，无论大面积的平滑结构还是局部过渡处的楔形结构，都必须恢复到原来的形状。恢复到原有形状困难时，可适当改变原来的形状。但切忌画蛇添足，不伦不类。不但外形要对称美观，还要坚固耐用。

（2）连续曲面的完整性和精致性　轿车车身大部分是用模具大批量冲压生产的，具有表面的完整性和精致性。修复时，流线形曲面要连续过渡；曲面转折处要圆滑过渡；修复后的外表面应光亮如新，不允许有皱折、皱纹、凹痕、敲痕、擦伤和肉眼可见或手触摸能感觉到的明显缺陷。特别是大面积修复时要保证连续曲面的完整性、流线性、连续性和精致性。

（3）足够的强度和刚度 轿车车身在原设计中具有足够的强度和刚度，修复后的车身要保证其强度和刚度。修复后的车身应保证振动噪声在允许的范围内，不能因振动引起异常响声。确保车身在一定行驶里程内不得有疲劳损坏，车身整体必须有一定的刚度，保证车身钣金件在使用过程中有保持原有形状的能力。

四、焊接修整

1. 焊机和焊接方式的选择

在修理受碰撞而损坏的汽车时，焊接是一种常用的方法。焊接方式较多，焊机的种类也很多。传统的焊接主要有电弧焊和氧乙炔焊，传统焊接方式有一个致命的缺陷，就是金属受到高温后，材料强度会发生根本变化，焊接点强度不能满足要求，所以汽车制造厂都不建议使用氧－乙炔火焰来焊接修理损坏的汽车。同时，由于其焊接点密集，造成车辆再次撞击时，不能按理想状态进行力的传递和变形，也会造成安全气囊引爆过早或过迟，给乘员生命造成威胁。

> 焊接维修时，要采用不会降低车身原有强度和耐久性的最佳焊接方法：
> 1）尽量采用点焊或惰性气体保护焊进行焊接，一般不在新型的汽车车身上使用氧－乙炔焊接。
> 2）除了汽车制造商进行过钎焊的零部件外，一般不对车身零部件进行钎焊。现代汽车车身维修的焊接方法一般采用惰性气体保护焊、电阻点焊、钎焊和锡焊。

熔化极气体保护焊（GMAW）通常又称为熔化极惰性气体保护焊（MIG），它的应用越来越广泛。惰性气体保护焊的优点包括操作方法容易掌握，可使各种母材100%熔化，在薄的金属上焊接可使用弱电流；电弧稳定且容易控制，更适合有缝隙和不吻合地方的焊接，几乎所有的钢材都可以使用通用的焊丝来焊接，适用于任何焊接工作，不同厚度的金属可用相同直径的焊丝来焊接；惰性气体保护焊机可控制焊接温度和焊接时间；采用惰性气体保护焊接法，可使需要的区域的受热时间较短，因而减少了母材的疲劳和变形。因此它被广泛应用于焊接高强度、低合金钢车身材料和焊接铸铝件，如破裂的变速器、气缸和进气管等。

（1）惰性气体保护焊

1）惰性气体保护焊的特点

① 可焊接高强度、低合金钢车身材料。

② 可焊接铸铝件，如破裂的变速器、气缸和进气管等。

2）典型焊接位置和基本焊接方法

① 对接焊。将两个相邻的金属边缘安装在一起，沿着两个金属板相互配合或对接的边缘进行焊接。

② 搭接焊。焊接两块相互重叠的金属板。

③ 堆焊。在外面的一个或若干个工件上打一个孔，电弧穿过此孔，进入里面的工件，最后孔被熔化的金属填满。

④ 点焊。定时脉冲被触发时，将电流引入被焊的两块金属板。

⑤ 对镀锌金属进行惰性气体保护焊时，不需将锌清除掉，以免金属的厚度降低后强度也降低。

图 3-38 所示为采用二氧化碳气体保护焊焊接翼子板边梁加强件。

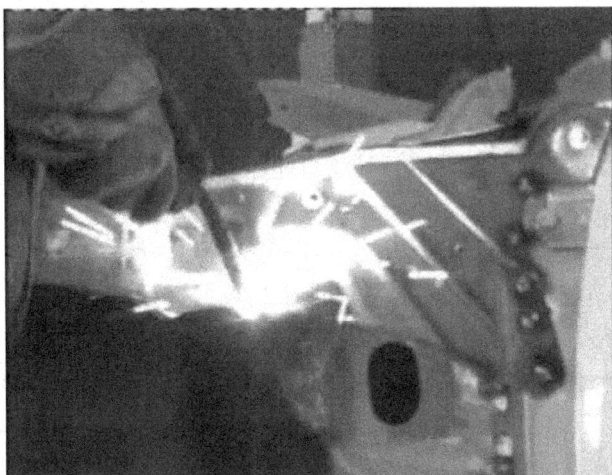

图 3-38 采用二氧化碳气体保护焊焊接翼子板边梁加强件

（2）电阻点焊　电阻点焊是汽车制造厂对承载式车身进行焊接时最常用的一种方式。电阻点焊机适用于车身上要求焊接强度高、不变形的薄钢板。常见的应用范围包括车顶盖、车门窗、车门槛板以及外部部件。电阻点焊与电压、电流和加压时间有关，与使用的电阻点焊机、焊接金属板的材料厚度等因素也有关。

点焊时注意采用正确的焊接顺序，一般不沿着一个方向连续进行点焊，当电极头发热并改变颜色时，应停止焊接并使其冷却。也不要沿角落的半径部位进行焊接，这样易产生应力集中而导致开裂。使用点焊的效果图如图 3-39 所示。

图 3-39 使用点焊的效果图

（3）钎焊　钎焊只能用在密封结构处。钎焊在焊接过程中只熔化有色金属，而不熔化母材。钎焊类似于将两个物体粘在一起，熔化的黄铜充分扩散到两层母材之间，形成牢固的熔合区。焊接处抵抗碰撞的抗弯强度小于母材的抗弯强度，只能对汽车制造厂已进行过钎焊的部位进行钎焊，其他地方不可采用钎焊。

（4）锡焊修补法　对于局部无法修复或难以修复的曲面形状可用锡焊将要修复的部位填平成曲面形状。锡焊前应在修焊表面涂上焊锡膏，用焊枪的火焰把钣金表面烤热，把焊锡熔化，将焊锡焊到要修补的表面上，焊的厚度由曲面要求而定，使焊后表面恢复形状。焊锡修补后，表面往往不够理想，可用砂轮和砂纸打磨，使表面呈圆滑过渡。

2. 选择车身修复方法

车身修复的方法通常有以下几种：

（1）拉环牵引修理法　所谓拉环牵引修理法是根据钣金件受损部位的大小焊上一定数量的平垫片拉环，平垫片拉环称为牵引介质，将钢丝绳或拉杆穿入介质中，然后用人力或机械牵引钢丝，通过介质使钣金件受损部位受力向外牵引，使其恢复到原来的位置和形状。特别是对于较大面积的变形，双层结构的钣金件、不易拉伸的部位、转角过渡处和车门立柱等，采用拉环牵引修理法修理显得更加方便。

（2）加热收缩法　局部加热收缩法是钣金修理的常用方法。钣金件的损坏变形主要是相关部位的拉伸变形，用加热收缩法消除拉伸应力，可以恢复原来形状。

（3）锤子、顶铁或修平刀修理法　锤子、顶铁或修平刀修理法是传统的钣金修理方法。钣金工一手持锤子，另一手持顶铁或修平刀以及其他工具进行钣金敲打整形修理。钣金手工作业需有钣金工的技巧和经验，而好的钣金修理技术不是一朝一夕能够获得的。

五、装复调试

车身修复工作结束之后，需要进行装配。将经过修整的车身和局部附件，需更换的部件和拆卸件，按原车的要求进行总装。装复之后，还需要对车辆进行调试或试车，对于发生严重碰撞的车辆，还必须进行四轮定位。

四轮定位就是通过四轮定位仪，检测出被测车辆的各轮倾角和束值是否符合原厂标准，如不符合可进行调整。只有车辆的四轮定位数据准确，车辆的操控性能、稳定性能才能达到最佳状态，轮胎的使用寿命也才能达到最长。

通过四轮定位检查，如果发现某些数据不符合规定标准，还要进行调试检测，直到所有的参数和数据都在标准范围内为止。

第三节　铝质车身修复技术

目前，在汽车维修行业中普遍存在着一种错误观点：钣金维修人员只要熟练掌握操作技能，便可以对所有车型进行修复。这种观点是片面的。钣金修复相对于汽车的机、电修理，所需要掌握的技术也许还有一定差距，但是想要保质保量地完成事故车辆的修复工作，也并非易事。一名合格的钣金维修人员，除了要掌握相关的理论知识（如材料学、人体工程学、动力学、热处理工艺等），还要严格按照工艺流程规范操作，同时对车辆的车身结构、金属板材类型也要有清晰、准确的认识。

随着现代汽车制造技术的飞速发展，汽车制造企业在车身生产中开始逐步使用新材料。在众多采用新材料的车辆中，有些是采用了合金钢、高强度钢和超高强度钢作为车身材料，还有些车身局部或整体采用了铝质板材，这些都将给维修工作带来新的难题。图 3-40 所示为铝质车身结构。修复这些采用特殊钢质板材或铝质板材的事故车时，维修人员应在接受过相关培训的基础上，采用正确的修复工艺对车辆进行修复，只有这样才能保证特殊材料车身的修复质量。

图 3-40　铝质车身结构图

一、使用铝材的意义及铝材特性

近年来，汽车制造企业在汽车的结构设计、制造技术、材料选用等方面进行了大量的研究工作，希望能够研发出安全可靠、节能环保的新型汽车。在通常情况下，车身的自重大约会消耗 70% 的燃油，所以，降低汽车油耗研究的首要问题便是如何使汽车轻型化。使汽车轻型化应首先从材料轻量化入手，这样不但可以减轻车身自重、增加装载质量、降低发动机负荷，同时还可以大幅减小底盘部件所受的合力，使整车的操控性、经济性更加出色。而有"轻金属"之称的铝金属，由于其质轻、耐磨、耐腐蚀、弹性好、抗冲击性能优、加工成型性好和再生性高等特点，成为了使汽车轻型化的首选材料。铝合金车身汽车也因其节能低耗、安全舒适及相对载重能力强等优点而备受关注。

铝的用途比较广泛，它的密度为 $2.7 \times 10^3 \mathrm{kg/m^3}$，约为钢铁、铜的 1/3。密度较小，常用于制造汽车、火车、舰船、火箭和飞船等。近年来，铝在汽车上的使用呈逐年递增的趋势。局部或整体使用铝材的车型有很多，如宝马、奥迪、沃尔沃、路虎等。提到铝质车身，很多人会将其与家中的铝锅、铝盆等厨房用具联系起来，认为它质地柔软，易发生变形。其实车身所使用的铝材基本都是铝合金，通过增减合金元素的配比和采用适当的热处理工艺等，使其达到所需性能。

目前，用于汽车车身板材的铝合金主要有 Al-Cu-Mg（2000 系），Al-Mg（5000 系）和 Al-Mg-Si（6000 系）3 种。6000 系铝合金由于其可塑性好、强度高，成为许多汽车生产商的首选新型车身材料。如欧洲的汽车生产商一般会使用成型性能较好的 6016 合金铝作为主要的车

第三章

身板材；而美国的汽车生产商则使用具有足够强度的 6111 合金铝作为车身的主要板材。对于车身的不同部位、不同构件，所使用铝材的合金成分、种类和热处理工艺也并不相同。如车辆的保险杠骨架、加强梁或侧防撞梁等，所使用的铝材都应具有足够的强度和韧度，在发生碰撞时要有良好的吸能特性（比钢板增加 50% 左右）；车辆传动系统使用的铝质构件，不但具有足够的强度和韧度，同时还具备良好的导热能力。

　　事实证明，汽车使用铝材确实取得了良好的社会效益和经济效益。当然，汽车使用铝材也存在一些不足。在生产铝质车身的汽车时，焊接铝质车身比焊接传统钢质车身能耗增加 60%。而且一旦发生交通事故，铝质车身的维修费用也较高。由于铝材的熔点较低、可修复性差，维修人员需要使用专用铝质车身修复工具及特殊的工艺方法进行修复。

二、铝质车身修复应具备的条件

　　(1) 维修人员应接受专门培训　铝质车身的修复与传统钢质车身修复有很大的区别。维修人员不仅对铝材的特性要非常了解，还要对铝质车身的修复工艺、连接方式与接口形式、粘结剂与铆接工具等性能了如指掌。实际操作过程中，维修人员要时刻牢记各种安全注意事项。

　　(2) 独立的维修空间和防爆吸尘系统　铝质板材在打磨过程中会产生很多铝粉，吸入后不但对人体有害，而且在空气中易燃易爆。所以，在维修铝质车身时要设置独立的维修空间和防爆集尘、吸尘系统，以保证车身修复操作更加安全。

　　(3) 带有定位夹具的大梁校正器　车辆发生碰撞后，损伤部件经检查确认无法修复或修复后无法达到其原有性能时，就必须更换该部件。更换铝质部件时，其连接方式与钢质车身有很大区别。钢质车身的接缝处一般采用焊接方式，而铝质车身的连接处多采用粘接或粘接、铆接共用的连接方式。由于粘结剂固化时间长，如果不对更换部件进行定位，修复后的车身就很难恢复原技术尺寸。当校正架没有专用定位夹具时，使用辅助夹具或通用夹具固定是一种比较有效的方法。

　　(4) 专用的维修设备和工具　在进行铝质车身修复时，具备带有定位夹具的校正架是远远不够的，还要有专用的气体保护焊机、铝整形机、强力铆钉枪、铆钉取出器等设备和工具。在修复过程中，一定注意工具要单独摆放，不能与修复钢质车身的工具放在一起。修复钢质车身的工具残留有钢铁碎屑，如用其修复铝质车身，钢铁碎屑会对铝造成腐蚀。

三、如何正确修复铝质车身

　　(1) 铝质面板的修复　铝质板件的厚度通常是钢质板件厚度的 1.5～2 倍，其熔点较低，在加热时极易发生变形。碰撞变形后，受加工硬化的影响很难二次成形，如强行修复则会使损伤部位出现裂纹甚至发生断裂。**所以，当铝材受到一定程度的损伤后，应对受损部件进行分体或总成更换（生产厂家不建议修复）。**在进行铝质结构件更换时，连接处一般很少采用钢质车身修复所采用的焊接方法，而是采用粘接或粘接、铆接共用的方法。更换铝质板材的费用比较高，维修人员对一些轻微损伤的面板会采取某些方法进行修复。修复工作应在充分了解铝材特性的基础上，小心谨慎地进行。

1）铝材的可延展性较强，在受到碰撞后，很难恢复到原来的形状和尺寸。维修人员修复时可使用木锤或橡皮锤进行碾锤错位敲击，以减少铝材的延伸。如必须采取碾锤正位敲击，应采用多次轻敲，否则将会加重铝材的损伤程度。铝板修复前，首先区分其变形的类型。对隆起部位使用木锤或橡皮锤进行弹性敲击，以释放撞击产生的应力，这样可减小坚硬折损处弯曲的可能性。凹陷部位修复时不要使其每次升起得太多，应避免拉伸铝材。在铝质面板修复时，也可使用铝整形机对损伤部位进行校整，在修复到位后使用专用工具将介子栽焊螺杆齐根剪下，打磨平整即可。对于钢车身来说，当面板和内层结构同时发生变形时，可以采取内外层分离，分别修整后折边咬合的修复方法。但对于铝质面板，就不能使用这种方法了。如果采用这种方法修复铝质面板，折边部位会由于铝的韧度较差而出现裂纹或断裂。

2）在进行铝板校正前，应对铝板进行适度的加热，这与传统的钢板修复有着明显的区别。校正钢板一般应尽量避免加热，以免降低钢板的强度。而在修复铝板时，必须利用加热的方法增加铝板的塑性。如果不加热，施加校正力会引起铝板开裂。但由于铝熔点较低（660℃），如加热过量会造成铝材变形或熔化。所以，在对铝板进行加热前，应使用120℃的热敏涂料或热敏笔在损伤部位周围，画一个半径20~30mm的环状标志。这样在加热过程中可以通过颜色的变化，对温度进行实时监控。

3）当铝质板件发生延伸时，可采取热收缩法进行处理。操作时应缓慢冷却收缩部位，不可使其急速降温，从而避免过度的收缩造成板材变形。另外，铝板修复时禁止使用钢质车身修理时所使用的收缩锤或收缩垫铁，以免造成损伤部位开裂。

（2）铝质板材的焊接　合金铝在通常情况下可以使用惰性气体保护焊进行焊接。但是，由于焊接过程中的退火作用，焊接处的强度损失较大。修复后，车辆自身振动和行驶的颠簸会造成焊接处产生裂纹。所以，铝质车身修复中一般很少采用焊接方式（少数生产厂家也允许采用焊接方法），而通常是采用粘接或粘接、铆接共用的方式。但尽管如此，焊接在铝质车身修复中也并不是可有可无的。在进行结构件更换时，通常需要在结构件之间使用焊接的方法，以增强车辆的整体性和导电性。

在焊接时要注意以下几点，以确保最终维修质量。

1）在进行铝焊接时，除按操作规范做好车身的防护工作外，还应注意金属镁或铝镁合金不能采用焊接工艺。因为该金属易燃烧，一旦发生燃烧用普通灭火器无法将其扑灭，而只能使用一种特制的化学制剂。所以在进行铝车身修复前，应查看相关资料以确认板材的成分，并严格按照厂家的要求进行修复操作，不该焊接的部位绝不能进行焊接。

2）焊接前应使用石蜡或油脂清除剂对焊接部位进行清洁。对表面有涂层的部位，应使用装有80号砂轮的砂轮机磨去周围的涂层，使金属表面裸露出来，从而保证焊接质量。

3）按照焊机的使用说明调整电压和送丝速度，但说明书上给出的数值一般只是大概的数值，维修人员应该根据自己的经验和实际情况做出相应的调整。进行钢质车身焊接时，电压和送丝速度调整到正常值，焊接部位会发出平稳清脆的"吱吱"声，而铝材焊接时会发出平稳沉闷的"嗡嗡"声。

4）在进行铝质板材焊接时，应使用铝焊丝和100%氩气，相对于焊接钢质车身，气体流量应增加50%。焊枪与焊接部位应接近垂直，并且采用正向焊接法（左焊法），不能在铝板上进行逆向焊接（向前推焊接），以免熔池过热造成塌陷或击穿。进行立焊时，应从下面开始向上焊接。

（3）板件的更换　铝质车身板件受到撞击无法恢复时，应采取局部或整体更换的方法进行修复。特别是在铝质板材因为硬化，损伤部位出现裂纹或断裂现象时就应该使用此方法了。铝质板件的更换是铝质车身修复较为常用的一种方法。

1）分离铝质板件时，可使用切割锯、切割砂轮、錾子等工具，与钢质车身的板件分离没有太大区别，但禁止使用氧-炔焰切割铝质板件。另外，由于铝质车身的铆钉通常由高强度特殊合金材料（如硼钢）制成，所以铆钉是无法采取传统钻除方法去除的。正确的方法是，在铆钉顶部使用专用焊机焊接介子销钉（不可重复使用），然后用专门的拉拔工具将铆钉拔出。焊接介子销钉前，应对铆钉顶部的漆面进行打磨，在拉拔时，专用工具与铆钉应保持垂直状态。

2）传统的车身通常使用机械紧固和焊接两种连接方法，而铝质车身的构件大部分是通过粘接或粘接、铆接共用的方式连接在一起的。所以，更换铝质板件应严格按照厂家的技术要求，选用原厂提供的零部件或总成，正确选择切接位置和连接方式。在进行钢质车身修复时，常用的连接方式可分为平接、插入件平接和搭接等三种方式。在更换铝质板件时，这三种方式依然适用。不过只有少数的厂家允许采用平接（焊接）方式。铝质板件更多的是采用插入件平接和搭接。

进行插入件平接时（如纵梁的梁头、下边梁、门立柱），一般也可分为两种方法：

一种是板件分离后，将插入件（厂家提供或自制）轻轻敲入，对更换部件精确定位后，在切割线的两侧钻出与铆钉相匹配的孔，然后将插入件取出，在去除毛刺、清洁、除潮湿等准备工作后，使用特制胶枪在外侧均匀涂抹专用粘合剂，再次将插入件放入，测量无误后按照已经打好的孔，使用专用铆钉进行拉铆即可。

另一种方法是在准备切割的直线上等间隔地钻出铆钉的备用孔，然后沿此直线进行切割分离。将插入件放入并将其与所要更换板件进行定位，在已经钻好孔的位置进行重新钻孔，将插入件取出，做好所有准备工作后打胶，再次将插入件放入，定位后拉铆即可。在采用搭接方式更换板件时，除常规的方法外，有时为获得足够的强度和满意的视觉效果，特别是一些不适合采用插入件平接的部位，可采用厂家提供并做好预先处理的零部件进行搭接。这种方式在一些比较直观的部位使用较多，如车身的后翼子板等处。

3）相对于钢质车身修复而言，铝质车身板件更换的定位工作更为重要。铝质车身粘接部位的粘结剂需要较长的固化时间（25℃时需要36h）。如果粘合剂在固化后车身尺寸产生了位移或变动，那么整个修复工作都要重来。所以，测量后必须使用定位夹或通用夹具对更换部件进行定位。

在铝质车身修复时，还有很多注意事项应该引起我们足够的重视，如铝质车身上的一些特殊颜色的螺栓，拆卸后应按照厂家的要求进行更换，绝不可重复使用。在进行板件更换时，还应对粘结剂和各种专用工具的性能、注意事项和使用方法进行全面的了解。总之，从事铝质车身修复工作必须接受专业化的培训，只有这样才能保证铝质车身的最终修复质量。

第四节　汽车后端碰撞的修复

在汽车的碰撞事故中，后端的碰撞占到事故总量的28%。但由于种种原因使维修工对汽车后端的修复工作不够重视，从而导致在修复时操作的规范和工艺流程被忽略。

在车身修复工作中，达到高品质的修复质量要求是非常重要的。所谓修复品质，就是指安全、强度、美观、耐久性，对于车身后端发生碰撞的车辆，还要包括密封性。修复后的车辆只有满足这五个条件才能算是修复完成。要想达到满意的修复效果，钣金技师就必须严格按照操作规范进行修复，要避免对事故车进行野蛮修复操作。

一、查找损伤部位

在碰撞力能够影响到的范围内，沿碰撞作用力方向认真检查损伤部位，查找隐性损伤。对车身后端事故，除了部分部件的损坏外，最明显的便是车身缝隙的改变。钣金技师除了用肉眼观察，还要用量规进行检查，特别是后悬架的装配孔。因为在事故发生后，很多车的后轮定位参数会发生变化。如果该参数发生变化，就要注意检查是悬架发生变形还是车身发生变形了。如有必要，还可以先对车辆进行四轮定位的检查。

二、进行修复校正工作

目前，有些钣金技师在修复车辆的时候根本不用车身图样，只凭经验及对车身缝隙的判断进行维修，往往会导致对受损部位判断不准确、降低工作效率、车身修复效果不理想等结果。所以在进行修复工作时，如果有该车的维修手册，一定要遵照维修手册上的车身尺寸及其上介绍的方法进行施工。如果没有维修手册，也要想办法找一份该车的车身图样，也可以找一辆同型号的没有受损的车辆对需要的关键部位数据进行测量，以获得车身尺寸。只有这样才能够确保维修车辆恢复到原车的尺寸。

对于后纵梁受损的车辆，首先要对后纵梁进行校正。如果不需要更换后围板，那么其修理方法和前纵梁的修理不一样。后纵梁不像前纵梁那样方便用夹具夹持，它的后面还焊有后围板，无法直接用夹具进行夹持拉拔。如果将后围板拆下再进行纵梁校正，不仅增加工作量，加大对钢板的破坏，还会因为焊接而破坏防腐涂层。遇到这种情况时，可以在需要拉伸的纵梁外部的后围板钻两个直径10mm的孔，然后用长约30mm、粗约8mm的钢条(钢条的长度依实际情况定)沿已钻的两个孔穿过去并焊在纵梁上。焊接时没必要完全焊满，因为焊满以后会增加切割和打磨的工作量，可以根据拉拔力量的大小增减焊点数量。如果后纵梁上面有较深的凹陷无法直接进行修复，可以采取开口的方法。开口的位置不在纵梁上，而在纵梁凹槽上部的地板位置。因为切割和焊接不仅会对纵梁钢板的结构和强度产生影响，还会破坏防腐涂层。

后端发生撞击后，只要撞击力稍大一点，不论是正面撞击，还是侧面撞击，后翼子板与后车门的缝隙都会发生改变。一般情况下，只要后翼子板变形不是很严重，待纵梁和行李箱的框架尺寸都校正后，后翼子板与后车门的缝隙基本都能够回到原来的位置，当然也有不能回位情况。此时，可在后翼子板上焊一块临时拉伸板，以方便夹持拉伸。

如果有很多部件受损严重，就需要对其进行换新。在实际工作中，有些维修人员在明确了这些部件需要更换以后，先把这些部件钻取、切割下来再进行其他部位的拉伸校正。这种方法非常不可取，因为车辆发生撞击后，撞击力导致的车身变形不仅停留在所撞板件上，还会沿着各部件传递得很远。如果先将这些部件拆卸下来，就会使夹具夹持的位置减少，不方便拉伸夹持，同时还会引起不必要的变形，增加工作量，不易让相邻受损部位恢复原来的形态。正确的方法是先对需要更换的部位进行预拉伸，消除相邻部件的应力，然后再进行拆卸。

三、装配

装配分三步进行：

第一步是校正过程的装配，也即合缝隙，主要对如行李箱盖、尾灯、后保险杠等一些外部和内部可以拆卸的部件进行装配。它们都是一些装饰和功能性的部件，能很直观地用肉眼观察出装配质量。所以维修过程中，尽量将所有部件都装配一遍，并对缝隙不标准的部件进行调整。这个装配是确保交车质量的前提。

第二步是在刮灰过程中和喷涂底以后进行装配，也是合接缝隙的过程。喷漆人员在刮灰和打磨时刮灰、打磨的程度，所以此时钣金维修人员应该配合喷漆人员进行一些外部部件的装配和调整，以保证这些部件有合理的缝隙。

第三步是竣工装配。要注意尽量用原车螺钉和卡扣，并调整部件的缝隙，使其达到原车标准，同时注意在工作中保护好漆面。

四、密封和防锈处理

车辆发生过后端碰撞事故容易出现行李箱漏水、漏尘等现象，经常发生渗漏的部位是行李箱盖的密封胶条密封不严处、后灯安装位置和板件的接缝。这些导致漏水、漏尘部位都是维修竣工后没有进行仔细检验的结果。行李箱盖密封不严肯定是密封胶条的安装边没有校正到位或行李箱盖里面有凹陷。后灯安装位置漏水的原因是后灯和后围板之间没有密封好，有些甚至没有装密封垫。

绝大多数后灯上面都带有起密封作用的泡沫胶垫。在安装后灯之前一定要将固定后灯的后围板校正好，然后将其与泡沫胶垫一起装到车上。有部分车辆后灯没有泡沫胶垫，装配时要将蛇胶粘接均匀。密封后灯切忌用钣金胶或玻璃胶，虽然它们能够解决密封问题，但是以后拆卸尾灯就不容易了。

大多数车辆后围板接缝处的开口是向下的，也有部分车辆的接缝开口是向上的。开口向上的比向下的更容易漏水，所以原车在板件接缝的部位都涂有钣金胶。发生撞击或进行修复时接缝很容易损伤，这就需要在修复完毕后对接缝进行仔细检查。如有裂口，需要用钣金胶进行密封，其他板件搭接的地方也不例外。**注意：在涂抹钣金胶之前，需要先对防腐蚀涂层脱落的部位进行处理。**除去氧化层、油、水和杂质等，然后涂抹环氧底漆，待漆干了以后，再在接缝部位涂抹钣金胶。车身的地板部位容易被刮蹭，所以在这些部位还需要喷涂防撞防锈底漆。只有这样才能够确保车辆在修复后保持密封性和耐久性。

五、车身后端修复注意事项

1）钣金维修人员一定要注意：**车身后端碰撞损坏扩散程度比前端严重**。通常情况下，后端碰撞时首先是后保险杠被碰坏，后纵梁向上弯曲，轮罩变形，整个翼子板前移，各有关部件之间的间隙变大。若碰撞十分严重，还会影响到车顶盖、车门及车身B柱。

2）校正时，将夹钳或挂钩固定在后纵梁的后部、行李箱地板或翼子板的后部，边拉拔、边测量车身每部分的尺寸，观察车身板件间的配合间隙，以此来确定必要的修理拉拔程度。

3）若后纵梁被严重碰撞而使后门框变形、门开关不畅时，只能对纵梁进行拉拔来消除翼子板内的变形应力。若一起拉拔轮罩或翼子板内的加强板和后部纵梁，则车门间隙将会被调节到正常状态，如图3-41所示。

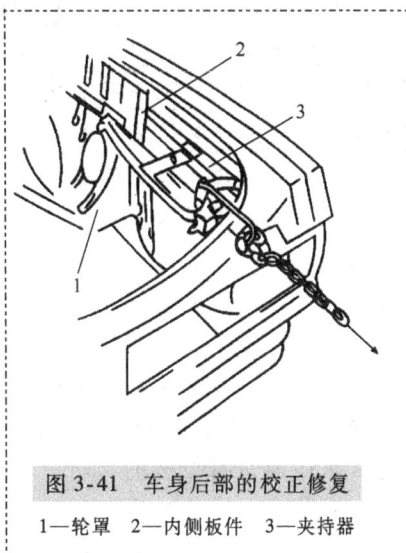

图3-41　车身后部的校正修复

1—轮罩　2—内侧板件　3—夹持器

第五节　汽车前端和侧面碰撞的修复

一、车身前端损坏的修复

车身前端损坏主要是前端受碰撞（如追尾）形成的，损坏的部位包括前部横梁侧旁的挡泥板、纵梁及前翼子板等相关区域。

1. 前纵梁和前翼子板内加强件的校正

如图3-42所示，首先按与撞击相反的方向拉拔换件侧的纵梁，然后修复修理侧的翼子板内加强板和纵梁，最后修复翼子板内加强件和纵梁的安装部位。

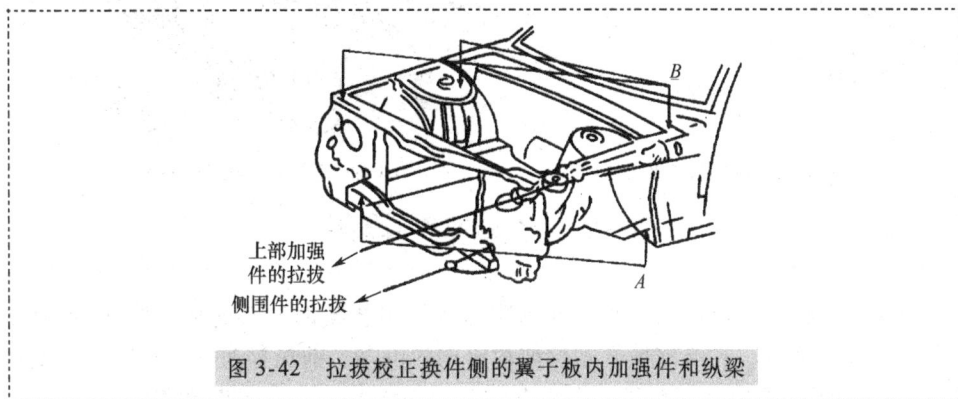

图3-42　拉拔校正换件侧的翼子板内加强件和纵梁

通常修理侧的整个翼子板内加强件和纵梁都存在或左或右的偏斜，而长度方向并未发生扭曲，如图 3-43 所示。修理过程中，应不断地测量对角线长度，且校正其距离。为提高作业效率，可同时拉拔纵梁与翼子板内加强板上部的加强肋。**如果修理侧的纵梁朝外偏斜，则应朝前转一个角度拉拔，同时应注意测量对角线的变化。如果修理侧的纵梁朝内侧偏斜，则应直接向前拉拔；如果修理侧的纵梁损伤严重，则应在对角线长度正确的点处把横梁和散热器上的固定板拆开，分别进行修理。**

2. A 柱和前围的校正修复

对于换件侧的前翼子板内加强板和纵梁的修理，主要的修理部位是前围。如果碰撞比较严重，损伤可能涉及 A 柱，也会使车门定位受到影响而关不上。此时，只简单地夹住翼子板内加强板和纵梁的前缘处进行拉拔，并不能修复 A 柱和前围的主要损伤，而应在主要损伤部位附近夹卡进行拉拔，如图 3-44a 所示。在对 A 柱向前进行拉拔的同时，增加一个液压动力推杆从内侧撑顶，如图 3-44b 所示。

在车身修理中，通过尺寸测量可判定其修复的程度。车身上有一些特定的标准参考孔，若测得的标准孔之间的尺寸符合厂家的规定，则表明车身的修复比较理想。图 3-45 所示为检查车身前端的标准孔，有前翼子板的后安装孔、前地板下加强肋上的参考孔等。

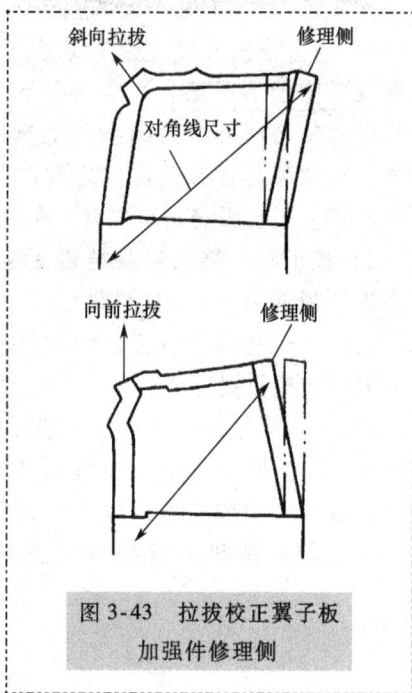

图 3-43　拉拔校正翼子板加强件修理侧

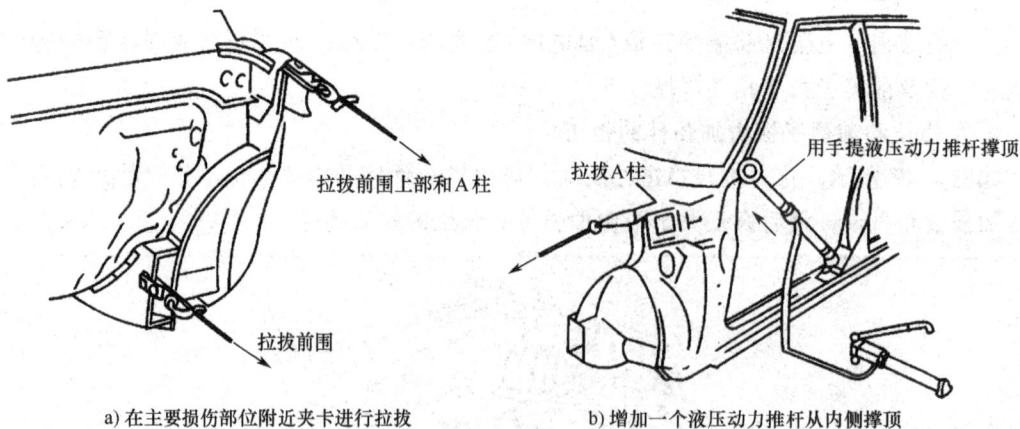

a) 在主要损伤部位附近夹卡进行拉拔　　　b) 增加一个液压动力推杆从内侧撑顶

图 3-44　A 柱和前围的校正修复

对于前置发动机后轮驱动的汽车，前纵梁遭到严重损伤时，其变形如图 3-46 所示，标准测量点的高度会降低；对于前置发动机前轮驱动的汽车，前纵梁遭到损伤时，其变形如图 3-47 所示，标准测量孔向上倾斜了。在修理汽车时，应重点关注这两类情况。

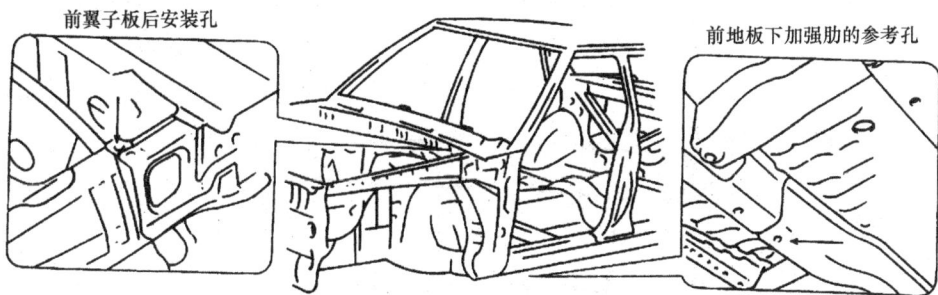

前翼子板后安装孔

前地板下加强肋的参考孔

图 3-45　标准测量点

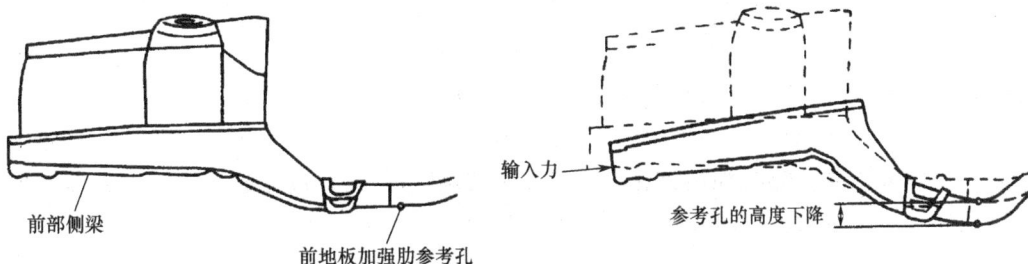

前部侧梁

前地板加强肋参考孔

输入力

参考孔的高度下降

图 3-46　典型的前置发动机后轮驱动汽车前纵梁的损伤

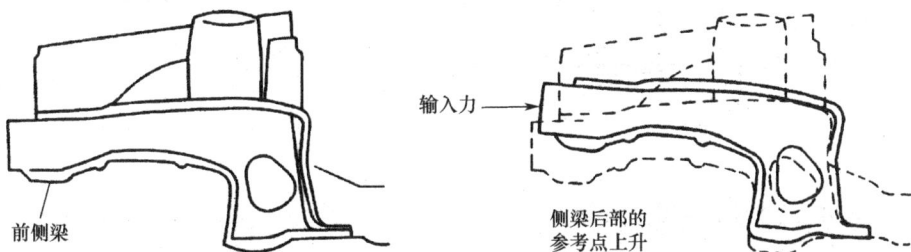

前侧梁

输入力

侧梁后部的参考点上升

图 3-47　典型的前置发动机前轮驱动汽车前纵梁的损伤

3. 前围侧面的校正修复

　　对于因侧向碰撞而引起的前部车身侧面弯曲损伤的修复,最好采用车架校直装置进行校正。在图 3-48 所示校正中,B 点受力最大,必须保证夹紧。拉拔沿两个箭头相互垂直的方向进行。如果点 C 处未夹紧,点 A 处就不能拉拔;如果点 C 处没有合适的卡夹部位,可使用间夹在四个点上的车身固定器来修理车身。

二、车身侧面损坏的修复

　　如果汽车侧面门槛中部遭到严重碰撞,则车身地板会弯曲变形,整个车身弯曲呈香蕉形。修复这种碰撞损伤的拉拔方法如图 3-49 所示,固定车身弯凸一侧,在凹陷侧沿三个方向用"三向拉拔"校正法进行校正,先将车身两端拉开,再将凹陷部分拉出。

图 3-48　侧向弯曲损伤校正

如果汽车侧面其他部位如前部遭到严重碰撞而损伤，则在拉拔修复前，应先将汽车锚定，且锚定力与拉拔力的方向应相反，如图 3-50 所示。

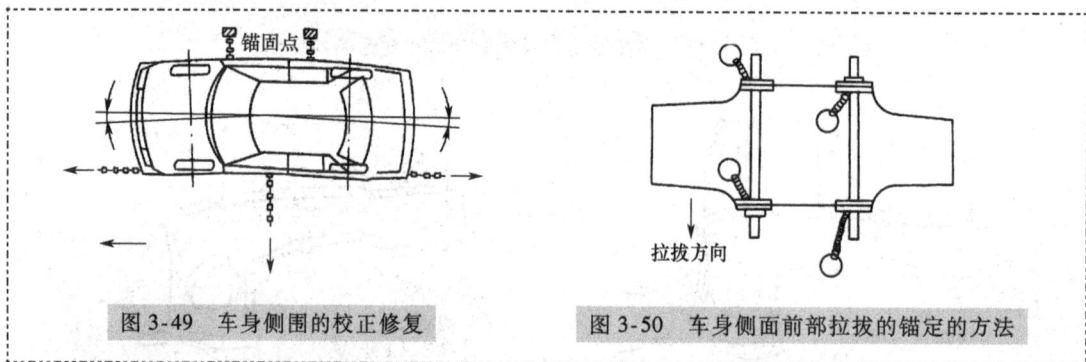

图 3-49　车身侧围的校正修复

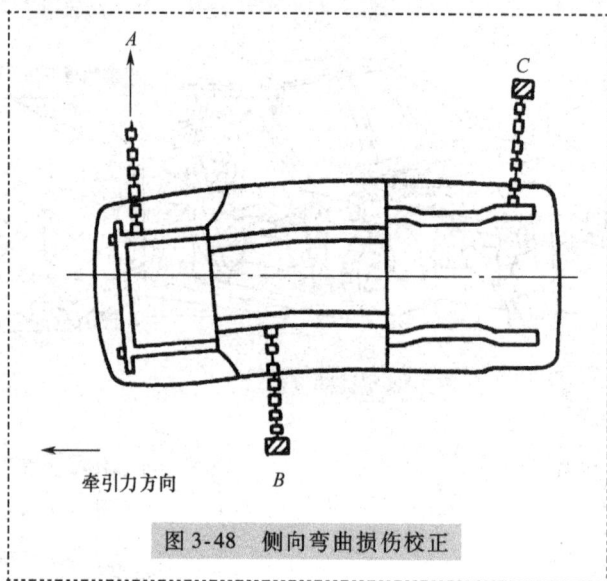

图 3-50　车身侧面前部拉拔的锚定的方法

三、车门的修复

车门是车身的重要部件，而汽车发生碰撞时，车门很容易损坏，因此车门的碰撞修复是事故后车辆修复的重要工作之一。汽车车门主要由连接部件、使用功能部件、装饰部件三部分组成。车门通过铰链安装在汽车车身侧面，因此，要想修复汽车车门，就必须先修复汽车侧面车身。

1. 碰撞方向对车门的损伤

汽车碰撞一般有正面、侧面、后面 3 个方向，由于汽车车身设计时要考虑乘员的安全，通常在车身结构方面都进行了精心设计。汽车的车身碰撞受力的大小、方向是碰撞损伤的重要因素，结合车身结构进行分析，得出正确的碰撞损伤部位和损伤程度的结论，是碰撞修复的重要前提。

汽车的正面碰撞力的传递路线如图 3-51a 所示，图中箭头表示正面碰撞的传力途径和碰撞力的分散状况。从图3-51a可以分析得到正面碰撞以后，车门受碰撞力的影响较小，只会影响到侧车身的 A 柱。这种损伤通过对前车身进行基准检测点测量，就可以确定修复方案。而后面的碰撞对车门影响通常也不大。侧面碰撞时力的传递路线如图 3-51b 所示，图中箭头表示侧面碰撞的传力途径和受力状况。发生侧面碰撞以后，对车身的侧面和车门的损伤十分严重。

2. 车门碰撞的损伤分析与修复

钣金技师应首先目测车身受碰撞的损伤程度，如果判定侧车身的门框受到损伤，应先将车门拆下。拆卸车门应先将"车门开度限位器"拆除，然后拆除车门铰链螺栓。拆除时应细心观察有无损伤情况。车门拆除后应检测车身测量基准点的变形情况，如果碰撞后发生了变形则应校正。需要强调的是，承载式车身都是薄板结构，因此在恢复车身构件的原始形状的同时还应使金属板件恢复原来的晶格状态。**通常可采用局部加热和锤击的方法，加热的范围、温度要依据有关修理规范和经验实施，切勿随意操作。**

车门修复可分成车门局部整平牵拉修复、更换车门外蒙皮和更换整体车门。采用何种方式应视车门损坏情况，例如，撞凹处硬化的程度、车门外蒙皮背面可接近的程度以及门框损坏的程度等来决定修复方案。

（1）钻孔拉拔法

1）在撞后出现的凹陷处或褶皱处用手电钻钻出一排小孔，**孔径为 3.0 ~ 3.2mm，孔距可为 10 ~ 15mm。**一般情况下孔距要根据车身外板变形处的情况而定。

2）将牵引钩伸入小孔中，逐个将其往外拉，直到完全恢复原状为止，如图 3-52 所示。拉拔时每只手可握两个拉杆，两手用力保持均匀一致，慢慢地拉，不可用力过大。

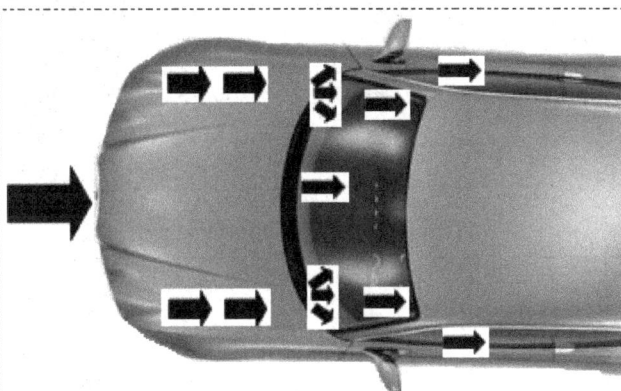

a) 正面碰撞时力的传递路线

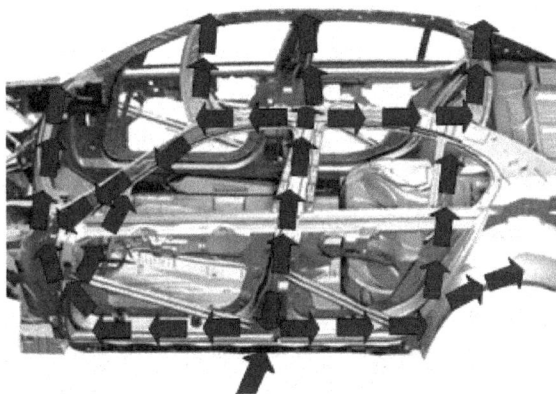

b) 侧面碰撞时力的传递路线

图 3-51　汽车碰撞力的传递路线

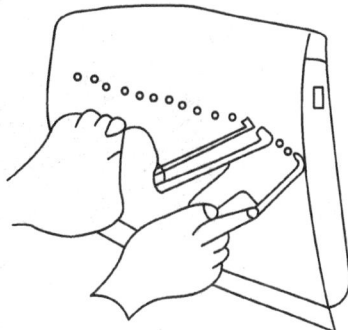

图 3-52　牵引拉出复位

3）拉平后，用二氧化碳气体保护焊将孔焊死。焊接方法如下：

① 焊枪垂直于板面，对准孔中心，如图3-53所示。

② 将焊丝插入孔内，短暂地按下开关激发电弧，然后松开开关。

③ 焊丝在孔内形成熔池，而后冷却凝固。若孔径较大，焊枪沿孔周边缓慢地移动至孔中心，如图3-54所示。焊点以略高出板面为宜，过高将给打磨带来困难，反之则会使强度不足。

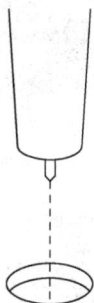

图3-53　焊枪对准孔中心　　　　图3-54　缓慢移动焊枪

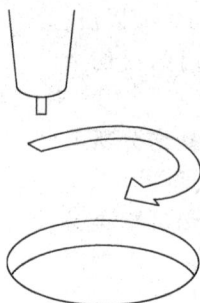

4）用电动砂轮机打平焊点。

（2）垫圈拉拔法

1）在钣金表面凹陷最严重的部位焊接一定数量的垫圈，如图3-55所示。

2）用拉杆钩住垫圈进行拉伸，如图3-55所示。

图3-55　垫圈拉拔法

3）除掉垫圈，用砂轮机打磨平整。

（3）车门外蒙皮的分离、整形与修复　车门外蒙皮多采用双曲微拱的钣金件以增加车门的刚性。车门外蒙皮围绕着门框包裹，紧固在凸缘上，用电铆焊、点焊固定在门框上。

在拆卸车门以前，检查铰链是否扭曲，观察车门与车身门框的配合情况。同时，判断车门外蒙皮是怎样固定在车门框上的，并从门上拆卸所有的外饰件和门窗玻璃，而后校正车门内部门框。需要时可使用液压千斤顶或车身千斤顶。清除车门凸缘焊点上的油漆，用钻头、点切割器或砂轮除去点焊点，也可采用磨掉折边凸缘边的方法使车门外蒙皮与车门框分离。如果没有车门样板或其他测量数据，应准备检修完工后的检测手段（制作样板或测量数据）。

千万要注意，不要使用焊炬或动力錾子去分离车身外蒙皮，否则车门内框的板件可能变形或被不适当地切割。用圆盘砂轮磨掉任何点焊、钎焊、铜焊和铁锈的残余。

车门外蒙皮修复的主要操作是整形，将外蒙皮凹陷部位放在平砧上，用木锤轻轻捶击使其初步恢复原来的形状，然后再用垫铁细敲。如果敲击时受曲折线条或直棱线的限制，甚至出现延展现象时，可采用点状加热收缩，通过周向作用的内应力，使曲线条周围金属下沉，逐渐使曲折线条平直。在采用点状加热收缩时，应用焊枪火焰对准凸起最高处（即伸展中心），加热范围的大小要根据延展的程度而定。如延展面积较大，热点直径约为 20 ~ 30mm。加热后应趁热急速锤击加热点的周围，然后再敲击加热点。敲击时应用合适的顶铁垫实加热点的反面，待冷却后再用锤子轻轻敲平点状加热处。在进行加热收缩工作时，一定要谨慎，对于可收可不收的情况，应尽可能不用加热收缩，且收缩和敲平都要适当。

碰撞后的车门出现裂纹，通常就需要补焊了。如果裂纹较长，焊接过程中会产生过多的延展现象，造成金属材料硬化，给修复带来进一步困难，建议采用对车门中、下部进行更换的修复方法。

车门中、下部更换，首先应合理地确定更换范围，且要便于操作和焊接。切割部位一般选择在平面上，不宜选择在棱线或弯折边处。按其更换的部位尺寸下料，并留出折边余量。按折边、整形、起肋操作工艺加工、清洁、整修车门外蒙皮的接口，对齐接口后先做定位焊，然后再进行焊接。焊接时，采用的焊接方法较多，有分段定位、间隙法、左向法、右向法等，维修人员要根据工艺条件、工装设备、操作技能等因素进行选择。

（4）车门外蒙皮的装配　将准备好安装的新车门外蒙皮用钻头或冲孔机加工电铆焊孔。用砂轮机清除焊接和钎焊处的油漆。在裸露的金属焊缝区域涂上可焊透的涂料，并为裸露的金属区域涂上底层涂料。

某些车门外蒙皮装有消声垫，它是用粘结剂粘到车门外蒙皮上的。为此，要用酒精或其他有效物质来清洗车门外蒙皮，用加热灯加热外蒙皮和消声垫，然后将消声垫粘到外蒙皮上。

在安装车门外蒙皮以前，要在它的背边施用车身密封剂。安装时，用虎钳夹把车门外蒙皮附着到车门框上，并且正确定位，按要求的位置钎焊车门外蒙皮。用锤子和顶铁弯曲车门外面外蒙皮的凸缘，用布带覆盖顶铁的表面，以避免伤及车门外蒙皮，逐步弯曲折边。**当凸缘弯至与车门内板成30°角以内时，用折边工具完成折边。**完成折边要小心，不要使车门外蒙皮面板变形（图3-56）。

维修人员要小心地敲打车门外蒙皮的边，在车门外蒙皮的整个轮廓线中不能产生凸凹和皱纹。车门外蒙皮修复后，其表面必须平整、光滑、圆弧柔顺。修整后平面不能有明显的锤痕及翘曲现象。凸缘的折边应涂上密封剂，而点焊、电铆焊和钎焊区域应涂防锈剂。

在车门外蒙皮上钻孔，以便于安装装饰条、装饰件等。一定要校对车门与所有相邻的构件，检查其是否能准确地闭合或锁住，并检查构件间的间隙。

3. 车门槛板的修复

汽车车门槛板是车身损坏频率很高的车身附件，它是一个封闭的横截面，如图3-57所示。先将已损坏的部位切割下，然后插入对接件再将两段对接焊接。

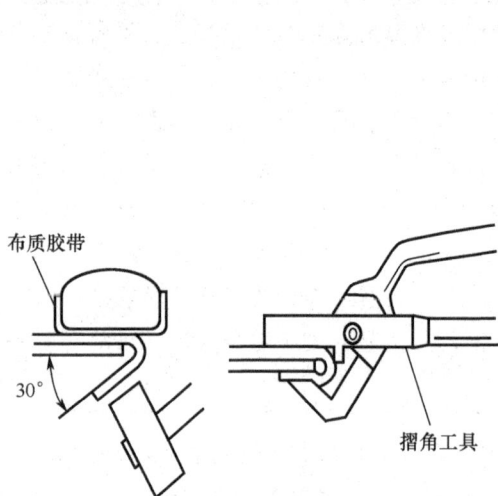

图3-56 车门外蒙皮折边

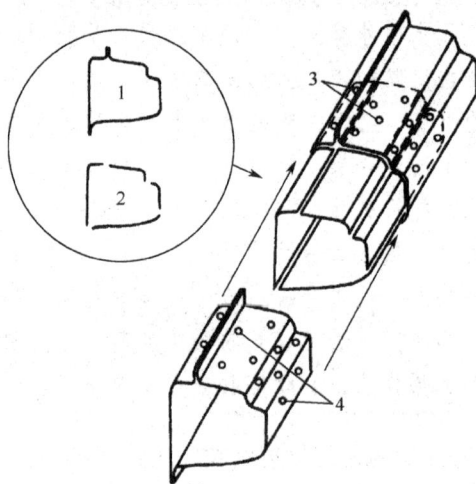

图3-57 车门槛板的修复

1—纵向切割插入件的截面 2—横向切割插入件的截面 3—插入件 4—电铆焊孔

需要注意的是：切割时只需切割损坏的外板件，要保留无损伤的内部加强件。切割时应尽量避免过度加热，否则会影响保留部位的工艺性能和强度。如果采用纵向切割车门槛板，由于容易装入插入件，可采图3-57中1的插入件；如果是横向切割，可采用图3-57中2的插入件。焊接时应该使用二氧化碳气体保护焊，并采用能减少焊接应力与变形的焊接工艺，以减小焊接部位的变形。例如，图3-57中3、4采用电铆焊孔的工艺等。焊接过程一般可先用定位焊定位，并选择合理的焊接顺序以及合理的焊接工艺参数等。为了使涂装工作顺利进行，焊接后的接缝应保持平整，不能有凸起的部位，凹坑深度不能超过1mm，更不能有小孔、裂纹等缺陷。焊接是钣金修复工作的重要环节，合理的焊接工艺是保证钣金修复的重要前提，应引起钣金技师的足够重视。

侧车身修复是车门修复的基础，特别是与车门接合部位的修复尤为重要。在侧车身修复以后必须认真检查，采用车身测量仪检测是一种行之有效的方法。使用车身测量仪检测车身，并将检测点的数据与原车身检测点的数据进行比较，就可以清楚判断车身是否修复到位。任何一个数据不一样，都需要重新校正，直到完全相同。最后需要将因修理所产生的应力消除，这样才算完成修复。

四、应力消除工艺

1. 金属内部应力的产生

碰撞损伤的汽车车身经拉拔校正后恢复到原来的形状，但恢复原状的金属内部晶格排列产生了严重的畸变，即金属内部产生附加应力，这样金属材料的强度就明显降低了。所以必须想办法将这些有害的附加应力消除掉，使金属恢复原有的晶格状态。图3-58所示为不同情况下金属内部晶格排列示意图。

晶粒开始松弛并消除应力恢复到原来的状态

图 3-58 不同情况下金属内部晶格的排列

2. 金属内部应力的消除

利用锤击或控制加热的方法可以消除金属内部晶格的畸变，如图3-59所示。锤击或加热的具体要求应遵照汽车修理手册的规定实施，切不可盲目操作。

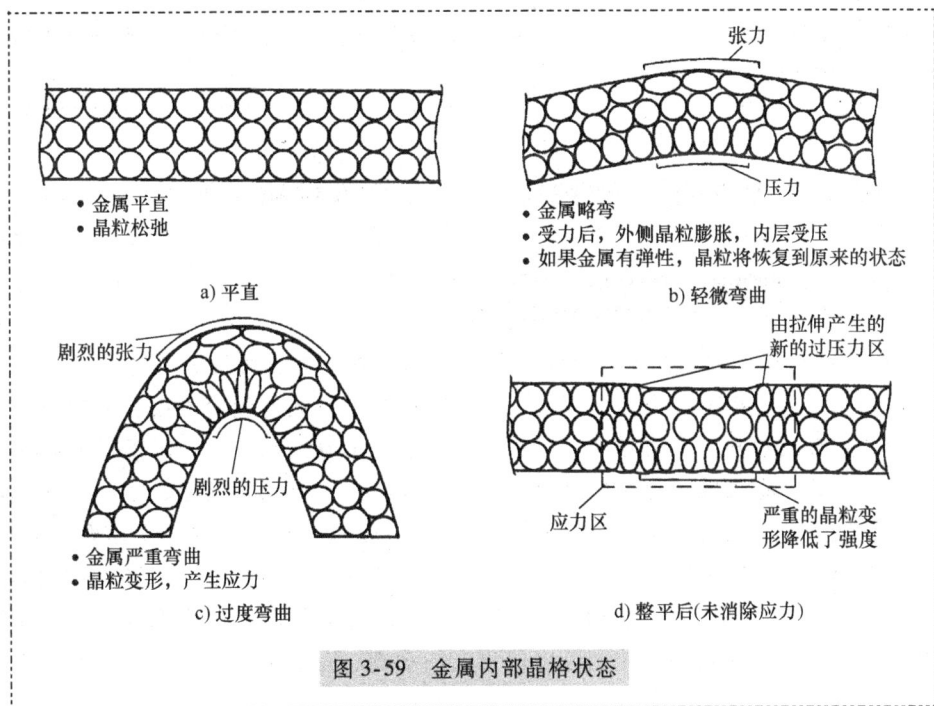

- 金属平直
- 晶粒松弛

a) 平直

- 金属略弯
- 受力后，外侧晶粒膨胀，内层受压
- 如果金属有弹性，晶粒将恢复到原来的状态

张力

压力

b) 轻微弯曲

剧烈的张力

剧烈的压力

- 金属严重弯曲
- 晶粒变形，产生应力

c) 过度弯曲

由拉伸产生的新的过压力区

应力区

严重的晶粒变形降低了强度

d) 整平后(未消除应力)

图 3-59 金属内部晶格状态

五、车身校正过程中的注意事项

在车身校正过程中应注意以下事项：

1）必须按设备制造厂家的使用要求正确使用设备。校正拉拔时，要仔细观察设备状况，察看是否有危险情况发生。

2）禁止不熟练或未受过良好训练的人员操纵校正设备。

3）校正拉拔前一定要把车辆固定住，并检查夹紧和锚固装置的紧固情况。

4）一定要使用为拉拔及锚定而推荐的那种尺寸和材料的环链，只能使用校正设备所配备的环链。

5）校正拉拔时，必须将安全链挂到车辆和锚固点上，同时安全链不能绕过尖角部位。

6）沿拉拔链再松弛地挂一根环链到车上，且校正拉拔时，拉拔链应加以覆盖，以免拉拔链拉断后甩出。

7）在车上或车下作业时，禁止使用随车千斤顶，一定要使用推荐的千斤顶式支架来支撑车辆。

8）夹持器可能会滑脱或引起钢板撕裂，因此一定要系上安全绳，以免造成人身伤害和设备损坏。

9）环链或夹持器所在直线上禁止站人，否则拉拔环链断裂、夹持器滑脱和钢板撕裂都可能造成人身伤害，拉拔的同时不可进行车内作业。

10）液压泵和液压缸不应负荷过重。如果出现过载，则应松开，重新考虑拉拔方法，要按规定的方法改变拉拔方向，增加拉拔点或消除应力。

第六节　钣金修复的新方法和新工艺

一、钣金胶与可透焊底剂的应用

钣金胶俗称PU结构胶，具有固化快、弹性好、附着牢固后可上漆等特性。它可广泛附着在各种材料上，如粗糙的、上过底漆和上过漆的钢板上，还能应用于铝、合金钢、ABS材料、玻璃钢、聚氨酯塑料、有机玻璃、硬聚氨树脂、硬聚氨乙烯、软聚氨树脂、木材及玻璃等表面。它无气味，不腐蚀，且不伤其所黏附的材料漆皮，抗化学腐蚀能力强，可打磨，可抵抗紫外线、气候及老化，安全，对人体完全无害。目前，在汽车的生产制造过程中已被大量广泛地应用，例如：运用于车门内外、木材、金属、工业建筑、车体结构的密封及粘接。不仅如此，它还被广泛应用于新型汽车上（如各类轿车、高档载货车），使这类汽车在生产和交通事故碰撞修复后的性能得以保证。图3-60所示为钣金胶在车身修复过程中的应用。

汽车钣金胶的技术资料如下：

基础成分　　　聚氨酯

保持期限　　　九个月（10～25℃）

应用领域　　　车体与车辆结构，建筑业，木工以及金属结构

密度　　　　　黑色：1.16kg/L；灰色：1.18kg/L；白色：1.2kg/L

体积变化　　　约6%

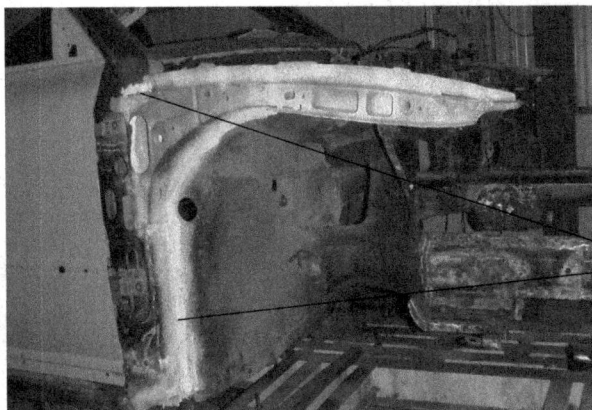

图 3-60　钣金胶在车身修复过程中的应用

钣金胶在车身修复过程中构件搭接处的密封处理

结膜时间*	40~60min
干固率*	3mm/24h
支撑硬度系数*	约 40
延展系数	>400%
张力系数	约 1.8N/mm²
张力及抗剪强度	>1N/mm²
撕裂拉力	约 7N/mm²
复原率	约 90%
弹性	接合宽度的 10%
施工温度	5~35℃
耐温	40~80℃(瞬间温度 +120℃)
上漆	可以(醇酸树脂除外),需预先测试
耐抗性	海水、盐水、微碱及酸性溶剂、紫外线、水性清洁剂
短暂耐抗性	燃料、矿物油、蔬菜及动物油
是否上底剂	需要

注意:* 代表 +20℃,相对湿度 65% 环境状况下。

对车身结构部位灌注钣金胶之前,必须严格除尘、除锈,进行防锈处理。正确使用钣金胶,对碰撞事故车的修复质量及修复后的使用性能与寿命十分重要。

可透焊底剂包括透焊防腐锌底涂剂和透焊防蚀底剂,即锌喷剂(Zinc Spray)和铝锌喷剂(Alu-Zinc Spray)。它们的导电性好,点焊前喷在焊件表面和板材端面可提高透焊能力,确保长期不生锈;起电化学阴性保护作用,喷在焊缝上,点焊瞬间还可产生新的防腐、防锈物质,能抵御腐蚀,耐海水侵蚀,可耐 500℃高温。

在碰撞事故车辆修复的过程中,如能很好地推广使用钣金胶与可透焊底剂,对保障车辆修复后的性能和使用寿命大有益处。

第三章

二、挖补技术在碰撞修复中的应用

1. 车身挖补技术

车身挖补技术是指钣金构件局部锈蚀或损伤到不可整修的程度，如小范围塌陷成死褶，将该部位挖去，以相应的更新件用焊接的方法（如惰性气体保护焊接）填补修复。图 3-61 所示为填补新的构件。更新件可以是根据损伤部位的形状、大小以相同的材质（如同型车的废旧发动机罩外皮、翼子板等）加工成形的手工制件。切割下来的旧件如果不是全范围严重损伤，更多的时候有大块的部位没有损伤或只是局部破损，这时可根据需要选择切割范围。有时构件由于棱角位置凹陷严重，没有死褶，局部切割下来进行

图 3-61　填补新的构件

冷作校正成形后再使用合理的焊接方法焊接，也能够达到修复车身的效果。

2. 车身挖补技术应用实例分析

根据现阶段新型轿车的结构特点，车身修复不仅需要考虑外形修复，更要注重车身构件的功能恢复。对于结构损伤严重的构件，如损伤面积达到 60%～75% 以上，保险公司会同意整体更换；而对于损伤面积在 30%～40% 以下，折褶、破损较为严重的，几乎所有品牌的汽车 4S 店均要求整体更换，而保险公司则不同意。

案例分析： 一辆一汽马自达 6 轿车左侧后门与后翼子板位置因碰撞而产生内陷，位深 6～8cm、范围 50cm×70cm。图 3-62 所示为该马自达 6 的碰撞内陷。4S 店维修人员认为该车后门及后翼子板位置损伤严重且修复难度太大，要求更换车门及后翼子板。笔者对该车分析后认为，该车门内部结构简单且没有死褶，只是车门外拉手位置修复难度较大，后翼子板损伤范围相对较小，整体更换工作量将会增加 2 倍以上，需要拆卸大量相连部件，如后风窗玻璃、后保险杠等。马自达车后翼子板位于侧围板上方，更换后翼子板同样需要进行切割，焊接也会产生两道 30cm 和 40cm 左右的焊缝，还有大量的点焊点需要进行严格科学的处理。修复该车应先对损伤部位进行局部拉伸，并切割损伤部位进行冷加工整形或寻找以往更换的旧件切割后局部更换，采取对口焊接（惰性气体保护焊）完成修复。这样操作可以减少工作量，降低成本，而且修复后形状、功能都可以达到原厂技术要求。

修复该车的损伤，通常还会使用另一种方法：在车辆损伤部位外焊接拉伸板，强行拉伸整形。在进行强行拉伸校正时，拉伸板焊接位置很容易被"拉伸过度"，使得金属

此位内陷6cm深

图 3-62　马自达 6 左后翼子板碰撞内陷

疲劳，失去应有的韧性和应力。这样外形恢复了，修复区域的强度却大大降低，无法抗拒"二次碰撞"的作用力。而采取挖补技术修复时，只要在折褶严重的区域进行科学的切割，如使用电、气动割锯、等离子弧割技术，车身板材就会避开高温，切割下来的折褶板件也很容易对照另侧未变形位，进行冷作加工校正，金属的结构不会发生变化。焊接时，如果使用惰性气体保护焊进行焊接，要考虑到焊疤内表面打磨、涂漆的操作难易程度。该车可以在连接位插入连接板焊接，连接板在插入前应使用可透焊底漆对正反面进行处理。当然，氩弧焊技术、等离子弧焊技术也可以考虑。如果操作得当，正反双面成形效果是比较理想的。采用这种技术可不必插入连接件，焊成后只需通过内外板间的缝隙或内板上的结构孔注入凹凸胶进行防锈、防腐蚀处理即可。

　　图 3-63 所示为奥迪 A6 侧围板切割位置；图 3-64 所示为新构件的配比。图 3-63、图 3-64 所示为一辆奥迪 A6 采用挖补技术修复的过程。

常见的
三处切割

图 3-63　奥迪 A6 侧围板切割位置

对新侧围板
选择切割使用

图 3-64　新构件的配比

3. 局部挖补与整体更换技术

采用局部挖补与整体更换
技术的目标都是为了科学地恢
复碰撞损伤车辆的外形与结构
功能。图 3-65 所示为新构件
更换后的结果。一汽大众允许
奥迪 4S 店修复前部没有变形、
后部折褶严重的后翼子板时，
采取半截单独更换的方法。实
践证明，按这种操作方法处
理，焊缝长一般为 50～70cm
以上，这样的处理方式在奥迪
A6 轿车上是允许的，那么
30cm×30cm 左右的折褶切割
挖补手术应该也是可以的。

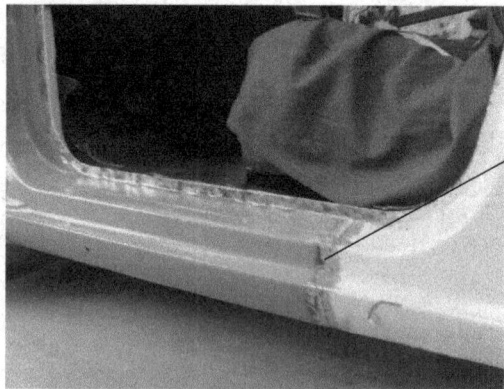

焊接后的效果

图 3-65　新构件更换后的结果

　　车身碰撞损伤修复过程中使用挖补技术，如果考虑切割线的长度、部位、面积和更换件
的材料(损伤件必须校正时,采用冷作法)，再加以合理的焊接手段，是可以有效地恢复原车
的形状和构件功能的，能够有效抵御"二次碰撞"。图 3-66 所示为破损伤害(奥迪 A6 后翼
子板下部)；图 3-67 所示为奥迪 A6 更换后翼子板后的焊接效果。

三、新材料车身构件的修理焊接要求

　　随着现代汽车制造业的迅猛发展，钢性材料在现代汽车车身中得到广泛应用，相应的金
属加工技术对汽车车身维修显得更为重要。氧－乙炔火焰是乙炔和氧经焊炬混合，由喷嘴喷
出混合燃烧并发生一系列化学反应所形成的火焰，它的温度可达到 3000℃，足以熔化汽车

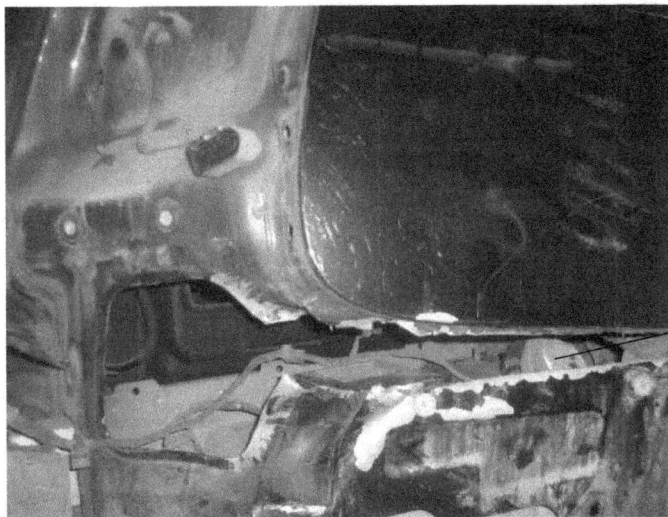

此处破损 45cm

图 3-66　破损伤害(奥迪 A6 后翼子板下部)

二氧化碳塞焊的多处焊接点，直径 8~13cm

图 3-67　奥迪 A6 更换后翼子板后的焊接效果

车身构件的材料。由于氧－乙炔火焰的成本较低，焊接技术容易掌握，因此得到了不少汽车修理厂和修理工的广泛认可和使用。但这也给现代新材料汽车在碰撞修复后的性能上带来很多危害。图 3-68 所示为惰性气体保护焊焊接广州本田雅阁右后翼子板的效果，图 3-69 所示为氧－乙炔火焰焊接过的雷克萨斯轿车 A 柱。

现代汽车车身构件一般使用高强度钢，而高强度钢受到碰撞变形时，比低强度钢更难恢复到原状，传统的氧－乙炔焊接技术如果用作此类汽车车身构件的修复，要严格温度控制标准(650℃以内)，对于汽车前后纵梁、车门立柱、车门槛板、保险杠、保险杠加强肋等，在

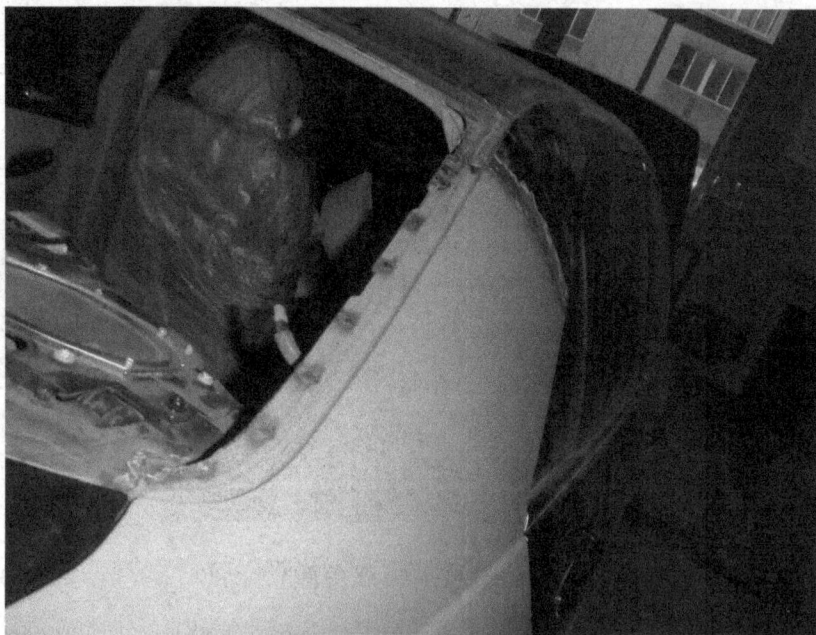

图 3-68　焊接广州本田雅阁右后翼子板的效果

图 3-69　氧-乙炔火焰焊接过的雷克萨斯轿车 A 柱

进行碰撞修复时的加热温度要控制在 370~480℃，加热时间不可超过 3min。一些私营小规模汽车维修企业主，为了降低维修成本，根本就没有使用惰性气体保护焊设备，对于不经高温处理很难加工成形的结构部件，统统使用氧-乙炔火焰进行加热和焊接。这样在施工操作过程中，由于高温作业使得高强度钢在高温下氧化脱碳后变薄，变成了低强度钢，原有的性能大大降低，这样会使被修理部位在遭遇"二次碰撞"后，造成更大、更严重的碰撞损伤，失去原有的安全性能，直接危及乘客与驾驶人的生命安全。如果这些车辆侥幸逃过"二次碰撞"，被氧－乙炔火焰加工过的部位，也会在遭遇潮湿后，很快生锈、腐蚀，大大缩短车辆的使用寿命。

汽车维修理念要求我们：高强度钢构件遭遇严重碰撞损伤后，必须更换该构件；焊接必须使用惰性气体保护焊或电阻点焊技术。这样才能有效地恢复碰撞修复后的汽车使用性能，使所修汽车的技术性能恢复到原有的设计水平，从而更好、更有效地保障乘客与驾驶人的生命财产安全。

对新材料汽车车身构件进行碰撞修复，尽量避免或不使用氧－乙炔火焰焊接和切割，这能够有效地保障汽车碰撞维修的质量和修复后的性能和技术指标。建议广大汽车维修企业，无论规模大小，在碰撞修复过程中，使用惰性气体保护焊。气体使用体积分数为20%的二氧化碳加体积分数为80%的氩气，焊丝达到美国焊接协会要求的 AWS—EX—70S—6 标准，这是广大新型汽车生产商所要求和建议的焊接标准。并关注现代汽车车身维修工具的发展，选择使用气动切割工具和高速砂轮切割技术。

四、无尘无水干磨工艺

传统水磨腻子工艺存在作业时腻子干透困难等缺陷。腻子是喷漆质量的基础，如果腻子水分或溶剂不能充分挥发干燥，喷漆后时间一长将会出现变色、起泡、脱落等一系列缺陷。如果腻子干透后，强度硬度很高，手工水磨又很难进行。图3-70所示为干磨机在打磨漆面。

先进的干磨工艺采用无尘无水自动干磨设备，既提高腻子质量，也减轻劳动强度，同时干磨后的腻子质量也有了保证。

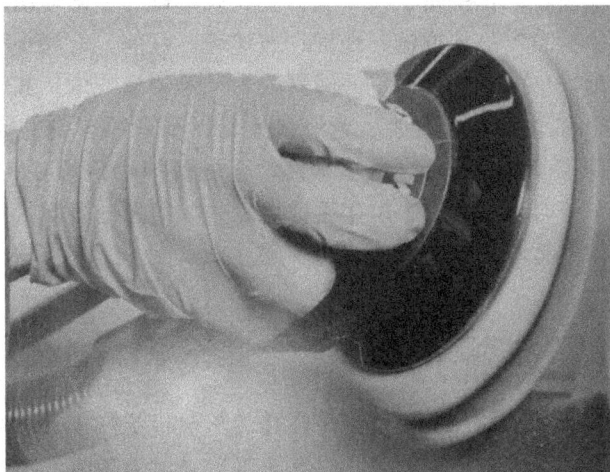

图3-70　干磨机在打磨漆面

第四章

钣金修复质量和安全生产要求

第一节　汽车钣金维修在维修技术中的地位

一、汽车钣金给人的印象

汽车钣金行业给人的感觉一直是不温也不火。这一点通过设在某学校的维修工鉴定部门所鉴定的人数就可以明显地看出来，全年最多评定 10~20 人（不包括学校毕业生）。相对于汽车维修的其他工种，这个数字的确太小了。从高级技工学校汽车钣金专业班级学生人数也可以看到这一点。在招生爆满的这几年，报读该专业人数较多的一届大约有 30 人，而其余各届也就 10 人左右。为什么呢？因为人们觉得汽车钣金维修在汽车维修技术中的地位太低了。

要想知道汽车钣金维修为何给人上述印象，就要先了解钣金工及汽车钣金的概念。所谓钣金工，也称冷作钣金工或冷作工，通俗地说就是"修补"，也叫"铜工"。长期以来，汽车钣金总是给人一把大锤、一把手钳、几只螺钉旋具就可以开个修理铺的印象。最专业的修理厂所用的设备也无非是葫芦吊加拉链、地桩、地挂等。目前，有些小型维修厂对车辆技术状况影响较大的车架修复仍使用较为简单的绳索或皮尺等测量技术，甚至目测了事。正因为这个古老的"钣金工"概念和对老东风、老解放汽车以及有梁车身的钣金工艺，使人们对汽车钣金的理解"根深蒂固"，人们对汽车维修钣金的认识仍停留在传统的"敲补"观念上。大多数人认为汽车钣金就是指汽车发生碰撞之后一些简单的敲敲打打工作。同汽车维修技术的其他工种相比，不是觉得钣金维修又苦又脏，用大力气；就是觉得它技术含量太低，不用学专业。

二、汽车钣金维修的重要性

汽车技术的发展和新材料的广泛使用，使现代汽车与传统汽车有着巨大的差别，这也给汽车钣金维修带来新的难题。自出现承载式汽车车身以来，为适应汽车燃油经济性和环保性的需求，各种汽车的车身钢板重量越来越轻，钢板厚度越来越薄，材料的合金成分越来越复杂。承载式车身就是一种全新的汽车车身结构，由于其突出的轻便性、节能性和安全性，已为国内外绝大多数轿车所采用。承载式车身与传统的非承载式车身结构不同，其车身是由若干块金属结构板焊接而成，而传统的结构是把装饰性的钢车身安装在结构钢制成的车架上。

与传统的非承载式车身相比，这种车身的完好与否不只是一个外观问题。作为整个车体的承载结构，它对轿车的操纵性能、行驶性能及乘员的安全与舒适性都有着决定性的影响，而且所用材料也有明显不同。这就对车身修理人员和修理技术提出了更高的要求，对钣金修理技术人员的责任、知识、作业和任务产生了重大影响。在采用承载式结构之前，车身修理人员主要关心的是修复车架和更换、修复已损坏的车身零部件，而现在修理人员的责任要大得多。修理时任何不当的操作都可能导致"不是在修车，而是在毁车"的结果。因此，这种车身的修理是一项技术性极强的工程，需要从结构、性能和外观方面进行完整的修理。

在维修技术专业化的今天，钣金技术工人接到需要维修的车辆后，不能再像以往一样仅凭经验和眼睛来判断事故，而应依靠专业的检测仪器进行检测；也不能仅凭借经验进行维修，而是要严格按照技术数据进行维修。事实证明，只有依靠专业的设备才能准确地检测出事故车辆的故障所在，才不会误断；也只有依靠专业的设备才能准确对事故车辆进行修复，使其达到技术要求。比如，汽车上安装有几十个传感器，而这些传感器在维修后能否达到原来的性能，取决于车身的修复程度，与汽车钣金维修是密切相关的。再如，汽车的安全装置ABS，如果车身的修复程度存在哪怕一点误差，都会导致控制模块不能正确判断，影响它在0.003s内准确动作，而过早、过晚的动作都会危及驾驶人的生命。所以说汽车钣金维修是汽车维修技术的重要组成部分，现在的汽车钣金维修绝不亚于汽车维修中的任何一方面技术。

汽车数量的增加，尤其是家用汽车的增多，使非专业驾驶人迅速增多，再加上道路的拥堵，不可避免地会发生交通事故。据有关部门统计，在我国中小型以上的城市中，汽车事故的上升幅度与汽车数量的增长成正比关系。从经济上，汽车钣金是事故车维修中利润最高的一个项目，占了事故车维修30%以上的份额。随着汽车行业的发展，私家车越来越多，车主的修复要求也越来越高，这就给维修工提出了更高的要求。特别是汽车保有量与日俱增，汽车钣金将在汽车维修产值中占有越来越大的份额。

汽车消费的需求使汽车产业迅猛发展，也带动了汽车维修行业的快速发展，使汽车维修行业分工越来越细，汽车钣金维修工已从汽车修理工中分离出来，成为一个相对独立的工种。汽车越造越高级，技术也越来越先进，现代汽车的维修技术要求也越来越高，汽车钣金维修已经告别了传统敲敲打打、一把锤子、一把錾子的时代，而是采用现代化的钣金机械设备和先进的钣金工艺。比如，利用汽车车身大梁钣金系统设备及先进夹具，利用液压的巨大力量对被撞部位进行多点拉伸修复。

三、正视汽车钣金维修与汽车维修技术的关系

1. 加强政策引导、行业规范、人员培训

在我国，汽车修理业总体水平还比较低，绝大多数从业人员未经过专门和系统的培训（尤其是在承载式车身汽车修理方面）。如全国有22万家注册企业，仅有8000~9000家属于一流水平，用于车身校正测量的电子测量系统仅有少数企业具备。国内也有些汽车修理厂花巨资购买了车辆碰撞维修设备，但是使用率并不高。出现该现象一方面是由于维修师傅没有专业的态度，他们往往认为小的碰撞没有伤及汽车骨架不值得上线检测；另一方面也说明我国汽车修理业在宏观上必须加强政策引导、行业规范和人员培训。

美国对汽车修理行业，从政府机构、协会到企业本身，都具有十分严格的管理制度，制定并实施着许多的法律、法规、规程和条例，给企业主、管理者、技术人员和操作工人都建立了岗位责任制，分别提出了行为规范要求；同时技术上注重先进、实用，经济上讲求效

益，服务上关心客户。这一切对我们都有一定的启发和借鉴作用。如美国汽车撞伤修理业协会(I—CAR)从1979年成立以来，已经发展成为这一行业最主要的培训机构，随着汽车工业迅速地向承载式车身结构转变，修理技术落后的差距在扩大，缺乏合格的汽车修理人员，此协会的培训正好适应了这种需求。

我国已经开始建立相关规范。由中国汽车维修行业协会主办的"奔腾"杯全国汽车钣金大赛，已在全国30个赛区相继举行。大赛共分为车身测量、车身校正、二氧化碳气体保护焊等多种钣金技术的比赛，全部是汽车钣金维修技术中最尖端的部分，直接接触国际标准和与美国同步的先进钣金技术。笔者通过参加这次大赛，不仅提高了钣金作业技能，最重要的是更新了观念，真正体会了现代汽车维修钣金技术"含金量"之重和工作环境的轻松，也相信此类活动对推动全行业的技术进步和发展水平有着积极的作用。

由于承载式车身汽车的推广使用，汽车维修钣金技术人员必须学习使用新材料和新工艺。传统的非承载式车身汽车，主要用低碳钢或称软钢制成，这种材料通常是用氧-乙炔气体焊枪切割或焊接的。承载式车身结构则由高强度钢制成，所有的汽车制造厂家在它们的使用维护说明书规定，汽车全部构件的修复都必须采用熔极惰性气体保护焊(MIG)工艺。只有采用这种工艺，才能保持现在用在承载式车身上的高强度钢结构的优良性能，而氧-乙炔焊接工艺绝不可用于承载式车身汽车。在我国，现在仍有很多汽车修理厂，把氧-乙炔焊接工艺用于承载式车身的修复中，甚至有些厂有熔极惰性气体保护焊(MIG)设备，也把它束之高阁，原因是他们习惯于用氧-乙炔焊接工艺。所以不得不在加强政策引导的同时，加强行业规范，并进行人员培训。

2. 汽车钣金技术人员应具备很强的责任感和法律意识

现代的汽车钣金维修要求维修钣金技术人员必须有足够的责任感和法律意识。因为在对汽车车身进行修复时，安全性能不恢复，必定留下安全隐患。随着消费者维权意识的增强，在汽车再次出现事故处理时，肯定会涉及汽车钣金修理。而且保险公司最强调事故车修复工作必须到位，各安装部件工作必须正常，行车安全性能必须有保障，否则保险公司是不给予赔偿的。

在承载式车身汽车发生碰撞损坏后，汽车维修钣金技术人员必须严格按照承载式车身的钣金工艺要求，采用先进的测量系统，精确测量碰撞受损部位，通过先进的车身校正设备，利用全方位拉伸的方法进行严格校正，保证拉伸校正精度，恢复原车数据，达到原车的性能。同时尽量不采用或少采用加热的方式，以防止金属内部结构发生改变，导致强度降低，使汽车在第二次碰撞时不能有效保护乘员安全。

总之，不论把汽车钣金维修当成是汽车维修技术的重要组成部分，还是把它看成已经从汽车维修技术中分离出来成为一个相对独立的工种，汽车钣金维修技术已经在汽车维修行业中占据重要位置，其维修技术可以与汽车维修技术中的任何一方面技术比强、比精，它的工作环境已经是一个充满高科技氛围的场所。现代汽车维修钣金已经是同消费者的权益，甚至生命维系最密切的技术之一。作为汽车钣金维修技术人员，在加强责任感的同时，也应该引以为傲，为中国汽车工业的发展做出更大的贡献。

第二节　汽车钣金修复事故的预防

一、事故预防方法

每年都有数以千计的汽车车身修复人员受伤甚至死亡。大多数事故都是由于违反了安全准则造成的。因此，必须小心防止事故的发生。事故类型包括：窒息、化学烧伤、电击、火灾和爆炸。

1. 消防安全

钣金工在打磨漆面等有粉尘产生的作业时必须佩戴防尘口罩，整形校正修复时必须佩戴护目镜、耳罩和口罩。在焊接时必须佩戴焊接专用皮手套，同时在现场必须摆放灭火器，车身玻璃和易燃内饰（皮革、橡胶、绒织等）必须做好防护。

所有工种在现场施工时必须把飞溅和洒落到地面的油液、灰尘在第一时间（车辆离开后）清理干净。

2. 避免电击

不要把水洒到地上，因为水可以导电，一旦有带电的线头掉在有水的地面上，就容易引起电击，站在地面上的人就会被严重击伤。使用电动工具时，必须站在干燥的地面上。在对机器或工具进行维修前，要切断电源。

3. 避免眼睛受伤

在遇到对眼睛有损伤的情况，应戴上合适的眼镜或面部保护器。**在使用溶剂、稀释剂、还原剂和其他类似液体时，要戴上化学防溅护目镜**，因为眼睛对这些物质非常敏感。在有喷雾的地方，也应戴上护目镜。焊接时，必须戴上焊接面盔或使用焊接护目镜，以防熔融的金属飞溅到眼睛里，同时也能防止有害光线伤害眼睛。

4. 避免化学烧伤

在钣金车间内，有许多化学烧伤源，如清洁剂、某些油漆、冷却剂和溶剂等都能烧伤皮肤和眼睛。预防化学烧伤的原则有：

1）当沾有溶剂的衣服上含有对皮肤有刺激或化学烧伤的化学物时，要停止使用。穿着长袖服装有利于整体保护。

2）戴上橡胶或塑料手套以防腐蚀性的液体、底漆和面漆的伤害。使用溶剂或二元底漆和面漆时，要用防水的手套。

3）洗手时要使用合适的手部清洁剂，不能使用稀释剂。

二、工作守则

1）工作前要先将工作场地清理干净，以免妨碍工作或引发火灾，并认真检查所使用的工具、机具状况是否良好，连接是否牢固。

2）进行校正作业或使用车身校正台时应正确夹持、固定、牵制，并使用适合的顶杆、拉具、夹具，选择适当的站立位置，严防物件弹跳伤人。

3）使用折床、点焊机、电焊机时，必须事前检查各部位及焊机接地情况，确认无异常后，方可按起动程序使用。

4）电焊条要干燥、防潮，工作时应根据工件大小选择适当的电流及焊条，电焊作业时，操作者要穿戴面罩等劳动防护用品。

5）焊补油箱、油管时，必须放净燃油，并用高压蒸汽彻底清洗，确认无残留油气后，拆除螺栓，打开通气孔才能谨慎施焊。如无清洗条件，不得焊补油箱。焊补密封容器应预先开好通气孔。

6）氧气瓶、乙炔气瓶要放在离火源较远的地方，不得在太阳下暴晒，不得撞击，所有氧焊工具不得沾上油污、油漆，并要定期检查焊枪、气瓶、表头、气管是否漏气。

7）搬运氧气瓶、乙炔气瓶时，必须使用专门搬运小车，切忌在地上拖拉。

8）进行焊接点火时，先开乙炔气阀，后开氧气阀，熄火时先关乙炔气阀，再关氧气阀。

9）经常检查、保持水封回火防止器的水位。发生回火现象时应迅速卡紧胶管。

第三节　汽车钣金修复安全知识

一、车身修复车间的布置

1. 工作区布置

车身修复工作区一般分为钣金加工检查、钣金加工校正、车身校正和材料存放等工位。

在车身修复工作区要完成故障车辆的检查、车辆零部件的拆卸、板件修理、车身测量校正、车身板件更换和车身板件装配调整工作。各工位要合理布置，使每个工位的各项具体工作都能方便快捷地进行。

车身测量校正、车身焊接、车身装配调整一般在一个固定的工位进行，即车身校正仪上。**校正仪平台一般长为 5 ~ 6m，宽为 2 ~ 2.5m。为确保安全，校正仪外围要留出 1.5 ~ 2m 的操作空间。校正工位长 8 ~ 10m，宽 5 ~ 6.5m。**

图 4-1 所示为车身修复车间和工具间。

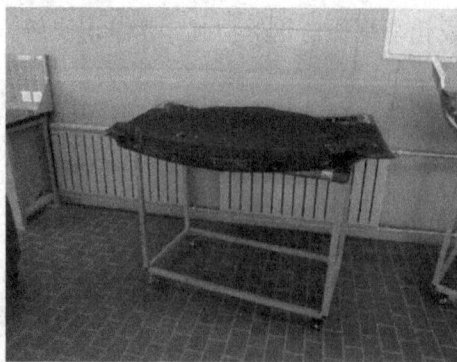

车身零件的摆放 1　　　　　　　　　车身零件的摆放 2

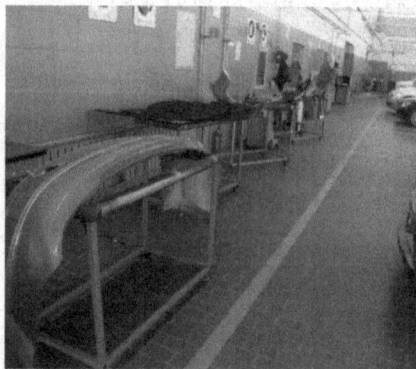

图 4-1　车身修复车间和工具间

车身配件

修复工具1

修复工具2

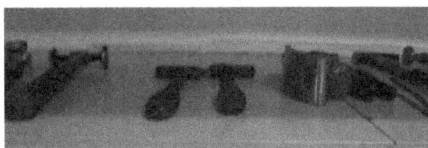
修复工具3

修复工具4

修复工具5

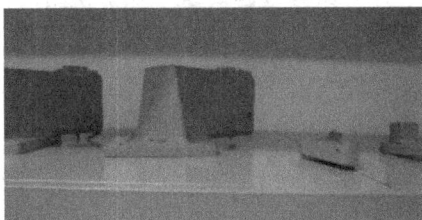
修复工具6

修复工具7

图4-1　车身修复车间和工具间（续）

2. 气路、电路布置

车身修复工作区要使用压缩空气和电源，所以气路和电路要布置合理。气路的布置如图4-2所示。

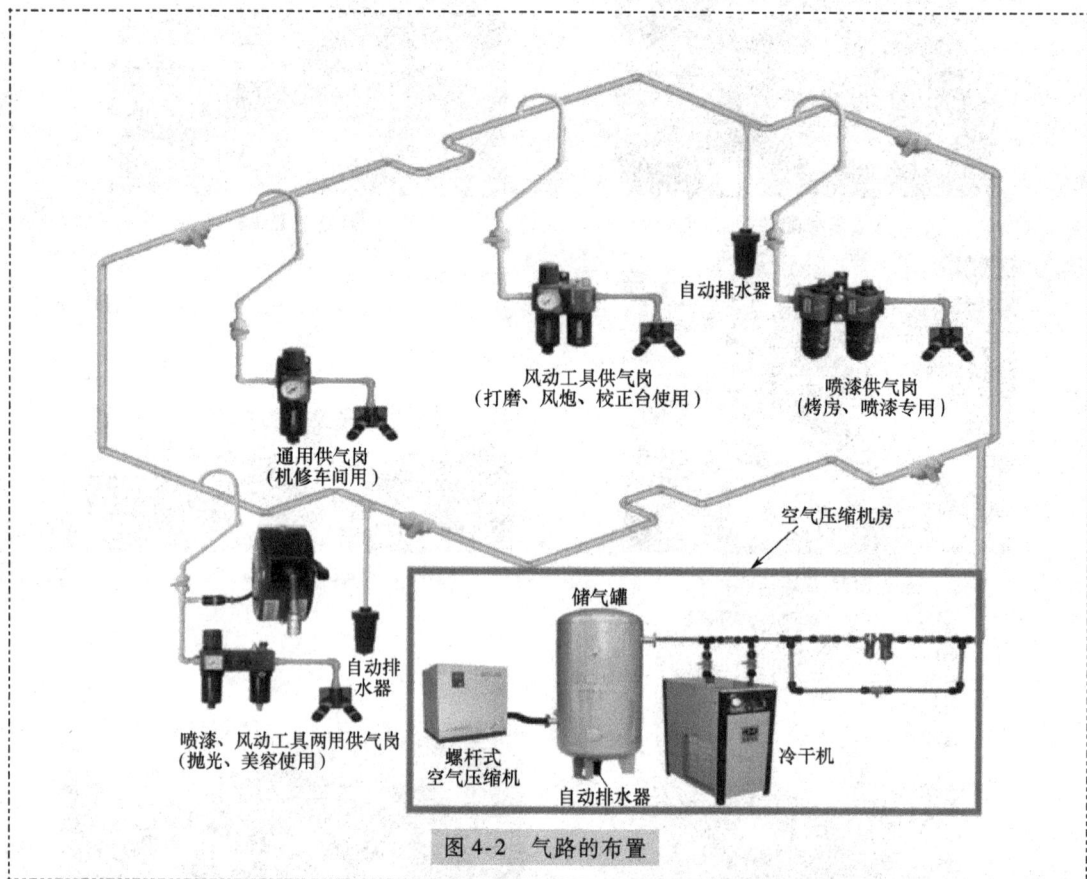

图4-2 气路的布置

车身焊接的工作用电量很大，电路的布置除了要符合电工布线安全规范外，**还要特别注意焊接电流的要求**。如气体保护焊焊接时所需电流必须大于15A，电阻点焊设备的电流必须要在30A以上。配电箱中的三孔、四孔插座要保证良好接地。**注意焊机电源线不能过长，以免引起线路过热损坏**。

条件好的维修企业，特别是使用等离子切割较多的钣金车间，最好有专用的压缩空气站或专用气路。管路要合理布置，**且必须有必要的油水分离器等过滤装置**，保证使用的压缩空气质量良好，稳定性高。各个工位都要有压缩空气接口，并且要安装开关和快速接头。车间使用的压缩空气压力一般为0.5~0.8MPa。

二、维修人员的安全与防护

1. 个人安全准则

1）掌握信息。使用设备前要认真阅读说明书。

2）佩戴个人防护用品。按要求穿戴头罩、安全眼镜、防尘面具和工作服。

3）禁止打闹。

4）正确运用工具。

2. 身体防护

（1）供气式呼吸器 供气式呼吸器是带外部供气系统、护眼、防毒（活性炭过滤）、供气调节器的安全面罩，可在全封闭环境（烤房、油库或地下管道等）进行作业。附有2根软管、1个快速接头、5个更换贴片和4个滤芯。

（2）滤筒式呼吸器 该呼吸器用于过滤油漆、有机化学品、灰尘等。其配备的双活性炭滤芯适合大强度作业，一般配有2个滤芯。

（3）防尘呼吸器 该呼吸器专用于研磨、清洁时防尘、防灰。钣金工在打磨漆面等有灰尘产生的作业时必须佩戴防尘呼吸器。

（4）防护眼镜 适用于进行打磨、抛光工序时眼睛的防护。质软，能增加佩戴人员长时间工作时的舒适感，并设有通气孔。

（5）焊接面罩 面罩材料为防火PP，视窗尺寸为90mm×40mm。其灵敏度和恢复时间可调节，响应速度为1/20000~1/30000s（明态到暗态），恢复时间为0.1~1s（暗态到明态）。采用不同焊接方式的遮光号选用标准：亮态时为DIN4；暗态时为DIN9-13（可调遮光号，适应不用环境条件中作业）。工作温度为-5~+55℃。供电方式为太阳能电池和内置式锂电池。

（6）耳罩 防止噪声对耳朵的伤害。

钣金喷漆车间可能用到的身体防护器具见表4-1。

表4-1 身体防护器具

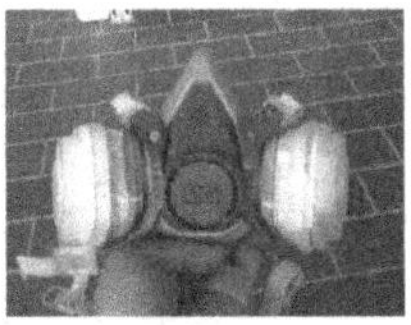		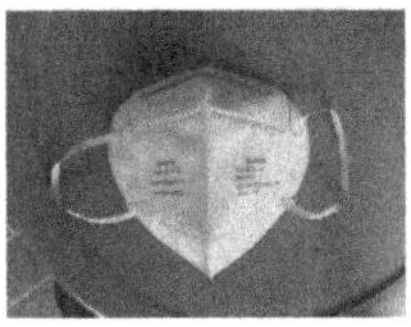	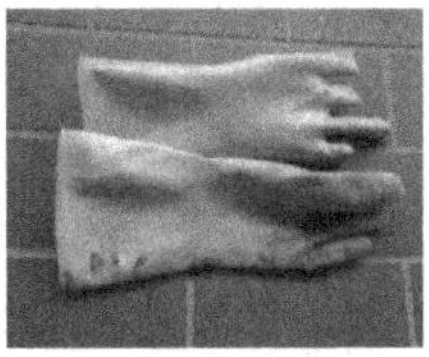
防毒面具	连体喷漆服	防尘口罩	橡胶手套
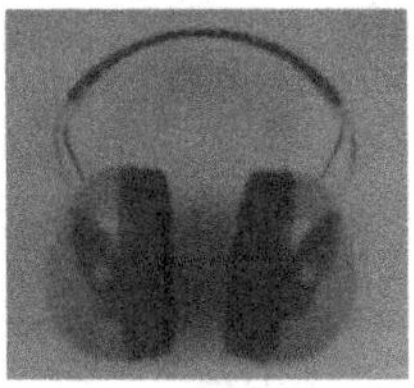			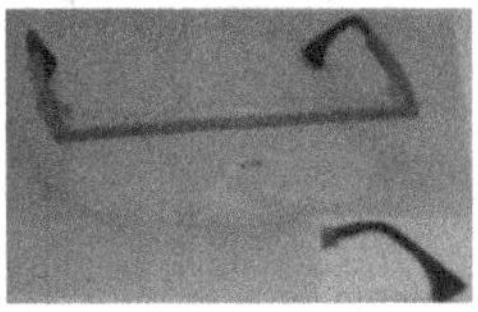
耳罩	保护面罩/耳塞	焊接专用变光焊帽	护目镜
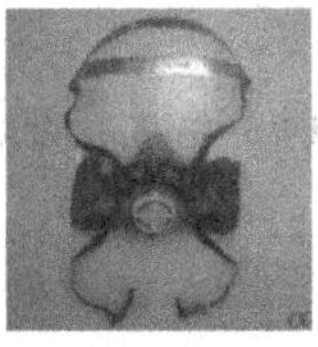			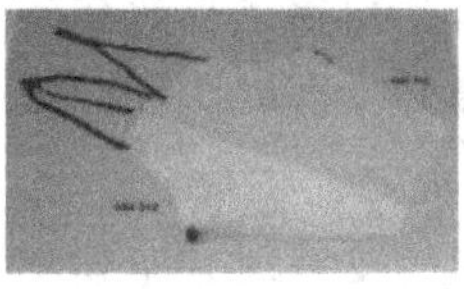
防毒面罩	焊接眼镜	焊工服（护臂）	焊工服（围裙）

三、工具设备的安全操作

1. 手动工具的使用准备

1）使用工具的人员必须熟知工具的性能、特点、使用、保管、维修及保养方法。

2）工作前必须对工具进行检查，严禁使用腐蚀、变形、松动、有故障、破损等不合格工具。

3）带有牙口、刃口尖锐的工具及转动部分应有防护装置。

4）使用特殊工具时，应有相应安全措施。

5）小型工器具应放在工具袋中妥善保管。

2. 动力工具的安全操作

（1）电动工具　使用电动工具时，应有必要的、合格的绝缘用品。在潮湿地带或金属容器内使用电动工具，必须有相应的绝缘措施，并有专人监护。电动工具的接头应设在监护人便于观察、便于操作的地方。

（2）砂轮机　使用前应检查砂轮有无外伤、裂纹，然后进行空转试验，无问题方可使用，由于砂轮机转速高且有一定重量，打磨时与物件接触点要求比较严格，所以稳定性较差。使用时，操作者精力要集中，需戴防护镜。磨削时应避免撞击，应用砂轮正面磨削，禁止使用砂轮侧面，防止砂轮破碎伤人。安装砂轮时，砂轮与两侧板之间应加柔软垫片，严禁猛击螺母。使用时操作人员应站在侧面，不得两人同时使用一个砂轮，砂轮片有效半径磨损达 2/3 时必须换新。

（3）气动工具

1）使用气动工具、气源应安装气水分离器，以免混浊空气进入，磨损机件。

2）供气的软管应进行吹洗，管口不得对人，且与套口连接应牢固。

3）气管不得有折角，遭受挤压或受到损坏时，应立即停止使用。

4）气动工具使用过程中，沿气管方向不得站人，以防风管脱口伤人。

5）若要更换工具附件，须待气体全部排出、压力下降后，方可进行。

6）使用冲击式气动工具(风锤、风镐、风铲、风枪等)时，必须把工具置于工作状态后，方可通气。

7）不准用压缩空气清洁衣物。

（4）汽车举升机

1）使用前应清除举升机附近妨碍作业的器具及杂物，并检查操作手柄是否正常。

2）机器操作机构应灵敏有效，液压系统不允许有爬行现象。

3）支车时，四个支脚应在同一平面上，调整支脚胶垫高度，使其接触车辆底盘支撑部位。

4）支车时，车辆不可支得过高，支起后四个托架要锁止。

5）待举升车辆驶入后，应将举升机支撑块调整移动对正该车型规定的举升点。

6）举升时人员应离开车辆，举升到需要高度时，必须插入保险锁销，并确保安全可靠才可开始车底作业。

7）机器除低保及小修项目外，其他烦琐笨重作业，不得在举升器上操作修理。

8）车辆在举升机上作业后，不立即移走的情况下，一定要安放安全凳进行预防性支撑，以防举升机意外滑落造成车辆和人身伤害。

9）使用举升机时不得频繁起落。

10）支车时举升要稳，降落要慢。

11）有人作业时严禁升降举升机。

12）如果发现操作机构不灵，电动机不同步，托架不平或液压部分漏油，应及时报修，不得带病操作。

13）完成作业应清除杂物，打扫举升机周围以保持场地整洁。

14）定期（半年）排除举升机液压缸积水，并检查油量，油量不足应及时加注相同牌号的压力油。同时应检查润滑情况、举升机传动齿轮及链条。

第四节 车身修复的质量要求

车身修复是指通过一定的外力将因事故损坏或疲劳损坏的部位修复到车辆出厂时技术标准"状态"的过程。"状态"一词包含两层含义："状"是指比较直观的外观和形状，而"态"则是一种比较抽象的更深层次的概念，如金属内部分子结构是否能按照原来的位置重新顺序排列、内部的应力是否完全释放等，它将直接关系到车辆修复后的功能和寿命。

一、车身修复质量要求

轿车车身覆盖件是指车身外表面蒙皮的钣金件，**车身维修主要是对外蒙皮钣金件的修复和外表面的涂漆**，修复的目的是恢复轿车原有的性能和表面外观质量。车身表面修复的检查标准有以下几种。

1. 外形的复原

轿车的外形一般是以汽车中心面为对称面的对称结构，整车外形呈非规则的主体曲面。外形覆盖件的形状主要有两种形式：刚度较大的平滑的大曲率曲面和曲面结构与形状复杂的棱角过渡曲面结构。修复时，对于大面积的平滑结构，如发动机罩、行李箱盖、车身顶盖、车身侧面和车门等均要尽可能地恢复到原来的形状。对于局部的复杂结构，圆角过渡处的楔形结构，也必须恢复到原来的形状，特别是对称结构的一侧损坏时，要恢复到对称面的结构形状；对于两侧同时损坏的情况，应恢复到原来的形状。但当恢复到原来的形状确有困难时，也可按照维修人员的设计，适当改变原来的形状。可使车身外形与原形略有不同，如修复某些车的前罩帘时，其转角过渡处可适当改变，以达到好修和美观的双重目的，修复后甚至会给人一种新车型的外观感。但切忌画蛇添足，不伦不类。不但外形要对称美观，还要坚固耐用。

2. 连续曲面的完整性和精致性

轿车车身构件大部分是由大批量模具冲压生产的，具有表面的完整性和精致性。对于车身侧面，从车头到车尾为前翼子板、前车门、后车门和后翼子板，延续5m长，流线形曲面要连续过渡；对于车身上面从前到后为发动机罩盖、前风窗玻璃、车身顶盖、后窗玻璃、行李箱盖，曲面面积较大、延续很长。转折处要圆滑过渡，如侧面与上面、侧面与前罩帘、侧面与后端都要圆滑过渡。特别是在车身侧面开有前车门和后车门，车门需要经常开启和关闭，车身侧面从前到后有腰线装饰，要保证所有接合面的连续性，应平滑过渡，保证整体的完整性。

车身侧面上的装饰性棱线、肋条或腰线要连续、平滑。侧面由多块单板组成，从前到后有腰线，线条应清晰醒目，过渡均匀，相邻两覆盖件之间的衔接要互相吻合，不得有扭曲或折断现象。**修复后的外表面应光亮如新，不允许有皱折、皱纹、凹痕、敲痕、擦伤、肉眼可见和手触摸感觉得到的明显缺陷。特别是大面积修复时要保证连续曲面的完整性、流线性、连续性和精致性。**

3. 足够的强度和刚度

由于轿车行驶速度较高，行驶中汽车和发动机的振动会引起车身振动。轿车车身在原设计中具有足够的强度和刚度，修复后的车身要保证其强度和刚度。乘坐室有六条立柱，两条A柱（车门前柱）、两条B柱（车身中柱）和两条C柱（车门后柱），相连有车门上缘和门槛等，都必须恢复原有的强度和刚度，以保证撞车或翻车时乘员的安全。

修复后的车身应保证振动噪声在允许的范围内，不能由于振动引起异常响声。修复后的车身在一定行驶里程内不得有疲劳损坏，车身整体必须有一定的刚度，保证车身钣金件在使用过程中有保持原有形状的能力。

4. 表面涂层的要求

轿车表面涂层要求很高，修复后的轿车要求达到尽可能完美的程度。涂层应具有一定的强度和抗崩裂性，要具有耐潮湿性和耐蚀性，并具有耐热性、耐温度变化性、耐寒冷性，并要具有优秀的可抛光性能，抛光后能够得到平整光滑、光亮如镜、物像清晰、光彩照人的优质外表面。

表面质量的好坏对于涂层十分重要，表面上的某些微小缺陷都会直接反映到表面涂层上，可由光线的反射效果直接反映出来。检验车身覆盖件质量优劣和涂装质量好坏的关键是看表面涂层的反射效果，汽车表面要有高的光泽值，全部反射和折射的物像应均匀过渡。

二、车身修复质量的检验

1. 车身校正修理的最终检验

车身校正修理的最终检验分两种情况进行：

1）在没有使用固定装置修理时，应进行最后测量检查，并与车身和车架尺寸手册进行对比，确定是否达到校正要求。

2）在固定装置上修理时，则不必进行测量检验，只需判断车身控制点与固定装置匹配即可。

2. 最终检验应仔细观察的项目

1）检查车身上部所有部位的平整度是否符合要求。

2）检查各相邻构件之间的间隙，如车门与门槛之间的间隙，是否准直均匀，两者是否贴合，如图4-3所示，图中显示了某车型车身构件的相互间隙标准。

3）开启、关闭车门、发动机罩盖、行李箱盖等活动部件，看其是否运动自如，锁紧是否牢固。

3. 返工

若检验时发现问题，应将车身重新固定好，并进行必要的拉拔返工，直至达到要求为止。

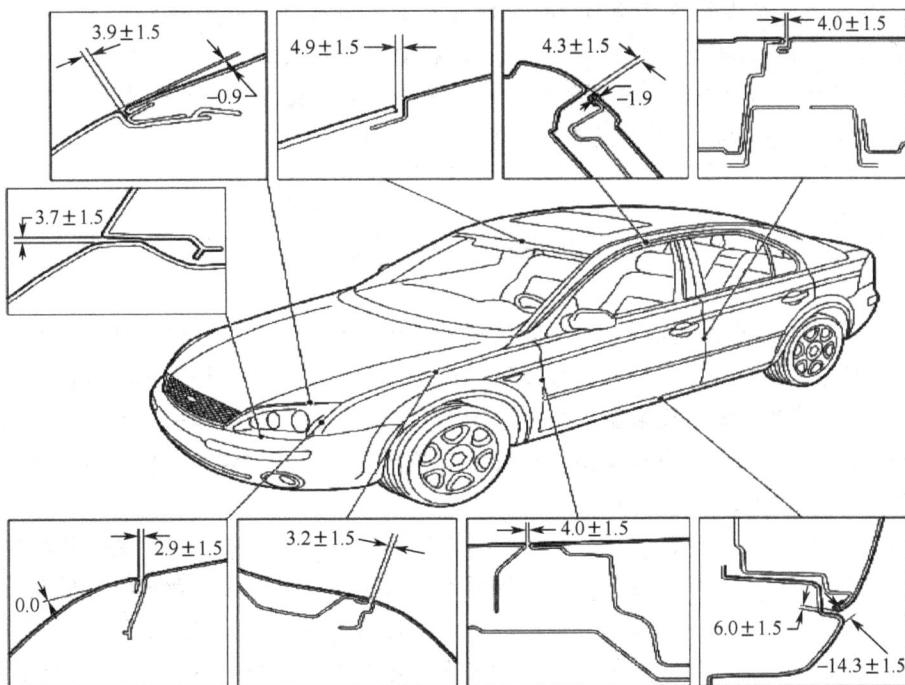

图4-3　某车型车身各相邻构件的间隙

三、汽车喷涂的要求

一辆汽车喷漆要经过十几道工序才能完成，缺少哪一道都无法保证车漆的长久如新。有些私营维修点用4~5道工艺就完成了喷漆的工作，表面看上去差别不大，但时间一长，车漆就会发生明显的变化。优质品牌漆和精密的配方，可确保每一道工艺的质量。专业喷烤漆房也是喷涂品质的保证。

笔者对车身油漆的修补有一点看法：常常可以看到在马路上行驶的轿车车身，有不少的发动机罩盖、行李箱盖、车门、翼子板或车顶后侧板的颜色明显深于或浅于周围部件的颜色。造成这种色差的原因，一般有以下几点：

1）修补使用的颜色漆与车身原色存在明显的色差。

2）修补工艺存在缺陷，实际的车身漆喷涂过程中，对一个部件，很多的车身油漆喷涂师采取了整体泡满的喷涂方法，这样就很容易形成色差。

要改变这种状况，采取下面的喷涂工艺比较经济有效。那就是无论是金属漆还是素色漆，修补均需采用双工序施工。对一个部件进行整体打磨原颜色漆，未涉及损坏的区域只进行喷漆前的水磨，对损伤部位进行局部系统的工作，最后喷涂颜色漆只对损坏的部位局部喷实。面积越小效果越明显，周围区域进行从里到外的虚接，使颜色均匀过渡，由实到虚至无，周边区域几乎不喷颜色漆，而后对整个部件喷涂清漆，烤干后，要对喷涂部件及与喷涂部件相邻的前后或左右部件进行彻底的抛光打蜡处理。如果采取这样的喷涂工艺技巧，措施得当，就能有效地控制汽车车身漆在修补过程后的色差，把颜色的有效过渡段严格地限制在喷涂件的范围内，从而改善车身漆个别部件修补后的色差问题。

第五节　汽车保险理赔与配件品质

汽车在不幸遭遇到碰撞损伤后，保险公司对损伤的车辆的查勘、定损理赔是否准确、合理，将直接关系到车辆修复的质量和修复后的品质与性能。损伤车辆在汽车维修企业维修过程中使用的配件品质优劣直接取决于保险公司的查勘、定损、理赔结果。现在一般保险公司都会建议碰撞损伤车辆的车主将损伤车辆交给二类汽修企业进行修复，品牌汽车大部分车主本身要求由专业的4S店进行修复。

在远离4S店的地区，大部分保险公司会推荐当地的专项修理店或者设备简单的小型汽车维修企业对碰撞损伤车辆进行修复，在这里他们甚至会要求维修企业提供劣质低价的配件对车辆进行修复，以降低保险公司的理赔成本。理赔成本降低后，汽车维修企业为了赢利，往往采用更低劣的配件，偷工减料，对碰撞损伤车辆进行不科学甚至近乎野蛮的修复工作。很多时候都会加大汽车损伤程度和区域。他们设备简单、人员技术状况堪忧，修复的车辆上路后，根本就不能经受二次碰撞，恶意降低估损是缺乏职业道德的行为。

而品牌汽车4S店，技术人员专业化，设备科学化，配件原厂正宗，配件与生产流水线上的装配用配件的质量几乎等同，图4-4所示为品牌汽车4S店使用原厂配件的修复效果。4S店的服务也是一流的，所以绝大部分新车一族都会选择4S店对爱车进行维修。保险公司又往往都是4S店的合作伙伴，为了更多的保费，新车投保，旧车续保，他们也会接受4S店的高额修理费。品牌汽车4S店对碰撞损伤车辆的查勘、定损、报价，一般首先尊重品牌汽车自有的品质和设计要求，使用合格的配件、科学的

图4-4　品牌汽车4S店使用原厂配件

工艺和先进的设备对碰撞损伤性能进行修复。经他们修复后的损伤车辆状况基本达到了原有水平，但是他们的维修费用会远远高于一般维修企业和专项修理店。同样的碰撞损伤车辆，

在4S店与一般维修企业进行修复，保险公司所需要的理赔额度会有较大差距。这个差距的存在就决定了维修的质量和碰撞损伤修复后车辆的品质与性能等。

因此，建议广大车主在爱车不幸碰撞损伤时，尽可能去专业的4S店进行修复，也只有这样，爱车修复后的使用性能才能得到保证，成色较差的车辆经过4S店的专业修复，正宗配件的更换，也有可能使修复后的车辆使用性能得到改善。至于维修费用，委托维修企业跟保险公司交涉即可。社会上的维修企业如果诚信可靠，也是可以考虑的。

第四章

第五章

钣金件修复技巧与自制小工具

第一节　汽车车身修复技巧和方法

车身碰撞损伤的维修工作已经逐渐成为汽车维修的重点内容。而车身的维修不能仅仅停留在车身外观的恢复，重要的是车辆各项使用性能的恢复，尤其是车身的安全性等方面的性能必须得到保证。

目前，国内汽车工业蓬勃发展，一片繁荣景象，车型繁多，车辆的技术结构发生了巨大变化，使汽车维修行业的修理观念，修理的工艺、设备、检测，修理制度、方法和标准等均发生了变化。维修质量的高低，是保证车辆正常运行的重要环节。

我国的车身维修研究工作起步较晚，但发展非常迅速，尤其是随着我国汽车工业的发展，车身维修工艺水平也在不断提高。而汽车在发生碰撞事故或正常使用的过程中，难免会造成车身的损伤。使损伤后的汽车恢复良好的性能一直是汽车维修行业努力的目标。

拿车身维修来说，车身修复和表面整形行业尤为突出。我国的汽车工业根据市场需要，汽车车身已向承载式车身结构发展，生产上广泛采用了新材料、新装备和新工艺等最新科技成果。另外，从修理程度上讲，修理承载式车身结构，必须具备一套新的设备，对提高修理车身质量，提高效率，减轻劳动强度，乃至提高修理行业的整体水平等都起到了积极的作用。同时，先进的设备也为修理提供了方便与快捷，创造了舒适的工作环境。

一、车身擦伤的修复技巧

导致车身擦伤的原因很多，如汽车行驶中与硬的物体刮碰，或被淘气的孩子划伤，或被飞石砸伤等，这种擦伤有的呈线状、带状，也有的是点状、片状的。但无论呈什么形状，何种原因造成，都应及时处理，否则轻者影响车身美观，重者可导致车身锈蚀、穿孔。其修复方法要视擦伤程度不同而定。

如果擦伤只是表面，没有损坏到车身的金属部分，可用油漆修复剂或精制切削膏（摩擦剂）将擦伤处的松漆蹭掉，然后清洁干净蹭磨处及周围，再用清水洗净，选购或调制与车身颜色一致的油漆，找一特制漆刷，把油漆涂在擦伤处。要小心地一层一层涂平，直到擦伤处与周围部分平齐。放置两周新漆干后，再用油漆修复剂或精制的刀削膏修磨擦伤部分，使其与周围的油漆融为一体。最后，再用抛光蜡抛光即可。

如果擦伤较深，损坏到了车身的金属部分，并导致了生锈，那么修理时，就应先除锈，用小刀将锈迹刮掉，涂上防锈漆，待漆干后，将填料（俗称腻子）刮涂在擦伤处，填料不宜过厚。如果擦伤较窄，可用纤维稀释剂将填料稀释后涂上，在填料变硬前，将手指上裹一光滑干净的棉抹布，在纤维稀释剂中蘸一下后，迅速抹在擦伤处的填料表面，这样可使填料表

面稍微凹陷，然后，再按前面的方法上漆即可。

二、车身凹坑的修补技巧

常见的轿车车身凹坑小的不足 $1cm^2$，大的凹坑波及整块钣金件。不论凹坑大小，修复时都应先将凹坑敲起来，使其与原来形状基本一致。但由于金属已被拉伸，不可能恢复到原来的情况，可以使凹坑敲起后仍低于周围 3mm 左右。凹坑很浅时，可以不敲击。敲凹坑时可用木锤或塑料锤，从凹坑后面轻轻敲击，同时选一合适的木块垫在金属板外，以免锤子的冲力将凹坑周围敲弯。如果凹坑处是双层钣金或由于别的原因，锤子无法接近凹坑后面，可用不同的方法来处理。常用的方法有两种：钻孔法、拉环法，前文中已经讲过，在此不再赘述。前一种方法适用于小面积凹坑，这样做对钣金及油漆损伤小。后一种方法则适用于面积较大的损伤，可减少穿孔过多对钣金件的损害。

将钣金拉到理想位置后，采用钻孔法的拆除自攻螺钉后，可用砂纸除掉损坏部分的油漆，然后用螺钉旋具或刀锉将金属表面擦伤，或有意钻几个小孔，这样有助于补充填料（腻子）。最后再进行填料和重新喷漆即可。对于采用拉环法的，应用焊机割除拉环，用砂轮将表面修平后，再用砂纸除掉损坏部分的油漆，涂上防锈漆，之后即可进行填料和重新喷漆。

钻孔法与拉环法各有优点，钻孔法对于底漆损坏性小，但对于大面积的凹陷则显得"力不从心"，而拉环法正好相反，损坏了原有漆面，工艺复杂，但对于大面积凹坑则比较快捷省力，特别适用于双层结构的钣金中不易接近的部位、转角过渡处和车门立柱等处，修复效果好。

三、锈孔或裂口的修理技巧

随着行驶里程和使用年限的增加，车辆就会产生自然损坏，例如车身的锈孔或裂口。这主要是由道路不平引起的车身颠簸振动、发动机运转引起的振动等，使各连接件脱焊或裂开。再者，由于日照和严寒引起油漆表面龟裂，车身薄钢板受水汽侵蚀，破坏了内外表面的防护层，使车身逐渐锈蚀等。

修理锈孔或裂口的步骤如下：

1）用钢丝刷（或砂纸）将损坏部位的油漆除掉，再根据损坏程度决定更换整块钣金件还是修复损坏部分。**如果损坏比较严重，最好进行整块更换，**因新件比修复件更坚固美观，价格也较低，而且修理时间短。如果损坏较轻，则可将损坏部分及周围其他附件拆下（但有利于恢复损坏面的部件可不拆），然后把受腐蚀而变疏松的金属除掉。用锤子将孔边向里敲进，开成一轻度凹面，以便打腻子。用钢丝刷将金属表面的锈屑除掉，再涂一层防锈漆以免再生锈。

2）找一块锌砂或薄铝皮将孔堵上。

① 锌砂适合用来补大孔，将锌砂剪得跟孔的尺寸与形状大致相同，然后把它贴在孔处，砂边要比周围钣金部分低，再把填料抹在砂的周边上，然后才能填充填料，并重新喷漆。

② 薄铝皮适合用来补小孔，将薄铝皮剪成孔的尺寸和形状，撕掉保护纸，将它贴在孔上，根据厚度需要可贴一层或几层，之后将其紧压在钣金件上即可，最后填充填料和喷漆。

四、填充填料和重新喷漆

钣金修理后要进行车身涂装，**轿车车身涂装的主要目的是使表面美观，并在涂装的同时还能起到防锈和防腐蚀的作用**。车身表面质量的好坏直接影响到涂装的质量，因此在喷涂面漆之前要涂底漆和填料，以得到光洁的表面，而后涂施中间层涂料，再做表面喷涂和喷涂罩光漆。其具体工艺如下：

1. 基底处理

基底处理主要包括清除旧漆膜、涂底漆和填充填料。旧漆膜影响表面涂层质量，必须耐心细致地清除干净。然后在裸露的钣金表面涂一层防锈漆，而后填充填料与涂底漆交替进行。车身用填料一般是化工材料与无机填料的混合物，具有附着力强的特点。填料与底漆或金属表面粘接在一起，一般不会脱落，干燥后质地也比较坚硬，不易变形。对于凹坑或锈孔、裂口，修补后就可进行表面填充填料。填充填料时应沿车身曲面刮平，且与涂底漆交替进行，直到填料平面与车身其他部分刚好平齐，等填料硬结后，用刀锉将多余部分剔掉，然后由粗到细用水砂纸反复打磨。打磨时，砂纸应裹在一扁平的橡皮或木块上，以保证磨出较高的平面度。修整好的表面，表面光洁，"坑"的周围是一圈裸金属，再向外是好漆的毛边。用水清洗修理部分，将尘粒全部清除掉，就可以进行下一步了。

2. 喷涂中间层油漆

为了使旧漆膜与面漆紧密结合，如旧漆不能完全清除或部分补漆，可喷涂中间层油漆（即底漆），此时，填料表面不完美处就显露出来了。之后用新填料或切削膏修理不完美处，再用砂纸打磨。然后再喷涂底漆，再进行修补、打磨。上面的工作可重复进行2~3次，每次喷涂后，都要进行干燥，表面干燥后才能进行打磨，直到获得满意的光滑表面与无缺陷的毛边。

3. 喷涂面漆

喷涂面漆是车身修复的最后工序，必须耐心细致地进行。喷漆前必须进行表面清洁处理，得到无油、无水、无灰尘和无异物的表面。喷漆必须在温暖、干燥、无人、无尘的大气中进行。因此，在室外作业时应选好天气，在室内作业时，可人为创造这种环境。

喷漆前，还应用胶带纸或报纸将修理部分以外的车体遮上，车身附属设备，如车门手柄，也应遮上。对于整车喷漆，漆的颜色应调成原来的颜色，但略有差别也是允许的。对于部分补漆，要求颜色必须与原来的完全一致，有的高级和中高级轿车为了车身损坏后的补漆，备有与原车颜色相同的油漆，可在喷漆前用力摇晃漆桶，然后在修理部分一薄层一薄层地喷上一层漆，并比较与原漆颜色的差异。干燥后用水砂纸浸水打毛，然后再喷外层，喷外层时也是一薄层一薄层地喷，由修理部分的中央喷起，然后以圆周运动的方式向外喷，直到修理部分及周围25mm左右范围都被喷上。喷完后10~15min，可将遮盖物取下。

当无原车油漆时，必须调制与原车颜色完全一致的油漆。较好的车身修理厂一般备有电脑分色机或计量调色机，用电脑将原漆颜色分成三原色或常用五色，然后按照成分比例调制油漆，调制好的油漆应先试喷，与原色一致后方能使用，如有差别，应重新调对。

新漆喷好后，应放置两周让其硬结，然后用油漆复新剂或精制切削膏修补补部分漆边，使新漆与旧漆融为一体。好的油漆表面应有一定的漆膜厚度和尽可能高的车身外观光泽度。为了更加光泽和美观还可进行车身表面打蜡处理。喷漆及烤干程序要在专业的烤漆房内进行。

烤漆房良好的抽风设备保证喷漆过程中漆雾被迅速抽净，不会回落到车身上。而其专业快速均匀的烘烤功能可以保证喷漆后 15min 左右迅速干透。

如果汽车表面被碰撞后留下的凹陷没有出现脱落、掉漆的现象，通过"凹陷修复技术"，采用专业工具设备，不需钣金、喷漆也能达到完美修复效果，修复后无论是车漆的颜色、表面粗糙度等都不会出现丝毫误差。

车身的涂装工艺技术性非常高，不是任何人都能做得好的。但只要工作细致，严格按照工艺流程办事，做好车身修复工作也并不难。

五、汽车小划伤的处理技巧

汽车车身经常会发生一些小的划伤，处理小划伤的技巧如下：

1）小伤痕如果只是很浅的刮伤表漆，立即用混合剂处理，擦拭方法为直线擦拭。伤痕消失后，用更细的混合剂擦拭之后再打蜡即可。

2）较深的小划伤，要重点观察金属面是否露出，如果看不到金属面就不会生锈，可以涂上修饰漆。将漆用笔尖点上去，待漆完全干透即可。

3）很深但细长的伤痕，用彩色油灰可以修补得很好。伤痕处用砂纸，不要随便将伤痕面扩大，重要的是将脏污清除干净。油灰要仔细地涂抹，使之完全进入内部。最后涂上混合剂、上蜡，结束工作。

4）车身有擦伤的最好修补方法是在伤痕部分填上与车身相同的镀膜剂。镀膜剂可涂一次、二次、三次，次数越多，会涂得越干净。但整个车身应保持漆面均匀。

5）车门、行李箱周围粘贴的防水条容易剥落、扭曲。但如果没有破裂、变形，可以重复使用，只需将它重新粘贴，就可以防止漏水。用保护剂恢复橡胶本身的弹力也很重要。

6）保险杠的小划伤处理方法是将毛刺削去，在坑洼部分涂上油灰使之平滑，要注意选择与车身颜色最接近的专用油灰。

7）发现划伤处生锈后，应立即着手解决，如果放任不管，锈点就会慢慢扩大。**防止生锈的方法是用砂纸擦净锈迹，或使用能让锈点变化的化学合成剂。**

第二节　车身结构件的二次更换技巧

伴随着现代道路交通事故发生频率的上升，二次碰撞事故也频频发生。二次碰撞损伤修复与首次碰撞损伤修复相比，显得更为艰难。因此，如何对汽车的二次碰撞损伤进行修复，成了广大业内人士关注的焦点。

首次碰撞损伤修复质量是决定二次碰撞损伤修复的关键。因为首次碰撞损伤修复除了有效地恢复原车的结构、性能外，还必须为以后可能发生的二次碰撞损伤修复提供必要的结构保障，如施工工艺、使用的更换结构件的品质等。下面以轿车后翼子板为例，说明首次碰撞损伤修复与二次碰撞损伤修复之间的关系，以及施工技术、防锈处理等工艺。

> 结构件是指在车身上起到主要支撑及承载作用的构件，是车身零部件的安装基础，常见于纵梁、横梁、门柱及下边梁等部位。这类构件通常具有非常高的强度，结构多为封闭式的箱形截面。

车身后翼子板经常会遭受碰撞，有时会发生严重变形、撕裂，从而无法整形、校正和修复，必须进行换新处理。现代轿车车身的后翼子板往往与车身结构侧板连在一起，统称侧围。车身后翼子板遭受的碰撞，除了那些特别严重的碰撞外，一般损伤只发生在后灯角位置或波及后翼子板腹部区域等，很多时候无需更换整个车身侧围。此时如何对更换的侧围进行切割、焊接，将对整车以后可能发生的二次碰撞损伤修复带来影响。现代车身修复理念与成功的维修经验指出，更换侧围的锯割点应选择在远离碰撞损伤变形严重的区域，很多时候不少的维修人员为了方便焊接，减少焊接工作量，就把切割点选择在后翼子板与车顶外皮的连接处，此处表面窄、位置高，如果施工粗糙也难以被发现，这样的做法会给二次更换留下不少焊接余渣，这些余渣的防锈处理近乎无法实现。如果相同位置不幸再次遭受碰撞时，其损伤就要比前次更严重，甚至波及车顶。因此，首次切割点可选择在顶角下部 15 ~ 25cm 处较为妥当、科学。如果不幸遭遇"二次碰撞"必须换新时，也方便切割，也可以选择在顶角下部 8 ~ 18cm 处，这样前次的焊接点在二次更换时就被切割了。车身上没有留下多余的残渣，而且在这两个点位切割、焊接都可以进行有效防锈、防腐处理。图 5-1 所示为后翼子板二次切割的位置说明。

第一次切割位置　　　　　　　　　第二次切割位置

图 5-1　后翼子板二次切割的位置

原车身电阻点焊、点切割与焊接注意事项：切割一般使用孔锯钻削，残渣使用高速砂轮磨掉，孔留在需要更换的废旧后翼子板上，孔深尽量避免波及其他结构连接件。不少车身维修人员将整个点焊点钻透，然后使用惰性气体保护焊塞焊，塞焊时从里向外焊接，这样二次更换时，就会在焊点处留下大量的焊劣，而这些焊劣的防锈、防腐处理是无法彻底实现的，很容易造成锈蚀，产生不必要的损伤。如果使用电阻点焊，这些孔又将造成麻烦，还需要进行惰性气体保护焊塞焊，增加了不必要的工作量。其实，这时采取惰性气体保护焊塞焊的孔，可在更换件点依据原点焊点的位置直接钻成即可。如果采取电阻点焊，就更简单了，只要对焊接面进行电阻点焊要求的表面处理即可，这里要使用可透焊底漆或底剂进行表面处理，采用惰性气体保护焊塞焊时，表面也需处理。新的点焊点要较原先的点焊点增加 20% ~ 30%。转角处不能焊，以避免结构变形、变性。

一般车身后翼子板上的原电阻点焊点的直径不会大于 $\phi 8mm$，依该直径的大小选用

ϕ5mm 或 ϕ7.5mm 的孔锯钻削即可。新的后翼子板上的焊孔可使用 ϕ6mm 或 ϕ7mm，成熟的焊接技艺可使得：原孔 ϕ6mm 焊成型后的结点在 ϕ7mm～ϕ8.5mm 之间；原孔 ϕ7mm 成型后的结点直径为 ϕ8.5mm～ϕ10mm，二次更换时也方便钻削，而不损及其他连接结构件，有效保持原车构件品质与性能。对纵深位的焊点、焊缝，还需使用 PU 结构胶处理，以防锈蚀。

新的后翼子板的切割可使用气动切割锯或手锯锯割，切忌使用氧－乙炔火焰焊割。新的后翼子板与车身之间的连接应使用连接件，锯缝使用惰性气体保护焊连续焊接。连接件与新的后翼子板、原车身使用钻孔塞焊技术。连接位的表面处理必须使用可透焊底漆或底剂处理。

在对车身后翼子板进行更换修复时，采取以上所提及的步骤方法以及钻削、切割、焊接技巧技艺，能够方便该件在不幸遭遇二次碰撞损伤后的二次更换，同时也可有效地保证二次更换后车身的结构性能。

结论：车身修复过程中，关注车身构件的形状与功能恢复能够有效抵御二次碰撞，恢复原车设计性能；注重车身加强件的修整与更换原则，能够为车身安全提供有效保障；关注构件的二次修复与更换技巧、技艺是现代车身修复理念的要求。车辆一旦发生碰撞，采取科学合理的修复技艺、技巧，运用符合原车设计要求的工艺施工，是可以做到形状与功能的恢复的。

第三节　乘员室地板的更换技巧

在多雨潮湿以及广大的沿海地区，一般国产轿车在行驶 4～6 年后，多数都需要进行更换乘员室地板的车身修复工作，从而加固或恢复车身的设计使用性能。

长期在多雨潮湿的环境中行驶，会造成大量国产轿车的地板锈蚀、腐朽，直接影响轿车车身结构的安全性和正常的驾驶性能。当然还有一些轿车在发生交通事故后的碰撞损坏的修复过程中，汽车修理厂采取了不正确的切割、焊接技术，以及修复后防锈、防腐措施不力，以上这些都会加快车身特别是地板部位的锈蚀。这些车辆在以后的继续使用中，都可能发生钣金修理部位的锈蚀、腐朽，特别是地板，大都需要换新。图 5-2 所示为大块切割下来的桑塔纳汽车乘员室地板。

图 5-2　大块切割下来的桑塔纳汽车乘员室地板

　　长期的车身修复经验告诉我们：维修车辆过程中切割的工具及技术、新地板的选择、车身数据图表的使用、新旧部件搭接处的处理以及焊接手段及技巧，都将直接影响维修车辆的性能及技术状态，下面笔者就这几个问题结合自身多年车身维修的实践谈几点关于更换地板的看法。

一、待修车辆地板的切割

　　车身维修人员必须结合车身标准数据图册，把维修车辆固定在车身校正仪上，如需要可以先对车身两边的车门槛板进行拉伸校正，并将其牢固地固定在车身校正仪上，四个常用固定点一定要高度一致，这样就可以进行地板的切割了。切割前期的准备工作还包括：车身附着件的拆除，并校正其他有关结构件。

二、切割工具、工艺的选择与要求

　　这种锈蚀的车身，一般可以使用氧－乙炔火焰进行切割。要在距离连接点5cm处进行切割，当然最好使用气动、电动切割工具对原车身地板进行分割。大块的旧料切割下来后，对还留在车身上的部分，常需要使用手枪钻或等离子切割机以及高速砂轮对各板件连接点的电阻点焊点进行分离，从而彻底清除旧地板。

三、新地板的选择

　　新地板最好采用汽车生产商提供或认可配套的地板，这样更换的地板在金属材料、结构以及金属性能上才能得到保障，修缮完备后的车辆性能才有保障。局部更换时，拆车件也可使用，但必须检验型号、外观状况等技术指标。图5-3所示为更换焊接后的效果。

二氧化碳气体
保护焊塞焊的
焊疤

钣金胶密封处理

图5-3　更换焊接后的效果

四、新旧板件搭接处的处理

1）连接件表面准备：拆卸后地板件的残余部分可用高速砂轮清理，同时使用钢丝刷清

第五章

理旧件上的油泥、锈斑、油漆、保护层及镀锌层等，相配合的车门外槛板下沿要整直，如有需要可同时更换。其他搭接面也要整平。这时，可以在搭接面上涂可焊透的底漆进行防锈处理。

2）新更换地板的准备：一般新地板都涂有底漆，所有底漆和镀锌保护层必须从焊接结合面上清除掉，同时涂上可焊透的底漆。

五、焊接的手段及技巧

在焊接前应对新地板在车身上进行精确定位，特别是对发动机室两侧梁、后地板下侧梁的固定以及它们的准确定位。因为这些结构件的精确定位将直接影响到维修车辆最后的维修效果及以后的使用状态，必要时可以采用特殊的措施，以防整个车身扭曲。

新旧地板要在原搭接处使用虎钳夹先行固定，对照车身数据进行精确测量无误后，再用金属螺钉固定，方可进行焊接。焊接时使用二氧化碳气体保护焊进行钻孔塞焊较为有利，在车身地板前部加强件与发动机室侧梁搭接处，应使用钻孔塞焊加搭接缝满焊。这个搭接部位处理不好很容易在以后的碰撞损坏中造成更大的破坏，甚至会危及驾驶人与乘客的生命安全。

六、隔声减振防腐胶的作用

新地板在与车身原搭接处焊接牢固后，应对新地板及与新地板搭接处进行彻底的清洁工作，接缝处建议使用钣金胶进行填注。其他整个地板及连接板都必须喷涂隔声减振防腐胶，新地板上下两面都需要。**一般在实际施工过程中，可以使用凹凸胶代替隔声减振防腐胶，但使用凹凸胶进行喷涂时，应尽量喷得厚实一点。**

总之，在轿车地板的更换工作过程中，能做到做好以上列举几项措施的话，整个维修车辆的整体性能和技术状态就基本达到了原车身的设计使用水平。这样的地板更换，是成功的施工，其他车身结构件的更换也可效仿此流程及工艺。

第四节 车身外皮的修复技巧

车身外皮修复是车身碰撞修复过程中一个重要的步骤和过程，随着现代新型轿车产业的迅猛发展，车身外皮修复技术已发生了革命性的变化，从过去的传统撬捶做法革新为现在的介子整形、炭棒收火技术。

传统的做法是：对车身凹陷的修复，往往采用撬打、捶平，然后使用氧－乙炔火焰收火整平，对有夹层或较隐蔽的变形部位，一般使用割枪把变形的四周剖开，而后用撬镐伸进去撬平、整理。这样做的缺点很多：

1）需要拆卸周围大量的零部件和易燃、易爆物品，延长了工期。

2）金属在受到高温后，材料强度发生了根本变化，车辆遭遇再次撞击后，车辆不能按理想进行力的传递和变形，造成更大损伤和安全气囊过早或过迟引爆，使得车身修复的质量得不到科学的保证。高温焊接后，使变形部位周边漆面破损加大，增加了漆工的工作量。同时，增加了原子灰和油漆等原材料的消耗量，更严重的是，这样做还破坏了金属的结构，改变了应力，降低了车身的牢固性。

现在品牌汽车4S店推广使用的车身外形修复机（介子机）对车身外皮的修复具有了更多的优越性，操作简单易掌握：它利用电流的热效应，使用导向锤进行冲击平整，不必对变形部位周边"开肠剖肚"，又没有明火产生，相对比较安全，一般情况下，不必拆卸周围部件，图5-4所示为使用外形修复机作业。调节电流大小是关系整形效果的关键，**电流太大，容易把车身外壳烧出孔来；电流太小，垫片或介子钉不能与车皮相熔透，使得焊接不牢固，使用导向锤进行整形时容易脱落，难以达到预期的效果。**一般调节电流大小是根据蒙皮的厚度来决定的，如夹层、加强肋的边角、下裙边等，电流强度就要大一些，而翼子板、车门、发动机罩等，电流就适当小一些。搭铁不实也会造成垫片、介子钉焊接不实，重新打磨并将搭铁搭实，会有明显改善。炭棒收火是利用强电流的热效应对存在应力的部件局部加温消除应力的过程，方便省时，操作简单效果显著。

图5-4 用车身外形修复机对车身表面进行修复

偶尔在整形操作结束后，会有车辆起动不了的状况发生，这一般是因为电脑板损坏。原因在于采用了380V或220V交流电作为电源工作，它对汽车有一定的互感电压，会造成汽车的电子元件损伤，结果就是电脑板被烧坏。为了避免损伤，建议使用车身外形修复机作业前，拆除蓄电池负极，或者使搭铁极与作业区在同一构件上，且保持较近的距离。

第五节　自制拉拔钉修复铝质车身表面

一、自制拉拔钉修复铝质车身

笔者曾经利用自制的拉拔钉成功修复了奥迪A8全铝车身的凹陷，这是南通一4S店承修的奥迪A8全铝车身的事故车，因本地4S店无修复工具而无法修复。若托运到外地进行修复，则费用太高。

后4S店找到南通一较有名气的、经验丰富的铝合金焊接师傅帮忙修复，此师傅与笔者商量如何修复。笔者不同意他采用开口挖补焊接的修理方法，因为奥迪 A8 为高档车，价格昂贵，万一焊接时不小心伤及线路及内饰，后果不堪设想。所以笔者建议用自制的拉拔钉进行修复，取 $\phi2.5mm \times 6mm$ 不锈钢自攻螺钉，用 $\phi2mm$ 不锈钢丝做手柄与螺钉焊接做成拉拔钉，再用 $\phi5mm \times 150mm$ 钢丝磨尖制出三角冲子，如图 5-5 所示。针头磨成三角形，如三角刀，用冲子从凹陷处中间开始冲孔，根据需要，放射性向周边冲孔，用拉拔钉旋进去，再用滑锤钩住拉拔钉向外拉拔，用小锤轻轻敲击周边凸点，校整平面，最后用金属胶或钣金腻子刮平打磨，效果很好，客户非常满意。

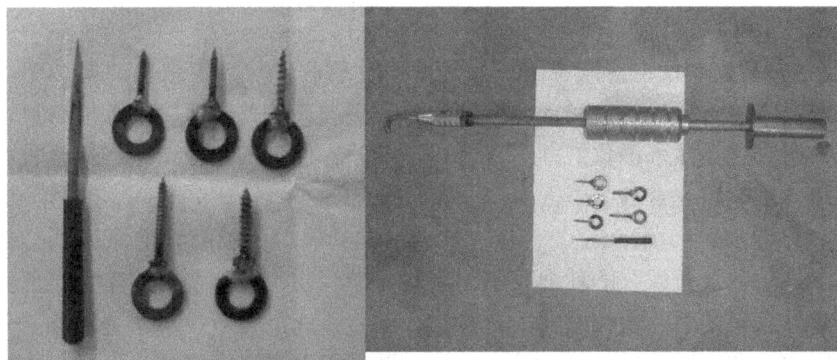

图 5-5 自制修复铝车身拉拔钉

二、为什么不用电钻打孔

因为铝皮太薄，用电钻打出来的孔，拉拔钉旋进去轻轻一拉螺钉就滑出来了，于是孔就变大(孔直径大于 $\phi2.5mm$)，而用三角冲子打孔，孔的平面不但不会往下陷，而且孔内有翻边，有利于拉拔钉旋进去时增加螺纹扣数，拉拔校正时不易滑牙，校平后用力拉出拉拔钉且会缩小孔径(直径小于 $\phi1.5mm$)。

第六节 发动机罩开关和前后风窗玻璃防水措施

一、发动机罩开关过程中的几点建议

由于很多的驾驶人不熟悉轿车的车身结构特点，在日常开关发动机罩的过程中采取了种种不同的开关方式、方法，大多会造成发动机罩扭曲变形、发动机罩铰链变形并引起后角碰击风窗玻璃，从而造成风窗玻璃的破损，以奥迪100、一汽红旗轿车居多；还有不正确的摁扣姿势引起下手部位的凹陷，从而直接造成发动机罩前沿的塌陷，严重影响车身的美观。

究其原因，一般是由于驾驶人一只手把住发动机罩一角，关扣会直接引起发动机罩扭曲和发动机罩铰链变形，从而造成发动机罩后角下沉，开启发动机罩时又不注意观察后角位移的状况，这样风窗玻璃的破损就在所难免。其次，关闭发动机罩时，很多驾驶人采取的是直接摁扣，而奥迪100、小红旗、捷达王等国产轿车在发动机罩的前沿摁手部位往往存在"真空"状态，下手后往往手下一软，产生凹陷。除了摁扣部位不正确外，还存在发动机罩锁扣与锁舌配合不协调的现象，这样，调整锁扣与锁舌之间的配合就更为重要。

综上所述，如果在正确调整锁扣与锁舌之间配合的同时，采取合理的摁扣姿势，在合理部位，如发动机罩前沿线棱角处，采取双手对称用力，拉下一定距离（大约是在发动机罩与锁机构固定部位，一般指散热器框架上沿 30～60cm 处），甩下发动机罩就能有效避免发动机罩及其铰链的扭曲变形，从而有效避免风窗玻璃的碰撞损坏。

二、预防前后风窗玻璃漏水的措施

交通事故发生后，碰撞事故车修复过程中，往往在更换前后风窗玻璃后发生漏水现象。造成前后风窗玻璃漏水的原因有以下几点：

1）橡胶密封条安装的漏水现象，一般是由于玻璃洞口与风窗玻璃的配合不相吻合，大多是由于玻璃洞口的对角线不一致或是玻璃洞口风窗玻璃柱及车顶梁的弧度与风窗玻璃相对应边不相符。解决这类漏水现象的办法是，**拆下玻璃对玻璃洞口重新进行钣金校正，整形修复，使玻璃口与玻璃相吻合。**

2）使用玻璃胶粘合的漏水现象，除去玻璃与玻璃洞口不相吻合的原因外，粘接面不清洁也会导致漏水。粘接面原有的玻璃胶必须剔除干净，使用清洁剂清洁车身表面及玻璃粘接面，同时使用粘胶粘结剂，注胶时要均匀连续，千万不能出现断口、断缝现象。**一般不能使用硅酮胶**，因这种胶干后强度小且脆性大，易开裂，而聚氨酯胶则较为可靠，**建议修理厂家使用聚氨酯胶。**

3）车身构件在碰撞及碰撞损伤修复过程中，往往会造成角落部位搭接处的开胶（密封胶）、开焊。这一种情况在安装玻璃前也要认真检查，并采取补救措施，否则也会造成玻璃漏水的现象。

第七节　累积误差的处理技巧

在对汽车的碰撞损伤进行修复的过程中，误差、累积误差无处不在，时时都会发生，误差并不可怕，只要系统累积误差符合设计要求，系统的性能就能得到保障。

碰撞损伤修复过程中的误差包括：车辆自身的设计、装配过程的误差、测量误差、拉伸校正时所产生的不可避免误差。汽车是由成千上万个零部件组成的，不同的零部件组成不同的总成、分总成，各总成组成整车。整个装配环节都允许存在误差，各分总成、总成的累积误差决定该总成的工作状态，最终影响整车的性能与品质。图 5-6 和图 5-7 所示分别为奥迪 A8 复杂的前桥系统和后桥系统，即便是奥迪 A8 这种高档车，也存在误差和累积误差。

汽车的零部件形状各异，功能各有不同，装配螺钉的大小、位置也各有不同，在碰撞损伤的修复过程中，使用车身定位夹具的大梁校正设备，是可以把各种误差降到最低极限的。运用先进的测量设备进行精确测量，并科学地使用车身定位夹具系统，进行正确的拉伸校正、修复，碰撞损伤的修复将会接近或达到原来的生产设计标准的，能够做到修复底盘工作的一次拉伸成型。目前奥迪 4S 店、上海大众 4S 店，推荐并正在使用具备车身定位夹具系统的车身大梁校正设备。

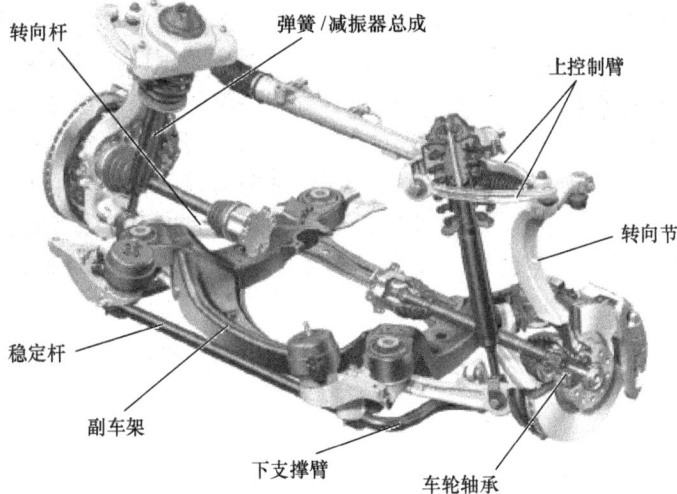

转向杆

弹簧/减振器总成

上控制臂

转向节

稳定杆

副车架

下支撑臂

车轮轴承

图 5-6　奥迪 A8 复杂的前桥系统

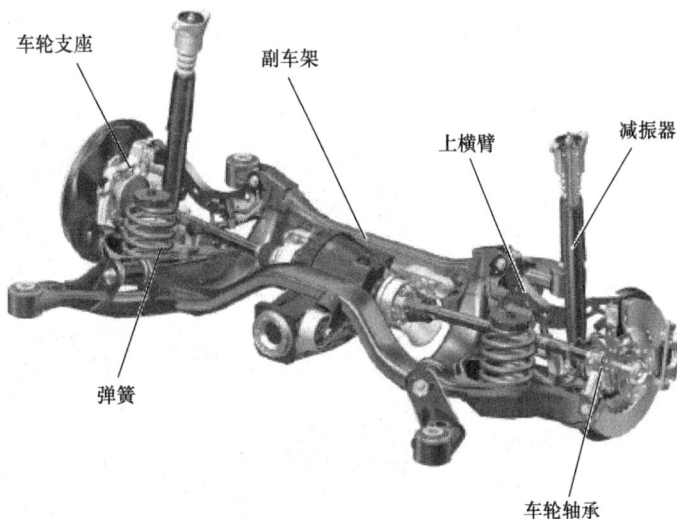

车轮支座

副车架

上横臂

减振器

弹簧

车轮轴承

图 5-7　奥迪 A8 复杂的后桥系统

　　车身碰撞损伤修复过程的累积误差是不可避免的，误差一旦产生，就要分析该点位的测量数据与标准点位参数间的差距。对与该点联系的其他零部件之间的关系，以及零部件的装配方式，如是结构焊接件，则在进行连接件定位焊接时，应充分考虑焊接后系统状况；如果是螺栓、螺母连接件，则应观察甚至测量装配孔、螺栓的活动范围，乃至活动间隙与整个系统常规工作的状态及方式的关系。如果误差数值超出了可调整的界限，则应重新对该点进行拉伸校正，再精确测量对比标准参数，认定误差的范围达到连接件的装配调整范围后，才能核实该点的拉伸校正工作是否到位。

车身车轮定位过程中，关键点在减振器上固定点、下连接点、转向器的安装固定位置、有桥结构的车桥悬架系统中与车身的连接点等，这些点位参数越接近标准数据，车轮定位就越准确，一旦有关的测量数据与标准数据发生偏差，就会直接影响到车轮定位的结果。如果有几点的测量数据都有偏差，这就需要考虑系统累积误差的结果。目前不少维修企业因缺少应有的车身校正设备和三维测量系统，采取简单、原始的野蛮操作方法对碰撞损伤进行修复。整车修复后，车轮定位的参数很难达标，系统误差无处不在，但是车辆上路后无共振、跑偏、啃胎现象发生，这是因为系统累积误差侥幸没有超标而已。如果使用改变连接结构的办法来减少系统累积误差的话，状况临时会有所改变，以后故障还会出现，再次修复将很困难。

在碰撞损伤修复过程中，各个校正点的误差无处不在，关注系统累积误差也是降低车身修复难度、减少拉伸校正工作量的行之有效的修复理念之一。

第八节　拉伸过度的处理技巧

现代新型汽车车身修复的最新理念要求车身维修人员，在对汽车的碰撞损伤进行修复的过程中，必须采用多点拉伸、反复拉伸、一次成形到位的方法，并遵循"先进后出、后进先出"的拉伸原则，彻底更新过去传统的手工撬打手法以及氧-乙炔火焰的焊割、收火技术。

目前，大量车身修复人员由于缺乏必要的理论学习和实操培训，对车身材料缺乏科学的了解，对现阶段普遍推广使用的外形修复机使用技术、惰性气体保护焊焊接技术掌握不彻底，勉强操作往往造成车身结构件和成型构件的拉伸过度，引发不必要的麻烦甚至纠纷。毕竟拉伸过度对碰撞损伤的构件造成了不必要的、可避免的"二次损伤"。图5-8所示为外焊拉伸板强行拉伸导致拉伸过度，图5-9所示为外焊拉伸板试图拉开门缝的错误做法。

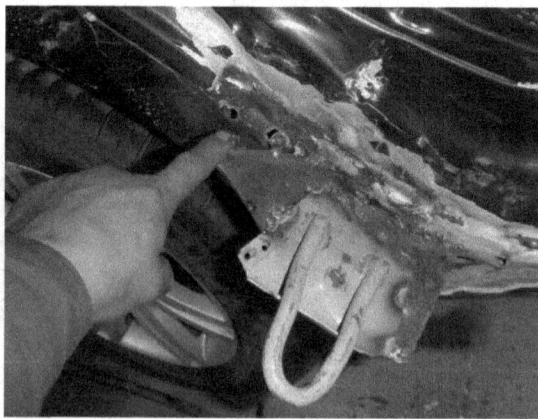

图5-8　外焊拉伸板强行拉伸导致拉伸过度

一、成型构件碰撞损伤修复与拉伸过度

车身成型构件包括车门、翼子板、侧围板、车顶、发动机罩等。对这些构件的小损伤修复，一般使用外形修复机进行多点拉伸，结合锤击反复校正，然后用炭棒收火技术即可完成。使用外形修复机对损伤部位进行拉伸前应注意：打磨涂漆层时要干净彻底，使用合适的工具如气动磨具、电动角磨机等。折褶部位应小心打磨，不要急于一次打磨干净，以防磨破车身钢板。有些折角在经过一定的拉伸工作后，会显露出来，方便打磨漆涂层。个别死角可使用钢锯条或小螺钉旋具划去漆涂层。使用外形修复机进行整形，应遵守"先进后出，后

用此法解决门缝
小的问题是错误
的做法

图 5-9 外焊拉伸板试图拉开门缝的错误做法

进先出"的原则。点、线、面协调一致，不要试图一次拉伸到位。图 5-10 所示为过度拉伸的后果。当然还应考虑车身构件的材料刚性、厚薄和介子的形状、种类，否则就会出现局部乃至全部过度拉伸，使钢板变薄，再次拉伸就会出现窟窿造成人为损伤。当然，大面积凹陷时，有必要先使用钣金锤锤击至大体到位后，再使用外形修复机进行整形。如果使用撬捶工艺一步到位，往往都会出现变形钢板由于锤击不匀或过度重捶产生了很大的塑性变形、变化。传统手法对这些变形的处理使用氧 – 乙炔火焰高温、冷却、锤击收火处理，如此加工过的钢板多会消除内应力，失去刚性，从而丧失功能。**现在生产的新型轿车，车门内大多会安装抗侧撞加强件，而加强件一般是由高强钢制成的，变形后不易校正加工，因此建议更换。**

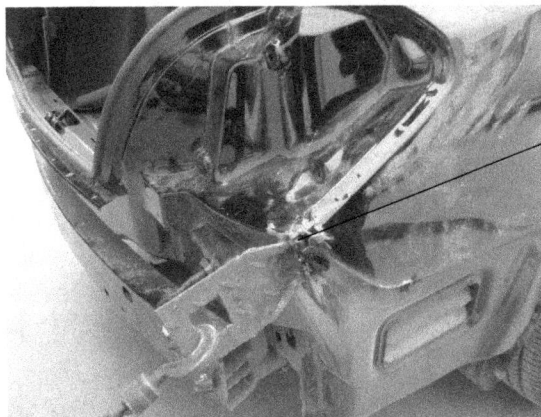

焊接点已经
拉开大的孔

图 5-10 过度拉伸的后果

由于车门内的加强件位置特殊且由电阻点焊连接，所以如果变形不是特别严重，仍需要校正加工，只要不进行氧 – 乙炔火焰高温处理即可。加强件与外蒙皮通过钣金胶粘接在一起，如果不将粘接的钣金胶剥离，外蒙皮整形是无法使用外形修复机技术的。钣金胶的处理只要使用氧 – 乙炔火焰对加强件表面稍微加热即可。加热时要密切关注加强件受热后的颜色

第五章

171

变化。如果外蒙皮损伤严重可以单独更换车身外蒙皮，这时车门侧加强件可很容易取下来。如果采取冷作加工，也是较为容易的。变形严重的构件则应同时换新。

　　一辆雪铁龙凯旋轿车左侧车身外蒙皮，由于碰撞大面积塌陷，外蒙皮没破，保险公司不同意更换车门或车门外蒙皮，结果该车被推荐到一家二类汽修企业进行修复。在进行钣金作业时，由于不熟悉该车门的内部结构，没打开车门内饰板对加强件进行处理，而只从外部使用外形修复机进行处理。由于加强件同时变形，且有钣金胶粘接，简单地从外部直接整形无法达到效果。因此，该钣金工使用外焊拉伸板进行机械拉伸，结果焊疤附近产生变形，外蒙皮被拉薄，拉出一定量后，使用角磨机把焊疤磨削取下。在磨削时不小心把车门磨破6cm左右的伤口。不巧这一情形被车主看到，于是车主马上找到经理理论。如果是因碰撞损伤造成6cm的伤口，保险公司会同意更换车门。现在由于修理厂的野蛮或错误操作造成车门外蒙皮破裂，必须为其更换原厂车门。几经协商后，厂主答应为其更换车门，同时向车主道歉。从本实例可以了解到，钣金维修工必须熟悉现代新型轿车的结构与材料特性，科学规范地操作，配合专业的拉伸、校正设备、工具才能正确地对损伤车辆构件进行完美的修复。图5-10所示的为不正确的拉伸方法，图3-41所示方法才是典型的后门缝隙解决办法。图5-11所示为严重损伤的海南马自达323右后纵梁拉伸的方法。**还要说明一点：轿车后角灯位，经常遭遇碰撞而变形成死褶，拉伸修复时，需要外焊拉伸板进行操作，此焊接点很容易形成拉伸过度，致使角位车身钢板薄化、出孔、撕裂，具体作业时要特别小心。**

图5-11　海南马自达323右后纵梁的拉伸

二、车身大梁及立柱的拉伸校正

　　图5-12～图5-14所示为有梁结构的依维柯变形大梁三个部位校正的传统方法。

图 5-12 有梁结构的依维柯变形大梁校正 I

图 5-13 有梁结构的依维柯变形大梁校正 II

图 5-14 有梁结构的依维柯变形大梁校正 III

　　车身大梁及立柱结构本身都存在内应力，大都由高强度钢板制造，或至少其中有高强度钢制成的加强件，这些构件的损伤一般很难拉伸校正到位。但如果依据先进的拉伸设备，如车身大梁校正仪，并结合车身大梁结构数据图册，正确使用科学的测量设备和方法，对损伤进行彻底探究，反复测量，遵循合理的拉伸方法拉伸，并结合更换有关损伤较大的构件，还是可以一次拉伸到位成形的。图 5-15 所示为典型的承载式车身大梁前部拉伸校正实例。

　　但如果测量不仔细，损伤分析报告不具体，拉伸时会引起过度拉伸损伤。一旦发生过度拉伸，后果不堪设想。最后只能整体更换相关的构件总成。强行修复因拉伸造成的二次损伤构件，往往会带来更多连带损伤，致使整车的碰撞损伤修复失败。即使能修复好外观，修成的车辆也会多部位无法正常工作，整车的性能无法保证。返修既麻烦又困难，维修费用也会很高。即使整体更换有关构件总成，其他相关联构件也会因受到不同程度的损伤而需要同时更换，这样工程浩大，增加工期和成本。

　　实践证明，只要熟悉新型轿车的车身结构与材料特性，采取科学合理的拉伸修复方法，过度拉伸是可以避免的。

专用夹具夹
持大梁前端

图 5-15　典型的承载式车身大梁前部拉伸校正实例

第九节　车身表面凹坑的检查与修复

由于车身上的坑、包缺陷属于常见缺陷，不容易被检查出来，所以必须采取相应的方法进行检查。车身上的坑、包就是车身表面在受到外力作用而凹陷或者凸起的部位。由于在车身不同部位及受到外力大小不同，产生的坑、包形状和大小也不一致，因此可以把各种不同的坑分为以下四类：普通小坑、漫坑、死点坑和波浪坑。

一、车身凹坑的检查

1. 目视检查

通过人的双眼直接发现坑的位置及类型，这种检查方法容易、快捷，需要有丰富的实际生产经验。通常的做法是利用充足的光线，采取一定的角度，对车身各个部位进行仔细观察。由于车身喷漆之前感光度比较差，所以用目视检查难度比较大，车身喷完漆以后在光的折射作用下，很容易发现这种坑、包，所以目视检查比较适合漆面车身检查，只有明显的车身的坑、包才适合用这种检查方法。图 5-16 所示是用目视方法可以检查到的车身上形成的明显凹坑缺陷。

2. 手感检查

手感检查是车身表面检查的一种主要的检查方法。由于车身表面感光度差，一些漆后的坑、包很难用目视方法检查出来。利用手掌的灵敏度触摸车身表面可以发现这些坑、包。手感检查方法比较难于掌握，需要长期的工作经验和刻苦练习。手感检查的具体方法是：手掌放平，四指并拢，将手放在需要检查的部位。手掌要和车身表面贴合，用适当的力在贴合面上往返运行，摸到凹凸处时会有异样的感觉。

手感检查的优点是：

1）适合车身各个部位的检查。

2）不受工作环境、光线的限制。

3）能够检查出一些比较小的坑、包缺陷。

第
五
章

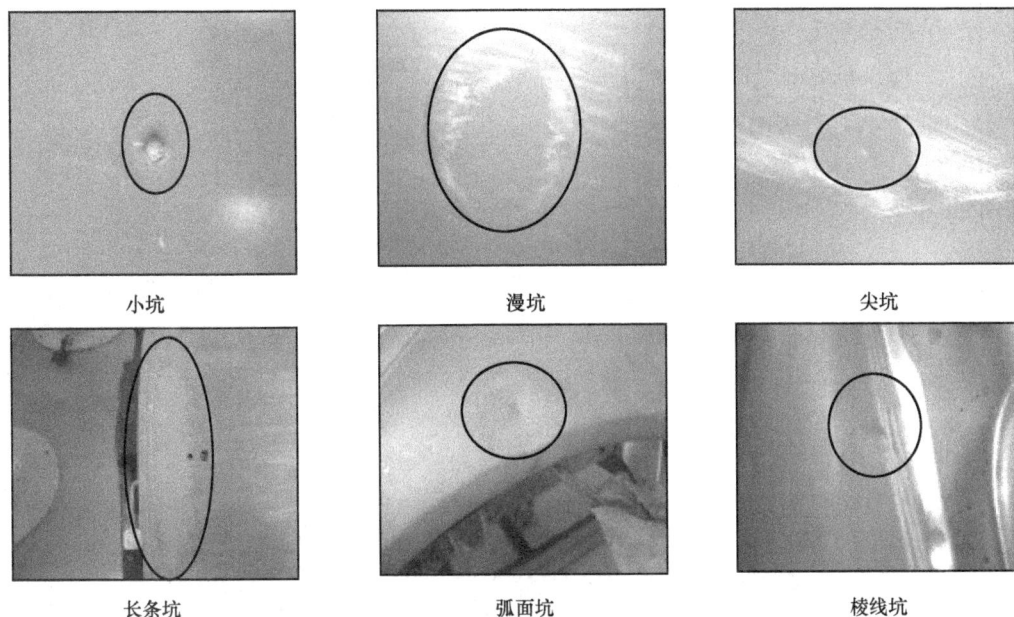

小坑　　　　　　　　漫坑　　　　　　　　尖坑

长条坑　　　　　　　弧面坑　　　　　　　棱线坑

图 5-16　目视方法检查到的车身凹坑缺陷

手感检查的缺点是无法确定坑、包的位置及其大小，通常需要在修复前用其他辅助工具确定位置和大小。

3. 油石检查

油石可以准确检查出车身表面件上坑、包缺陷位置及大小，以及检查修复过程中缺陷变化的情况。油石的规格很多，检查轿车钣金车身常用的油石是一种长 20cm、宽 1.5cm 的长方体，检查一些有弧度或狭小位置时，也可用一种小油石，它的体积只有长方体油石的1/3。油石掉到地面或碰到其他硬物时会发生断裂，我们平常要给油石安装上护套，护套能够很好地保护油石避免受到外力撞击时发生断裂。

二、车身表面小坑的修复

小坑是车身钣金缺陷中较为常见的缺陷，主要指那种面积不大、深度也比较浅的坑。相比其他类型的缺陷，也较容易消除，如图 5-17 所示。

根据小坑所处的位置，选择形状大小合适的小型撬棍。棍头选择圆头，介于漫坑修复和死点坑修复工具之间。将撬棍伸入车身内，微微用力在外板内侧来回轻轻滑动，力量的大小以不使板材产生凸起变形，而在外面又能看到撬棍头部滑动的位置为准，**注意观察撬棍头部的位置，逐渐将撬棍头部对准小坑的最低点**，如图 5-18 所示，然后向上顶起。顶起时目视小坑顶起的幅度，当凸出部分刚刚超过钣金基准面时停止用力。用撬棍顶起坑的这项技术是钣金修复法最快捷、有效的技术之一，必须要反复练习，既要求着点准确，又要力量恰到好处。

原始基准面

A

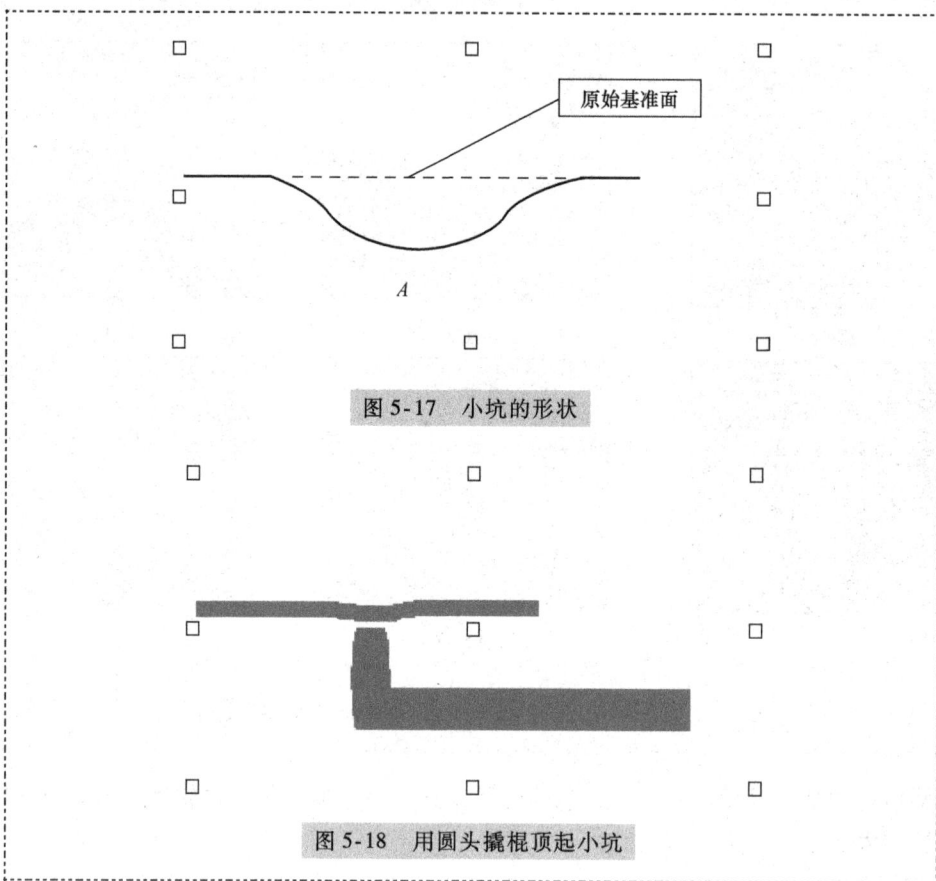

图 5-17　小坑的形状

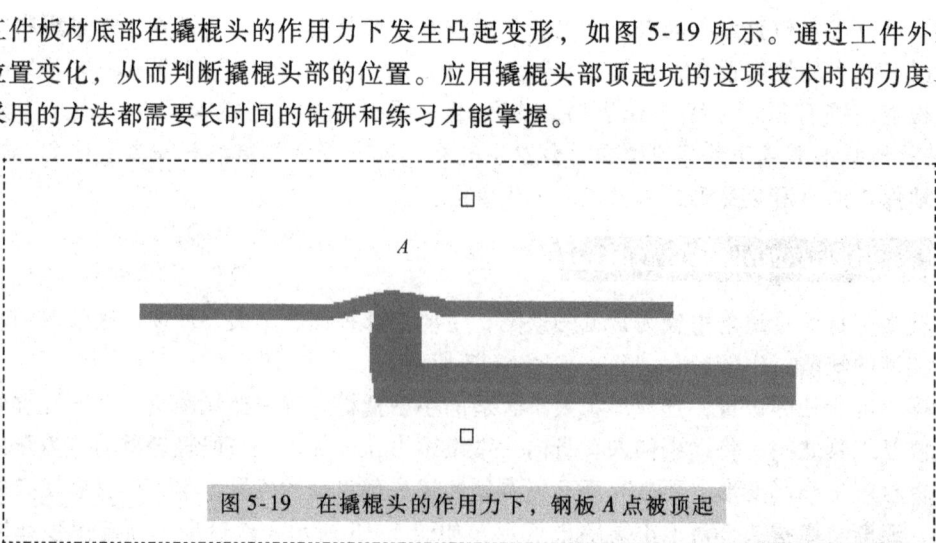

图 5-18　用圆头撬棍顶起小坑

　　工件板材底部在撬棍头的作用力下发生凸起变形，如图 5-19 所示。通过工件外表面 *A* 点的位置变化，从而判断撬棍头部的位置。应用撬棍头部顶起坑的这项技术时的力度、点位及所采用的方法都需要长时间的钻研和练习才能掌握。

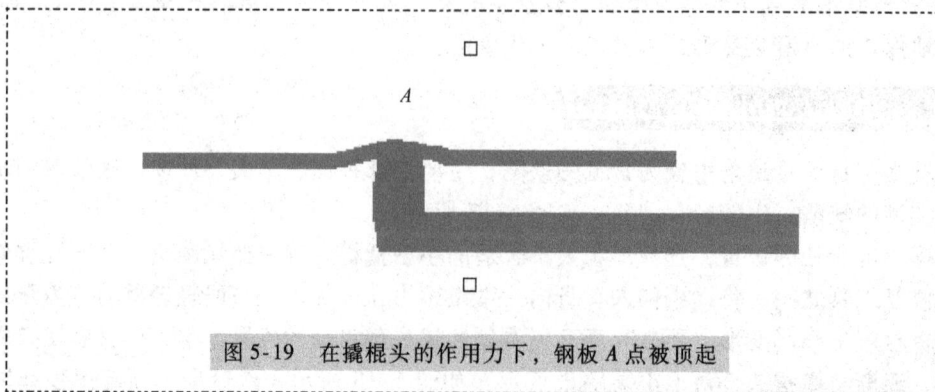

A

图 5-19　在撬棍头的作用力下，钢板 *A* 点被顶起

　　该缺陷撬棍顶不到的位置，如车身上双层板或多层板的部位，也可以采用拔坑器修复（以电焊拔坑器为例，如图 5-20 所示），其优点是不用破坏内板，快捷简便。缺点是电弧容易造成较深的焊接连接点的痕迹，不易去除。所以操作时一定要注意手法，避免焊接痕迹的产生。

修复凹坑时，注意根据小坑的位置、大小、板的薄厚选择合适的电流。若电流过小，则电极头与金属板粘接不上。若电流过大，易产生击穿或产生较深的焊接痕迹。

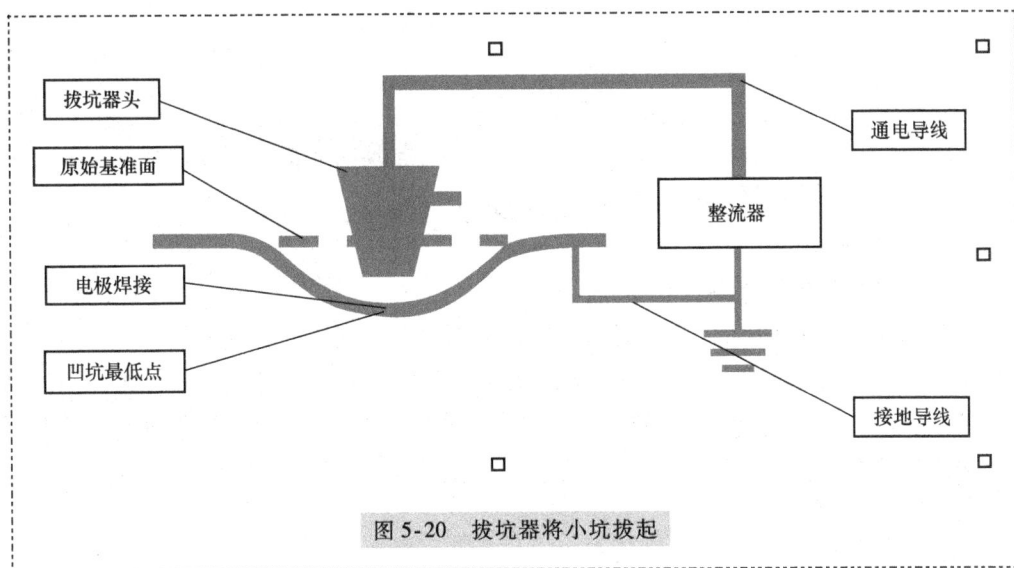

图 5-20　拔坑器将小坑拔起

操作前，检查电极头是否清洁，清除氧化层。若不清除氧化层，则会产生焊接不良，焊点无法承受将坑拉起的拉力。对小坑表面也要进行清洁，防止因油污发生炸点。

将拔坑器的接地线搭接在缺陷工件非表面的位置，注意一定要导电良好。将拔坑器的电极头保持垂直状态顶在小坑的中心位置上，按下按钮接通电流，使电极头焊接到金属表面。

用合适的力度沿垂直方向缓慢将小坑拔起至略高于基准面，然后沿轴线方向旋转，使电极头脱离金属板(此时如果脱离轴线,将会导致焊接处变形)。

三、车身表面漫坑的修复

漫坑通常指坑的面积比较大，但不是很明显，而且没有死点，如图 5-21 所示。

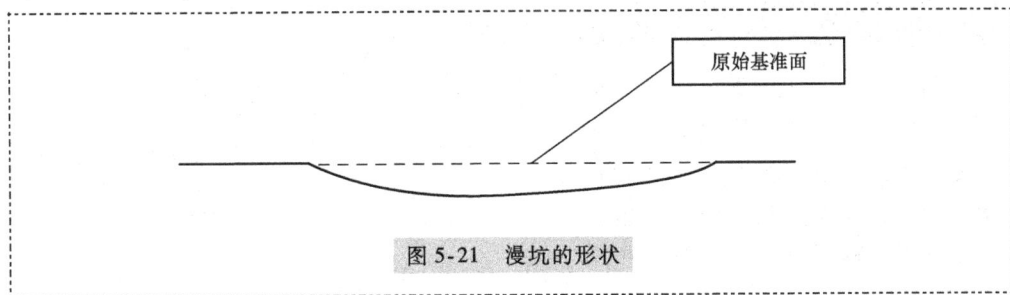

图 5-21　漫坑的形状

修复漫坑时，根据坑的形状采用不同的方法进行修复。当漫坑为圆形时，要从中间向周围分散修复，顶起时采用交错梅花点的点位修复，如果从周围向中间修复，修复到最后中间点的位置容易产生因应力造成的死点。当漫坑为长条状时，修复时首先要定准基准面，然后从一侧向另一侧修复，也可以从中间向两侧修复，但修复过程中一定要定准基准面，修复时保持与基准面一致。如图 5-22 所示，通常选用扁形头撬棍修复，用力要适当，受力点要均匀。也可以用拔坑器在车身上采用多点焊接铜焊丝修复。

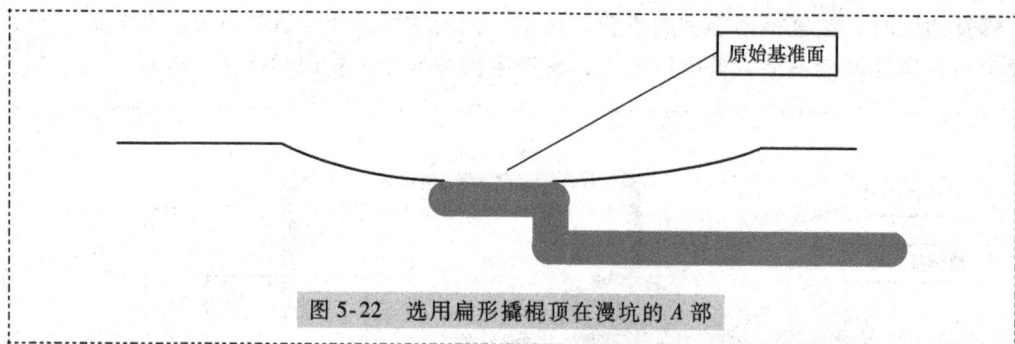

图 5-22　选用扁形撬棍顶在漫坑的 A 部

无论用撬棍还是拔坑器修复要点相同，漫坑在修复时，需要多次用力顶坑（或拉拔，以下均以顶坑为例），采用顶坑的方式时，先顶坑的最深处，顶起的幅度不要过大；然后再选择坑的最深处，如图 5-23 所示；依次逐渐地将漫坑处恢复到原尺寸状态。**注意：每次顶坑时不能用力过大，少量顶起即可，否则造成该区域钣金不规则的波浪，高高低低，像起伏的山脉，坑没有消除，又出了包，金属板材承受多次反复高低变形，板材晶体发生较大损伤，难以修复。**

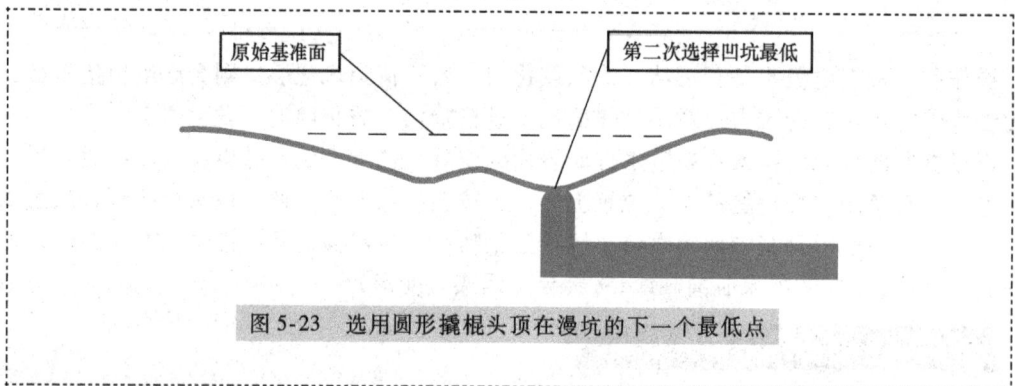

图 5-23　选用圆形撬棍头顶在漫坑的下一个最低点

四、车身表面死点坑的修复

通常面积较小、比较深、底部尖的坑，我们称之为死点坑，修复时方法不当，会使修复面积越来越大，或在死点处修漏，此类坑修磨不良，会产生报废件。死点坑多是由于有较尖锐物体强力碰撞形成的。

一般这种坑采用撬棍修复，根据死点坑的具体情况选择头部尖角型号不同的撬棍。如图 5-24 所示，顶坑时，撬棍头部顶住坑底部的最低点，也就是尖部。

注意：撬棍头部一定不要太钝，否则容易将死点坑处全部顶起，如图 5-25

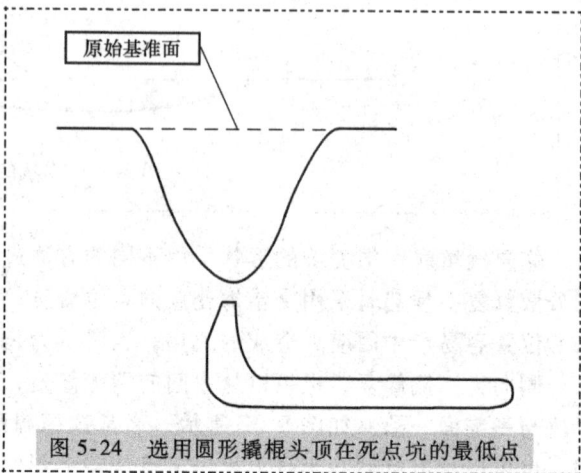

图 5-24　选用圆形撬棍头顶在死点坑的最低点

所示，难以修复。

坑尖处隆起后，有时周边会出现凹坑，如图5-26所示，再顶周边的坑。依次下去，每次顶坑幅度不要过大。最后，将外形恢复到原始设计尺寸。

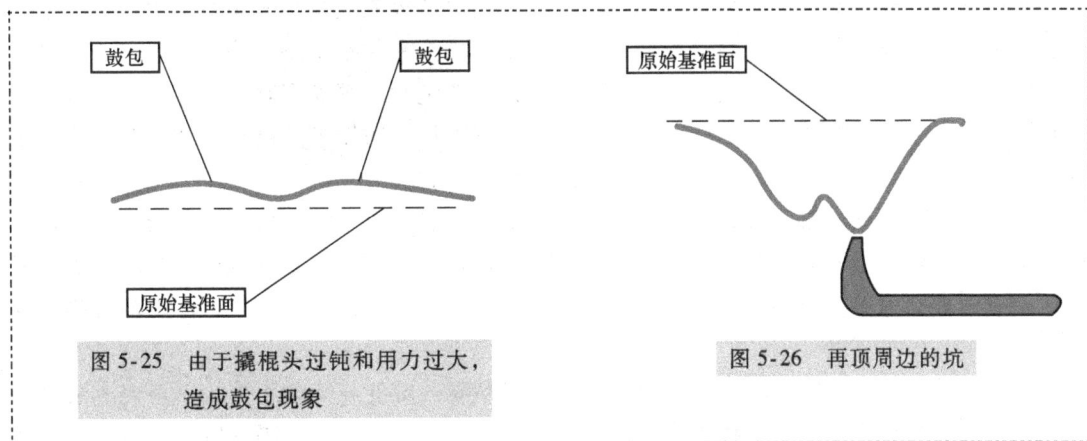

图 5-25 由于撬棍头过钝和用力过大，
　　　　　造成鼓包现象

图 5-26 再顶周边的坑

第十节 汽车装饰对车身结构的影响

购置新车后，车辆所有者多数都会对爱车进行装饰，甚至改造，以提高新车的舒适性，并张扬个性。有的还进行大幅改装、改造。如此车辆的原设计装置、性能、结构都会受到不同程度的损伤与破坏，下面就多年从事车辆修复的一些经验谈一下汽车装饰对车身结构的影响。

一、铺地胶对车身结构的影响

铺地胶一般需要拆除座椅、门槛内饰板、B柱内饰板甚至中央通道，不少的车辆还需拆除安全带，现在每年都有大量的新车问世。品牌汽车为了封锁技术，分别采用了不同的设计，如座椅的结构、功能，安全带携有气囊爆破安全张紧器等。这时一般需要专业素质高、熟悉本车结构的专业技术人员使用合适的工具来拆装，包括个别专用工具，否则就会出现如螺钉连接松弛，更有甚者可能会拧坏螺纹，使重新安装不牢靠。安全带张紧器连接线也会由于野蛮操作而毁坏，使工作无法进行，造成不必要的多余损伤。座椅安装不牢或安装不到位也会造成行驶过程中的异响等，野蛮操作造成装饰扣板的损坏而无法重新安装到位的现象也屡见不鲜。

二、玻璃贴膜对车身结构的影响

玻璃贴膜前，必须先对张贴面进行清洗，应使用专业玻璃清洗液，目前不少的美容装饰店使用的是普通工业洗涤剂，这些洗涤剂去污能力强，去油效果显著，但含有一定的腐蚀性。比如，对车门玻璃贴膜时，使用此类洗涤剂进行玻璃的表面清洗时，会由于大量的清洗液沿玻璃下坠至玻璃托架、玻璃升降器上，玻璃托架会因此锈蚀而缩短使用寿命。玻璃升降器若为钢丝绳传动的也会同时洗去钢丝绳上原有的油脂，使得锈蚀渐生，使玻璃升降过程中的升降阻力增大，产生异响并缩短使用寿命。甚至更严重的是在贴膜三四个月后，钢丝绳可能会因此断裂。齿轮传动的玻璃升降器则会加大玻璃升降过程中的声响，硬啃后，也会增大接触面的磨损，从而缩短该升降器的使用寿命。

前后风窗玻璃加贴防爆隔热膜，由于汽车大量的电子控制模块和不少汽车主电脑模块都安装在仪表工作台下方，这些电子控制模块的线束、接头有的是很细的铜片，有的甚至是镀银铜片，或者干脆使用银片。这些插头、插座在原有装配时，都涂有软性油脂，工业洗涤剂的流侵会洗去油脂，腐蚀插头、插座结片，有的车辆在加贴防爆隔热膜后三四个月，主电脑模块就会失去功能，无法工作，如蒙迪欧就出现过很多此类现象。

汽车前后风窗玻璃加贴防爆隔热膜易产生局部应力过度集中，一般7～20天风窗玻璃会发生爆裂或破碎，如帕萨特B5轿车前风窗玻璃，在加贴防爆隔热膜（高温加热贴法）后7～15天会在边角位置产生裂缝；日产天籁轿车的后风窗玻璃，贴膜加热时常有玻璃破碎现象发生……

究其原因，轿车前后风窗的倾斜度不同决定了贴膜的难度与工艺不同，一般美容装饰店为了追求贴膜的暴利，不顾贴膜风险，拼命建议客户加贴防晒、防爆隔热膜。贴膜时会采用加热粘接法使膜粘接牢靠，减少气泡，可汽车风窗玻璃的设计不同，风窗玻璃的倾斜度不一样，同样的加工工艺会对不同轿车产生不同的后果。如帕萨特B5轿车前风窗玻璃的下边后位普通的热吹风工具不方便垂直吹热，倾斜吹热时会使膜和玻璃局部过度受热。受热严重的位置会使膜层变薄边位增厚，从而产生应力集中，环境稍有变化，应力就产生破坏性使玻璃破裂。天籁轿车后风窗玻璃倾斜角度特别小，且后风窗玻璃是钢化夹电阻丝玻璃，本身的应力就无法均匀分布，局部加热过度，马上就使得本来应力相对集中的不匀点高度集中，突破玻璃本身的抗力，导致玻璃破碎。

因此，新车加装防爆隔热膜（图5-27）时，必须研究玻璃在车身上的存在状态与加热贴膜的难度，并采取合理有效、稳妥的工艺进行贴膜，否则宁可不贴。

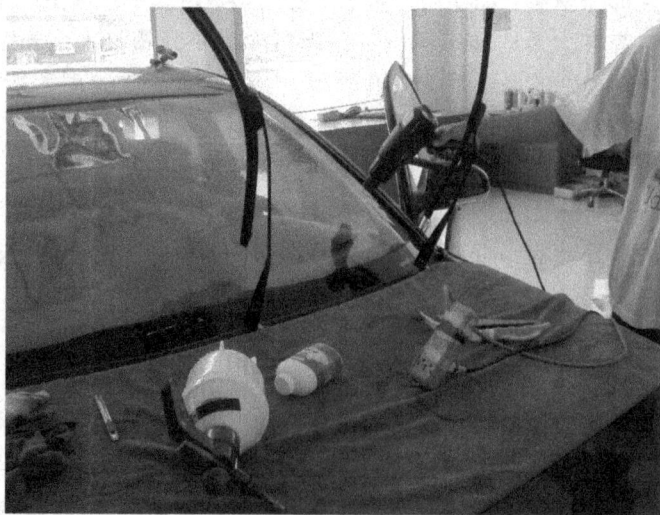

图5-27　给新车加装防爆隔热膜

三、增设防盗遥控装置对车身结构的影响

为车辆增设防盗遥控装置也会因为改变原车线路，而改变原车线束的电阻，从而改变该线束的工作电流。如果一些线头虚接，还能引起线束自燃，后果不堪设想。加装防盗遥控主控装置的也会由于选择位置不恰当，安装不结实、不牢靠，使得增加车辆行驶过程中的振动声，引发车门异响等。如果在车门内饰板的拆装过程中，维修人员没有专业知识，也会造成野蛮作业，破坏连接卡扣，从而使车门内饰板安装不到位，其结果也会加大车门异响，破坏应有的设计状态。

四、改造音响系统对车身结构的影响

改造音响系统对车身结构的影响很多，它需要改变大量的音响线路、线束，会改变原有的电路、电阻、电流，装饰扣件也会因此有不同程度的损伤、损坏。

五、个性化的外形改变对车身结构的影响

个性化的外形改变，会破坏大量的内外部结构，如加装大包围，需要在车身加钻很多螺钉孔，便于固定。这些螺钉孔一般都不会进行防锈、防蚀处理，雨水、洗车时的洗涤液都会使之锈蚀，从而改变该部件在车身上的使用寿命与使用设计性能。结构上的大动作对车身结构的影响就更大了。

六、加装发动机下护板对车身结构的影响

目前，市场上加装的发动机下护板一般都是 3～4mm 厚的高强度钢板，它可以局部有效地保护发动机下部、元宝梁等部件，但同时也加强了车身结构，使该车身原有的碰撞吸能区得以强化，从而失去碰撞吸能作用。在不幸遭遇碰撞时，则无法进行能量的吸收、消化，造成了能量的直接传递，如果安装不恰当，甚至会影响驾乘人员的生命安全。

野蛮不科学的底盘装甲，会造成局部散热功能丧失，腐蚀一些电子元件，封闭一些本来开放的电子控制模块，导致不应该发生的故障发生。

综上所述，不合理的装饰，会使车辆的使用性能和使用寿命改变，舒适性也会大打折扣。实践证明，由于不合理的装饰造成的车辆故障一般不轻易被发现，也难于排除。当然，合理、科学的装饰是可以的，有的甚至是必需的，也为广大爱车族所青睐和信任。近几年来由于大量的国际汽车公司的介入，国内大量的新型、新款车辆层出不穷，各车都有大量的技术不为外所知，选择知名改装店显然很有必要。

第十一节　汽车车身钣金件损伤修复实例

一、车身门槛损伤的修复

在实际钣金维修工作中，我们经常碰到像汽车门槛等强度较高的外板损坏（图 5-28）的情况，像这种损坏变形区域强度较高，使用传统的介子机拉锤修复很困难，经常使用气体保护焊焊接铁片等，借助大梁校正仪等拉拔，会对车身造成很严重的损坏，这种损伤用强力

第
五
章

拉拔组合工具可以很好地解决。

首先对损坏车门槛进行分析，找出损伤区域凹陷最深的位置。使用打磨机局部打磨掉最深区域的油漆涂层（图 5-29）。

图 5-28 车门槛损伤　　　图 5-29 打磨油漆涂层

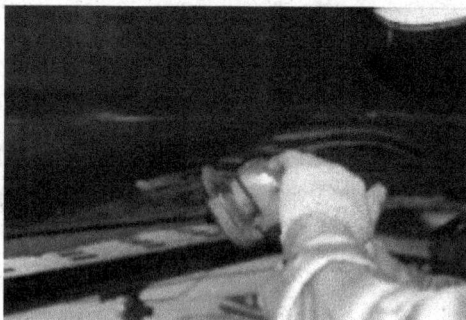

调整焊机到焊接模式，然后调整焊接电流的大小，一般调整到数字显示 50 左右，根据焊接时的情况可在 40 ~ 60 间调整，电流太大容易烧穿板件，形成孔洞。电流太小，垫片焊接不牢固，拉伸中垫片容易脱落。焊接时间一般调整到 3 ~ 5s（图 5-30）。

把搭铁固定在板件上。把垫片放入焊接电极中，轻轻按压在焊接部位，按动焊枪开关，就把垫片焊接在板件上了，依次在需要的位置焊接垫片，垫片间隔距离在 1cm 左右，**成排的焊片在焊接时要注意拉孔应成一条直线**，方便拉杆的插入（图 5-31）。

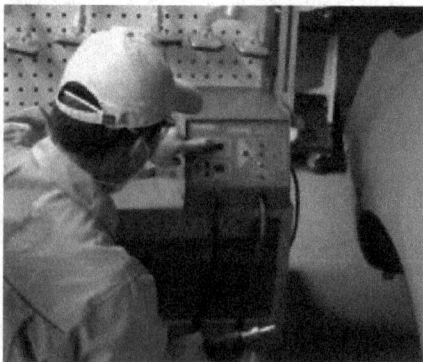

图 5-30 调整焊接参数　　　图 5-31 焊接拉伸垫片

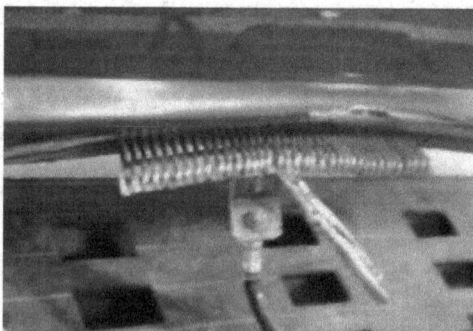

焊接完毕后，选择长度合适的拉杆插入垫片的拉孔中（图 5-32）。

从工具车上取下长度最短的强力拉伸组合工具，根据门槛位置选择适当高度和支撑座的支腿，把支腿安装上去，调整螺杆的长度到合适的拉伸位置（图 5-33），把螺杆前面的拉钩安装在强力拉杆位置凹陷最深的位置，调整好支腿后，向内慢慢拉动把手，可反复拉伸几次。拉钩拉动拉杆把凹陷的板件逐步拉出（图 5-34）。**注意：每次拉出的高度不要超过5mm**。当把手合拢后，组合工具处于锁止状态，这时要用钣金锤不断轻敲周边板件，放松变形板件位置的应力。松开把手，调整螺杆，使螺杆长度变短，然后再次向内拉动把手，使板件凹陷处再次拉出，把手合拢后，再次使用钣金锤轻敲板件放松应力（图 5-35）。一般一个深度超过 10mm 的板件凹陷变形需要 3 次以上的重复动作才能修复完毕。不能一次拉伸太多，否则会导致板件应力太大，拉伸困难或板件破裂。

图 5-32　拉杆插入垫片拉孔中

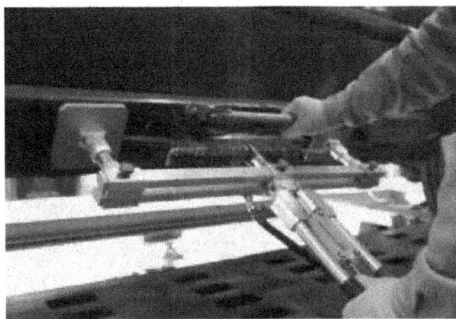

图 5-33　调整组合工具

图 5-34　使用组合工具拉伸凹陷

图 5-35　调整螺杆

二、车身后侧围板损伤的修复

对于车身后侧围板较大面积的损伤（图 5-36），首先找出几个凹陷较深的折线，用打磨机把凹陷位置最深处板件上的油漆涂层打磨干净（图 5-37）。

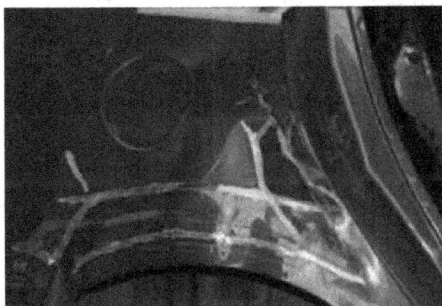

图 5-36　车身后侧围板的损伤

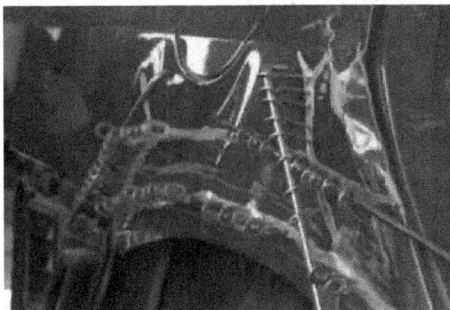

图 5-37　后侧围板损伤漆层的打磨

第五章

调整焊机到合理的焊接参数。在后侧围板打磨的位置焊接垫片。如果有足够的垫片，可同时把需要拉伸的部位都焊接上焊片（图5-38），方便同时拉伸，以确保板件整体变形的整体复位。

从工具车上选取适合的组合工具，安装适合的支腿，调整支腿的宽度。把拉杆插入垫圈的拉孔中，把组合工具螺杆端部的拉钩安装在拉杆上，向内慢慢拉动把手（图5-39），可反复拉伸几次，直到把手合拢处于锁紧位置，然后用钣金锤敲打拉伸部位周围的板件，使其放松应力。松开把手后调整螺杆的长度，重新进行拉伸。

图 5-38 垫片的焊接

图 5-39 后侧围板损伤的拉伸

当凹陷部位的变形恢复到一定程度后，再对其他部位的凹陷进行拉伸，把拉杆插入垫片拉孔中，调整组合工具支腿的宽度和螺杆的长度，把螺杆端部的拉钩安装在拉杆上，向内慢慢拉动把手，可反复拉伸几次，直到把手合拢处于锁紧位置，然后用钣金锤敲打拉伸部位周围的板件，使其放松应力。松开把手后调整螺杆的长度，重新进行拉伸。

重复以上动作，直到把所有损伤部位的凹陷都拉出。

三、车身侧板棱线损伤的修复

车身侧面板件一般都有一、两条从前到后贯穿的棱线，损伤经常发生在这些位置，对于这些位置的修复，可使用棱线拉拔工具。

首先选取长度合适的组合工具，再选择合适的支腿安装在组合工具上。

使用打磨机打磨棱线位置板件上的油漆涂层（图5-40），然后调整到合适的焊接参数。

在棱线损伤位置依次焊接一排垫片，把拉杆插入垫片的拉孔中。把组合工具的拉钩安装在拉杆上，把支腿调整到合适的支撑位置，支腿不能支撑在大的平面或弧面位置，要安放在门框或靠边缘的强度较高的部位（图5-41）。

拉动组合工具的把手，逐步拉出凹陷，对于凹陷较深的部位，可分几次拉伸，每次拉伸不能超过5mm的高度，要及时放松板件的应力。当凹陷快要修复好时，把拉伸指针在相邻部位未受损棱线处定位，然后把指针平移到受损部位，松开组合工具，观察受损部位的恢复情况，当深度低于正常高度1mm左右时，就可以停止拉伸了（图5-42）。

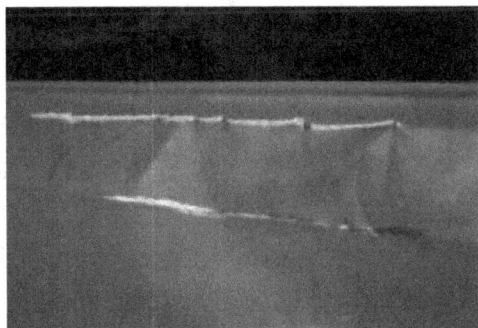

图 5-40　棱线位置的打磨

图 5-41　棱线损伤的拉伸

四、车顶板损伤的修复

对于车顶部位的损伤，使用常规的拉伸方法操作时很难用力。可选择省力的组合工具进行拉伸，将合适的支腿安装在组合工具上，安装拉钩。

使用打磨机打磨车顶板凹陷最深部位的油漆涂层。

按合理的焊接参数调整焊机。在车顶板损伤凹陷位置上焊接垫片。**把拉杆安装在垫片的拉孔中（图 5-43）**。

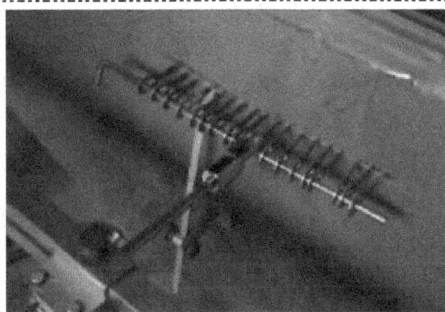

图 5-42　使用拉伸指针修复棱线损伤

把组合工具的拉钩安装在拉杆上，把支腿支撑在车顶边梁的坚固部位上，逐步均匀用力向下撬动组合工具把手，让凹陷部位逐步恢复，当有一定的变形恢复时，一只手继续撬动把手，另一只手拿钣金锤敲击板件周围，让板件的应力放松。反复重复拉伸，直到凹陷部位的变形恢复（图 5-44）。

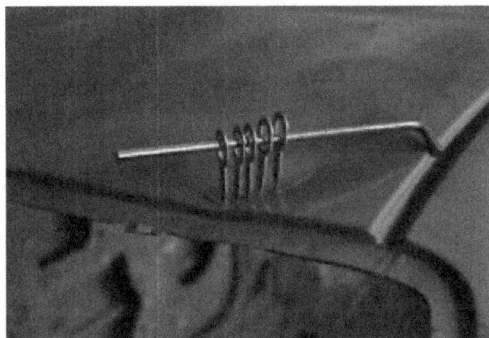

图 5-43　车顶损伤位置焊接垫片

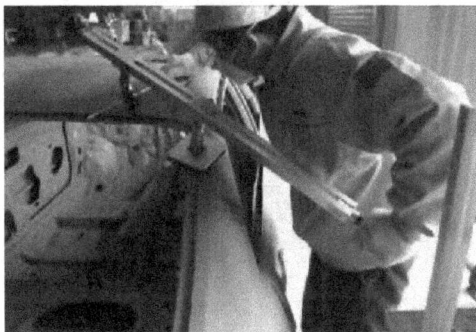

图 5-44　车顶损伤的修复

第十二节 科学进行拆装底盘装甲的技巧

绝大部分汽车生产厂商出于成本原因，在汽车的底盘部分只喷一层防锈油漆，大部分的钢板是裸露的。自然界中的酸雨、潮气、盐酸、化学物质以及冬天北方道路上的融雪盐等侵袭着车辆的底盘，因此目前不少的品牌轿车4S店，在新车销售后都极力向广大车主推销底盘装甲。底盘装甲大都需要进行专业的施工处理，喷涂如美国GUNK生产的底盘保护胶，由于其高密封性，故具有可弯曲、耐老化、抗冲击、耐酸碱、不龟裂等特性。

正确的底盘装甲能够有效地防止底盘的自然生锈，减振隔声，提高舒适性，减少外力对底盘的破坏，更好地保持汽车的价值。规范的底盘系统保养服务流程大的需要3h 43min，具体步骤如下：

（1）拆卸（15min） 用举升架将汽车升起，固定好，将四个轮胎卸下放好，再将汽车轮弧上的挡泥塑料板拆下放好。

（2）清洗（10min） 先用高压水枪将底盘上的灰尘及泥巴等冲洗干净，再用去油剂如发动机泡沫清洗剂和刷子仔细清洁底盘上的油污。

（3）风干（30min） 在底盘清洗完毕后，用高压喷气枪将底盘上的水渍彻底风干。

（4）覆盖（15min） 对不能或不需要装甲的部分进行封闭覆盖，如车身、散热器、空调冷凝器、发动机、变速器、传动轴、减振器、制动盘（鼓）、排气管、排气管隔垫板、塑料部件、多种管线的接头处等部位。以免进行下一道工序施工时不小心喷涂到。图5-45所示为新车的底盘装甲过程。

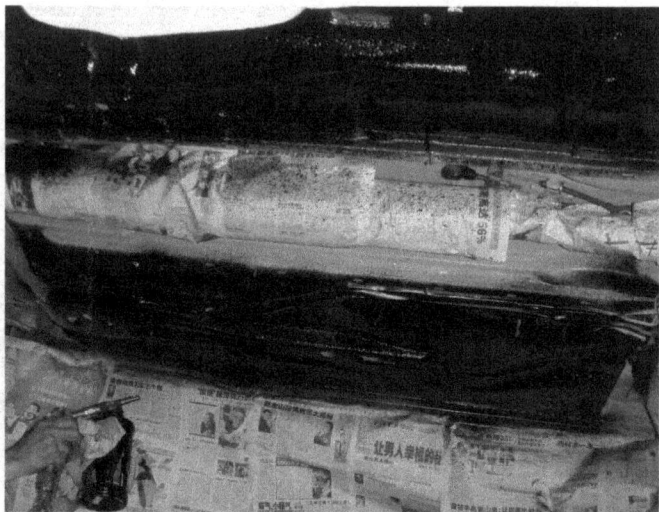

图5-45 新车的底盘装甲

（5）喷涂（30min） 首先要对罐装底盘胶进行大约30次的摇动，然后在施工表面30cm处，对底盘进行均匀喷涂。为避免一次喷涂过厚，一般要分三道完成喷涂，喷完一道稍干后再喷第二道。

注意：进行喷涂时，严禁用电风扇吹，以免喷出的胶点随风飞溅到车身上。

（6）干燥（2h左右） 完成喷涂后，在通风良好温度高于5℃、湿度小于85%的环境下静置干燥。干燥（表干）时间是：若喷涂六罐时，干燥时间为2h。遇阴雨天气时必须适当延长干燥时间，并使用功率较大的风扇，以加快底盘胶的表干。

注意：一般底盘胶为水性漆，它不适宜在低于5℃的温度下进行喷涂；在底盘胶完全固化前（喷涂后3天），应避免接触温度低于0℃的情况。

（7）安装 待底盘胶表干后，除去车身及底盘上的覆盖物，将轮弧上的挡板装上，并安装好轮胎。

（8）检查交车（3min） 将升起的车辆放下，仔细检查车身上有无飞溅的胶点，如有应及时清除，检查拆卸部件是否都已安装好，还应认真填写产品售后服务单。

第六章

车身构件的拆卸、更换与调整

第一节　汽车车身构件更换步骤与分解图

一、汽车车身构件更换步骤

修复因碰撞而损坏的车辆可以用到不同的方法，而且修理步骤会因损坏的性质和位置的不同而不同。对于汽车车身构件小的损坏，进行校正或用塑料填充即可，小的凸起和凹痕也有其常规的修复方法。但是，当汽车的损坏到了无法用常规方法修复时，更换部件就成了唯一的方法。这些车身构件主要包括起支撑作用的基础件、吸收碰撞能量的安全装饰件、起密封减振作用的橡胶件、内饰件以及车身附属装置等。

汽车部件可以用各种方法固定在车身上，如可用螺钉、螺栓、螺母、金属或塑料夹片、粘结剂及其他方式来固定。为了能够快速地更换部件，维修时应该仔细研究部件的结构和固定方式，以便确定合理的拆卸和安装顺序。

一般情况下，要先拆卸大的外部部件。例如，如果汽车前部损坏了，那么就必须先拆下发动机罩，这样就可以让出更大的空间，以便拆卸翼子板螺栓。另外，也可以用光线照射前部，找到并拆掉在前部区域中隐藏的螺栓。汽车车身构件更换步骤如图 6-1 所示。

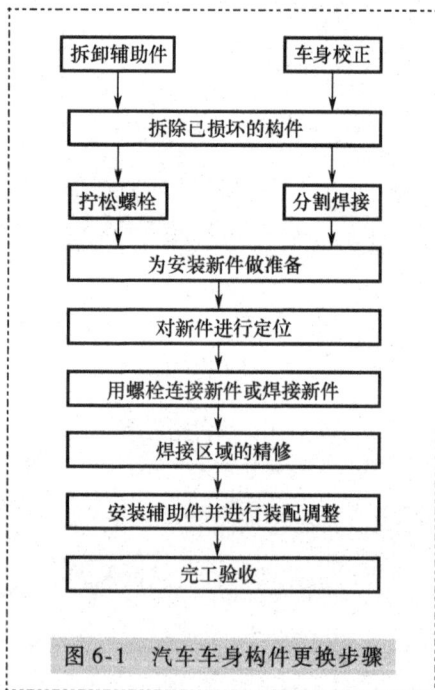

图 6-1　汽车车身构件更换步骤

更换车身构件要注意以下事项：修复承载式汽车车身时，不要试图用切除一部分损坏部件(如磨损、断裂、弯曲等)，然后在切除部分再焊接一个加强补丁的办法来修复部件。因为设计优良的现代汽车车身结构，有些部件，如梁，有意设计成能在碰撞中提供可控制的损坏，这样可阻止或延迟关键部件的损坏。用加强补丁而过度加强的部分，可能阻止可控制的损坏，使这一部分的设计意图失效。

二、轿车车身构件分解图

轿车车身一般为无车架车身即承载式车身，它是由车身主体、车身外部装配件、车身内部装配件构成的。车身主体和外部装饰件如图 6-2 所示。通常整个车身壳体按强度等级分为三段：前部车身、中部车身和后部车身。设计车身时，使乘员室尽可能具有最大的刚度，而相对于乘员室的前、后室则应具有较大的韧性。

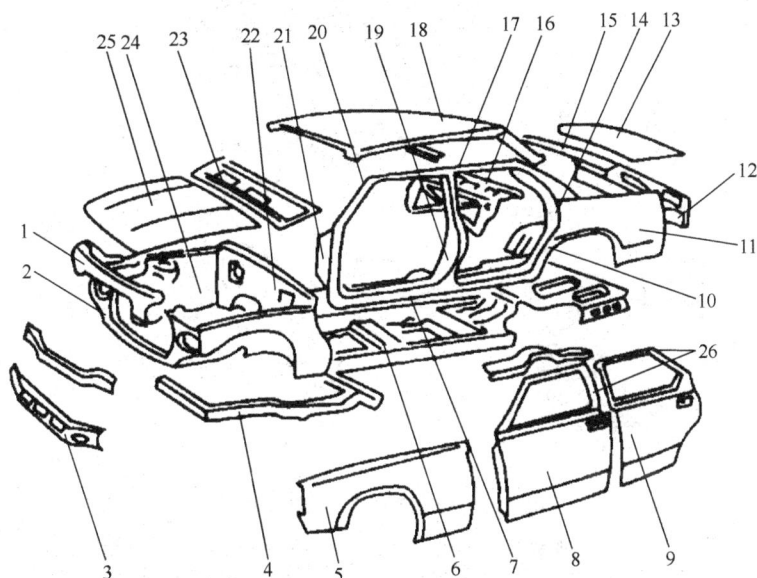

图 6-2　轿车车身结构

1—发动机罩前支撑板　2—散热器固定框架　3—前裙板　4—前框架　5—前翼子板

6—地板总成　7—门槛　8—前门　9—后门　10—车轮挡泥板　11—后翼子板

12—后围板　13—行李箱盖　14—C柱　15—后围上盖板　16—后窗台板

17—上边梁　18—顶盖　19—B柱　20—A柱　21—前围侧板　22—前围板

23—前围上盖板　24—前挡泥板　25—发动机罩　26—门窗框

1. 前部车身

前部车身主要由前翼子板、前围板、发动机罩、发动机安装支撑架以及保险杠等构件组成。前保险杠位于车辆的最前端，是车身外部装饰件，主要部件一般由非金属面罩与金属加强肋相连而成，起到装饰、缓冲作用。普通轿车的前翼子板主要由前翼子板外板、前翼子板内板、翼子板衬板等组成。发动机罩位于车辆前上部，是发动机室的维护盖板。前围板位于乘员室前部，通过前围板使发动机室与乘员室分开。前围板的两端与壳体 A 柱和前纵梁组焊成一体，使整体刚性更好，如图 6-3 所示。

2. 中部车身

中部车身由车门、车顶、车底和立柱等构件组成。中部车身的立柱起着支撑门窗和车顶的作用，一般下部做得粗大，而上部的截面尺寸因需要考虑驾驶视野而缩小。立柱包括 A 柱(前立柱)、B 柱(中立柱)与 C 柱(后立柱)三种。车顶是指车身车厢顶部的盖板，其上可

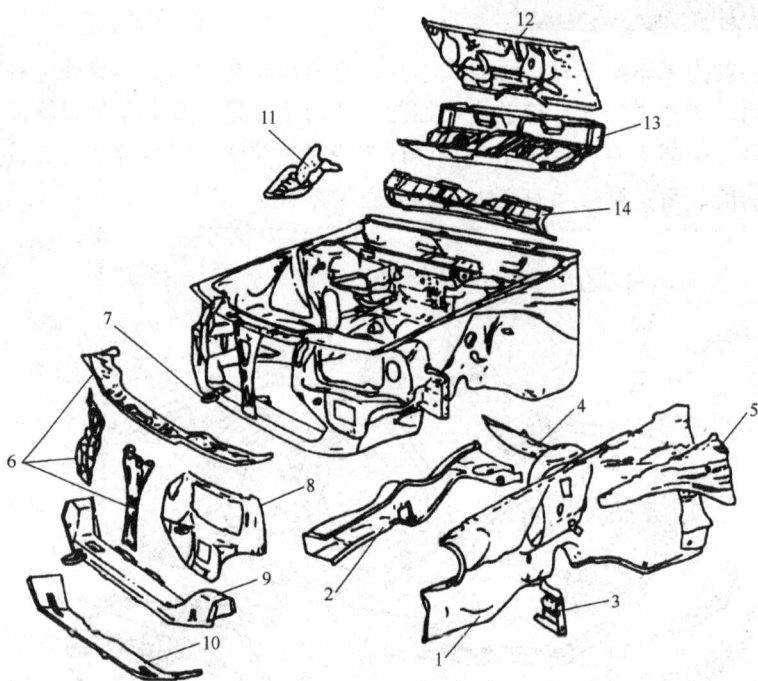

图6-3　轿车车身前部零件分解

1—前轮罩　2—前车身纵梁　3—前保险杠支架　4—前围下板　5—前轮罩加强板
6—散热器框架　7—拖钩　8—前照灯地板　9—散热器框架下横梁　10—下横梁合板
11—蓄电池支架　12—前围板　13—前围上板　14—转向器支架横梁

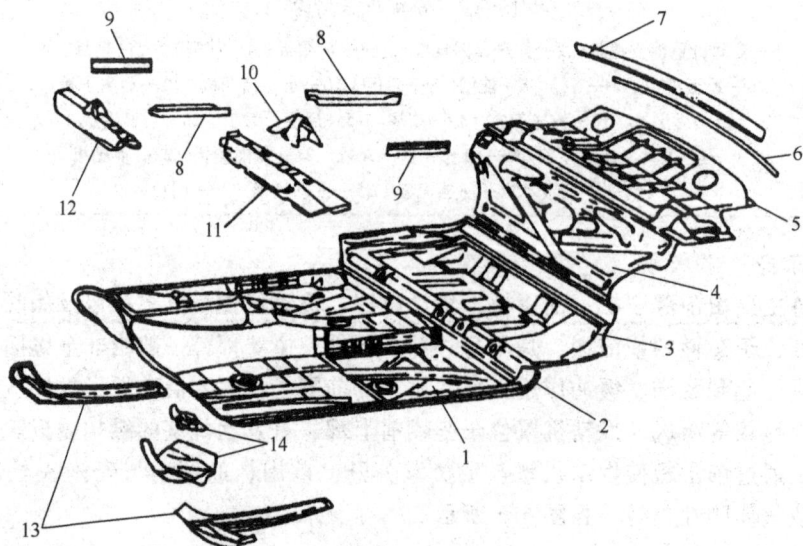

图6-4　轿车车身中部零件分解

1—前地板　2—后地板加强板　3—后地板　4—后隔板　5—后隔板上板　6—后风窗下板
7—后隔板支撑板　8—前座椅导轨　9—前座椅滑槽　10—前座椅导向支架
11—前左座支架横梁　12—前右座支架横梁　13—纵梁　14—变速器托架

能装备有天窗、换气窗或天线等。车顶主要由车顶板、车顶内衬、横梁组成，有的车型还备有车顶行李架。车门及附件主要包括车门板、车门内饰板、车门密封条、车门铰链及车门锁总成等零部件，如图6-4所示。

3. 后部车身

轿车后部车身是放置物品的部分，可以说是中部车身侧体的延长部分，如图6-5所示。三厢车的乘员室与行李箱是分开的，而两厢车的行李箱则与乘员室合二为一。

轿车的行李箱盖主要由行李箱盖板、行李箱盖衬板、行李箱铰链、行李箱支撑、行李箱密封条、锁总成等零件组成，部分轿车的行李箱盖还带有扰流板、车型品牌标识等。后侧板是指后门框以后的遮盖后车轮及后侧车身的车身板。后侧板主要包括后侧板外板、后侧板内板、C柱、侧板内饰板及轮罩板等零件。后保险杠位于车辆车身的后端，起到装饰、防护车辆后部零件的作用。后保险杠主要包括保险杠外皮、保险杠杠体、保险杠加强件、保险杠固定支架以及保险杠装饰条。

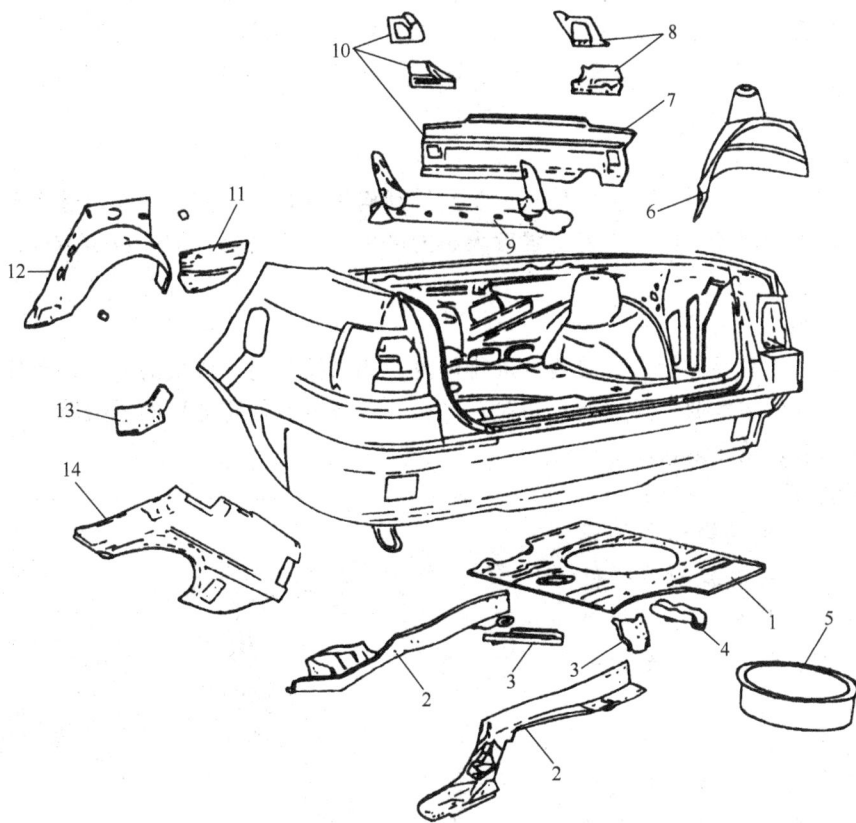

图 6-5 轿车车身后部零件分解

1—行李箱地板 2—后纵梁 3—备胎座支撑板 4—排气管支架 5—备胎座

6—后轮罩内板 7—后围板下板 8—后围板边板 9—后围板横梁

10—尾灯底板 11—连接板 12—后轮罩外板

13—后门锁加强板 14—后翼子板

第二节　车身构件拆解、分割的原则和方法

车身构件的拆解应在与之相连部件的变形得到基本修复之后才能进行，否则新部件没有装配基准可以参考，会给车身构件的定位带来困难。

一、选择进行拆解的部位

选择拆解部位并不是所有车身都要考虑的问题。对采用螺栓连接或铆接的构件来说，不会存在选择拆解部位的问题，因为用这两种连接方式装配起来的车身，各构件的界限很明确。对用组焊装配的车身来说，各构件之间就没有明显的界线，而且构件之间的连接形式多种多样，这就必然给构件的拆解造成一定的困难。

在原有构件无法修复的情况下，构件的切割和更换是进行钣金修复作业的重要实用手段，但对车身的切割部位、切口走向、切换范围等都有一定要求，应根据车身构件的强度、焊接方式、断面形状等因素来决定。因此，切割更换车身构件时，一定要按所修车辆的维修手册中推荐的方案选定切割位置，或在了解车身构造的前提下，按以下原则选择切割的位置。

1. 避重就轻

所谓避重就轻，就是要求切口位置一定要避开构件的强度支撑点，而应选择不起重要支撑作用的位置进行切割。同一构件上强度大小的区别，在于是否有加强板等结构在起辅助增强作用。

2. 易于修整

构件割换后还需要对接口、焊缝等进行修整，如果按修整工作量的大小选择切口，就可以简化构件更换后的作业，如：所选切口正好位于车身内、外装饰件的覆盖范围内，其接口或焊缝的表面处理就容易得多。

3. 便于施工

选位应兼顾到切换作业的难易程度，如：需要拆装的关联件的多少与作业难易程度，以及是否便于切割和所选的切口是否易于对接等。

4. 避免应力集中

应力集中会使构件发生意想不到的损坏。**切口的选位应避开车身构件的应力集中区，否则将影响构件的连接强度并诱发应力集中损伤。**

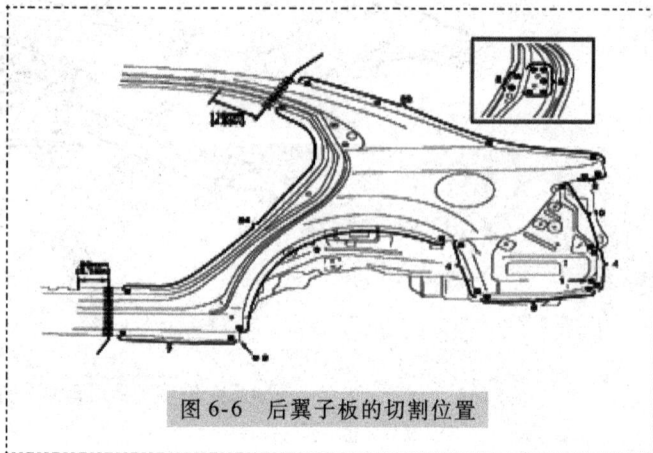

图 6-6　后翼子板的切割位置

图 6-6、图 6-7 所示即为按照以上原则选择的后翼子板和 A 柱的切割位置。

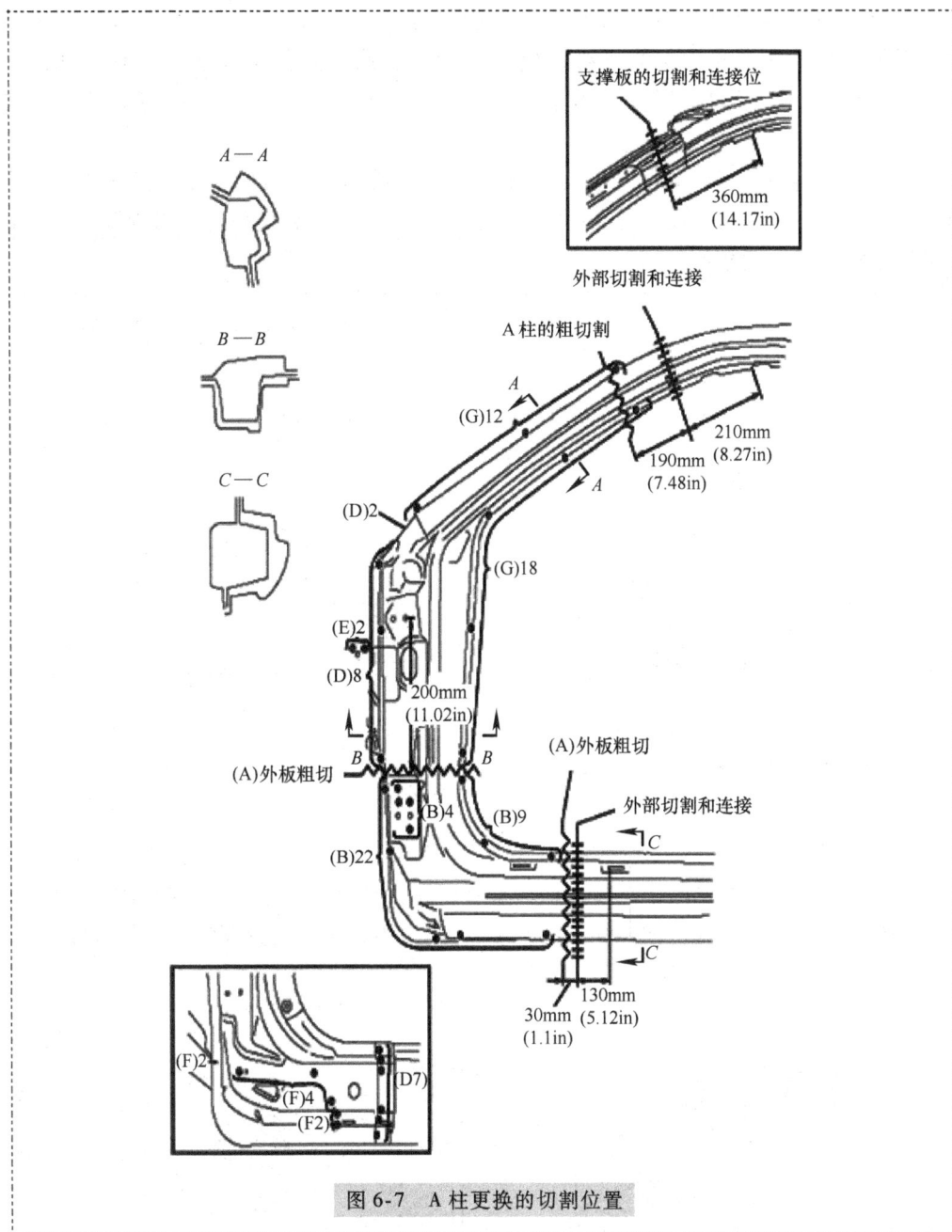

图6-7　A柱更换的切割位置

二、车身构件的拆解与安装作业

尽管车身构件的拆解方法因车型、部位和焊接形式不同而不同，但只要掌握其构造和拆解的一般操作要领，就会从中找出规律。构件主要有两种拆解方法：分离焊点和切割。

1. 分离焊点

由于车身构件是用点焊焊接在一起的，所以拆卸这类被损伤的钣金件的主要方法是分离焊点。焊点分离主要有钻去焊点法、等离子弧焊枪切除焊点法、錾去焊点或磨削焊点法。

（1）点焊位置的确定 为了确定点焊位置，需用氧－乙炔火焰将受损钣金件表面的底漆、保护层和其他覆盖物烧焦，再用钢丝刷清除，此时点焊轮廓即可显现出来。如果涂料清除后还看不清点焊位置，可用錾子打入两钣金件之间，即可看到点焊轮廓，如图6-8所示。

（2）分离点焊点 找到点焊位置后，即可用焊点切割器钻掉焊接点。图6-9所示为两种焊点切割器。一种是孔锯式，另一种是钻头式。**请注意，不管使用哪种切割器，都不要切去焊缝下面未损伤的钣金件。**

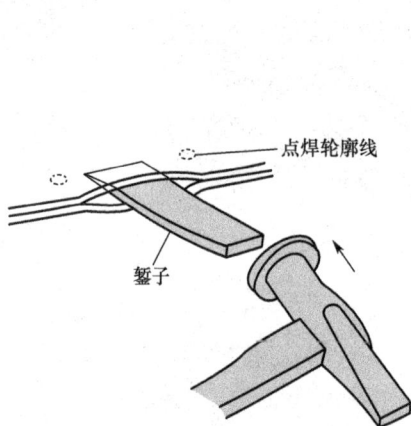

图6-8 用錾子确定点焊的位置

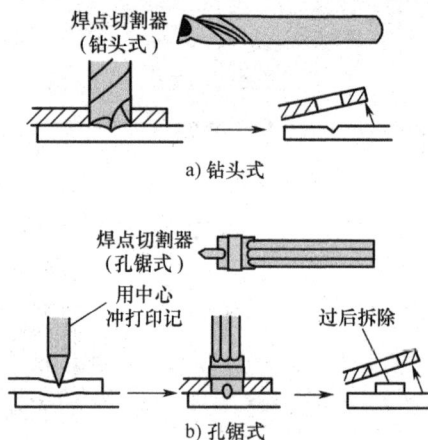

图6-9 焊点切割器

等离子弧焊枪切割器清除焊点速度快，它可以在各种厚度的金属中吹洞以清除焊点，但需要注意保护下一层钣金件不被割穿。图6-10所示为用高速砂轮分离钣金件的点焊点。

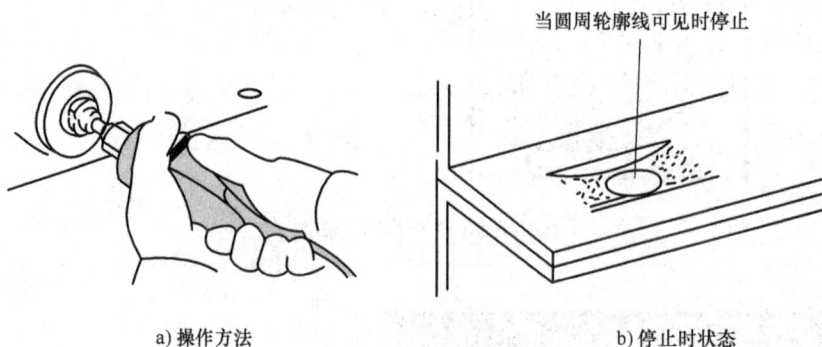

图6-10 用砂轮清除点焊点

（3）分离连续焊缝 在一些汽车车身中，也会用连续的 CO_2 气体保护焊焊缝连接构件。因焊缝较长，只能用碟形砂轮或高速砂轮来清除焊缝，从而达到分离钣金件的目的，如图

6-11 和图 6-12 所示。

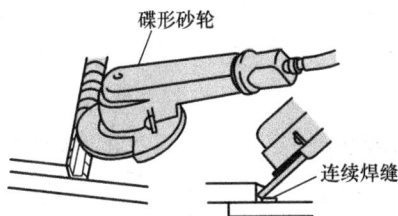

图 6-11　用碟形砂轮清除连续焊缝

图 6-12　用高速砂轮清除连续焊缝

（4）分离钎焊　汽车的外盖板边缘处或车顶与车身立柱连接处常采用钎焊连接。钎焊分为普通钎焊和电弧钎焊两种。

1）普通钎焊。普通钎焊部位是黄铜色。分离普通钎焊，首先用氧乙炔焊炬使涂料软化，再用钢丝刷或刮刀将涂料除去，如图 6-13 所示。然后，加热钎焊焊料使其熔化，快速将其清除掉，并用一字螺钉旋具嵌入两钣金件之间使其分离，如图 6-14 所示。

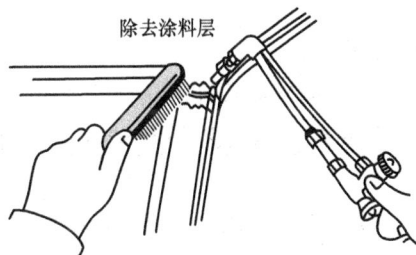

图 6-13　用氧 - 乙炔焊炬清除涂料

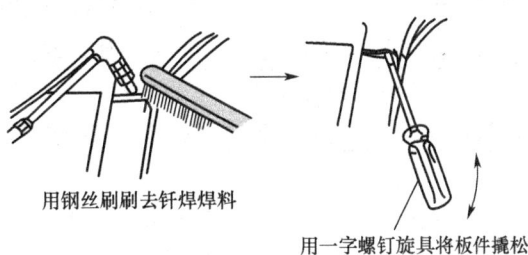

图 6-14　分离钎焊连接

2）电弧钎焊。电弧钎焊部位是淡纯铜色。分离电弧钎焊时，当除去涂料后，发现属于电弧钎焊，则应采用砂轮磨削切除。切除的是受损钣金件，要防止切到正常钣金件。钎焊焊缝被磨透后，用錾子和锤子分离钣金件，如图 6-15 所示。

2. 新钣金件的安装

汽车构件之间一般都采用焊接方法连接，因钣金件之间有配合装置的保证，故其对中和配合情况一般不必重新测量评估。但焊接更换钣金件要事先做好大量的准备工作，否则更换后质量难以保证。更换钣金件的大体步骤如下：

（1）车辆的准备　待修理的汽车在拆卸损坏的钣金件后，要做好安装新钣金件的准备工作。

1）磨去点焊区域原有焊缝痕迹，用钢丝刷清除连接表面上的油污、锈迹、涂料、镀锌层等，连接板背面上的涂料也应清除。

2）用顶铁和锤子整平配合表面凸缘上的凹凸不平，为新钣金件提供平整而牢靠的安装面。

3）在已清除污物的配合用的金属表面上，涂上可焊透的起防锈作用的导电底漆。

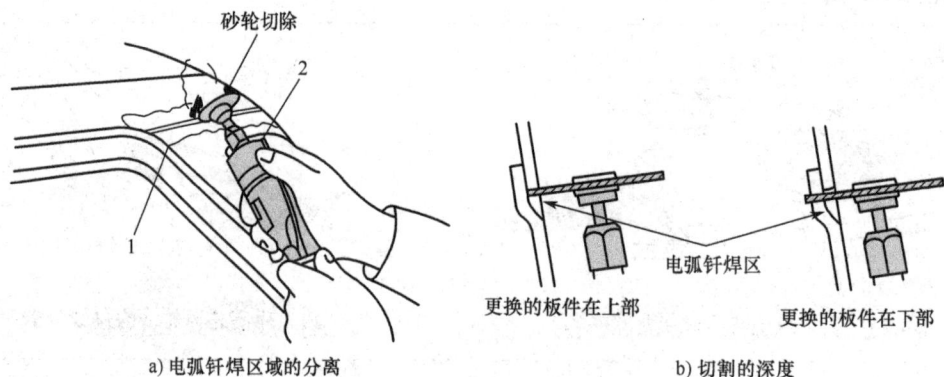

a) 电弧钎焊区域的分离　　　　　　　　　b) 切割的深度

图 6-15　分离电弧钎焊连接的钣金件

1—电弧焊区　2—砂轮机气动夹具

（2）更换钣金件的准备　新钣金件焊接准备工作按下列顺序进行：

1）将点焊区域两面的涂料用圆盘打磨机磨去。

注意：不可磨削到钣金件，杜绝发蓝现象，防止局部烧毁。

2）在清除底漆的焊接表面上，喷涂可焊透的起防锈作用的导电底漆。

注意：喷涂这种底漆时应防止其扩散或流渗到非焊接区，以防对后来的涂装起不良影响。

3）在不宜点焊处，用冲孔机或钻头在原焊点位置打孔，以便进行电铆焊（塞焊）。

注意：孔径大小应符合出厂说明书的要求，孔数应比出厂时稍多一些，以保证修理质量。

4）新的钣金件应留有 20mm 左右的搭接宽度。

（3）新钣金件的定位　新钣金件与原车身的配合必须准确。现有两种方法来确定车身钣金件的位置：一是用尺寸测量来确定位置，二是根据新钣金件与周围钣金件之间的相互关系来确定位置。更换承载式车身构件应采用尺寸测量法定位。

采用尺寸测量法定位时，为了保证新钣金件的正确安装，在更换新钣金件之前，必须做好车身的校正工作。将车身准确地定位在工作台上，拉直和校正已受损变形但不要求更换的钣金件。当用工作台系统更换钣金件时，首先检查新钣金件的摆放位置与汽车上完好钣金件是否对齐，若对齐则可将其用夹具夹紧在正确位置上，然后实施焊接。

现以安装前挡泥板组件为例说明如下：

1）将前挡泥板和边梁的装配标记对齐，并用虎钳夹将其夹紧，如图 6-16 所示。无装配标记时，应按旧件的位置安装。

2）暂时安装车身前横梁，并用锤子和木块轻敲板件，使之移位至彼此匹配，如图 6-17 所示，两个控制尺寸用导轨式量规测得符合要求为止。至此，前挡泥板组件定位完毕。

3）若长度尺寸与参考值相同，则应及时点焊，暂时安装前地板的加强肋。用划线笔在不焊接零件的末端划一条位置直线并钻一孔，用螺钉将这些零件固定在一起。

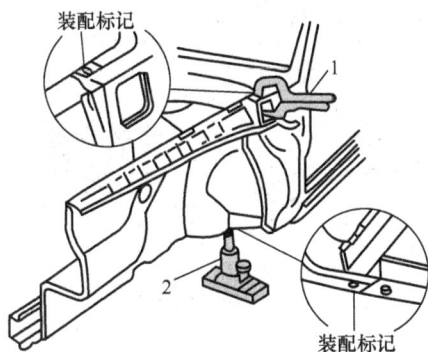

图 6-16　新钣金件夹紧就位
1—虎钳夹　2—千斤顶

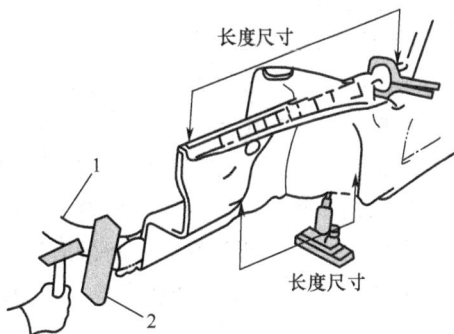

图 6-17　长度调整
1—前横梁　2—木块

4）用中心量规测量调整新钣金件的高度，使其与车身另一侧的高度相等，并以液压千斤顶支撑，保持高度不变，如图6-18所示。

5）调整对角线尺寸和宽度尺寸，可适当轻敲新的钣金件，让其上下、左右适当移动，使控制尺寸达到要求，如图6-19所示。另外，再次确定两边高度是否相等。

6）利用夹具安装前横梁支撑杆支架，要求左右一致，如图6-20所示。

7）当侧梁的尺寸与参考尺寸一致时，则可将其固定。利用夹具安装悬架横梁，如图6-21所示，所有新的连接部位都采用焊接固定。

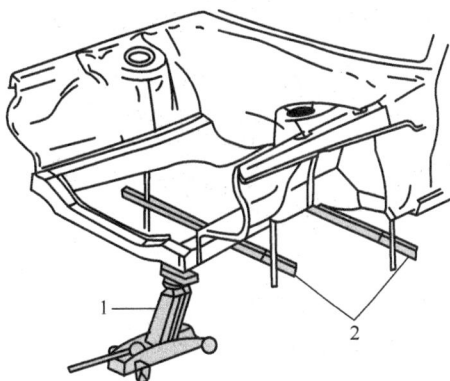

图 6-18　检查调整的高度
1—千斤顶　2—中心量规

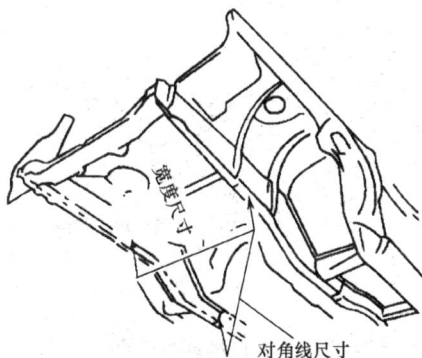

图 6-19　检查对角线尺寸和宽度尺寸

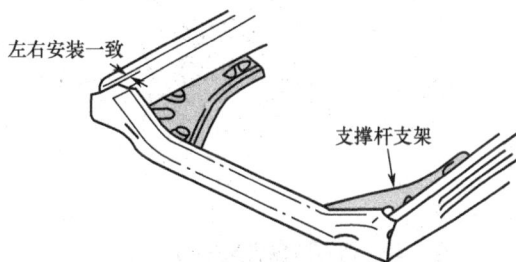

图 6-20　前横梁定位

第六章

197

8）确认挡泥板上部的长度是否发生变化。可通过检查划线是否移动来确认。

9）调整挡泥板的后安装孔与弹簧支座孔以及与挡泥板的前安装孔之间的对角线长度尺寸至合适的数值，如图6-22所示。

10）检查两弹簧支座间的距离和挡泥板前部的两安装孔间的距离，若两者均与参考值相符，则将它们固定，若不相符则必须进行适当调整。然后安装固定散热器上支架和侧支架，如图6-23所示。

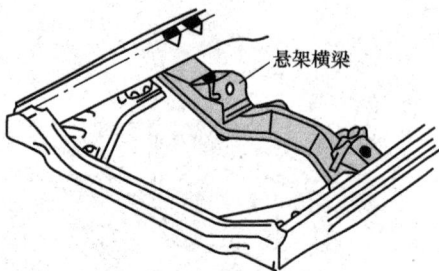

图6-21　连接悬架横梁

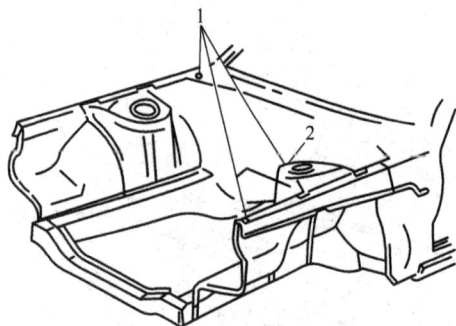

图6-22　调整挡泥板的尺寸

1—对角线尺寸　2—弹簧支座

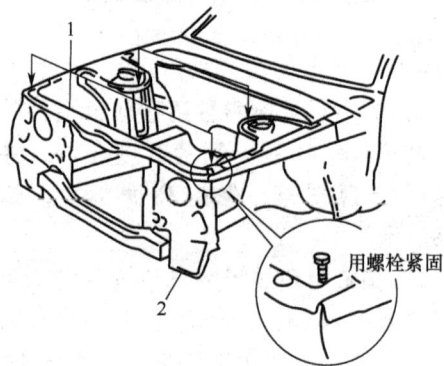

图6-23　检查挡泥板宽度尺寸

1—散热器上支架　2—散热器侧支架

11）用手轻轻拍打，调整两侧支架间的距离，即可将侧支架调整到所需位置，如图6-24所示。

12）调整侧支架对角线至合适的尺寸，如图6-25所示。

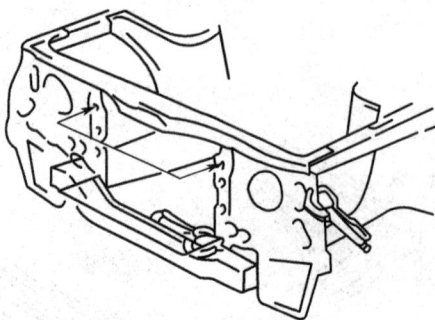

图6-24　调整两侧支架间的距离

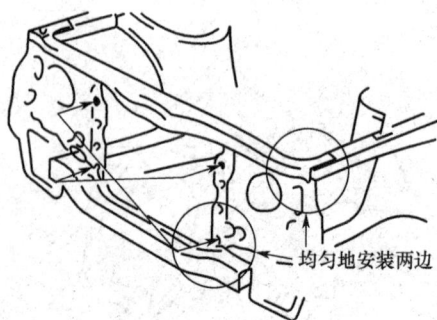

图6-25　调整对角线尺寸

13）用肉眼检查左右对称情况，如图6-26所示。

14）暂时安装前翼子板，并检查其与门的配合是否正确，如图 6-27 所示，若不正确应调节挡泥板或侧支架高度，使前翼子板与门的间隙均匀一致。

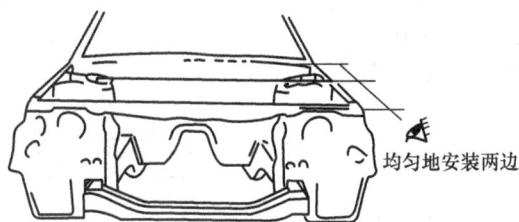

图 6-26　目测各部分的定位对称情况　　图 6-27　定位检查翼子板与门的间隙

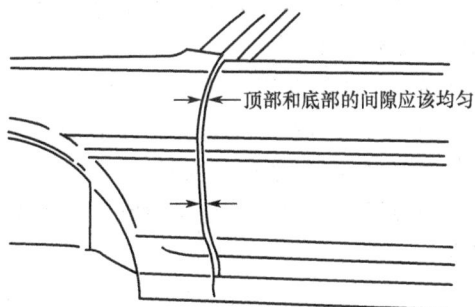

15）在所有有关钣金件正确定位后，在焊接之前，必须最后一次核实所有尺寸，无误后，方能按一定的顺序将钣金件焊接起来。

3. 切割与修复结构件

组合成承载式车身的结构件遭受严重损伤需要整体更换时，通常都按生产时的结合部切割分离，而后按上述步骤安装新的钣金件。若钣金件损伤不是很严重，则仅作局部切割即可修复。图 6-28 所示为可做局部切割修理的车身结构钣金件分布情况，如车门槛板、后顶侧板、地板、前梁和后梁、行李箱地板、A 柱及 B 柱等。承载式车身结构件的截面大多是封闭的，如门槛、立柱和车身梁，如图 6-29 所示；也有的钣金件截面是开口或单层搭接的，如地板。

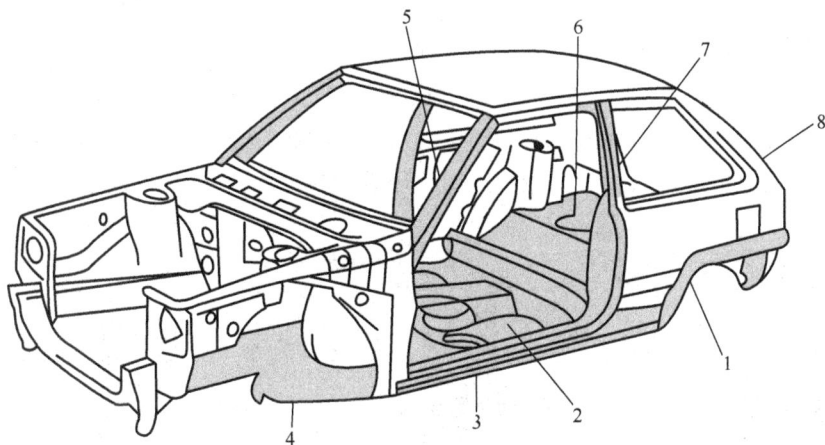

图 6-28　车身结构件可分割的区域

1—后梁　2—地板　3—车门槛板　4—横梁　5—A 柱　6—行李箱地板　7—B 柱　8—后顶侧板

（1）车身构件的切割

1）车身构件的粗切割。以组焊方式连接的车身构件，即使已经去除了焊点或焊缝，有时也不能将构件作为一个整体拆下。如果用"粗割法"沿接缝把构件割断，就可以很容易地将形状复杂的构件拆下，再进一步清除焊点或焊缝也就方便多了。

粗割作业所使用的工具应与切割部位相适应。用气动锯切割可以获得整齐的切痕，适用于断面尺寸不大的中板类构件，如窗柱、门柱、门槛板等；用气动錾配切割錾刀的割断效率高，适于切割薄板类构件，如车身壁板、地板、翼子板等；氧乙炔焰切割虽然具有切割能力强、切断效率高的优点，但热影响区较大且殃及面广，适于对较厚钢板制成件的割断，如地板横纵梁、车架、骨架等。

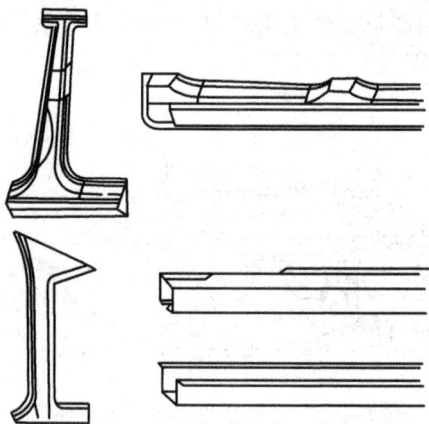

图 6-29　车身结构件封闭的截面

2）车身构件的精切割。精切割时要采用剪切工具和气动锯，以保证切口质量。对于平口对接的连接形式，可采用图 6-30 所示的重叠切割法，接缝的质量不受切割时走偏的影响，但切割后的切口会留下较大的接口缝隙。如果对此有较高要求，应采用图 6-31 所示的方案进行，先把替换件的断头在最后确定的切换位置处划线切割下，并以此为基准，在车身结构件切换处重新划线(图 6-31a)，然后将结构

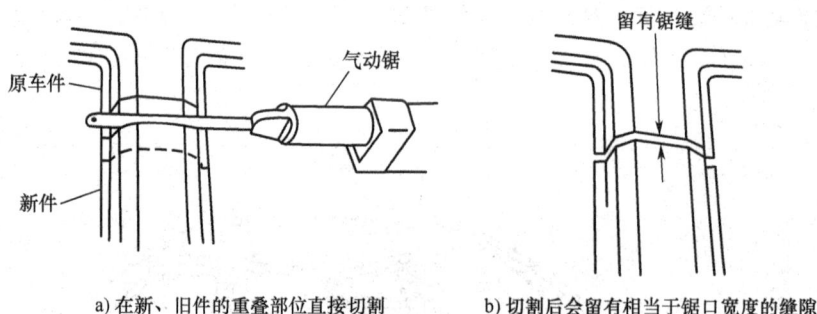

a) 在新、旧件的重叠部位直接切割　　　b) 切割后会留有相当于锯口宽度的缝隙

图 6-30　重叠切割法

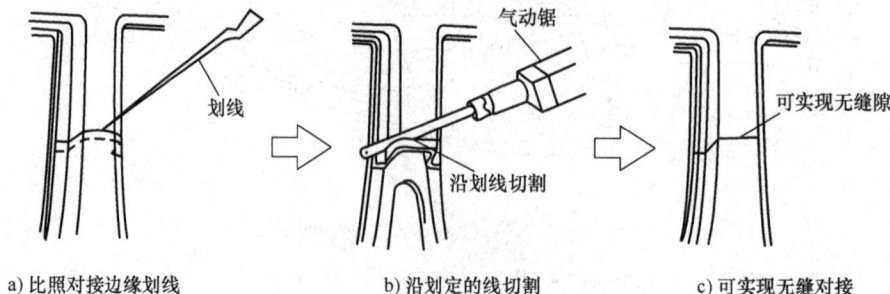

a) 比照对接边缘划线　　　b) 沿划定的线切割　　　c) 可实现无缝对接

图 6-31　划线切割法

件沿切割线分割下来，由此可获得无缝或缝隙很小的平口对接（图 6-31b、c）。对于错口对接的连接形式，不但要采用对比划线法，还要利用测量法确定错口的位置，以保证接口质量。对于搭接连接形式，在精切割时相对比较容易，只要留出足够的搭接重叠量，即可对原件及替换件分别划线切割。

（2）切割修复的连接　切割修复的连接是切除结构件局部损伤之后，与新制的一段同类型的结构件焊接，从而完成切割修理。新旧结构件的连接有如下三种方式：

1）插入物平接。插入物平接为两段封闭式截面构件之间插入与截面内形相同的一段插入物，以便于两种连接对中、定位和焊接。此法适合切割修理车门槛板、A 柱、B 柱和车身梁，如图 6-32 所示。

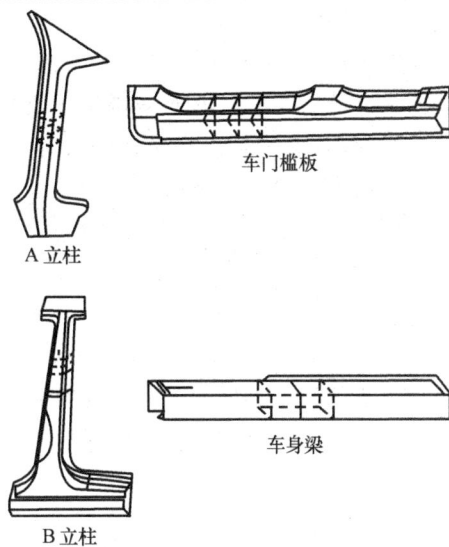

图 6-32　利用插入物平接

2）交错平接。如图 6-33 所示，两段钣金件之间采用交错平接方式焊接在一起，而不使用插入物。此方法要求两断口相互交错定位，保持一定的对中精度，对于截面为矩形的结构件使用较方便，适合切割修理 A 柱、B 柱和前梁。

3）搭接。如图 6-34 所示，钣金件的一边搭在另一钣金件之上进行焊接。后梁、地板、行李箱地板及 B 柱均可采用搭接法进行切割修理。

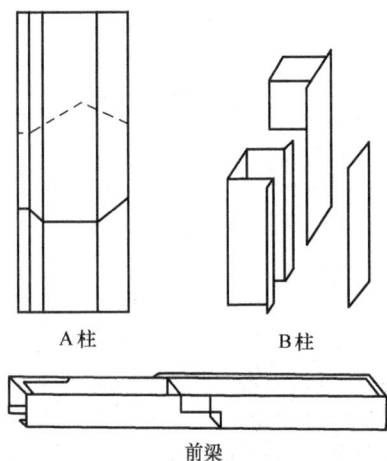

图 6-33　无插入物的交错平接

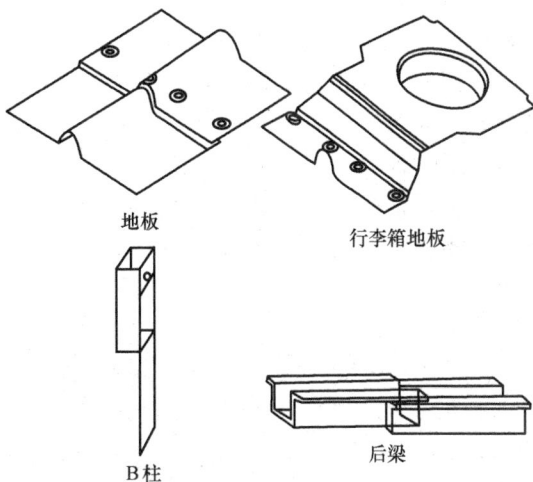

图 6-34　搭接

4）注意事项

① 应彻底清理连接部位的表面。可用三角刮刀或氧乙炔焰清除底漆、防锈层、焦油嵌塞物、密封材料等妨碍焊接的异物。

② 按厂家推荐的要求选择气体保护焊机和焊丝，按规程试焊后才可正式施焊，焊接后按规定检查焊缝强度。

（3）切割修理结构件

1）切割修理车身梁。车身前梁和后梁的截面都是封闭式的。一种是自封闭截面，另一种是开口的，靠与其他构件连接而形成封闭截面。修理封闭截面梁多采用插入件对接方法，如图6-35所示。大多数的前、后梁截面都是开口的，前梁与侧挡泥板连接成封闭截面，后梁与行李箱地板连接成封闭截面。焊接开口梁均采用搭接方式，如图6-36所示。

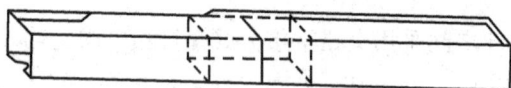

图 6-35　插入件对接的后梁

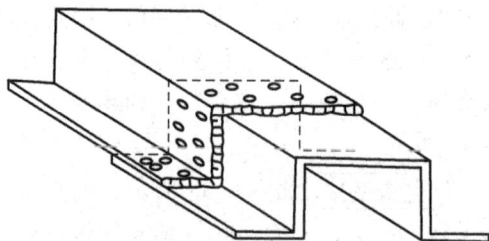

图 6-36　连接开口梁

2）切割修理车门槛板。切割修理车门槛板采用插入件对接法。只有安装外门槛板时才采用搭接工艺切割外板件，保留无损伤的内板件。切割时应避免切割到B柱下面的任何加强件。图6-37所示的虚线范围区域是切割区域，图6-38所示为搭接后的焊接示意图。在开门区域进行搭接时，应沿搭接界线施焊，如图6-39所示。

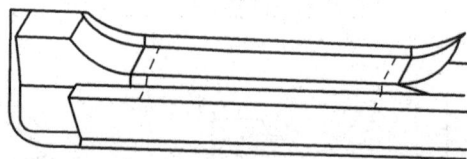

图 6-37　虚线范围内为切割区

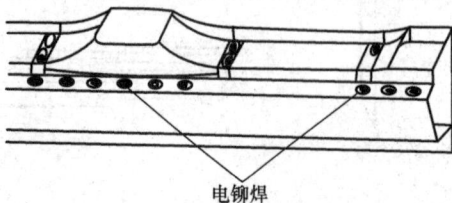

电铆焊

图 6-38　电铆焊凸缘

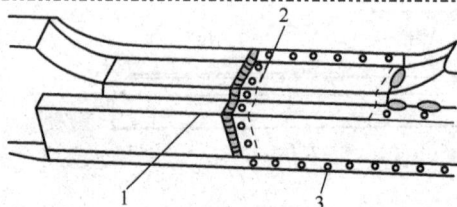

图 6-39　搭接区的电铆焊和搭接焊

1—搭缝焊　2—搭接　3—塞焊

第六章

3）切割修理 A 柱。汽车前窗框立柱称为 A 柱，其外形和截面如图 6-40 所示。立柱两端都是加固区，不可对其进行切割。只允许在中部进行切割，即只能更换中间部分。切割后，插入芯件，接缝实施对接焊，侧面实施电铆焊（塞焊），如图6-41所示。

4）切割修理 B 柱。车门侧面的中间立柱或后立柱称为 B 柱。立柱由开口件与平板件组成，无内部加强，采用插入件对接焊是常用的修理工艺，该方法容易对中，且可提高强度，如图 6-42 所示。

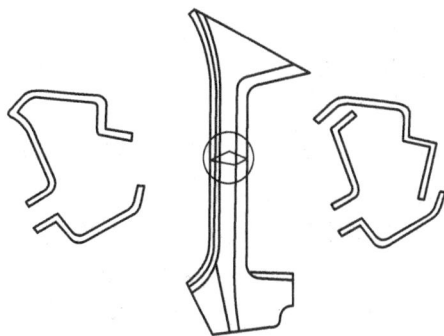

图 6-40 A 柱的截面由两件或三件组成

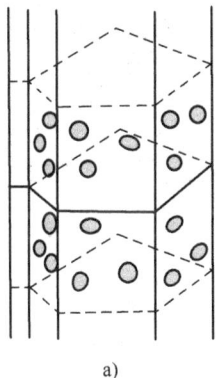 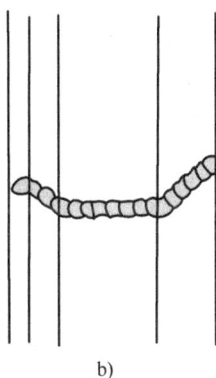

a) b)

图 6-41 A 柱的插入件对接

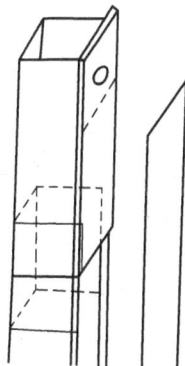

图 6-42 两件组成 B 柱

5）切割修理地板。切割地板时，不可切穿任何加强件，如座位安全带的固定装置等。切割修理地板一般采用搭接方法。

三、车身非结构性或装饰性钣金件的更换

非结构性或装饰性钣金件，多采用机械固定法即用螺栓、铆钉来固定，当然也可焊接到承载式车身上。更换机械固定的非结构件，只要拆卸固定件即可。更换焊接式非结构件的方法可参照焊接式结构件的更换方法。

1. 机械固定钣金件的拆卸与安装要求

（1）拆卸

1）生锈的螺栓、螺母和螺钉的拆卸

① 在螺母及螺栓的螺纹上滴些煤油或缓解剂，一定时间后用小锤沿四周轻敲，使其松动并拧出。

② 以氧乙炔焰加热螺母后极易拧出。

③ 用手锯将螺栓锯断。

④ 用錾子錾开螺母。

⑤ 用直径等于螺杆直径的钻头将螺栓钻掉，再用冲子冲掉螺杆螺母。拆卸铆钉也可采用钻孔的方法。

⑥ 用氧乙炔焰割去螺栓或螺钉头部，再用冲子冲出杆部。

2）点焊、连接零件的拆卸。用扁而尖的錾子錾开用点焊连接的零件。

3）拆下零件的标识。拆下的有用零件应编号或予以标记，有的还须标明车号和位置，应放置在专门的零件架或零件箱内。

（2）安装　新钣金件采用紧固件(螺栓、铆钉)固定最为简单快捷，**但应注意：要有准确的配合。另外安装前必须确认新钣金件已对准，安装后相邻钣金件的间隙应均匀一致。**

2. 非结构件的更换

更换非结构性外部钣金件时，可用肉眼检查所更换的钣金件与相邻钣金件的配合，无需像结构件那样进行精确地测量。但应着重考虑外观上的协调配合，如车身轮廓线平齐，钣金件间隙均匀。图 6-43 所示为新的后顶侧板的暂时安装。

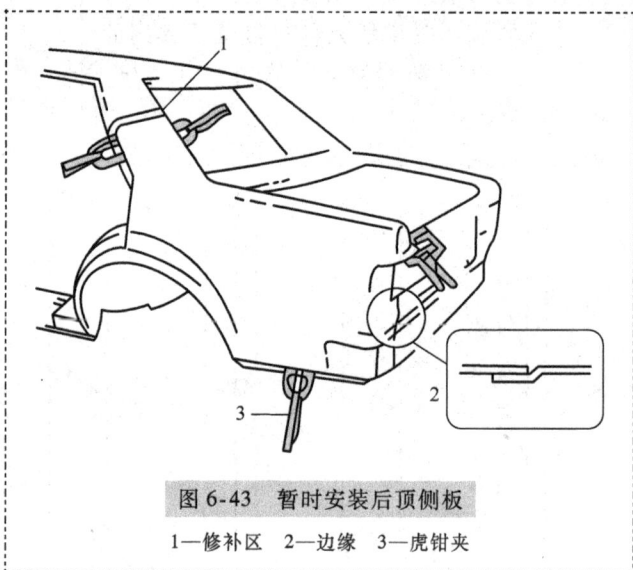

图 6-43　暂时安装后顶侧板

1—修补区　2—边缘　3—虎钳夹

新的后顶侧板安装顺序如下：

1）钣金件装配。如图 6-43 所示，将后顶侧板在若干点处用虎钳夹固定住。细心地调节其与周围钣金件的匹配，使其周围间隙均匀一致，如图 6-44 所示。安装行李箱，检查后窗孔对角线长度是否相等，进行适当协调后用自攻螺钉紧固，如图 6-45 所示。调整车身轮廓线和钣金件搭接处，使其与后围板及后框架保持一致。安装尾灯，最后用自攻螺钉固定，如图 6-46 所示。

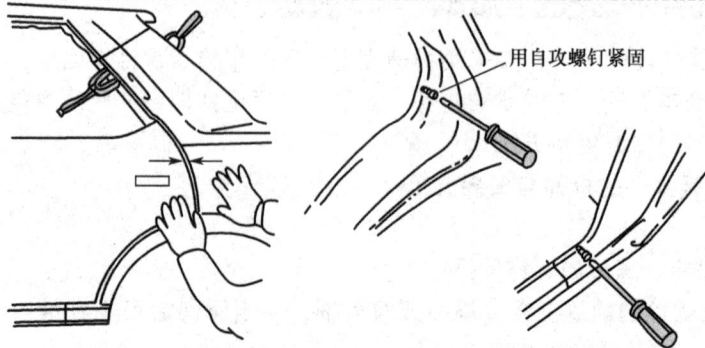

图 6-44　调节与车门面板的匹配

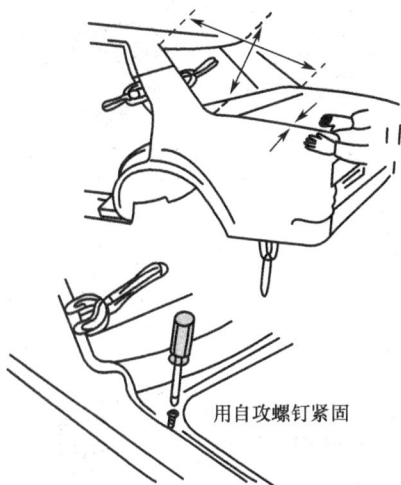

图 6-45　调节后车窗和行李箱的匹配

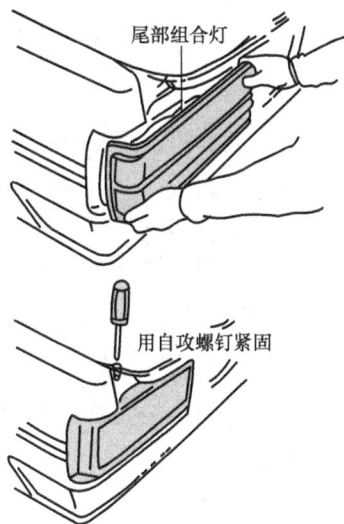

图 6-46　连接后围板

2）搭接钣金件的切割。对钣金件进行正确定位后，用切割砂轮或气动锯切去位于连接区域的搭接部分。切割完毕后，取下待更换的钣金件，清除所有切屑和异物。最后，在后顶侧板内周边涂上密封胶，用自攻螺钉将其装配在正确位置上。

3）新钣金件焊接。若新钣金件的尺寸和位置确定后，即将其焊接就位。

第三节　发动机罩的拆卸、更换和调整

发动机罩的作用是遮盖汽车前部，它是汽车上最大、最重要的钣金件之一。在采用前置发动机的汽车上，发动机罩下面安装的就是发动机，它起到保护发动机的作用。

在拆卸发动机罩之前，应首先分析每个部件的工作环境。打开和关闭发动机罩，检查铰链，**如果条件允许，检查发动机和翼子板及前罩板的对正位置，这有助于确定修理时必须做哪些工作。**

1. 拆卸发动机罩

发动机罩拆卸步骤如下：

1）**要想拆下发动机罩，就必须拆下各种导线和软管。** 导线通常与发动机罩内灯相连，软管则在发动机罩下，与汽车前风窗玻璃洗涤器相连。典型发动机总成和发动机罩机构如图 6-47 所示。

2）拆下发动机罩铰链螺栓，其位置如图 6-48 所示。如果发动机罩没有严重损坏仍可以使用，则在其上做标记。可沿着发动机罩铰链与发动机罩接触的边做定位标记，也可以在要安装车身的铰链部位做标记。在重新安装发动机罩时，能够利用这些标记粗略调整铰链和发动机罩的位置，如图 6-49 所示。

第六章

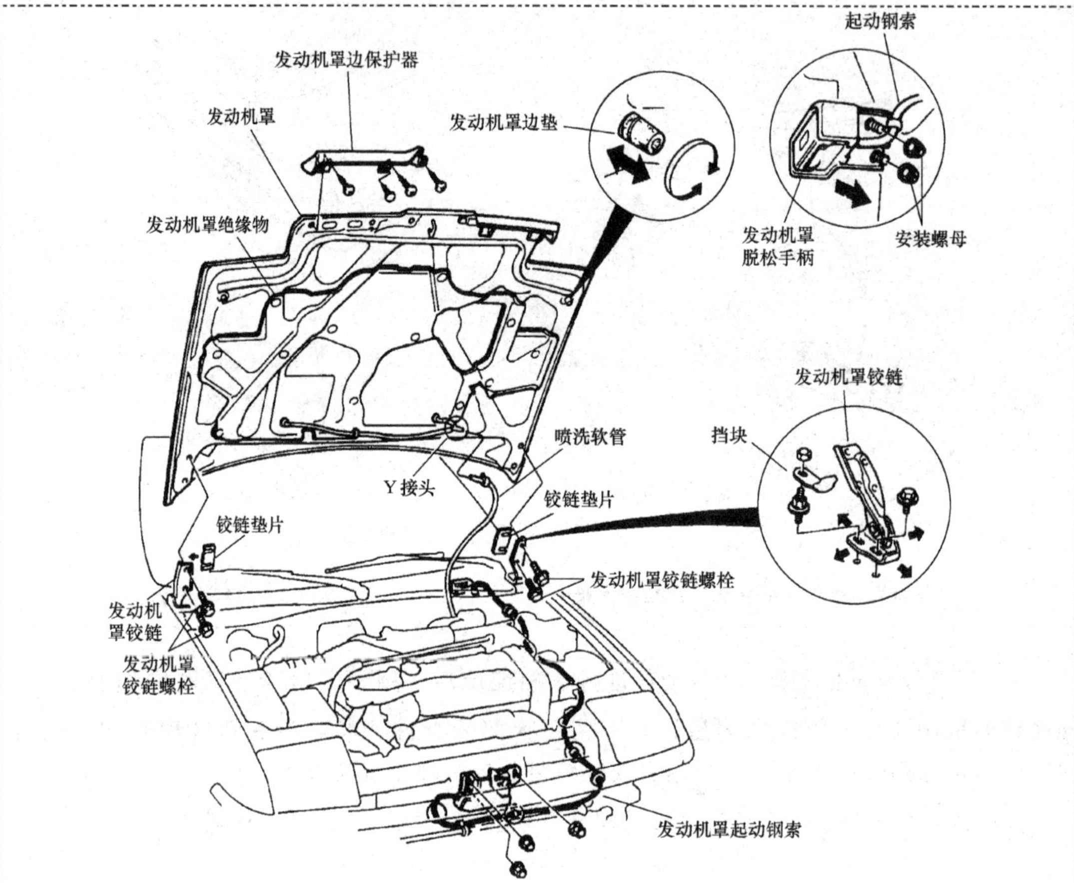

图 6-47　典型发动机总成和发动机罩机构

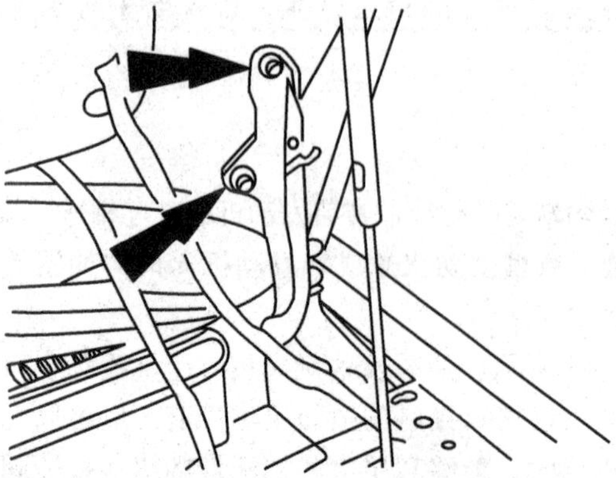

图 6-48　发动机罩铰链螺栓位置

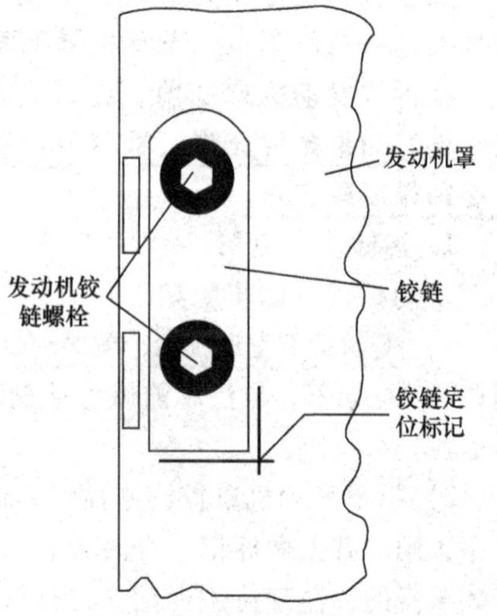

图 6-49　铰链定位标记位置

3）为了防止损坏发动机罩内其他部件，取下发动机罩时应两人合作完成。一只手握住发动机罩底边，同时用肩膀撑起发动机罩，以防其滑下来撞到前罩板或翼子板。此时，用另一只手拆卸发动机罩螺栓，另外一个人也做同样的工作。在拧松螺栓时，不要让发动机罩的重量都集中在螺栓上。**注意：在没有人帮助的情况下，一定不能独自拆卸发动机罩螺栓。**

2. 发动机罩铰链的拆卸和更换

发动机罩铰链定位后可以使发动机罩开关自如，打开发动机罩时，铰链必须能够支撑较大的重量。如果发动机罩铰链严重弯曲，则必须进行换新。如果铰链上装配有弹簧，那么就应把该弹簧装到新铰链上，而且要用发动机罩铰链弹簧拆装工具拆装该弹簧。发动机罩铰链弹簧拆装工具是一个带钩的工具，它能够撬起弹簧端部以便拆卸和安装。

注意：进行发动机罩铰链拆装工作时，一定要佩戴眼睛保护装置。铰链弹簧伸张时，手应远离弹簧，以防手指被弹簧夹住或割伤。

3. 发动机罩的调整

（1）发动机罩的安装　按照与拆卸相反的顺序安装发动机罩。同样，在安装螺栓时，要请人帮助保持好发动机罩的位置，装上并拧紧螺栓。在拧紧螺栓前，需要调整发动机罩的位置，图 6-50 所示为没有调整好的发动机罩。

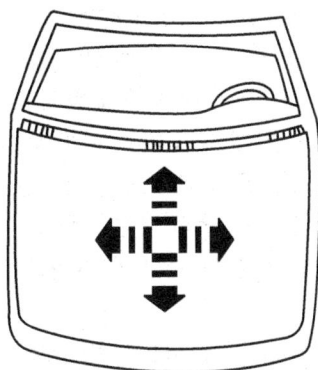

注意：发动机罩安装好后，要慢慢合上发动机罩，如果它的位置没有对中，可能会碰撞和划伤翼子板。因此，可以在翼子板边贴上布带，以防翼子板被损坏。

（2）发动机罩的调整　通过调整铰链、可调挡块和发动机罩锁扣可实现对发动机罩的调整。可以在上下、前后方向调整发动机罩，以便发动机罩和翼子板、前罩板在垂直和水平方向上对中。铰链上的孔开有狭槽，使它能在前罩板或翼子板方向升高或降低，并使发动机罩在铰链上前后移动，如图 6-51 所示。

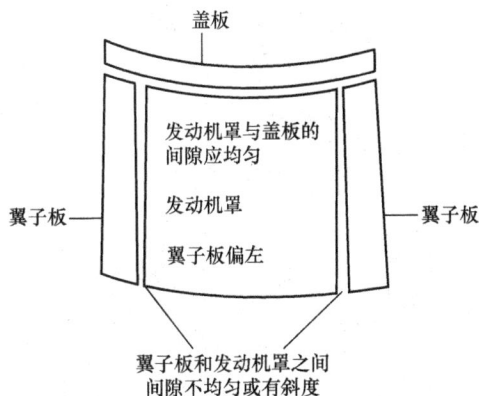

图 6-50　没有调整好的发动机罩

图 6-51　移动发动机罩寻找合适位置

1）铰链调整控制着发动机罩在翼子板方向上的一般位置和发动机罩后部的高度，拧松发动机罩和铰链连接螺栓，可以左右移动发动机罩的前部，也能前后滑动发动机罩。在发动机罩对正后拧紧螺栓，发动机罩周围的间隙应相等。发动机罩的调整方法如图6-52所示。

为了清洗前罩板，在它和发动机罩后端之间要留有足够的间隙，如图6-52a所示。

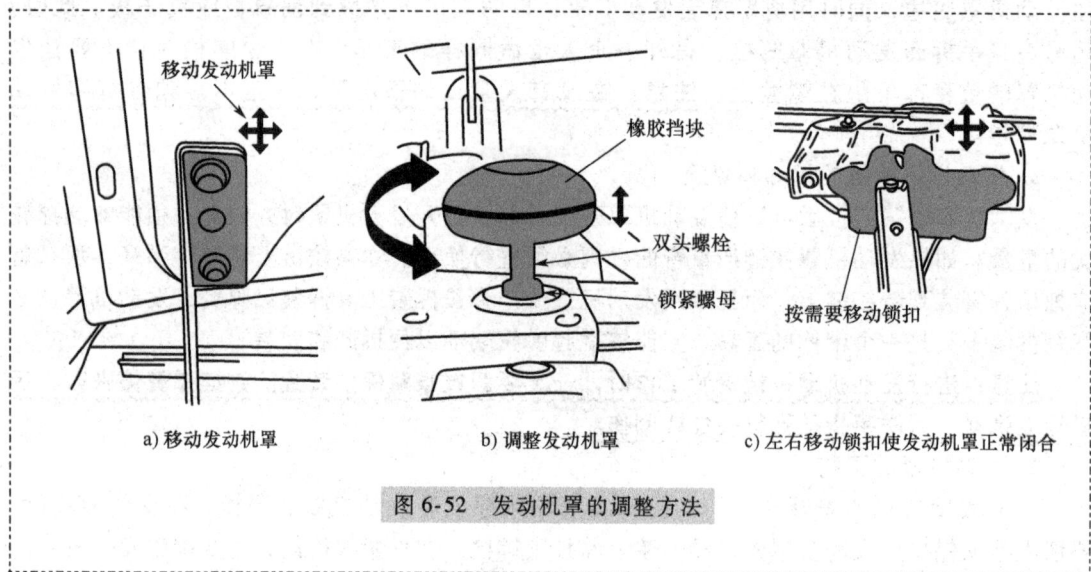

a) 移动发动机罩   b) 调整发动机罩   c) 左右移动锁扣使发动机罩正常闭合

图6-52 发动机罩的调整方法

2）通过部分拧松铰链和车身的连接螺栓，能升高或降低发动机罩的后部高度，不要过分拧松螺栓，以防发动机罩的重量损坏铰链。必要时，用木锤轻敲铰链使之移动，在发动机罩完全合上时，它的后部应与翼子板和前罩板相平。

3）调整发动机罩铰链，以使发动机罩与翼子板对正。调整发动机罩使其四周有适当的间隙，然后调整铰链以升高或降低发动机罩的后部。通过发动机罩挡块可以调整发动机罩前部的高度，挡块通常由安装在双头螺栓上的橡胶缓冲器组成。拧松锁紧螺母，通过旋转升高或降低挡块和发动机罩的高度，调整挡块以便发动机与翼子板、前罩板相平。调整后拧紧锁紧螺母，如图6-52b所示。

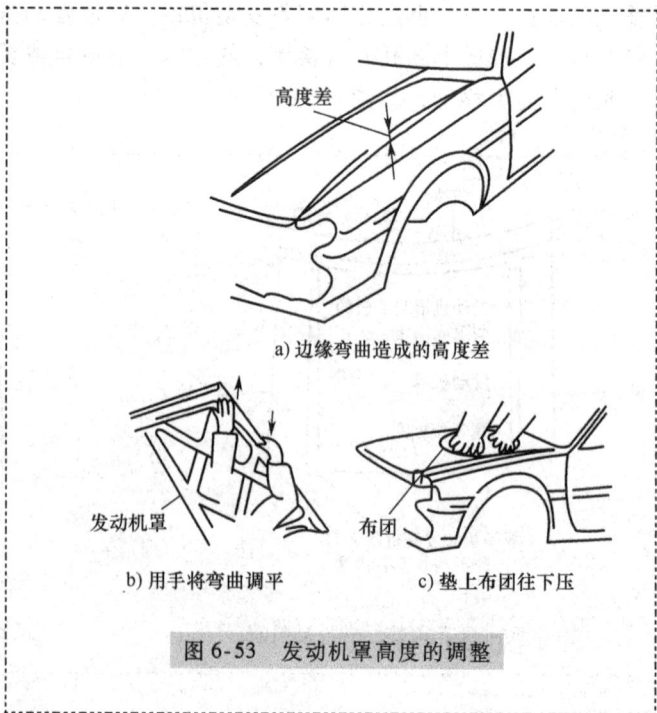

a) 边缘弯曲造成的高度差

b) 用手将弯曲调平   c) 垫上布团往下压

图6-53 发动机罩高度的调整

4）发动机罩锁扣机构用于使发动机罩正确关闭和松脱。慢慢合上发动机罩，当锁扣与闩眼对正时，发动机罩不应偏向一边，否则要左右移动锁扣使之达到要求，如图6-52c所示。

5）对于新换装的发动机罩，容易出现图6-53a所示的现象。对此，仅仅通过对铰链等的简单调整不能将发动机罩的变形消除，而需要调整发动机罩边缘的曲线。可参照图6-53b所示的方法，用手扳动拱曲部位使其复位；也可参照图6-53c所示的方法，在前端垫上布团，然后用手掌轻轻压下拱曲部位，使其与翼子板边缘高度一致。

（3）发动机罩的检查

1）扣上发动机罩进行检查，如图6-54所示。检查发动机罩是否完全锁牢；检查发动机罩与挡泥板的间隙，高度上是否有较大误差。

2）打开发动机罩进行检查，如图6-55所示。检查发动机罩锁扣是否平稳解脱，锁扣钢绳工作是否正常，铰链是否留有自由行程，支撑柱能否将发动机罩可靠地撑起。

图 6-54　发动机罩扣上时的检查

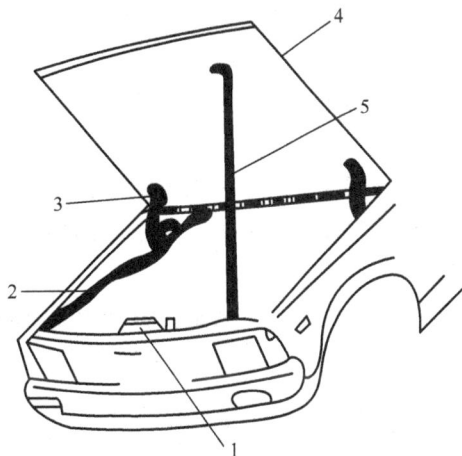

图 6-55　发动机罩锁扣的检查

1—锁扣　2—钢绳　3—铰链
4—发动机罩　5—支撑柱

第四节　车门槛板、立柱、梁的拆卸和更换

一、车门槛板的拆卸和更换

1. 损伤件的拆卸

1）把损坏的部分切掉，以方便拆卸，如图6-56所示。

2）用气动砂轮机打磨掉图6-57中标有字母"M"处的焊缝。

3）用小型带式打磨器从内侧打磨焊接部位，也可用焊点剔除器剔除焊点。

4）用电钻逐点钻除图6-58中用字母"B"标出部位的焊点，这些孔在安装新件时将用作塞焊孔。至此车门槛外板即可拆下。

2. 新件的安装

1）安装新门槛板前应先做一些准备工作。首先在塞焊孔处涂上透焊防蚀涂料。

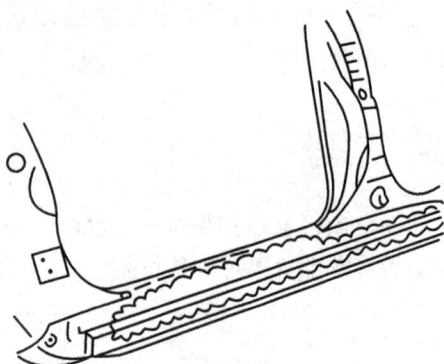

图 6-56 切掉门槛损坏的部位

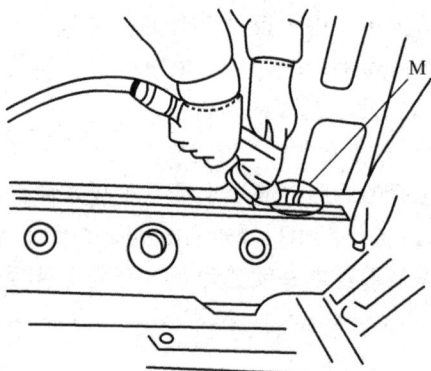

图 6-57 打磨掉焊缝

2）在后轮罩上与门槛外板的接合部位涂上密封胶。

3）在门槛接合面上涂敷适当的环氧树脂焊缝粘结剂。注意一定不要将粘结剂直接涂到塞焊孔处。

4）对好定位孔，将新板放到位，并按图 6-59 所示方法夹紧。

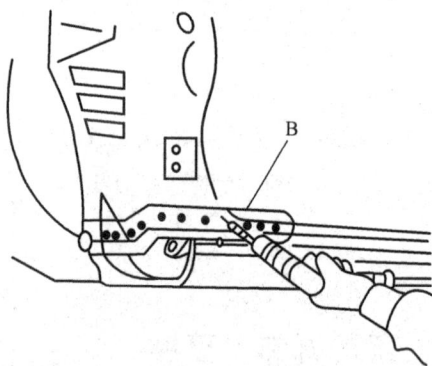

图 6-58 钻除焊点

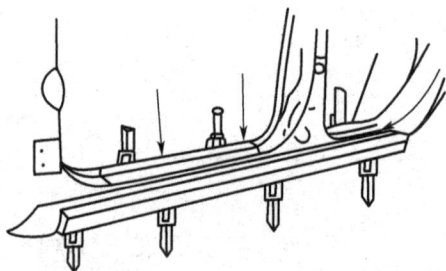

图 6-59 新板的夹紧

5）对图 6-60 中的 A～E 表示的部位进行钎焊，然后在孔内用熔化极惰性气体保护焊进行塞焊。

6）用气动砂轮机磨平塞焊和钎焊焊迹，然后用砂纸打磨机进行打磨，最后再涂上接缝密封胶。

7）按照正确的方法在新安装的门槛板内表面涂防蚀剂，完成安装。

二、立柱、梁的更换方法

轿车的前后纵梁有两种不同的封闭形式，如图 6-61 所示：一种为管形，无论是新件还是废旧件，其四个面都是完整的；另一种为槽形，它的封闭是靠开口的一侧与车身结构的某个其他部件连接在一起而形成的。

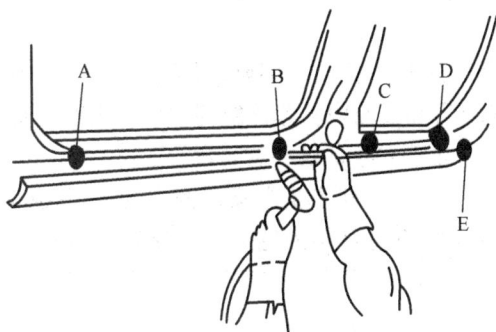

图 6-60 钎焊的位置

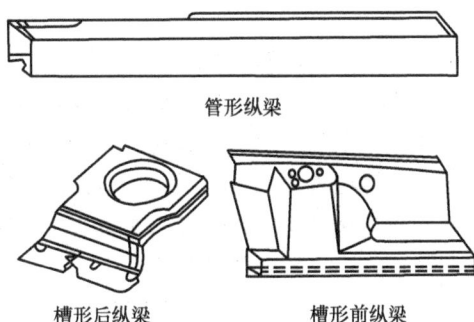

图 6-61 纵梁的封闭形式

在截断加芯平口对接的管形前、后纵梁时，**注意它们含有压扁区，不准在压扁区截断，同时还必须避开纵梁上的孔洞和加强板件**。多数后纵梁以及某些不同形式的前纵梁为槽形结构。有些槽形结构的待封闭侧面为垂直方向的，如与内加强板侧面相连的前纵梁；其他则为水平的，如与行李箱地板相连的后纵梁。在多数情况下，对于截断的槽形纵梁，采用搭接方式，搭接处用塞焊，搭接边缘用连续缝焊，如图 6-36 所示。

1. 门槛的更换

1）裁截。在把门槛切割到规定尺寸时，应使用往复锯或摆动锯，以保证配合精确，同时使加热效应降至最低。

如果门槛是由两件构成的，它们的中间有一平板，则应以错口对接方式裁截，内外侧错口距离为 60～75mm，如图 6-62 所示。这种重叠部分能提供接口的连贯性，提高强度。

2）对口焊接。对口焊接如图 6-63 所示，应对整个对接焊缝施以连续焊。连续焊缝即使只有少许间断，也会大幅度降低接头的强度，从而可能导致断裂。可使用塞焊固定所用的芯件。应把对接接口安排好，以使内部加强板能连续连接两侧，并用塞焊或缝焊固定。

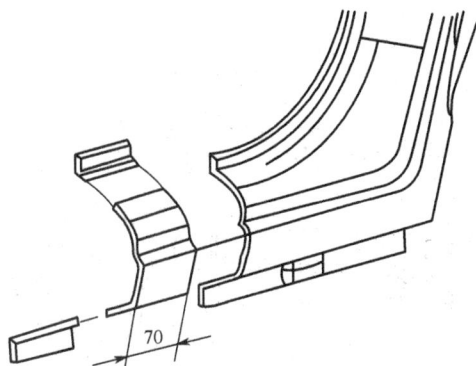

图 6-62 门槛内外侧的截断方式

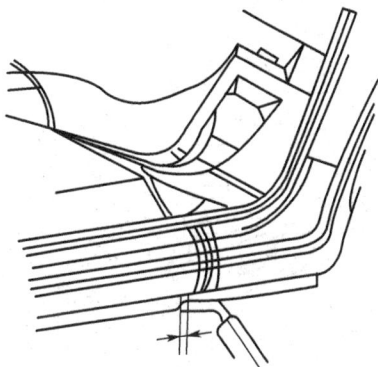

图 6-63 门槛对接处的焊接

3）加芯平口对接和搭接。如果要截断门槛板，可以采用加芯平口对接方式，也可将外侧件截下，用搭接的方式焊上新件。一般来说，在安装带有B柱的旧门槛时，应使用加芯平口对接方式。

采用加芯平口对接方式时，先以直切口横向截断门槛板。根据门槛板的具体结构，沿长度方向把芯件切割成2~4件。除去翻边，以便能将它塞进门槛板腔内。芯件塞到位后，用塞焊将它焊牢。对于截断的结构件，塞焊孔径需要8mm，这样才能有足够的熔核和满意的强度。

在管形结构件内安装芯件时，不论是门槛板、A柱和B柱还是纵梁，都应确保焊接部位上的芯件能完全熔透。对于平口对焊，所留的焊缝间隙应有足够的宽度，以便熔透芯件。

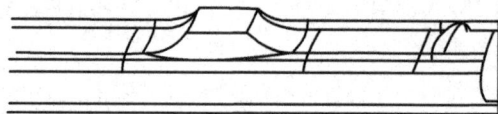

图6-64　每个立柱底座周围留有搭接宽度

焊合前一定要仔细清除切口边缘上的毛刺，否则熔化的金属易在毛刺周围和上下流动，从而造成应力集中，引起裂纹，使接口处的强度降低。

如果沿立柱底座周围截断，应注意在每个立柱周围留出搭接宽度，如图6-64所示。在焊接翻边处，以塞焊代替原来的点焊，如图6-39所示。

2. 前悬架立柱的更换

剔除悬架支座下部与纵梁延长板接合部的焊点，清除掉发动机室内侧这些焊点部位的密封胶。在悬架支座中心的前方截断下纵梁，其内外侧以错口方式截断，两个切口处均要搭接。纵梁的这一部分设有一侧加强件，因为有了这个加强件，所以此处是理想的截断部位。

有两处点焊把内加强件固定到下纵梁内侧，必须把焊点剔除后才能进行截断作业，在纵梁的轮罩一侧可以看到这些焊点。发动机一侧的截断位置应距前围约300mm，如图6-65所示。这样，切割线才能与内加强件的端部靠近。

梁外侧的截断位置应取在发动机侧切口后方80~120mm处，如图6-66所示。为了保证

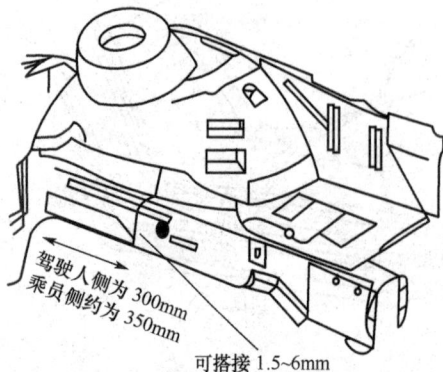

图6-65　发动机侧的截断位置

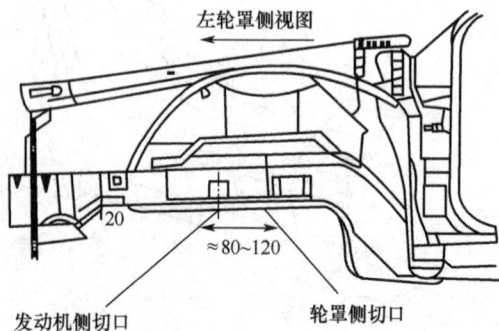

图6-66　纵梁外侧断口的位置

良好的搭接，应在原结构伸出端的拐角处仔细做出开口。开口的长度不能超过 6mm，安装后开口的露出部分必须完全焊严。

将对面的下纵梁延长件从下纵梁上拆开。**具体方法是：先把固定散热器支座和内加强板延长板的焊点剔除，然后小心地将内加强板延长板向上翻，露出连接延长件与纵梁的焊点，如图 6-67 所示。**

在安装之前必须对更新件总成进行检查、测量，必要时还要进行校正，使其达到要求的尺寸。将更新件牢牢地夹紧在位置上之后，可用测量设备进行检测，以确保其尺寸及位置准确。当检查所有尺寸均在公差范围之内时，即可焊接。所施用的连续焊应以 12～20mm 的小段交错进行。最后进行防蚀处理和更新件的涂漆。

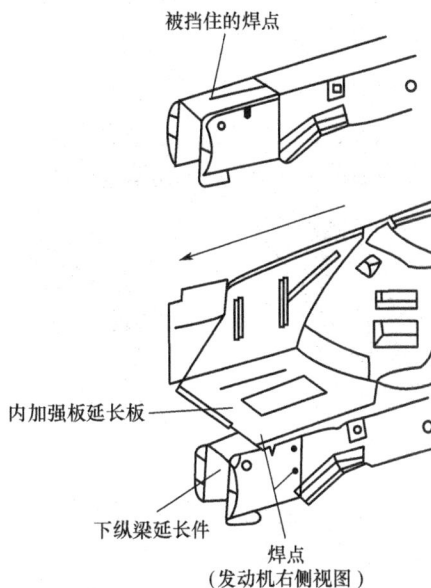

图 6-67　内加强板延长板的焊点位置

3. 泡沫材料充填板件的更换

泡沫材料用来充填 A 柱和 B 柱的上部部位，还用来充填前座椅固定座与车厢地板之间的空腔，如图 6-68 所示。

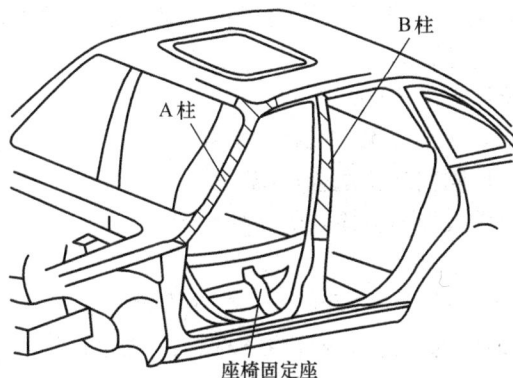

图 6-68　A 柱、B 柱和座椅固定座处的泡沫充填材料

在进行车身撞伤修理期间，这些部位的钢板变形、矫正、截断和加热等都会造成其内部泡沫充填材料的破坏。为了保证车辆完全恢复到事故前的状态，泡沫充填材料也必须换新。

（1）A 柱的截断　找到 A 柱上端的基准孔，并由此向下量 100mm，在该处内侧做标记；再由此标记向上量 60mm，在该处外侧做标记。两标记处即作为截断线，如图 6-69 所示。

在两根截断线处进行截断，为了锯切准确而又方便，可采用锯切夹具，如图 6-70 所示。

这种夹具可用边角料自制。从 A 柱内侧仔细钻除 A 柱上两个切口之间底部的焊点，卸下 A 柱。

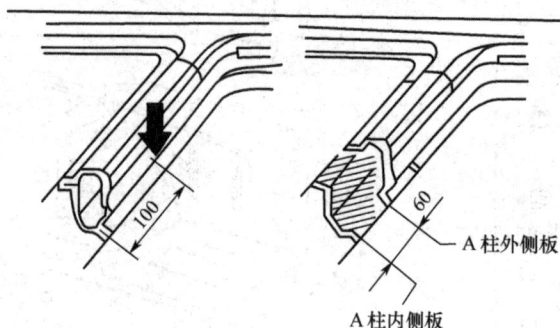

图 6-69　做截断线

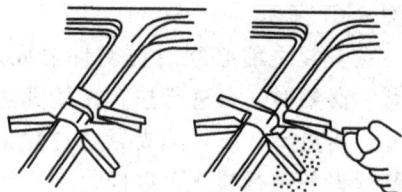

图 6-70　利用夹具切割 A 柱

（2）A 柱的安装

1）安装前，把约 70mm 长的立柱内的旧泡沫充填材料清除掉，以便为充填新泡沫材料腾出空间及让排水软管在排水管的连接管插入时能够膨胀。

2）把立柱上端截至所需尺寸，形成相配的错口对接接口。

3）在立柱底座上钻出塞焊孔。

4）在排水软管上涂肥皂水，把排水管的连接管插入新立柱上的排水软管，如图 6-71 所示。

5）在塞焊和缝焊部位涂上透焊防蚀涂料。

6）将新立柱安装到位。注意应保证把排水软管正确地插入立柱的排水孔中。

7）将立柱夹紧固定，检测其定位配合情况。

8）取下立柱，仅在塞焊接合面上涂透焊防蚀涂料。

9）在其余配合表面涂粘结剂。

10）按制造厂家的说明书进行塞焊和缝焊，修理焊缝。

11）由立柱内侧上部的注入孔注入尿烷泡沫材料，如图 6-72 所示。

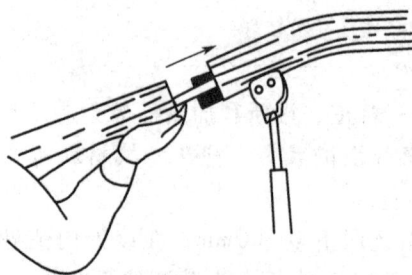

图 6-71　连接排水管

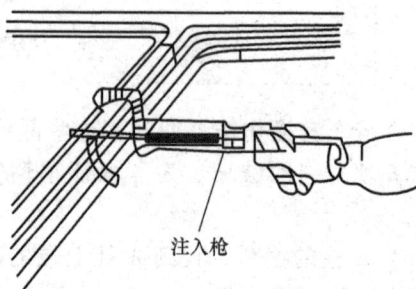

图 6-72　由 A 柱上部的注入孔注入泡沫材料

12）清除连接部位多余的泡沫材料。

13）在焊缝部位涂双组分环氧树脂保护漆和颜色涂料。

14）在未充填泡沫材料的内表面涂防蚀材料。

15）装上车门和前翼子板，检查定位质量。

第五节　保险杠、翼子板、格栅和天窗的拆卸、更换和调整

下面以别克凯越车型为例说明保险杠、翼子板、格栅和天窗的拆卸、更换和调整方法及步骤。

一、保险杠的拆卸、更换和调整

汽车保险杠是吸收缓和外界冲击力、防护车身前后部的安全装置。20世纪90年代，轿车前后保险杠是以金属材料为主，用厚度为3mm以上的钢板冲压成U形槽钢，表面进行镀铬处理，与车架纵梁铆接或焊接在一起，与车身有一段较大的间隙，好像是一件附加上去的部件。现在的轿车前后保险杠除了保持原有的保护功能外，还追求与车体造型的和谐、统一，追求本身的轻量化。为了达到以上目的，目前轿车的前后保险杠采用了塑料，人们称为塑料保险杠。塑料保险杠具有较好的强度、刚度和装饰性，从安全上看，汽车发生碰撞事故时能起到缓冲作用，保护前后车体；从外观上看，可以很自然地与车体结合在一起，浑然一体，具有很好的装饰性，成为装饰轿车外形的重要部件。

维修碰撞后的车身前保险杠，首先要检查保险杠是否损坏。如果碰撞严重使保险杠错位，需要更换如下部件：保险杠皮、保险杠能量吸收器、保险杠防撞杆。

保险杠的重量较大，在拆下最后一颗螺栓时，要支撑住保险杠。请他人帮助支撑或使用地板式千斤顶支撑。如果保险杠可以修复后再次利用，要把一块木板或厚泡沫塑料放在千斤顶支架上，这样可以保护保险杠。之后，拆下螺栓，然后使之远离汽车。上述方法适用于前后保险杠。

前保险杠拆卸的基本步骤如下：

1）拆卸前保险杠皮。

2）从前保险杠防撞杆后部拆卸线束，如图6-73所示。

3）拆卸喇叭。

4）从车架横梁上拆卸前保险杠防撞杆固定螺栓，如图6-74所示。

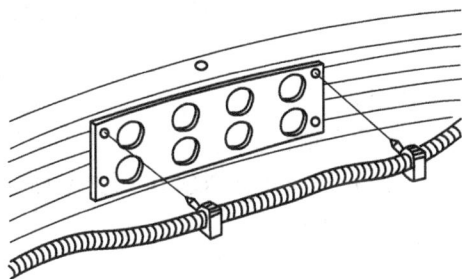

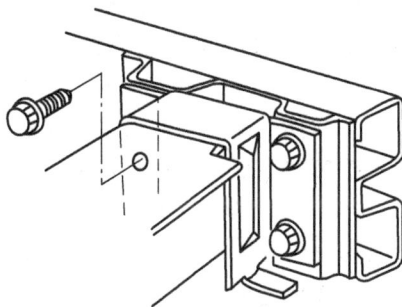

图6-73　拆卸线束　　　　　　　图6-74　拆卸前保险杠防撞杆固定螺栓

5）从车架横梁上拆卸前保险杠防撞杆。

前保险杠的安装顺序与拆卸顺序相反。后保险杠的拆装与更换，可以参考前保险杠来进行。

二、翼子板的拆卸、更换和调整

拆卸翼子板时，首先要找到并拆下其与汽车固定的所有螺栓，也要拆下翼子板内的线束。翼子板通常与散热器芯子支架、内翼子板和前罩板用螺栓连接，螺栓通常都位于门后、内翼子板后和汽车下部。拆卸翼子板的基本步骤如下：

1）拆卸前照灯。

2）拆卸发动机罩。

3）拆卸发动机罩铰链。

4）拆卸前翼子板衬套。

5）拆卸内翼子板，如图6-75所示。

6）拆卸清洗液箱（右翼子板）。

7）拆卸车门槛装饰板。

8）从翼子板后部上支架上拆卸车门铰链柱螺栓，如图6-76所示。

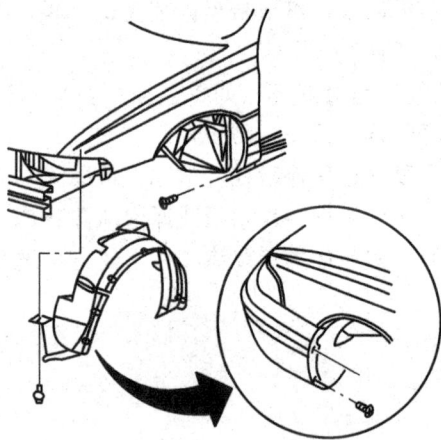

图6-75 拆卸内翼子板

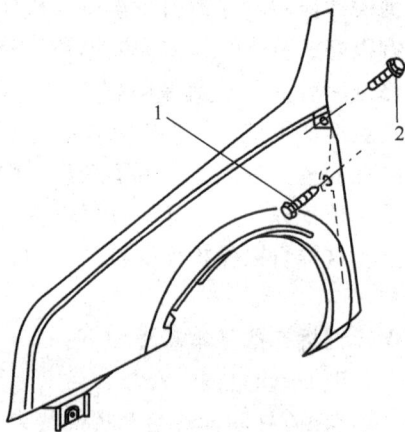

图6-76 拆卸车门铰链柱螺栓
1、2—铰链柱螺栓

9）从翼子板上拆卸车门槛板螺栓，如图6-77所示。

10）拆卸翼子板至乘员室纵梁螺栓，如图6-78所示。

11）拆卸翼子板至发动机室纵梁螺栓，如图6-78所示。

12）拆卸翼子板至前保险杠蒙皮上的两个螺母及一个圆头螺钉。

13）将A柱处前风窗玻璃饰条加热到40℃，保持10min，待饰条变软后，在A柱处将翼子板向车身内推并向上抬起，使翼子板从A柱上的卡扣处脱出。

14）从车辆上拆卸翼子板。

前翼子板的安装顺序与拆卸顺序相反，按照与拆卸相反的顺序安装即可。翼子板用螺栓

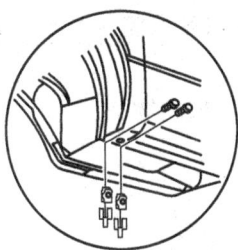

图 6-77 拆卸车门槛板螺栓

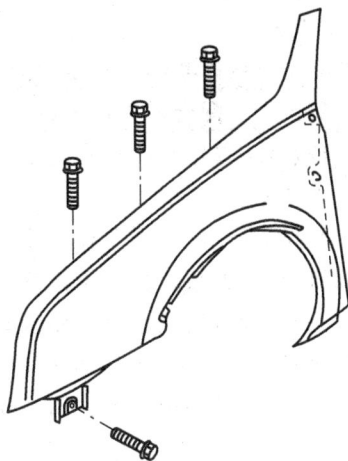

图 6-78 拆卸乘员室和发动机室的纵梁螺栓

连接到散热器支架、发动机室内部防护板件以及门后和汽车底部的盖板上。在安装翼子板时，把螺栓装在翼子板上，但是不要拧紧，而是让它的拧紧程度能够调整翼子板。松开这些螺栓，即可调整翼子板前后、左右、上下的位置。在螺栓上移动翼子板，以便使它能够与其他车身零件适当对正。前后移动翼子板直到它与车门、前罩板有正确的空间和间隙，同样前后调整翼子板以便它与门相平，并与发动机罩平行。调整好后，用螺栓拧紧翼子板。

另外，还有一种用垫片调整翼子板的方法。在螺栓下使用垫片来调整翼子板和前罩板或内翼子板的位置。通过改变翼子板的厚度，能调整翼子板到适当的位置。通常，翼子板的调整要与发动机罩的调整同步，以便获得满意的效果。翼子板和发动机罩间的间隙要达到厂家的要求。翼子板四周的间隙应该相等。

三、格栅的拆卸与更换

格栅通常是用小螺钉和夹片固定的。在拆卸紧固件前必须拆下外壳。气动棘轮机构能够拆卸和拧松格栅螺栓。在安装格栅时，要确保所有夹片没有损坏并安装好，由于大多数格栅是塑料件，因此，要小心不要过分拧紧螺栓或螺钉，以防格栅断裂。

多数格栅是能调整的，在其上有狭槽或大尺寸孔。通过拧松螺栓，能够移动格栅使其与其他零件对正。调整好格栅位置后，可慢慢拧紧格栅紧固件。

四、天窗的拆卸、更换和调整

天窗结构如图 6-79 所示。

1. 天窗玻璃高度和天窗开口配合的调整

（1）天窗玻璃镶板密封的调整　天窗玻璃镶板密封控制水流入放水槽。如果天窗玻璃镶板调整正确，密封条和车顶之间的配合将紧贴。

可按如下步骤测试配合的情况：

1）在车顶和密封条之间插入一张纸片。

2）关闭玻璃镶板。

3）抽出纸张。

如果在抽出纸张时感到有一定阻力，则配合正确。正确的调整可以确保流入天窗泄放软管的水量不致过大。配合不当可导致漏水或产生不能忍受的风窗噪声。

4）通过改变玻璃镶板的垂直高度和对中，完成所有玻璃镶板至车顶的调整。

（2）天窗玻璃镶板高度调整

1）将天窗遮阳板滑动到全开位置。

2）将天窗玻璃镶板放在全闭位置。

3）拆下四颗天窗玻璃镶板调整螺钉（每侧两颗），如图6-80所示。螺钉必须保持足够的紧度，以便将天窗玻璃镶板保持在调整后的位置上。

4）分别调整玻璃镶板四角，如图6-81所示。

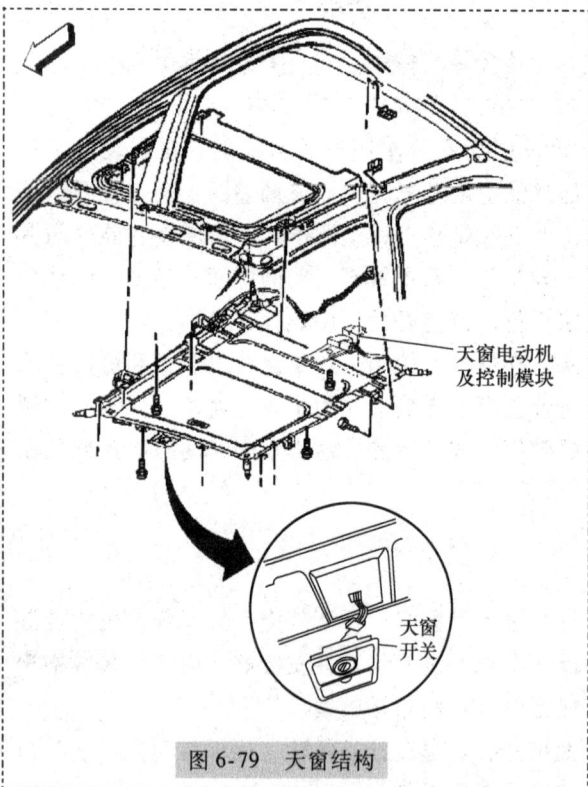

天窗电动机
及控制模块

天窗
开关

图6-79　天窗结构

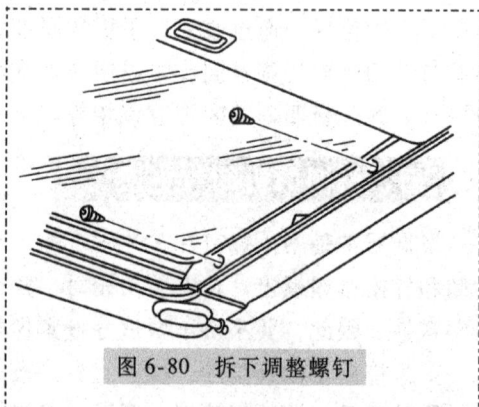

图6-80　拆下调整螺钉

5）调整天窗玻璃镶板前部。确保天窗玻璃前部3比车顶镶板顶面低0.1mm（该数据可参考所修车型的维修手册）。此外，还要将玻璃密封条1对中。

6）调整天窗玻璃镶板后部。确保天窗玻璃后部2比车顶镶板顶面低0.1mm（该数据可参考所修车型的维修手册）。

7）检验天窗玻璃镶板密封的调整。

8）紧固天窗玻璃镶板螺钉。

2. 天窗泄放软管的更换

（1）天窗前泄放软管（图6-82）的拆卸程序

1）如果更换左前软管，应拆卸驻车制动操纵杆。

2）沿前铰链柱底座拆卸隔声垫块。

3）拆卸顶篷衬层。

4）从天窗模块上的连接器管中抽出泄放软管。

5）从前车门铰链之间的放水管中抽出泄放软管。

6）从车辆上拆卸软管。

（2）天窗后泄放软管（图6-83）的拆卸程序

1）拆卸后排座椅垫。

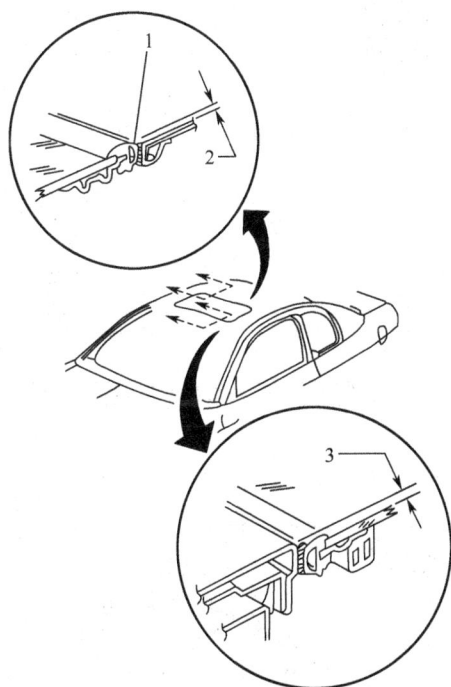

图6-81　调整玻璃镶板四角

1—天窗玻璃密封条　2—天窗玻璃后部
3—天窗玻璃前部

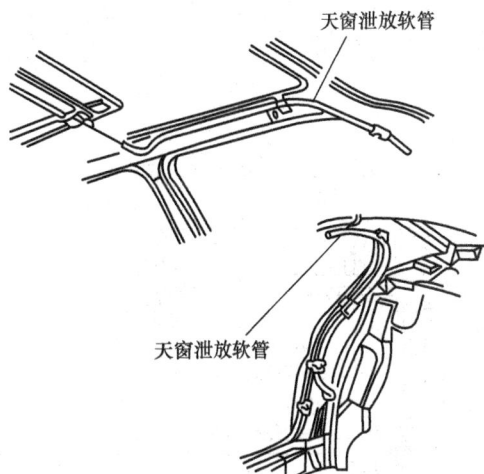

图6-82　天窗前泄放软管

2）拆卸后排座椅靠背。

3）拆卸上部后侧板装饰衬板。

4）拆卸顶篷衬层。

5）从天窗模块连接器管中抽出天窗泄放软管。

6）从C柱中拆卸天窗泄放软管。

7）从C柱底座放水管中抽出泄放软管。

8）从车辆上拆卸天窗泄放软管，如图6-84所示。

3. 遮阳板衬板的更换

遮阳板衬板的拆卸程序如下：

1）拆卸天窗。

2）从后放水槽上拆卸螺钉，如图6-85所示。

3）拆卸水槽。

4）向前推遮阳板使遮阳板从通道上退出，拆卸遮阳板，如图6-86所示。

安装完所有新的车身部件后，必须检查调整部件，确保部件间的间隙是相同的。部件周围的间隙必须达到规定的要求，同时也要检查所有板件的表面彼此是否平滑过渡。而且有必要对所有板件进行二次检查，以保证它们能够达到要求。

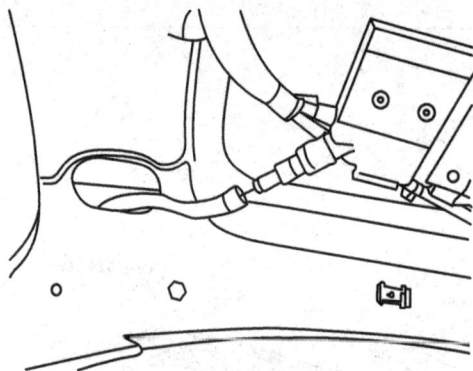

图6-83　天窗后泄放软管

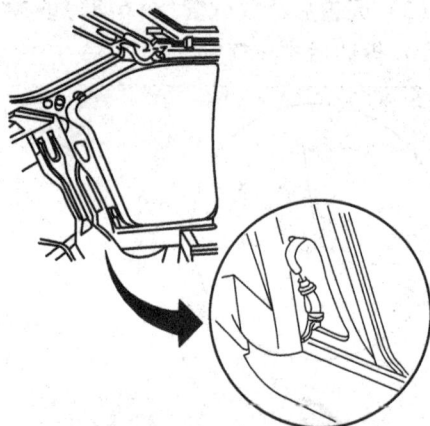

图6-84　拆卸天窗泄放软管

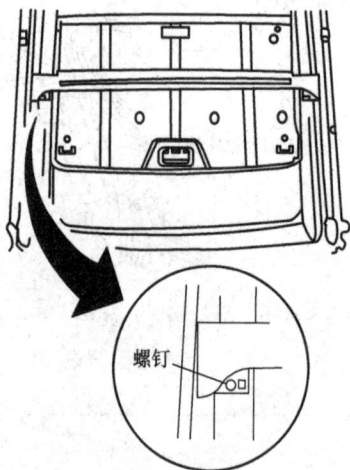

图6-85　拆卸后放水槽的螺钉

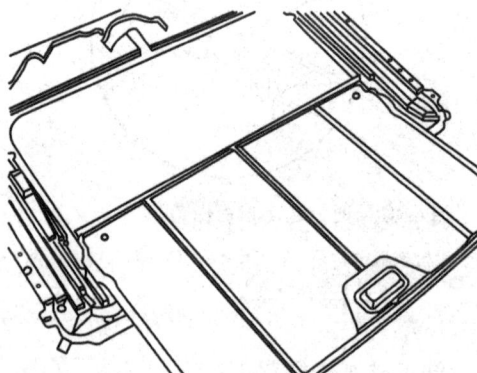

螺钉

图6-86　拆卸遮阳板

第六节　汽车车门、玻璃与行李箱盖的拆装和调整

一、车门的拆装

1. 概述

（1）车门的类型　汽车车门按其结构形式大致可分为旋转门、折叠门、推拉门、上掀

式、外摆式 5 种。

（2）车门的组成　车门主要由壳体、附件和内饰盖板三部分组成。车门壳体由厚度为 0.8～1.0mm 的薄钢板冲压、组焊而成。车门附件包括门锁机构、门铰链、门限位器、玻璃升降机构等。图 6-87 所示为桑塔纳轿车的右前车门结构图。

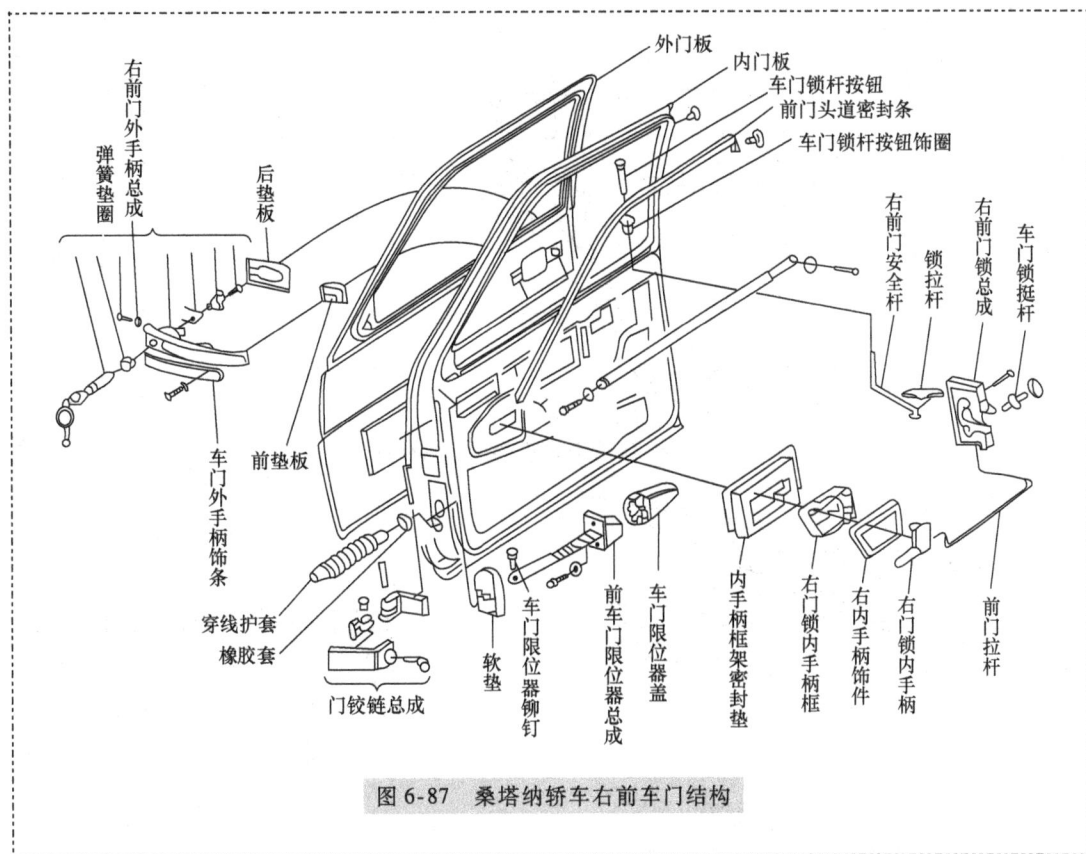

图 6-87　桑塔纳轿车右前车门结构

2. 更换车门板

通常情况下，采用牵拉复原、整平复原或更换三种方法来修理车门。应按照车门的损伤程度选用修理方法，若无法复原时则必须实施更换，重点是更换外面板。

车门板包裹着门框，并焊接在门框上。更换车门板的典型工艺如下：

（1）准备阶段

1）拆卸车门之前，检查铰链是否完好，启闭是否自如，门周间隙是否均匀一致。确定车门连接无需修理时，方可拆卸，否则应调整至符合使用要求后才可拆卸。

2）查看门板与门框的连接方式，确定必须拆卸的钣金件。

3）拆卸所有内部装饰面板、线束、金属附件及车门、窗玻璃等。

4）将车门拆下，送到修理工作台上。

（2）分离阶段

1）用氧乙炔焰和钢丝刷清除掉钣金件边缘焊点上的涂料，用焊点切割器、钻头或砂轮除去焊点。

2）测量门框和外面板边缘的距离，如图 6-88 所示。

3）用等离子切割器或砂轮在外面板门框处清除焊缝。用砂轮磨掉折边的凸缘，如图 6-89所示。

4）用锤子和錾子松开面板，用铁皮剪剪去不能磨去的焊点，如图 6-90 所示，及时移开外部面板。用钳子清除留下来的各折边凸缘，磨去残余焊点、钎焊料和铁锈。

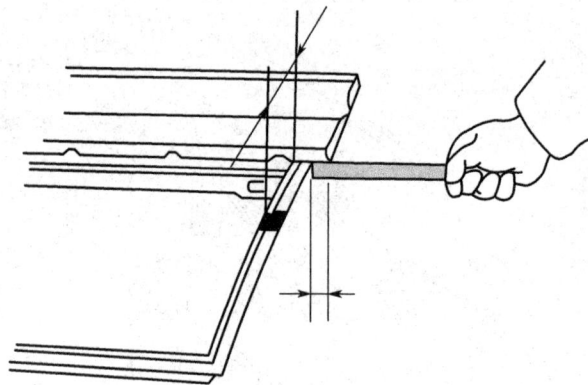

图 6-88　测量外面板的位置和对中

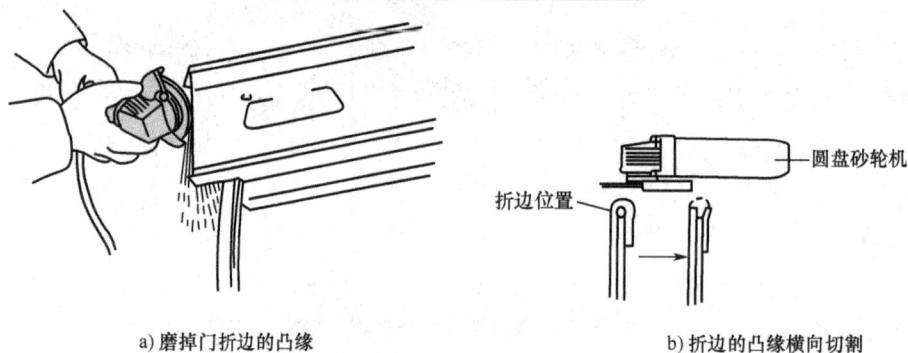

a)磨掉门折边的凸缘

b)折边的凸缘横向切割

图 6-89　用砂轮打磨

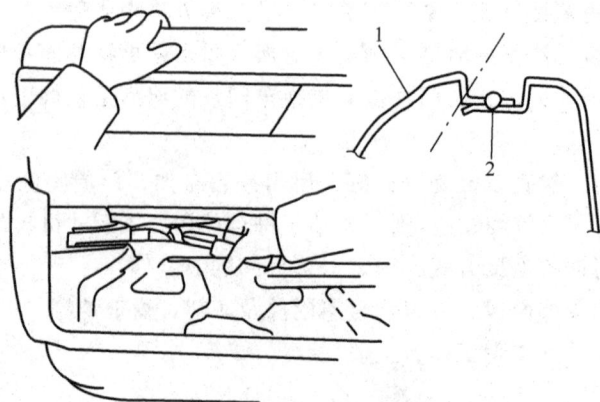

图 6-90　围绕焊点的切割

1—外板件　2—焊点

5）移去面板，细查内面板、门框结构是否完好，并进行必要的修整。在点焊区涂抹可焊透的防锈漆（导电漆），其他金属表面亦应作防腐蚀处理。

（3）新面板安装阶段

1）用钻头或冲孔机在新面板上打电铆钉焊孔，用砂轮机清除焊接区的涂料，对其他区域进行防腐蚀处理。

2）用酒精清洁装有消声垫的车门外面板，用加热灯加热外面板和消声垫，将消声垫粘贴到外面板上。

3）新面板装配之前，在其背面涂上车用密封剂。

4）将新面板用虎钳夹附到车门上，把它铆焊在门框上。

5）如图 6-91 所示，用锤子和顶铁使外面板凸缘弯曲，要小心敲打外面板的边缘，以免超出准直线。

6）将外面板凸缘弯至与内面板成 30°时，采用折边工具完成折边，如图 6-92 所示。

7）用电铆焊或点焊焊好车门玻璃窗开口上的焊点，并搭焊外面板凸缘的折边，如图 6-93所示。

a) 用顶铁弯折外面板凸缘　　　　　　b) 横截面

图 6-91　用锤子和顶铁弯折外面板

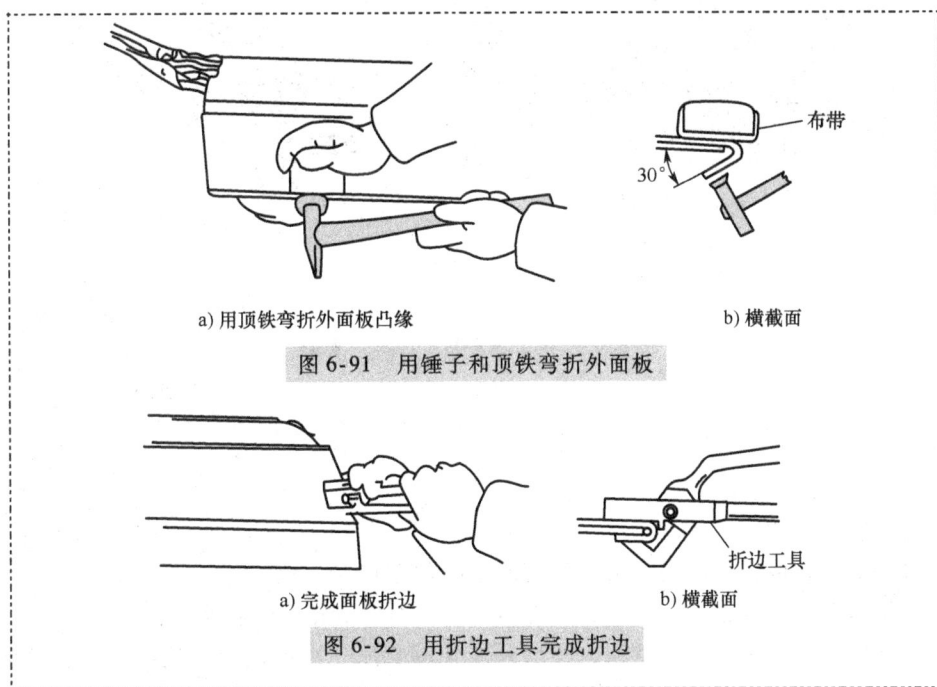

a) 完成面板折边　　　　　　b) 横截面

图 6-92　用折边工具完成折边

8）在焊接区喷涂防锈漆，在凸缘的折边处涂上密封剂。

9）在新面板上安装装饰条、装饰件等。

10）将车门安装在车身上，检验其装配的符合性、可靠性，确定无差错后再安装玻璃和其他附件，最后喷涂面漆。

3. 调整车门

汽车使用较普遍的车门是框式门。上门框内的玻璃可以上下移动，而门玻璃与其托架利用环氧树脂粘接在一起，如图 6-94 所示，通过升降器驱使托架上升或下降，达到启闭玻璃窗的目的。

框式门上的玻璃升降机构内部结构如图6-95所示。

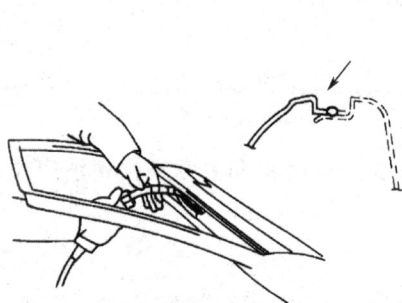

图6-93　点焊车门窗口截面

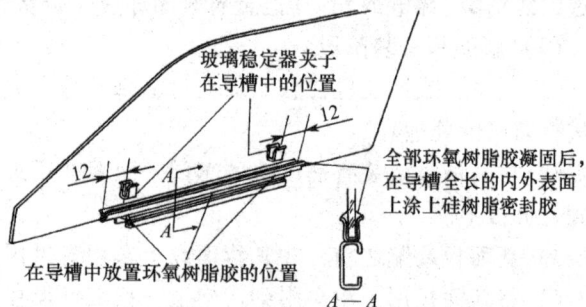

图6-94　玻璃与托架的粘接

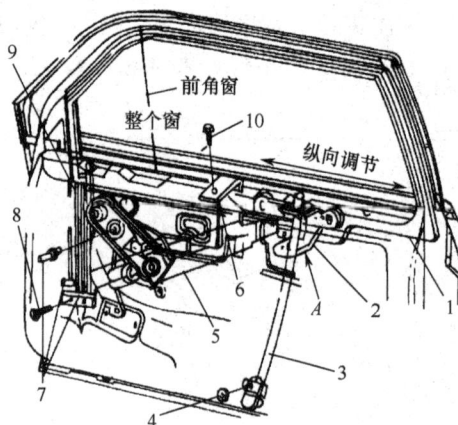

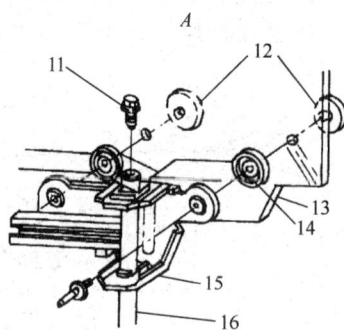

图6-95　用铆钉和垫片固定窗玻璃

1、13—车窗　2、15—托架组件　3、16—导槽和托架　4—螺母和垫片　5—摇窗器　6—稳定器
7—铆钉　8、10、11—螺钉和垫片　9—稳定器组件　12—支撑组件　14—垫片

（1）门的调整

1）门的装配与调整要求

① 门与门框必须配合恰当，关闭后其周边间隙应均匀一致。

② 门和门框用铰链连接在一起，装配时应保证车门和车身面板平齐。

③ 汽车后顶侧板是不可移动的，所以只能先调整后门，即调整后门与后顶侧板轮廓线相一致。之后，以后门为基准调整前门。

④ 由于铰链连接板上的孔径均比螺栓直径大一些，所以松开螺栓后，车门可按需要适量移动到适当位置，而后再旋紧螺栓。这就是车门的调整方法。

2）车门的调整步骤

① 按门偏离门框的情况，确定调整方向，据此判断应该松开的螺栓。

② 螺栓松开后，用千斤顶或撬棒使车门移动。

③ 将车门移动至适当位置，检验门与门框的配合处于理想状态，旋紧螺栓。

④ 移动车门撞板螺栓，检查车门与门框的相对位置，确保车门关闭可靠。

⑤ 有时还要将车门向里或向外调整，以保证车门与车身面板平齐，使车门保持良好的

密封性。车门的内外调整要考虑全面，而且操作要十分细致。

（2）门窗玻璃升降器　升降器可以电动或手动的方法来提升或降下车门玻璃，两者工作原理相同。图6-96所示为提升臂的典型X形结构。提升器有时被铆接在车门结构上，有时也用螺钉连接。

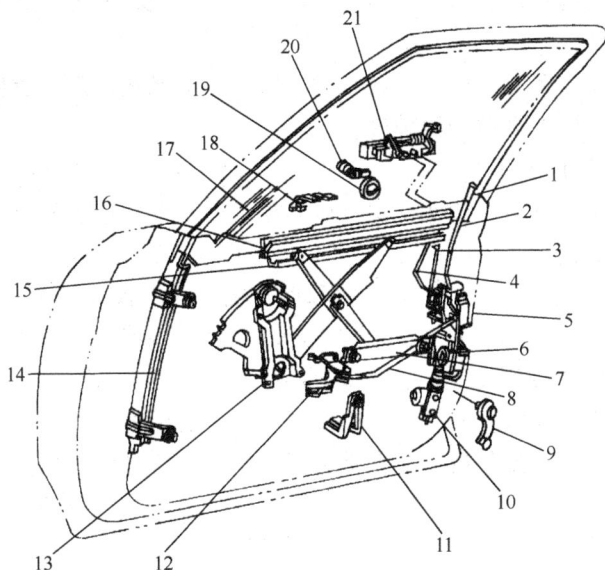

图6-96　X形车门玻璃升降器

1—内锁定杆提钮　2—内锁定杆　3—锁定连接杆的锁芯　4—锁定连接杆的外手柄　5—门锁　6—电动连接杆的内锁定杆　7—内板凸轮　8—锁定连接杆的内遥控手柄　9—手动玻璃升降器手柄　10—动力门锁传动装置　11—下移动挡块　12—内遥控手柄　13—手动玻璃升降器　14—玻璃导槽护圈　15—下窗框导槽凸轮　16—下窗导槽　17—玻璃窗　18—锁芯护圈　19—锁芯垫圈　20—锁芯组件　21—外手柄组件

修理调整升降器时，应先拆下玻璃，待修理完毕后再将其装上去。修理、调整、安装、更换升降器应注意以下两点：

1）将升降器放在车门内板上的检修孔位置上。

2）钻通升降器齿轮和后板，将螺钉插入孔中，将升降器定位在车门内板上，如图6-97所示。用螺母将组合件固定在一起。修好后，一定要拆除先前插入的定位螺钉。

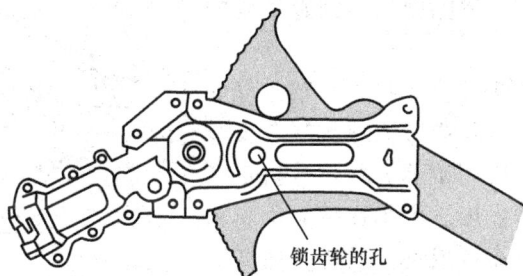

锁齿轮的孔

图6-97　用螺钉固定升降器

二、玻璃的拆装

1. 汽车玻璃的拆装

汽车玻璃以不同方式安装在车身上，一方面用于挡风、遮雨、密闭、采光，并起到了构成车身外形和装饰外观的作用。另一方面可以通过车窗玻璃改善视野，为乘客提供全方位清晰无阻的良好视线条件。

汽车上常用的玻璃有两种：一种是粘胶式玻璃，如前风窗、后风窗以及角窗上的固定玻璃，另一种是车门上安装的可移动的玻璃。

2. 粘胶式汽车玻璃的拆装

车身上装配的粘胶式玻璃，如前车窗、后车窗，通常采用橡胶密封条、专用的丁基胶带或氨基甲酸乙酯粘结剂固定。

（1）拆卸方法　首先拆下周围的装饰件和后视镜，在车窗玻璃和车窗框的中心做标记；然后，拆除通风板(如果装有)，一般通风板由螺钉固定。拆除刮水臂、后视镜等，用专用工具撬开玻璃外侧的装饰件固定夹，拆除装饰件，如图 6-98a 所示。之后，拆除橡胶密封条。如果橡胶密封条还需要重复使用时，应按图 6-98b 所示的办法进行操作，拆卸时可用螺钉旋具沿车身窗口凸缘将橡胶条拨开。为避免划伤车身或橡胶条，螺钉旋具头部还应包上一层薄布。

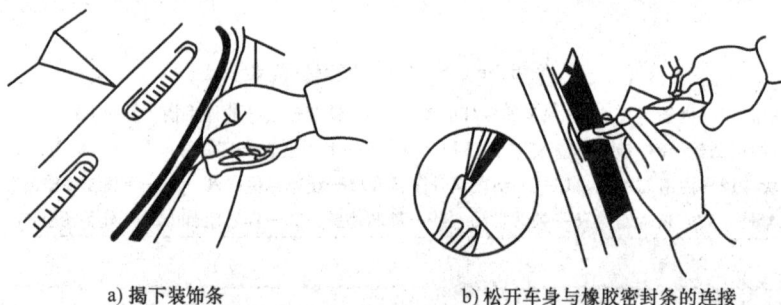

a) 揭下装饰条　　　　　b) 松开车身与橡胶密封条的连接

图 6-98　拆卸前的准备

在车内用力推出车窗玻璃，如图 6-99 所示，但用力不要太大。最后，彻底清除窗框和密封槽处的腻子和密封胶。

（2）安装方法　随着现代汽车技术日新月异的迅猛发展，粘胶式汽车玻璃除应考虑现代汽车安全因素外，固定安装方法和所用工具、材料也决定了汽车整体的安全性和舒适程度。汽车往往会由于粘胶式汽车玻璃的安装粗糙而造成不少后患，如高速行驶途中的哨声，洗车或下雨时的漏滴水现象等。如何避免此类现象的发生，已成为目前广大汽车维修企业和汽车维修过程中玻璃安装工重视的问题。

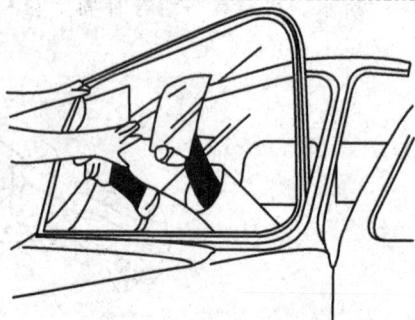

图 6-99　用力推出车窗玻璃

镶装时，应先将玻璃的边缘和窗口清理干净，然后按图6-100所示的方法，先将玻璃边缘擦干净。

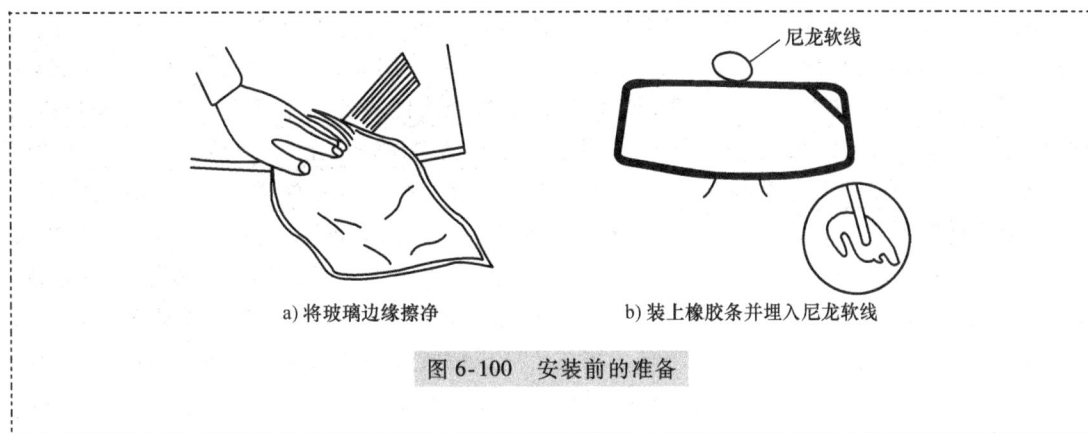

a) 将玻璃边缘擦净　　　　b) 装上橡胶条并埋入尼龙软线

图6-100　安装前的准备

在确定玻璃安装槽口弧线与玻璃弧线相吻合，整体安装没有困难（玻璃边缘装饰条的装饰效果良好）的情况下，对粘胶式汽车玻璃的安装（主要针对前后风窗玻璃）作如下说明：

1）玻璃边缘的表面处理。除少数汽车玻璃在安装过程中使用了蛇形不干软胶，一般粘胶式汽车玻璃均使用聚氨酯结构胶粘接。聚氨酯结构胶能够牢靠地附着在各种材料上，如粗糙的、上过底漆和上过漆的钢板上，它有时可代替焊接粘接汽车钢板，且不损坏漆皮。它可应用于铝、合金钢、ABS材料、玻璃钢、聚氨酯塑料、有机玻璃、硬聚氨酯、硬聚乙烯、软聚氨树脂、木材及玻璃等表面，具有无气味，不腐蚀黏附材料，抗化学腐蚀能力强，可打磨，可抵抗紫外线、气候及老化，安全可靠，对人体完全无害等优点。因此在安装汽车粘胶式玻璃前对粘接表面进行的处理将对粘接的效果产生广泛的影响。如何对粘接表面进行处理显得十分重要和必要。一般考虑全部削去底胶，表面层只留下1~2mm的厚度，这个厚度对汽车粘胶式玻璃特别是碰撞损坏玻璃的车身结构表面处理十分必要。因为碰撞损坏的玻璃所粘接的车身结构表面与车身结构、车身均有明显或不明显的变形变化，这种变形一般都会使玻璃粘合胶与车身结构之间产生剥离。在再次安装玻璃前，若没有发现这种剥离，到进行较为粗糙或简单的表面处理后，会给重新粘接的玻璃带来不同程度的影响，如行驶时发生漏风、哨声，下雨时或高压水洗车时漏水滴水的现象。如果将残留胶削到1~2mm的厚度时，均会因为削薄过程的进行而发生局部剥离现象。

2）整形校正加工或更换与玻璃粘接面相关的结构件的表面处理。整形校正玻璃安装槽的变形位置，大都必须把原来的粘合胶去除干净。去除粘合胶的方法很多，有使用氧-乙炔火焰加热的，有使用高速砂轮磨削的，在不少时候需要拆卸有关的结构件，进行整形校正后再焊接，严重变形的则需要更换此结构件。无论进行整形、加工或更换，钣金施工完成后留下的表面应无残留底胶、底漆。若有残留底胶、底漆或更换件上原本就带有底胶或底漆，一般都要打磨干净至金属光亮后，再涂汽车专用防锈、防腐、耐酸底漆。原残留或更换件自带的底漆均不满足粘胶式汽车玻璃粘接用表面的处理要求。玻璃安装表面要随汽车表面一起使用车身表面漆喷涂至干燥硬化后方可进行粘胶玻璃的安装。

3）具体安装工艺步骤为：进行表面的清洁处理，在确认将原残留胶削至1~2mm的厚度后，再对表面磨削面需油漆的面进行油漆处理。油漆硬化程度达标（一般以手指甲刻划无痕）后，使用粘胶式玻璃专用清洁剂、工业酒精、高标号汽油等有效的有机溶剂进行表面擦拭，玻璃边缘粘胶部位同样需要擦拭干净。而后再使用粘胶专用促进剂进行表面处理——擦拭。最后进行注胶。注胶的枪嘴一般削成长三角形，这样一来可以方便车身窗口由于整形、校正时的高低不均匀形成的较低点粘胶，二来也可以节约用胶量而使玻璃粘接牢靠（**注意：胶三角形成型可靠性主要表现在三角形胶注在玻璃边缘上的厚度一般可达 15mm。如果胶枪把持得当，三角形口开锯合适，三角形条状柱胶也方便玻璃覆盖压上后，玻璃弧线与车身玻璃安装槽的弧线紧密粘合，粘接位的胶体饱满、美观、牢靠，避免注胶外溢，减少或避免缝后工作**）。玻璃覆盖到车身后，其内有胶柱与车身粘接，胶柱受温度、湿度的影响，一般需要 24～36h 才能彻底干固。因此在玻璃稳定在车身上后，外表面可使用较宽的透明胶带粘住，这种固定胶带的选择要考虑：结构胶干涸后，揭去固定胶带后可能在车身或玻璃上留下残胶，特别是一些刚刚进行过油漆的车身，往往会造成粘胶位的油漆随之剥落，造成不必要的返工。因而应使用品质较好、长时间粘接后也不会在表面留下残胶的胶带。还有一点，玻璃饰条如果是软橡胶条，一般要在饰条盘缠玻璃后的接触点位，使用少量的结构胶进行粘接。这样可避免玻璃安装后出现胶条局部或全部松脱或掀起，只要注胶枪口的三角形的锥度足够，都可以避免车辆在行驶过程中出现哨声、杂音、漏风、漏水等现象。

实际车辆维修过程中，不少的玻璃安装工甚至有些所谓专业的汽车玻璃安装工都会保留大量的原车身玻璃胶柱，再次粘接时只削去表面的胶痕，而留下大量的胶柱，这样做似乎可以节约不少的玻璃胶。因为再次粘接时只需在表面注入少量的玻璃胶即可把玻璃表面安装到位，甚至大量的玻璃安装工或维修企业主为了节约成本，违规使用不适合汽车使用的普通硅酮胶进行灌注，且表面简单地覆盖薄薄的一层，可能没有发现深层产生的剥离，这样只能造成事后故障多发和漏风、漏雨、哨声等粘接不实的现象。而这些故障的排除又需要对该玻璃进行拆卸重新安装，费工费时，提高维修风险。如采取局部粘堵的补救措施，效果又不是十分理想。

总之，如遵循科学的方法，使用合理的辅剂进行处理，使用合格的车用聚氨酯结构胶和正确的粘接方法，那么粘胶式汽车玻璃的安装是可靠可行的。

3. 可移动玻璃的拆装

下面以前车门玻璃为例说明可移动玻璃拆装的步骤：

1）拧下螺钉2，取出车门锁止按钮1，再取下玻璃升降器手柄盖，拧下螺钉3，拆下扶手4，如图 6-101 所示。

2）拧下螺钉1，拆下玻璃升降器手柄3，拆下盖子2，拧下螺钉5，然后拆下文件盒4，如图 6-102 所示。

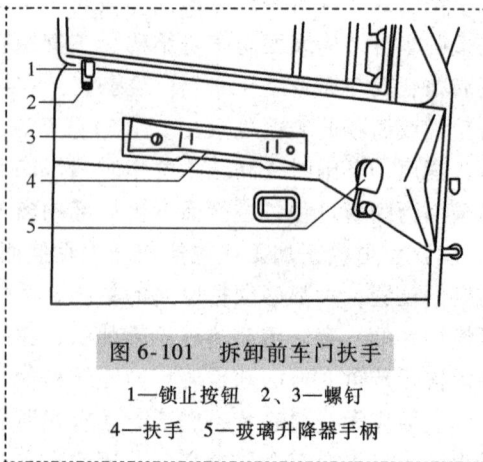

图 6-101　拆卸前车门扶手

1—锁止按钮　2、3—螺钉
4—扶手　5—玻璃升降器手柄

3）拆下车门内饰板 1 和 2，如图 6-103 所示。

4）拆下保护膜，如图 6-104 所示。

5）把前门玻璃降至最低点，然后拆下车门玻璃的内外封条 1 和 2，如图 6-105 所示。

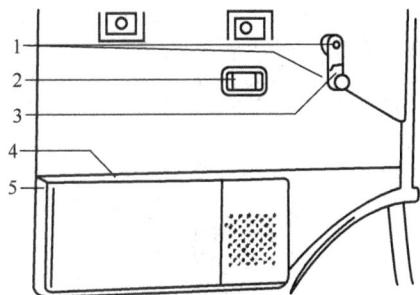

图 6-102　拆卸前车门文件盒
1、5—螺钉　2—盖子
3—玻璃升降器手柄　4—文件盒

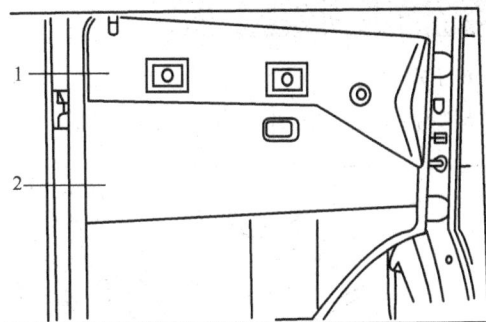

图 6-103　拆卸前车门内饰板
1、2—车门内饰板

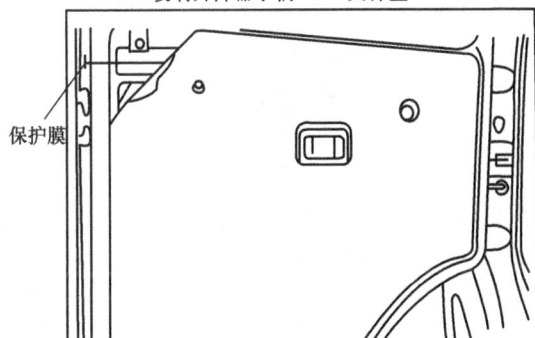

图 6-104　拆卸保护膜

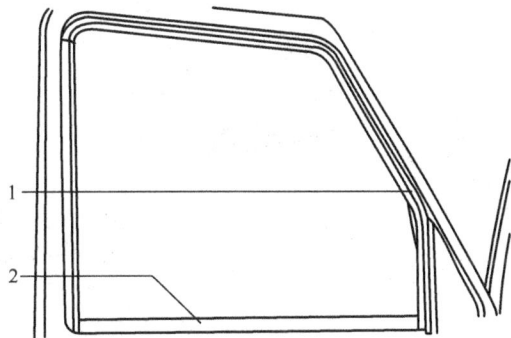

图 6-105　拆卸内外封条
1、2—车门玻璃封条

6）拧下螺钉 2 和 6，然后取出玻璃导轨 1。取下销子 4，然后从托架 5 上卸下车门玻璃 3，顺时针方向转动车门玻璃 3，再将它提起并取出，如图 6-106 所示。

可移动的玻璃如车门玻璃的安装应该按照与拆卸相反的顺序进行。

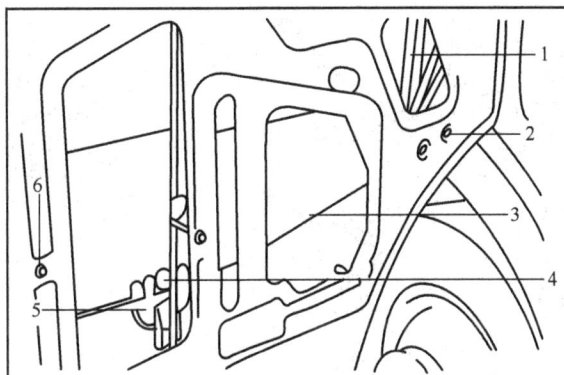

图 6-106　取出玻璃
1—玻璃导轨　2、6—螺钉　3—车门玻璃　4—销子　5—托架

三、行李箱盖的调整

图 6-107 所示为行李箱盖开启的状况，从图中可以看出，行李箱盖也是用两个铰链连接到后部车身板上的。另外，行李箱盖必须具有密封装置。其与相邻板件的间隙要均匀一致。

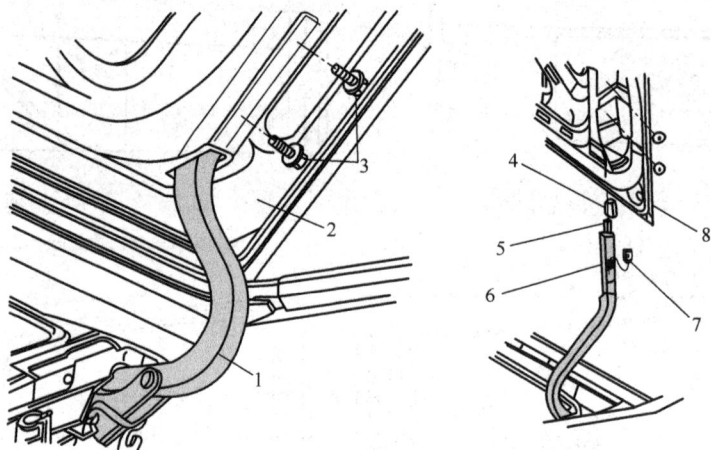

图 6-107 行李箱盖铰链

1—铰链组件 2—箱盖组件 3、4—螺钉和垫圈
5、7—调整垫片 6—铰链 8—行李箱盖

行李箱盖铰链的连接板上的孔是腰形的，便于松开螺栓后对行李箱盖作适当的位置调整，即作左右、前后的位置调整。位置调定后即旋紧螺栓。

图 6-108 所示为行李箱盖锁的组件图。锁组件一般安装在行李箱盖后部居中位置，撞针用螺栓固定在汽车后部板上。

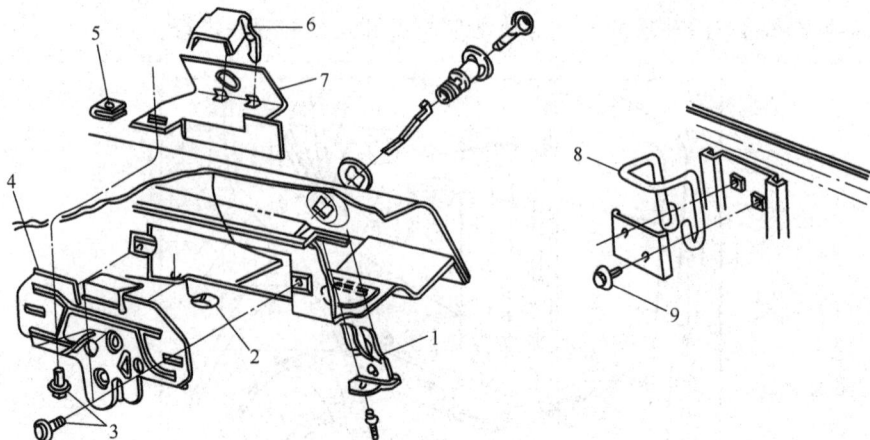

图 6-108 典型的行李箱盖锁

1—定位器 2—弹性螺母 3、9—螺栓 4—挂钩组件 5—U形垫片 6—支座 7—托架 8—撞针组件

第七节　车身钢板的更换

车身钢板的更换，一般只针对于钢板在遭受猛烈撞击后损伤严重，经确认无法修复或修复后无法达到其原有形状和性能的一种维修手段。在进行此项工作时，应借助经验并采用适当的技术和工艺规程，正确地分割、匹配和焊接各组件，这样才能保证钢板更换后的维修质量。

一、正确选择钢板的更换和连接方式

车身钢板的更换大致可分为总成更换和切接更换两种方式。总成更换是按照正厂零件的供应方式，在车身制造时的接缝处整组更换损伤的钢板，这种更换方式在实际工作中应用较多。切接更换是对损伤部位进行局部切割后，在切割部位焊接上与原来形状相同的板件。大多数的生产厂家建议更换板件应在车身制造时的接缝处进行。但从实际的情况来看，这种做法往往是不切实际的。因为必须分离的接缝，较多深处于未受损伤的区域内部。同时在采用整体更换时，需拆卸的相关构件较多。这样不但会延长维修车辆的作业时间，增加维修费用，而且还会对未受损伤的完好区域造成不应有的破坏。所以，更换车身钢板时，只要根据实际情况，严格按照操作规程操作，在确保不改变车辆的原有性能和强度的前提下，是可以对钢板进行局部的切接更换的。

前文讲过，钢板的连接可分为插入件平接、交错平接和搭接三种方式。对于究竟采用哪种连接方式，应根据板件的受损程度、撞击位置、金属的材质和结构形式等不同情况而定，并应确保车辆原有的性能及外观。对此，各种技术资料都有详尽的介绍，生产厂家也会针对不同部位给出技术性的指导意见。**但笔者认为在对有些车身本体外部钢板（如车身后翼子板）进行切接更换时，接口形式最好在平接的基础上作一些改动，比如说采用插入件对接方式。**因为只采用简单的平接方式，很难控制接口

处由于焊接热量而产生的膨胀和收缩。另外在焊接时由于板材较薄，为防止击穿，一般采用的焊接电流较小，且焊接后为获得表面良好的平整度，必须用砂轮对焊缝进行打磨，这些都使其强度难以保证。所以在对这类板件进行平接方式连接时，可在两板材间留出 3～4mm 的间隙，并从更换板件上的多余部分或损伤的部件端口，切割下一块与接口处相同形状的板材，通过电阻焊或塞焊将其固定在接口处的背面（图6-109）。在采用二氧化碳气体保护焊时，焊丝可以从预留的间隙将三块板件同时融为整体。这样在焊接时不但便于操作，而且焊接后无论从磨削后的平整度还是强度上都得到了很好的保证。

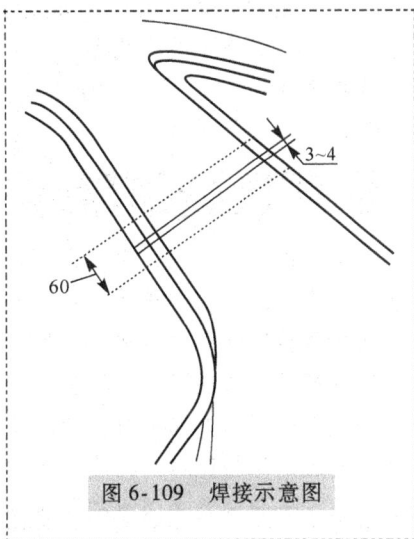

图6-109　焊接示意图

二、确定分割位置及板件的分离

承载式车身除少数的板件为了日常维护维修方便可进行拆卸外，其余的板件则主要还是通过焊接方式（二氧化碳气体保护焊、电阻焊、钎焊等）连接在一起，从而形成一个整体的刚性框架结构。这样做的最大优势是车辆一旦受到撞击，车身的设计弯曲处、预留的开口处等应力区域便会发生变形，以吸收碰撞能量，达到保护室内乘员安全的目的。所以在切割时，要避开这些应力集中区、负载集中区，同时还要避开一些孔和加强件，以保证车辆的原有安全性能。对于内部加强件的确切位置，可以从观察板件的侧面或表面有无电阻焊点来确定。在选择切割位置时，还应避开影响关键尺寸的区域，并尽量选择在焊接后需要涂装的面积小和涂装容易的区域。另外在确定不影响接口强度的情况下，可选择周围有端口和内层板件有孔或缝的位置作为切割位置。这样在接口处不平或由于焊接等原因产生变形时，便于插进修平刀进行修复整平工作。在充分考虑这些因素及注意事项后，可通过尺寸测量、利用钢板的边缘、使用塑胶样板规和切除重叠部位等方法确定切割位置。

当确定好切割位置进行钢板的分离时，应根据其连接方式正确选择合适的工具。车身各板件一般通过焊接、螺钉连接、铆接和折边咬合等方法连接在一起。板件的分离可使用氧-乙炔火焰切割、等离子切割、钢锯、砂轮、电钻等工具和设备进行。分离的最终质量取决于所选择的工具和方法，并要求钣金维修人员应掌握钳工基础工艺和具备熟练的操作技能与经验。这点十分重要，如在采用钻削分离钢板的电阻焊点时，钻头的切削角度刃磨得恰当与否，对钻削质量、生产效率和钻头的使用寿命等有很大影响。日常工作中，经常会见到维修人员在对焊点分离时，由于

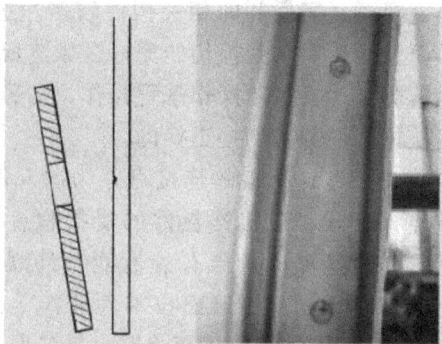

图 6-110 焊点分离后的正确形状

切削角度不正确或不按规范操作，将两层或多层板件同时钻透而形成孔，这样就为以后的焊接工作带来了一定的难度。如果采用合适刃度的钻头，在焊点分离后其正确形状应如图6-110所示。

三、板件的安装与定位

钢板在进行安装前，应首先制定出一套合理的安装顺序。特别是对于一些严重受损的事故车，所需更换的大面积损伤部位往往是由若干块钢板通过焊接等方式连接起来的一个整体。每块钢板安装顺序的先后，都有可能对最终维修质量、生产效率和劳动强度等产生影响。通常情况下，在对车身所有变形部位修复到位后，应先对结构性构件及框架等主要构件按照与撞击相反的方向进行安装定位，然后再对相关构件和附属于它们的构件、外观覆盖件等进行安装定位与比对。经确认无问题后即可进行焊接工作。**但是必须要注意，钢板焊接前的定位工作十分重要，因为在焊接完成后，钢板是无法适时调整的。**一旦钢板在焊接后发现定位错误，那将是灾难性的。特别是对于结构性部件，由于它们是车身零部件和附属于它们的外部钢板安装的基础，定位准确与否，将直接关系到车辆的行驶、转向与外观等基本

性能。

　　所以，更换车身钢板时，应通过定位方法将其严格控制在误差范围内。钢板的定位方法可分为测量法和适配法两种。在进行承载式车身结构性构件更换时，必须使用测量工具来确定安装位置。对于车身外部钢板的更换，由于很难获取或采集到其实际数值，可通过观察其与周围钣金件的间隙是否均匀，轮廓线是否平齐等不同情况确定其位置。对结构性构件（如纵梁）进行定位时，一般在确定其长度后先用螺钉或点焊进行暂时固定，再先后对其宽度值与高度值进行调整。但有时在对其宽度值或高度值进行调整时，又会发现原来已经调整到位的数值发生了新的变化，不得不再次进行细微调整。如此反复，直至各数值达到正常。

　　车身钢板的安装与定位是一个十分繁杂的过程。但在结构性钢板更换时，如果能配有定位夹具系统或一些自制的夹具，那么钢板的安装与定位工作相对就比较容易了。在钢板安装前，可将板件的各工艺孔、螺钉孔和柱销孔等相对应的每个夹具数值设定在标准范围内，然后将已准备好的更换板件安装到夹具上，便可进行精确定位，经确认无误后即可实施焊接工作。

　　当然，在钢板更换过程中和焊接后，还应做好更换部位的防腐工作，以确保车辆的维修质量和使用寿命。但要注意，防腐工作并不仅仅是在焊接后的工作。钢板在焊接前，也应先喷涂底漆（特别是对于封闭式的箱形构件），并在搭接部位涂抹可焊透的富锌涂层等。

第八节　承载式车身结构件与非结构件修与换的掌握

一、承载式车身结构件修与换的掌握

　　在汽车的损失评估中，受损零件修与换的标准把握是困扰评估人员的一个难题，同时也是评估人员必须掌握的一项技术，这是衡量汽车评估人员专业水平高低的一个重要标志。在保证汽车修理质量的前提下，"用最小的成本完成受损部位修复"是评估受损汽车的原则。碰撞中常见损伤零件有承载式车身结构钣金件、车身覆盖钣金件、塑料件、机械件及电器件。

　　碰撞受损的承载式车身结构件是换新还是修复？这是汽车评估人员几乎每天都必须面对的问题。美国汽车修理协会经过大量研究，得出关于损伤结构件修复与更换的一个简单的判断原则，即"弯曲变形就修，折曲变形就换"。

　　1. 弯曲和折曲

　　为了更加准确地了解弯曲和折曲这两个概念，必须记住下面的内容。

　　（1）弯曲变形的特点

　　1）损伤部位与非损伤部位的过渡平滑、连续。

　　2）通过拉拔校正可使它恢复到事故前的形状，而不会留下永久的塑性变形。

　　（2）折曲变形的特点

　　1）折曲变形剧烈，曲率半径小于 3mm，通常在很短的长度上弯曲可达 90°以上。

　　2）校正后，零件上仍有明显的裂纹或开裂，或者出现永久变形带，不经调温加热处理不能恢复到事故前的形状。

2. 承载式车身结构件换与修

美国汽车修理协会给出的"弯曲与折曲"的概念是作为判断承载式车身结构件是更换还是修复的依据，评估人员必须了解以下知识：

1）在车身折曲和随后的校正过程中钢板内部发生了什么变化。

2）为什么那些仅有小的折曲变形或有裂纹的大结构件也必须更换。

3）当决定采用更换结构板件时，应完全遵照制造厂的建议。这一点非常重要，当需要切割或分割板件时，必须遵守厂方的工艺要求，一些制造厂不允许反复分割结构板件。另一些制造厂规定只有在遵循厂定工艺时，才同意分割。所有制造厂家都强调，不要割断可能降低乘客安全性的区域、降低汽车性能的区域或者影响关键尺寸的区域。然而，在我国，多数汽车修理企业没有做到完全按制造厂工艺要求更换车身结构件。所以，在我国应采用"弯曲变形就修、折曲变形就换"，而不是"必须更换"，从而避免产生更大的车身损伤。

4）高强度钢在任何条件下，都不能用加热法来校正。

二、非结构件修与换的掌握

非结构件又称覆盖件，承载式车身的覆盖件通常包括可拆卸的前翼子板、车门、发动机罩、行李箱盖和不可拆卸的后翼子板、车顶等。

1. 可拆卸件

（1）前翼子板

1）若损伤程度没有达到必须将其从车上拆下才能修复，整体形状还完整，只是中部的局部凹陷，则一般不考虑更换。

2）损伤程度达到必须将其从车上拆下来才能修复，并且前翼子板的材料价格低廉、供应流畅，材料价格达到或接近整形修复的工时费，应考虑更换。

3）如果每米超过3个折曲、破裂变形，或已无基准形状，那么应考虑更换（一般来说，当每米折曲、破裂变形超过3个时,整形和热处理后很难恢复其尺寸）。

4）如果每米不足3个折曲、破裂变形，且基准形状还在，那么应考虑整形修复。

5）如果修复工时费明显小于更换费用，那么应考虑以修理为主。

（2）车门

1）如果门框产生塑性变形（一般来说是无法修复的），那么应考虑更换。

2）许多汽车的车门面板是作为单独零件供应的，损坏后可单独更换，不必更换总成。其他同前翼子板。

（3）发动机罩和行李箱盖　绝大多数汽车发动机罩和行李箱盖，是用两个冲压成形的冷轧钢板经翻边胶粘制成的。

判断碰撞损伤变形的发动机罩或行李箱盖，是否要将两层分开进行修理，如果不需将两层分开，那么不应考虑更换。若需将两层分开整形修理，则应首先考虑工时费加辅料与其价值的关系。如果工时费加辅料接近或超过其价值，那么不应考虑修理。反之，应考虑修复。

2. 不可拆卸件

所谓不可拆卸件是指与车身焊接成一整体，通常被认为不可拆卸的车身部件，包括三厢车的后翼子板、车顶、车身立柱及车辆的左右下裙板等。

在车辆的实际修复过程中，这些部件是可以单独更换的，但由于更换需从车身上将其切割下来，而国内绝大多数汽车修理厂在切割和焊接上，满足不了制造厂提出的工艺要求，造成车身结构方面产生新的修理损伤，因此在国内现有修理行业的设备和工艺水平条件下，后翼子板只要有修理的可能性都应采取修理的方法修复，而不应像修理前翼子板一样考虑值不值得修理的问题。

第七章

塑料件的修复

第一节　汽车用塑料概述

一、塑料的特点

塑料是一种高分子材料，近年来在汽车上的应用越来越多，已由内外装饰件向车身覆盖件和结构件方面发展。例如前照面、保险杠、发动机罩、行李箱盖、顶盖、翼子板、车门内护板和某些车身骨架构件等。甚至有些大汽车公司正在用复合材料做承载力最大的底盘车架，如福特汽车公司在 2001 年将复合材料底盘应用在一辆叫"探索者"的小皮卡样车上。

汽车的塑料用量增长速度如此之快的原因主要是由于塑料的特性与人们对汽车的期望要求很契合，因此一拍即合。

塑料在汽车上的应用有以下六大优点：

1）轻量化是汽车业追求的目标，塑料在这方面可以大显其威。一般塑料的密度为 $0.9 \sim 1.5 g/cm^3$，纤维增强复合材料密度也不会超过 $2.0 g/cm^3$，而金属材料的密度则相对大很多，如钢为 $7.9 g/cm^3$、黄铜为 $8.4 g/cm^3$、铝为 $2.7 g/cm^3$。因此应用塑料是减轻车体重量的有效途径之一。

2）塑料成型容易，可使形状复杂的部件加工简单化。例如仪表台用钢板加工，往往需要先加工成型各个零件，再分别用连接件装配或焊接而成，工序较多。而用塑料可以一次加工成型，缩短加工时间，精度有保证。

3）塑料制品的弹性变形特性能吸收大量的碰撞能量，对强烈撞击有较大的缓冲作用，对车辆和乘员起到保护作用。因此，现代汽车上都采用塑化仪表板和转向盘，以增强缓冲作用。前后保险杠、车身装饰条都采用塑料材料，以减轻外物体对车身的冲击力。另外，塑料还具有吸收、衰减振动和噪声的能力，可以提高乘坐的舒适性。

4）通过不同组分搭配的复合材料有含硬质金属的颗粒复合材料，有以夹层板材和树脂胶合纤维为主的层板复合材料和以玻璃纤维、碳纤维为主的纤维复合材料，这些复合材料具有很高的强度，可以代替钢板制作车身覆盖件或结构件，减轻汽车的重量。

5）塑料耐蚀性强，局部受损不会腐蚀，而钢材制件一旦漆面受损或先期防腐做得不好就容易生锈腐蚀。塑料对酸、碱、盐等耐蚀能力大于钢板，如果用塑料做车身覆盖件，十分适宜在污染较大的环境中使用。

6）根据塑料的组织成分，可以通过添加不同的填料、增塑剂和硬化剂制出所需性能的塑料，改变材料的强度及加工成型性能，以适应车上不同部件的用途要求。例如，保险杠要有相当的强度，而座垫和靠背就要采用柔软的聚氨酯泡沫塑料。更方便的是塑料可以通过添加剂调色产生不同的颜色，可以省去喷漆工序。有些塑料件还可以电镀，例如 ABS 塑料具有很好的电镀性能，可用于制作装饰条、标牌、开关旋钮、车轮装饰罩等。

　　由于上述优点，在汽车上塑料件的应用将会越来越多，图 7-1 所示为典型汽车塑料件的分布位置，由此可见汽车塑料件的应用越来越多。而且随着塑料件的应用，汽车车身修复，乃至汽车修理都会发生重大变革，汽车塑料件的修复方法也会成为汽车修理工必须掌握的技术。

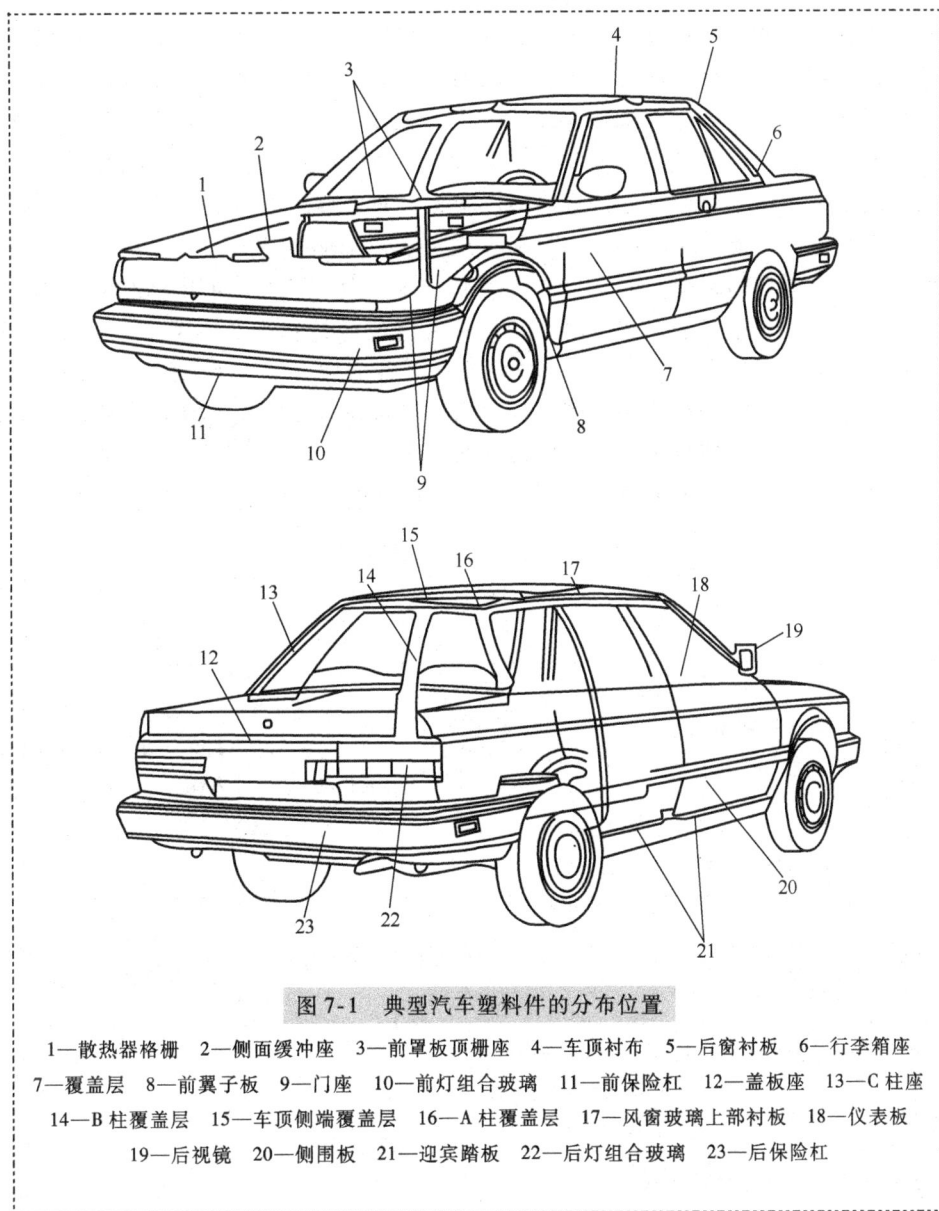

图 7-1　典型汽车塑料件的分布位置

1—散热器格栅　2—侧面缓冲座　3—前罩板顶栅座　4—车顶衬布　5—后窗衬板　6—行李箱座
7—覆盖层　8—前翼子板　9—门座　10—前灯组合玻璃　11—前保险杠　12—盖板座　13—C 柱座
14—B 柱覆盖层　15—车顶侧端覆盖层　16—A 柱覆盖层　17—风窗玻璃上部衬板　18—仪表板
19—后视镜　20—侧围板　21—迎宾踏板　22—后灯组合玻璃　23—后保险杠

塑料件包括保险杠、翼子板喇叭口、保险杠左右弧形接板、翼子板挡泥板、格栅开口板、防飞石护板、仪表板、装饰板、燃油管、车门面板、后侧围板和发动机部件。塑料件使用范围的扩大使碰撞修理产生了各种新的方法。比起更换，许多塑料件维修起来更经济，特别是在部件不必拆下的情况下。擦伤、裂缝、凹槽、撕裂和刺穿都是可维修的。必要时，一些塑料件还可以在变形之后重新修整回它们的原来形状。塑料件的背面有时会印有符号，以表示塑料的种类。

二、塑料的种类

汽车结构中常见的塑料件有两种类型：热塑性塑料和热固性塑料。

热塑性塑料可以通过加热反复地软化和变形，其化学成分不会发生变化。在加热时变软或熔化，而在冷却时则变硬。热塑性塑料可以用塑料焊机进行焊接，也可以进行粘接维修。

热固性塑料在热量、催化剂或紫外线的作用下会发生化学变化。硬化后形成永久形状，不能通过反复加热或使用催化剂进行改变。热固性塑料通常用挠性零件维修材料来进行维修。一般情况下，用化学粘接方法修理热固性塑料，而热塑性塑料则使用焊接的方法修理。

为了获得特定的性能，将不同的塑料和其他成分混合在一起就形成了一种复合塑料。例如玻璃纤维加强型复合塑料板，通常称之为片状模塑料（SMC）。使用SMC的原因很简单，相比较传统的材料，它重量轻、耐腐蚀、耐凹痕并且较容易修理。使用SMC和其他纤维增强塑料（FRP）不是新技术，它们已经用在汽车的各种部件上多年了。使用加强塑料的大的外部车身板也很常见了。新鲜的是这些板件用粘结剂粘到金属立体车架上，增加了整个汽车的结构刚性，这一点和早期汽车上的外部板不同。

表7-1和表7-2包含了各种汽车塑料件的相关信息以及它们的维修方法。

表7-1 塑料件维修快速指南

		维修方法					
		A	B	C	D	E	F
步骤1	塑料识别	热固性聚氨基甲酸乙酯	ABS、聚氨基甲酸乙酯、尼龙、聚碳酸酯	PP、TPO、TEO、TPE、PE或其他	ABS、SMC、玻璃纤维、PC混合物	SMC、UP、FRP、玻璃纤维	ABS、SMC、玻璃纤维、PC混合物
步骤2	清洁	用肥皂、水和塑料清洗剂清洁零部件					
步骤3	维修	热固性聚氨酯焊接	热塑性熔焊	万能玻璃线	瞬间胶粘	双组分环氧树脂粘结剂	刚性塑料维修包
步骤4	填充	打磨并涂抹填料以符合衬底的硬度					
步骤5	打底	涂抹柔软的底漆，然后用密封剂密封					
步骤6	涂漆	涂带有增韧剂的面漆					

表7-2　不同塑料件的维修方法

符号和类型	怎样识别	典型用途	建议维修方法	维修技巧
PUR、RIM、RRIM、热固性聚氨基甲酸乙酯	通常是柔软的，可以是黄色或灰色，试图熔化时会起泡和冒烟	挠性保险杠护罩护板、门槛套	方法A（用聚氨酯焊条）或方法C（万能玻璃线）	不要试图熔化基底材料，只将焊条熔化到V形槽内就行，像热熔胶一样
SMC、UP、FRP、玻璃纤维	坚硬的、玻璃纤维加强聚酯、打磨细腻	刚性车身面板、翼子板、发动机罩、行李箱盖、扰流器、顶板	方法E（用双组分环氧树脂和玻璃纤维加强材料维修）	用衬板放到孔上，用玻璃纤维布以增加强度并接近热膨胀
ABS（丙烯腈丁二烯苯乙烯）	坚硬的、通常是白色，但是可以铸成任何颜色，打磨细腻；加热时气味难闻	仪表板、格栅、装饰嵌条、控制台、肘靠	方法B（用5003R3），方法D（瞬间粘结剂）或方法E（双组分环氧树脂）	用了增加强度，焊接维修时必须用环氧树脂衬底
EEBC	柔软、白色，外观与PUR相似	门槛套嵌条、保险杠延长段	方法C（5003R10）	
EMA	半硬、各种颜色，没有喷漆	保险杠护罩	方法C（5003R10）或方法B（从废料上切下小条）	打磨整个保险杠，用Flex Tex（3800）恢复纹理
PA、聚酰胺	半硬或坚硬、打磨细腻	散热器箱、前照灯灯圈、外部装饰件	方法B（5003R6）	焊接前用加热喷枪预热塑料，将焊条与基底材料完全混合
PC + ABS Pulse	坚硬、打磨细腻、通常深色	车门面板、仪表板	方法B（5003R7）或方法D或E（粘结剂）	用方法B焊接前用加热喷枪预热塑料
PC + PBT Xcnoy	同上	保险杠护罩	方法B（5003R7），方法C，或方法E（粘结剂）	同上
PE、聚丙烯	半软，打磨时软化或变模糊，通常半透明	溢流箱、翼子板内板、内部装饰板、散热器护罩、内板、汽油箱	方法B（5003R4）或方法C（5003R10）	涂抹填料或喷漆几乎不可能
PP、聚丙烯	半软，通常黑色，打磨时软化或变模糊	保险杠护罩翼子板内板、散热器护罩、内板、汽油箱	方法C（5003R10）或方法B（5003R2）	涂抹双组分环氧树脂填料时，使用1060FP胶粘促进剂
PPO + PA Noryl GTX	半硬，打磨细腻，通常白色	翼子板、外部装饰板	方法B（5003R6）或方法D或E（粘结剂）	用方法B焊接前用加热喷枪预热塑料
TEEE	柔软或半软	保险杠护罩、护板、门槛套	方法C（用5003R10）或方法B（从废料上切下小条）	
TPE、热塑性人造橡胶	半软，通常黑色或灰色，打磨时软化或变模糊	保险杠护罩、护板、发动机罩下的部件	方法C（5003R10）	涂抹双组分环氧树脂填料之前，使用1060FP粘结促进剂

（续）

符号和类型	怎样识别	典型用途	建议维修方法	维修技巧
TPO、EPM、TEO、热塑性石蜡	同上	保险杠护罩、扰流板、格栅、内部板、仪表板	方法 C（5003R10）或方法 B（PP 或 TPO 焊条）	涂抹双组分环氧树脂填料时，使用 1060FP 粘结促进剂
TPU、TPU、热塑性聚氨基甲酸乙酯	柔软，打磨细腻	保险杠护罩、软护板、扰流器、门槛套	方法 B（5003R1）或方法 C（5003R10）	

注：方法 A ~ 方法 F 具体见表 7-1。

三、塑料的识别

有多种方法可用于识别未知的塑料。一种方法是通过压印在零部件上的国际标准符号或 ISO 码进行识别。符号或缩略语加工在零部件背面的一个椭圆内。这种方法的问题是必须拆下零件来读取符号。如果无法用符号确定塑料件，车身维修手册会给出汽车上使用的塑料的信息，车身维修手册常常会列出专用的塑料种类。

燃烧测试使用火焰和产生的烟来确定塑料的种类的方法已不受欢迎，而且这种测试并不总是可靠的。现在的许多零件使用含有多种成分的复合塑料，在这种情况下，燃烧已测试不出塑料种类。

有一种识别未知塑料的可靠方法：进行焊条黏附测试或用试凑法在零部件的隐蔽部位或损坏部位进行焊接。试几种不同的焊条，直到一种能够有效粘着为止。大多数供应商只提供了几种塑料焊条，可能的范围并不大。这些焊条采用颜色编码。一旦发现焊条起作用，也就确定了基本材料。

另一种确定塑料的方法是塑料件挠性测试。用手弯曲塑料件，与塑料件样本的挠性进行比较。然后采用最符合基本材料特性的维修材料。

第二节　汽车塑料件维修程序

一、热固性塑料维修程序

所有类型的热固性塑料都应遵照如下程序进行维修：

1）用同一制造商提供的耗材和维修材料。切勿混用不同的体系，混用来自不同制造商的材料效果通常不能令人满意。

2）用浸有肥皂的擦垫清理维修部位内、外表面，清除尘土或脱模剂。在制造过程中，脱模剂用于防止零件粘在模上。这种脱模剂的浓度可能很高，足以影响到粘接质量。

3）清洗后，再用石蜡或油脂清洗剂清理。仅用清洗剂湿润抹布即可。如果使用的溶剂过多，可导致衬板饱和并在日后产生移动，影响表面粗糙度。用抹布和压缩空气进行表面清理，等待衬板彻底干燥。

4）沿损坏部位用力，查看是否隐藏微裂纹。如不注意，粘合胶和衬板上的小裂纹和缺陷最终将变大。在裂纹两头各钻一个 3mm 的孔，以防止进一步开裂。

5）清除维修部位面漆。粘合胶是为粘接塑料底基而设计的，不能用于面漆修复。

6）在涂维修材料前，先在金属表面上涂一层底涂层。

7）先维修衬板内表面。

8）用垫席加固维修衬板内表面时，检查是否存在没有覆盖好或未得到维修材料浸透的线股。如果垫席露出，就会像灯芯一样，将湿气吸入维修部位，影响面漆的完整性。

9）检查损坏衬板后部是否有工具间隙。如果不能用饱和辊轮、打磨机或砂光机进行维修，则要进行手工维修。

10）如损坏严重，则用拉杆或卡箍定位损坏或对接部位。对于面积较小的维修，则在外表面上用厚胶带保持定位，直到内部的维修材料已经固化。

11）如果需要焊接，则勿使火焰或焊接热量直接接触塑料车身镶板，并用阻燃纤维保护周围部位。如果不直接接触火焰，可用多层铝箔形成隔热板。

12）在维修之前，先检查操作部位的后端，避免损坏导线、电动机等。

13）纤维玻璃零件不能变形，或者像钢质零件那样定形，因而不能校直。如果因撞车或其他损坏，怀疑定位不准确，可检查钢质加固件是否损坏，在维修塑料件前，首先应对加固件进行维修或更换。

14）清理作业区时，保存有用的维修材料下脚料，这些下脚料可用于加固面积较小的维修部位。

15）通过加热，强制干燥结构件粘接环氧树脂胶，并遵照制造商的固化建议进行操作。加热可以加快固化时间，增强粘接强度，要按制造商建议的固化方法进行操作。

二、热固性塑料维修注意事项

在维修热固性塑料时，务必遵守如下注意事项：

1）作业前将防护膏涂在暴露的皮肤上，防止刺激皮肤。

2）戴上橡胶手套。

3）使用压缩空气和砂光机时，要戴好安全防护眼镜。

4）立即清除与皮肤接触的任何混合物，因为混合物的固化速度很快。

5）研磨或砂光时，戴上呼吸器或防尘面罩。

6）在可能的情况下，使用带真空附件的砂光机。

7）用凉水清洗皮肤，以减少玻璃和树脂灰尘对皮肤产生的刺激。

8）维修材料不要沾到衣服上。

9）在通风良好的环境下使用维修材料，因为维修材料产生的烟尘微粒污染物有毒。

10）按维修材料制造指南进行操作。

11）使用后，封闭所有容器，否则尘土或湿气对维修材料会造成污染，从而降低维修效果。

第三节　汽车车身塑料零部件的修补

塑料件在汽车上的普遍使用对于汽车工业的发展具有重要意义，它不仅能减轻汽车的质量、节约能源，使汽车更安全舒适，还比金属更耐大气、耐汽油腐蚀，易于加工成型而降低生产成本等。当汽车塑料件在使用中因事故受到损伤或涂层老化时，就需对其进行修补涂装。

和其他的车身维修工作一样，维修塑料件时要先进行评估。此时，要确定该零部件应维修还是更换。如果在弧形接板或大的塑料板上有小的裂缝、撕裂、凹槽或孔，而这些部件难以更换、成本较高或不易取得，说明维修是合理的。上述部件如果大面积损坏，或者翼子板喇叭口、塑料装饰件等便宜且易更换的部位发生损坏，则可以进行换新。要由维修人员或评估师来决定是否修理比更换有意义。

如果决定修理，必须确定该零件有无必要从汽车上拆下。为了高质量地修复损坏，必须够得着整个损坏区域。如果够不着，则必须拆下零部件。零件还必须进行表面整修。有两种方法维修塑料件，使用化学粘结剂和进行塑料焊接。

一、汽车塑料件的损伤修理

1. 塑料件的损伤与粘结剂

1）一般来说，塑料件表面的漆面受到损伤总要波及零件本体，使之产生相应的损伤，如划痕、裂纹、擦伤、撕裂、刺穿等。要修复损伤的漆面，首先要修复塑料件，使之达到可供喷涂面漆的要求，对于上述损伤的修理，通常采用化学粘结剂粘接法。

2）粘接法有氰基丙烯酸酯粘接法和双组分法两种，双组分法最常用。氰基丙烯酸酯（CA）是一种单组分快速固化粘结剂，用来维修刚性和挠性塑料件。它们经常在涂覆最后的维修材料之前使用，当作填料或将各个部分固定在一起。CA被称为"超级胶"，它是一种很有用的塑料件维修工具，CA可以很快粘接。双组分粘结剂由基底树脂和硬化剂（催化剂）组成。树脂装在一个容器中，硬化剂装在另一个容器中。混合后，混合剂可以在零件上固化成一种塑料，与基底材料相似。在许多塑料件的维修过程中，双组分粘结剂可以代替焊接，而且比CA强度更高。

2. 塑料件的损伤修理

（1）塑料件划痕和裂纹的修理　塑料件的划痕和裂纹通常采用粘结剂进行修理，其修理工艺如下：

1）用水和塑料清洁剂清洗待修理部位，对接合表面进行除蜡、脱油处理。

2）使用粘结剂之前，应将塑料件加热至20℃左右。

3）将催化剂喷至裂纹一侧，然后在该侧敷好粘结剂，如图7-2所示。

4）将划痕或裂纹两侧按原来位置对好，迅速压紧，约1min后即可获得良好的粘接效果。最后，粘接部位应有3~12h的硬化时间，以达到最大的粘接强度。

（2）塑料件擦伤、撕裂和刺穿的修理　修理擦伤、撕裂和刺穿的工艺大致如下：

1）用有去除石蜡、油脂和硅树脂功能的溶剂浸湿在干净的抹布上彻底清除损伤部位的污物，然后擦拭干净。

2）将擦伤孔边6~10mm宽处磨削成斜面以便于粘接，磨削出粗糙表面有利于粘接。

3）用精细砂轮削去修理部位边缘的油漆，使孔边附近 3cm 左右表面的油漆全部被清除掉，然后进行必要的清洁处理。

4）对孔边进行火焰处理，改进粘接性能。使用喷灯火焰在斜面处不断移动，使斜面处略呈棕色为止。

5）用去硅树脂和去蜡剂清洗修理部位的背面，然后贴上带有强粘结剂的铝箔和能防潮的胶带，把孔完全覆盖住。

6）按照说明准备粘接材料。大多数粘结剂都分别装在两根管中。在一块金属板面或木板上分别挤出等量的粘接材料，将它们充分搅拌，混合均匀，待用。

7）用刮板把混合好的粘结剂分两步填充到孔洞中，第一步填充孔底，第二步将孔洞填平，动作要快，因为这种粘结剂在 2～3min 内会固化，如图 7-3 所示。填充完毕，硬化 1h 后用粗细砂轮磨去表面的凸点，并清除修理部位的碎屑、灰尘等污物。

8）第二次调好的粘结剂填满修理部位，用刮板刮平整形。待干固后用 80 目砂纸把周围修整出一个粗轮廓，然后再用 180 目和 240 目砂纸打磨，对表面进行精修。如出现高低不平或针孔等缺陷，可用填充剂填平。

9）用 320 目砂纸进行最后的精磨，打磨后清洁修理部位，做好涂面漆的准备。

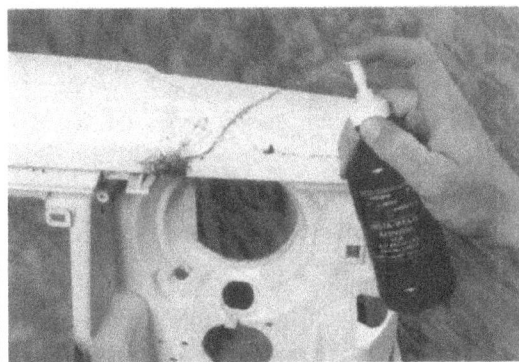

图 7-2　用催化剂喷涂裂缝，准备使用粘结剂

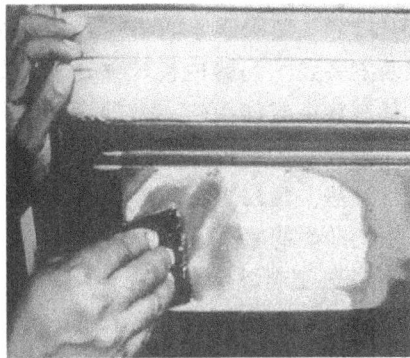

图 7-3　用刮板涂抹粘结剂以符合零部件的外形

（3）挠性部件的修理　下面是使用双组分环氧树脂粘结剂维修挠性零部件的典型程序，以保险杠外罩为例：

1）用热肥皂水清洗整个外罩。擦干或吹干。然后，用塑料清洁剂清洗表面。

2）在受损部位加工出 V 形槽，然后在损坏部位的周围打磨出大约 1:40 的斜面，以得到良好的粘接效果和维修强度。

3）用砂纸和打磨机将受损部位周围的油漆修薄边，然后吹去粉尘。根据损坏范围，背部可能需要增加强度，参见步骤 4 至步骤 6。

4）为了加强维修区域，打磨保险杠外罩的背面，用塑料清洁剂清洗干净，然后根据需要涂上一层粘结促进剂。

5）将挠性环氧树脂粘结剂的两个组分等量地配好，混合至颜色均匀。用塑料刮刀将材料放到一块玻璃纤维布上。

6）将涂满粘结剂的玻璃纤维布贴到保险杠外罩的背面，在布中再添加一些粘结材料。

7）在背面得到加强之后，在打磨过的维修部位的正面涂上一层粘结促进剂，等待粘结促进剂完全干燥。

8）在这个部位涂抹粘结剂材料，用刮刀修整粘结剂的形状，以符合部件外形，等到完全硬化。

9）用砂纸对维修部位进行打磨。

10）如果需要在凹点或小孔中弥补一些粘结剂材料，一定要再涂一层粘结促进剂。

二、塑料件的焊接

塑料焊接是利用热源和塑料焊条来连接或维修塑料件。塑料件的焊接和金属的焊接有相似之处，如两者都使用热源、焊条和类似的技术（对焊、搭焊等）。焊接接头的准备几乎相同，并且都要进行强度评估。然而，焊接金属和焊接塑料又有不同之处。焊接塑料件时，材料在热量和压力的适当结合下熔合在一起。成功的焊接需要压力和热量都保持恒定且比例平衡。焊条上压力过大往往会拉伸焊缝；而温度过高会使塑料烧焦、熔化或变形。

1. 热空气塑料焊接

热空气塑料焊接使用电热工具产生热空气（232～345℃），通过喷嘴喷到塑料上（图7-4）。空气由维修车间的空气压缩机或与焊接装置装在一起的内包式移动式压缩机供给。使用热空气焊接的一个问题是焊接焊条常常比要焊接的板件厚。这会导致焊条熔化前板件过热。使用直径较小的焊条往往可以修正由此产生的翘曲问题。

2. 无空气塑料焊接

无空气塑料焊接利用电热元件熔化直径为3mm的较小焊条，不从外部供给空气。用较小的焊条进行无空气焊接有助于解决两个

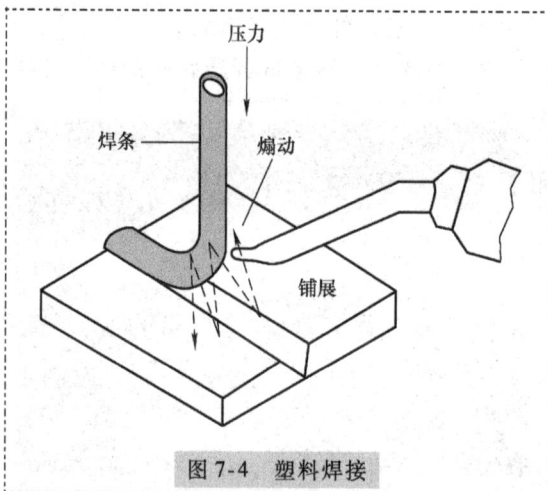

图7-4　塑料焊接

难题：板翘曲和焊条过度堆积。确定焊条和损坏的塑料件的材料相同，否则无法成功进行焊接。

3. 超声波塑料焊接

超声波塑料焊接依靠高频振动能量使塑料粘接，而不必熔化基底材料。手持装置的可选频率为20～40kHz。适用于焊接大的部件和空间狭窄难以作业的区域，焊接时间由电源控制。

4. 塑料焊接程序

热空气焊接和无空气焊接的基本维修顺序大体上是相同的：

1）预处理受损区域。

2）将受损区域定位。

3）进行焊接。

4）使其冷却。

5）进行打磨。如果维修区域有小孔或空隙，则将问题区域的边缘处理成斜面。再次焊

接，然后重新打磨。

6）涂上保护漆。

三、修理聚乙烯材料

聚乙烯是一种柔软的具有弹性的薄塑料，经常涂在泡沫填料上。为了安全，泡沫结构上的聚乙烯通常用在内部件上。常见的聚乙烯部件有仪表板、肘靠、车门内部装饰件、座罩和车顶外罩。仪表板或装有衬垫的仪表板很贵，且更换起来比较耗时。所以，最好对它们进行修理。

1. 聚乙烯部件凹痕的修复

大多数仪表板用包有聚乙烯的氨基甲酸乙酯泡沫制成，在碰撞期间可以对人进行保护。在碰撞修理中，泡沫仪表板、肘靠和其他带衬垫的内部件的表面凹痕是常见的。这些凹痕往往可以按下面的步骤用加热的方法来修复。

1）用湿海绵或湿布浸入凹痕大约30s，使凹痕区域保持潮湿。

2）使用加热喷枪，加热凹痕周围的区域。使加热喷枪距离表面250～300mm。从外侧开始，不停地转圈移动加热喷枪。

3）将维修区域加热至大约50℃。不要过度加热聚乙烯，因为它会起泡。一直加热，直到维修区域摸起来烫手。如果可以，用数字温度计测量表面温度。

4）戴上手套，按摩仪表板。朝着凹痕中间压维修材料。维修区域可能必须不止一次地重新加热和按摩。有时，只要加热就可以修复损伤。

5）当凹痕被消除后，用湿海绵或湿布快速冷却该区域。

6）在部件上使用聚乙烯或防腐剂处理。

2. 喷涂聚乙烯漆

聚乙烯维修漆通常快速喷涂作为包层。因为应用特性无法用稀释剂或其他添加剂控制，所以气压是一个非常重要的因素。

3. 通过加热恢复塑料件的形状

许多弯曲、拉伸或变形的塑料件常常可以用加热的方式进行校正，例如挠性保险杠外罩和汽车内部包有聚乙烯的泡沫件，这是因为塑料的记忆特性，也就是说，塑料件总是想保持或恢复至原来的形状。如果塑料轻微地弯曲或变形，对它进行加热就可以使其恢复到原来的形状。

按照下列程序重新修整变形的保险杠外罩：

1）用热肥皂水彻底地清洗外罩。

2）用塑料清洁剂进行清洗。仔细地清除所有的道路柏油、机油、油脂以及内层涂漆。

3）用浸水的抹布或海绵浸湿维修区域。

4）直接加热变形部位。使用集中热源，如加热灯或高温加热喷枪。当罩板的另一侧摸起来烫手时，说明已经加热得差不多了。

5）如有必要，使用油漆刮板或木块帮助修整部件。

6）用海绵或抹布浸上冷水快速冷却维修区域。

四、超声波栓焊

超声波栓焊使用高频运动和摩擦产生热量将塑料件粘接在一起。可以用它在单点或多个位置上连接塑料件。在许多应用情况下，不需要进行连续焊接。焊接周期短，几乎不超过0.5s。超声波栓焊沿着螺栓的圆周发生。它的强度与螺栓直径或焊接处的深度有关。当焊接深度等于螺栓直径的一半时达到最大抗拉强度。

五、汽车塑料件喷涂前的表面处理

通常塑料分为硬塑料（刚性塑料）和软塑料（半刚性塑料）。汽车制造厂提供的塑料备件，有的已经涂过底漆，另外一些未涂底漆。对于后者，都应使用专门的塑料底漆、底漆密封剂、乙烯清漆或涂料来提高漆层的附着力。

1. 硬塑料件的表面处理

1）对于新零部件，必须用干净的抹布蘸上酒精擦拭其表面。

2）用去蜡、去油脂清洗剂彻底清洗表面。

3）打磨已暴露出来的玻璃纤维，手工打磨时，使用220目或280目砂纸；用磨光机打磨时，用80~120目砂纸。

4）用干净布重新擦干净表面。

5）如果有需要填平的焊缝、气穴，应在整个表面上涂一层车身填充剂，干燥之后，再打磨、清洁，最后再涂一层保护层或两层环氧铬酸盐涂料。

6）按照包装上的说明，将腻子涂在表面上，干燥之后用细砂纸磨光，用压缩空气吹除灰尘，用黏性抹布擦拭干净。

7）涂面漆。

2. 软塑料件的表面处理

对于未涂底漆的软塑料零部件处理方法如下：

1）用一块在水中浸湿的布蘸上去蜡、去油脂和除硅清洗剂清洁整个表面，并擦干。

2）用320目砂纸打磨划伤处并用填充剂修补表面，吹除灰尘，再用黏性抹布擦拭干净。

3）调制并涂覆4层中等干燥的软性腻子。

4）让表面干燥至少1h，然后用400目砂纸进行打磨，清除所有光泽，为涂面漆做准备。

3. 聚丙烯塑料件的表面处理

对聚丙烯塑料件喷漆时，要使用一种专门的底漆。聚丙烯塑料很坚硬，使用传统的内部树脂漆打底后便可涂面漆，其表面处理过程如下：

1）用去蜡和除硅清洗剂清洗表面。

2）按照包装说明，涂一层较薄的聚丙烯底漆涂层，让底漆快速干燥1~10min。

3）在快速干燥期间，涂一层内部树脂面漆，并让面漆干燥，然后才可以安装。

六、塑料孔洞、穿孔的修复

如果纤维玻璃夹层未刺穿或出现大面积损坏，可按如下程序维修损坏的部位：

1）清理并检查损坏部位。

2）用抹布和压缩空气进行表面清理，如图7-5所示。

3）砂光损坏部位，露出纤维玻璃夹层。用带真空吸尘附件的砂光机操作，以降低灰尘，如图7-6所示。

| 图7-5　清理表面 | 图7-6　砂光损坏部位 |

4）研磨或锉平损坏部位边缘，以形成一个盘形。盘形侧面应有斜面，以扩大粘接表面，如图7-7所示。

5）打磨损坏部位周围，准备粘接面。

6）用水基蜡或油脂清洗剂清理维修部位。

7）用抹布和空气进行表面清理。

8）混合推荐的维修材料。

9）将维修材料涂在损坏的部位，使维修部位比周围略高，如图7-8所示。

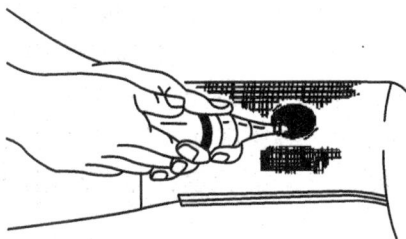

| 图7-7　扩大粘接表面 | 图7-8　涂维修材料 |

10）固化维修材料，如图7-9所示。按制造商的建议进行操作。

11）在DA砂光机上，用80目砂轮或曲齿车身锉磨光表面，如图7-10所示。

12）涂抹聚酯类材料，如Silkens Polystop LP或等效产品，使砂光面均匀，如图7-11所示。

13）用双作用随机轨道砂光机完成表面砂光。

14）必要时，涂底涂层并进行表面修整，如图7-12所示。参见各车型维修手册，查看准许使用的材料列表。按材料制造商推荐的程序操作。

图 7-9　固化维修材料

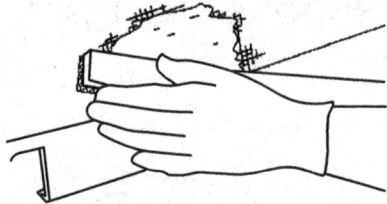

图 7-10　磨光表面

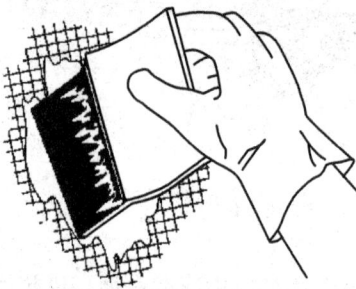

图 7-11　涂抹聚酯类材料

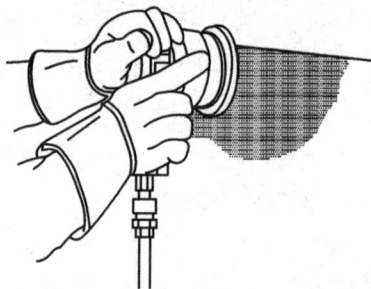

图 7-12　表面修整

七、汽车塑料件喷涂面漆工艺操作

塑料件在经过修理和"表面准备"后，即可以涂底漆和面漆了。

用于塑料表面的涂料必须具备两个基本条件：良好的附着力和涂料不能过分溶蚀塑料表面。对于汽车涂料，内饰件侧重于耐溶剂性，涂料的使用较为复杂，包含有多个品种，主要根据底材的要求来考虑；而外饰件侧重于耐水性、抗石击性、耐候性及装饰性。

大多数硬塑料不需涂底漆，面漆就能很好地粘附在其表面上；在半硬性（柔性）塑料件，如保险杠的漆层中需要加入"柔性剂"，能使漆层在基体膨胀时具有一定的变形能力而不致脱落或开裂。对于塑料件的喷涂，最好使用一套厂家提供的配套材料，如柔性剂、面漆、内涂层材料、冲淡剂和稀释剂等。

1. 硬塑料件的喷涂

（1）内部硬塑料件的喷涂　硬塑料（如 ABS）件一般不需要喷底漆和腻子。内部塑料件面漆的颜色由车身编码牌上的调整号决定，其面漆主要用丙烯酸漆。各大型涂料厂都向用户提供内部漆图表，包括内部漆的供应号、名称、光泽系数及调整号。内部硬塑料件的喷漆方法如下：

1）用溶剂清洗塑料件表面。

2）按调整号码喷涂一般的内部丙烯酸漆。

3）按规定时间干燥漆层，然后再装到车上。

（2）外部硬塑料件的喷涂　外部硬塑料件一般也不必喷底漆即可喷面漆，但也有个别厂家建议先喷一层底漆再喷面漆，不论哪种情况，喷面漆的方法都可按以下步骤进行：

1）用清洗剂彻底清洗零件表面。

2）喷涂适当颜色的面漆。

3）待漆面完全干燥后，再把零件装到车上。

4）对玻璃纤维件喷漆之前，应先涂腻子，再按照喷涂车身钢板的方法喷面漆。

对原先已喷过气塑膜化合物的硬塑料件进行局部修理前，需先喷一层助粘剂。操作时用400目湿砂纸打磨损坏部位，然后涂底漆、助粘剂，最后再喷面漆。

2. 弹性塑料件的喷涂

大多数弹性（半硬）塑料件的漆层中需要加入弹性剂，以使漆面在变形时不致开裂，加入了弹性剂的漆面称为弹性漆层，其喷涂方法如下：

1）用400#砂纸彻底打磨整个表面，并用清洁剂清洗整个表面。

2）按照制造厂的规定，将底漆、弹性剂和溶剂混合在一起，混合时先将底漆与弹性剂混合，再根据车间的温度加入适量的溶剂。

3）将喷枪压力调到规定值，喷涂足量的双层湿涂层，以便完全遮盖表面。

4）底涂层干燥30～60min，然后喷涂光亮层，待干燥后，装车使用。

3. 塑料件喷涂实例

（1）保险杠的喷涂　以聚丙烯保险杠喷涂为例，由于这种塑料很硬，应先喷一层专门的底漆——内部聚丙烯漆，然后才能喷面漆，具体喷涂工艺操作如下：

1）用溶剂清洁表面。

2）按制造厂要求，喷涂经过稀释的、混合均匀的聚丙烯底漆，干燥1～2h，然后喷涂面漆。

3）喷涂比例适当（含硬化剂）的丙烯酸磁漆，干燥8h，确保漆层硬化（由于是硬塑料件,面漆中不加弹性剂）。

4）采用底层加亮漆层时，应先喷底漆，干后再喷丙烯酸漆，干燥15～30min，再喷光亮漆层。

5）受损伤的聚丙烯保险杠重新进行喷涂工艺过程。

（2）标致307前保险杠格栅焊接

1）使用工具：热风枪、电烙铁、焊条（可以从同型号保险杠上取，也可以从翼子板内衬取，翼子板内衬厚度为2mm,焊条宽为8mm）、拉拔钉、风枪、塑料焊枪。图7-13所示为标致307前保险杠格栅焊接。

2）操作步骤

① 首先用热风枪对破损部位加热，使其恢复原位，去除焊缝表面油漆，使焊缝对齐。

② 用电烙铁对焊缝末端弯角处分段熔化固定，用风枪快速冷却。

图7-13　标致307前保险杠格栅焊接

③ 用电烙铁对焊缝开坡口，使焊缝下 1/3 处熔化连接，用风枪快速冷却。

④ 用焊条塑料焊枪对焊缝进行焊接，快速冷却，图 7-14 所示为钣金锤对焊接点进行冷却固定。

⑤ 用角向打磨机百叶轮打磨焊缝。

⑥ 打底做漆。

以前用快干胶水或 AB 胶或不同塑料熔化粘接，因冬夏温差或加热烘烤漆面时，母材与粘接材料膨胀系数不同而脱落，而采用母材或同等材料作为焊条焊接，不但焊接强度大，而且美观。

钣金锤抵住加热点冷却固定

图 7-14　钣金锤对焊接点进行冷却固定

3）拉拔钉作用大：塑料保险杠在受到碰撞产生变形凹陷时，通常用热风枪加热软化，用工具把凹陷的部位顶出来进行修复，碰到夹层只能拆下保险杠来修复，这样时间比较长也比较麻烦。笔者从事钣金工作 20 余年，凭经验及受车身外形修复机修复原理的启发，制作工具"拉拔钉"来对塑料保险杠凹陷处进行修复，把 $\phi 4 \times 30$ 的自攻螺钉焊在金属柄上，就形成一个拉拔钉，前文有拉拔钉的外观图。用拉拔钉旋进凹陷处向外拉，用热风枪在周围加热，即可修复。

第四节　塑料保险杠、灯具的破损修复

随着汽车工业的发展，新材料、新技术的广泛推广和使用，塑料件（高分子有机构件）在现代汽车的设计制造过程中得到了大量的应用，如塑料保险杠、玻璃钢车身、车门、高分子水晶前照灯等。改变了过去保险杠使用高强度钢材料电镀、灯具使用玻璃面罩的状况，大大地降低了生产成本和汽车自重，从而有效地节约了能源。

塑料应用量的增加使汽车碰撞修理方法发生了重大改变。许多塑料部件的修理比更换更加经济，特别是就车修理更是如此。塑料件的割伤、破裂、擦伤、撕裂及刺穿等都可以进行

修复。某些塑料件扭曲后，可对其进行重新塑形使其恢复原来的形状。塑料修理比更换更加快捷省时，这种方法使车辆的停工时间大大缩短。修理塑料件时，必须先进行评估，确定该零件应当修理还是更换。如果发动机罩前支撑板或大型板上有划痕、撕裂、擦伤或穿孔，由于这些零件装卸麻烦，更换成本高，修理是最合适的。

由于人们特别是汽车修理人员对塑料构件的认识不够，当塑料件因碰撞损伤、损坏（如图7-15所示的塑料保险杠破损）时，往往放弃维修，采取了全部更换的办法。这样不仅提高了维修成本，也大大地浪费了可利用资源。

实际上，很多车身塑料件在碰撞损伤后是可以修复的，如图7-16所示为塑料焊枪加热焊接缝口。而且，修复后对其原有的设计技术指标和使用性能并无影响：

1）利用环氧树脂制造术修复车门、车身、保险杠等。在塑料零件承力点没有巨大损坏时，就有必要

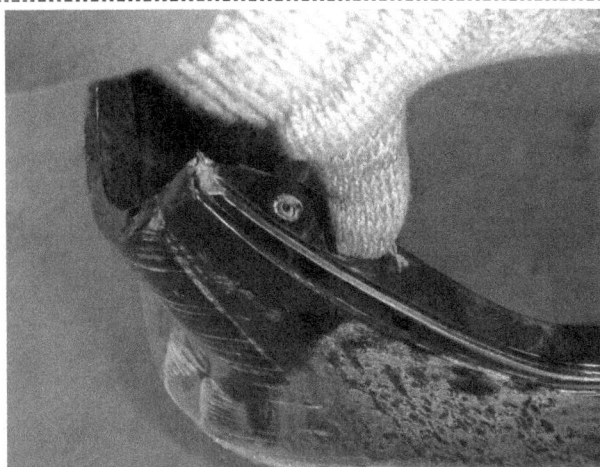

图7-15　塑料保险杠破损

进行修补。当然，修补过程要遵从环氧树脂的生成和加工工艺要求。所谓承力点一般指车门的合页所在位置、空气弹簧的支撑点，还有玻璃窗的造型点等关键部位。帕萨特B5、奥迪A6、A4、马自达6等车型的散热器框架，也是可以应用该项修复技术的。在确定修复前要认真反复地检查受损伤的部位和受力点的破坏状况，如果与前纵梁的连接点、散热器或冷凝器的支撑点，还有发动机机盖锁的安装点发生严重损坏时，就要毫不犹豫地放弃修复，进行更换；对于车身、车门大平面的小范围受力凹陷破损时是要坚持修复的。

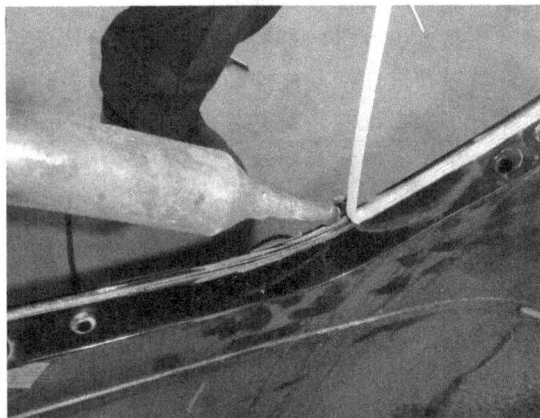

图7-16　塑料焊枪加热焊接缝口

2）由于塑料保险杠自身的可塑性较强，在汽车发生碰撞时，很容易发生变形，受到锐器冲击时会撕裂或破损，发生组织破坏。变形可通过加热消除应力，这利用了塑料的热塑性能，加热成形后，用冷水局部冷却即可修复如初。对于破损、撕裂等损伤可以采取塑料焊接技术进行焊接，在实际施工过程中，用于焊接的连接材料，一般选用同类型塑料制品剪成条状，去除油漆涂层，通过塑料焊枪加热焊接。图7-17所示为打磨焊疤后的焊接效果。当然在同类型材上试焊也是必要的，有些高分子有机保险杠是不可使用加热熔化母材焊接的，这就要求更多更深地了解这类材料的性能。实际维修过程中往往使用粘接，如使用环氧树脂生成技术打补丁，这是一种很有效的措施。

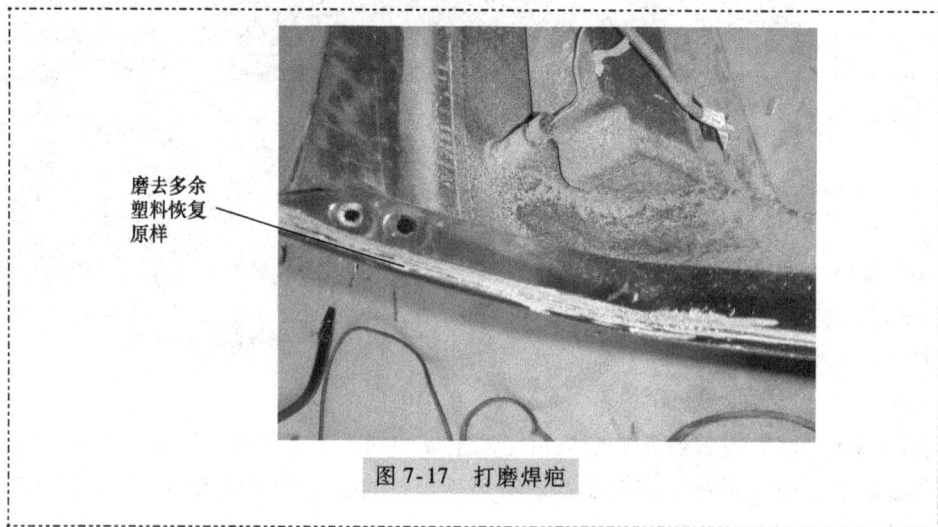

磨去多余塑料恢复原样

图7-17　打磨焊疤

3）灯具的碰撞损坏修复：玻璃面受损是不能修复的，必须更换，而灯具与车身的固定点受损也要放弃修复，毕竟焊接修复后的强度会低于原来的结构强度。而灯具背部裂损是要选择焊接的，少数车型的异形灯，在镜面没有受损的情况下，要尽可能找回破损的碎片，进行焊接或粘接修复，从而恢复其使用性能，以降低维修成本。

因此，只要深刻了解汽车高分子有机构件的材料性能与焊接或粘接技术，<u>对于汽车在碰撞损伤后的塑料保险杠、灯具以及玻璃钢制成的车门、车身、保险杠、散热器框架等，在承力点没有遭到严重碰撞损坏时，是有可能和有必要进行修复的，而不应一概放弃。这样做不仅可以降低成本，节约能源，也可以提高维修技艺。</u>

第五节　用玻璃钢材料修复汽车塑料

随着车身轻量化的不断发展，大量的塑料件在车身上得以应用，并且由内饰向外饰转变，甚至是外蒙皮。汽车车身塑料件一般材质为PVC、PU、PE、FRP或SMC。所用部位一般是保险杠、翼子板、发动机罩、散热格栅、行李箱盖、迎宾踏板及裙部防擦板等处。也有全塑料车身的，图7-18所示为标致307热固塑料制造的前翼子板。而雪佛兰子弹头车身就是SMC（片状模塑料）制成的，一些仿古老爷车、婚礼车等也是全塑料车身，大部分是由

FRP(玻璃纤维增强塑料)制成的。

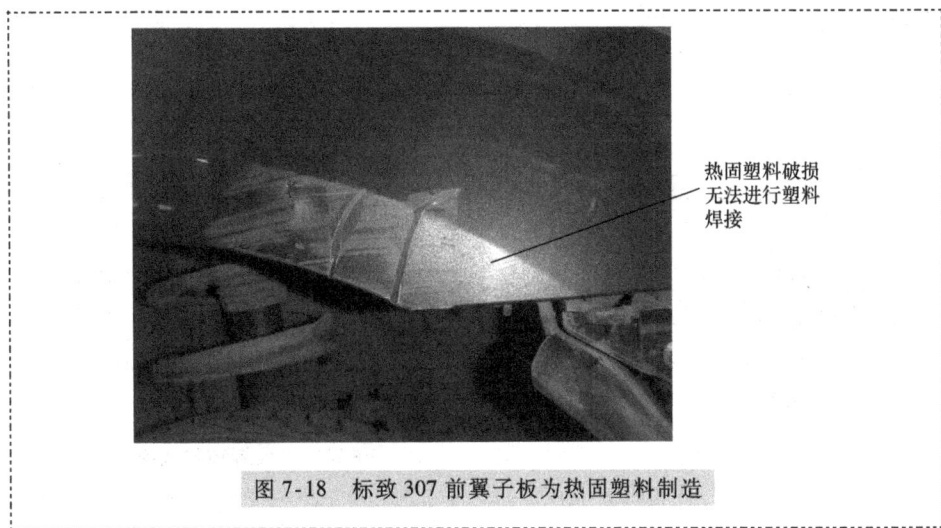

图 7-18　标致 307 前翼子板为热固塑料制造

塑料部件损坏后,很难修复,大多以更换总成为主,在这里介绍一种用玻璃钢(FRP)修复塑料件的方法,供维修人员参考。

一、材料及工具准备

(1) 所需主要材料　不饱和聚酯树脂(196 目或 191 目)、过氧化环己酮(引发剂 H)、环烷酸钴(促进剂 E)、中碱玻璃纤维方格布、干燥无杂质的滑石粉(425 目以上)。

(2) 主要工具　剪刀一把、角向磨光机一台、切割砂轮片(100 × 16 × 3)若干、1L 左右的塑料盆两个、扁漆刷(50mm)2 ~ 3 把、油灰刀一把。

二、零部件修复前的准备工作

1) 有小裂纹的部位,可先用角向磨光机夹砂轮片在正面把裂纹开成 90°坡口,坡口要开到底,再用砂布(80#)打磨坡口周围及坡口背面的其他污物。打磨范围如图 7-19所示。

2) 有裂口及孔洞的部位,则应先用角向磨光机将破损处全部裁掉,不必将边缘打成坡口,但需用砂布打磨周边,背面打磨范围要根据实际破损范围及糊纤维布的大小决定,可参考图 7-20。

三、破损处的修复

1) 根据破损处的大小裁玻璃纤维布。第一块一般要比修复处周边大 20 ~ 30mm,以后每块要比前一块周边大 20 ~ 25mm。修复 1 ~ 2mm 厚的部位可用两层玻璃纤维布;2 ~ 4mm厚的部位,可用 4 层;一些强度要求高的部位,可用 6 层或 8 层。

2) 根据实际需要取适量树脂(用量一般为纤维布重的 2.3 倍)将引发剂(过氧化环己酮)及促进剂(环烷酸钴)依次按 100:4:4 的质量比例加入,并马上搅拌均匀。

3）用扁刷蘸取调好的树脂在需修复处背面刷涂一层树脂，再把纤维从小到大叠糊在需修复处。纤维布一定要浸透树脂，不能有气泡、夹层等。待其固化后，用角向磨光机将毛刺和飞边去掉。

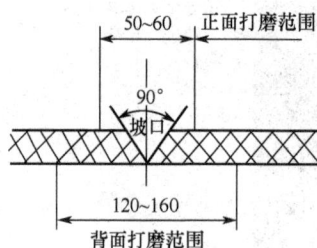

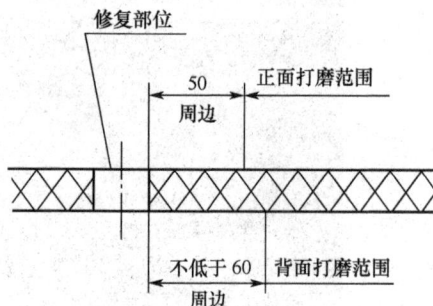

图 7-19　打磨范围　　　图 7-20　实际破损范围

4）再按步骤2）中的方法调兑少量树脂，加入滑石粉及已裁好的玻璃纤维短丝，调成有纤维的树脂腻子，用油灰刀在正面将 V 形坡口及孔洞填平。刮涂时以不超出打磨范围为好。固化后可用角向磨光机将其修整平顺，再用水砂纸砂磨平整。若一次达不到要求，可再补一次，力求修补的腻子与部件整体相吻合，最好是稍低 0.5～1mm 糊制，补腻方法可参考图 7-20。

5）如果破损处有嵌件，可直接将嵌件糊在玻璃纤维中间，如图 7-21 和图 7-22 所示。

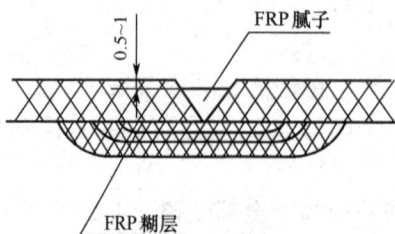

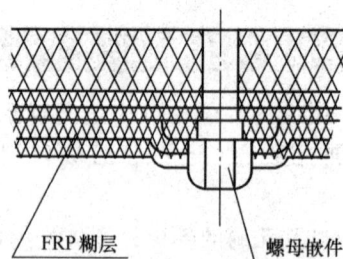

图 7-21　糊纤维布　　　图 7-22　将嵌件糊在玻璃纤维中间

6）有些部件只需要较高的强度，而外观要求较低（或无要求），这时可在正反两面同时糊制玻璃纤维布，以达到使用标准。

7）在完成上述操作后，即可按一般修补处理，即在玻璃钢补腻上刮涂原子灰、砂磨、喷漆等。图 7-23 所示为修复后的货车顶导流板实样。

用上述方法修复塑料件，成本低、速度快，其强度与原来相当。

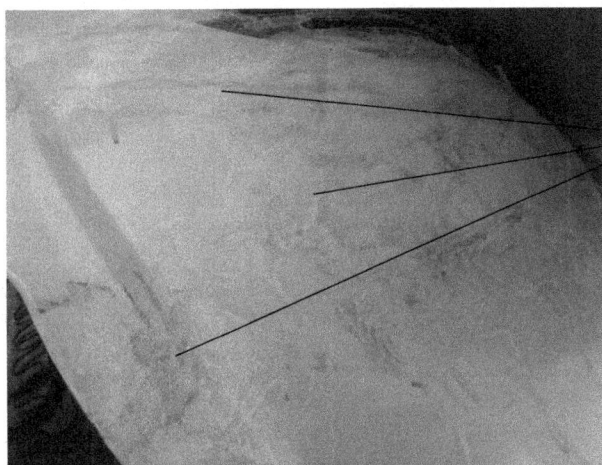

原裂缝破损位置痕迹

图 7-23　修复后的货车顶导流板实样

第六节　塑料件面漆涂装

一、汽车塑料件常用的油漆

表 7-3 为汽车塑料件常用的油漆。

表 7-3　汽车塑料件常用的油漆

塑料代号	塑料名称	标准的挥发漆	柔性的挥发漆和磁漆	聚丙烯漆	乙烯树脂漆	尿烷漆
ABS	丙烯腈-丁二烯-苯乙烯三元共聚物	内部/无底漆 外部/无底漆	—	—	—	—
ABS/PVC	ABS/乙烯树脂（软）	—	内部/无底漆 外部/无底漆	—	内部/无底漆	—
EPI、EPⅡ或TPD	EPR乙烯丙烯橡胶	—	—	外部/专用底漆（助粘剂）	—	—
PA	尼龙	外部/底漆	—	—	—	—
PC	聚碳酸酯	内部/无底漆	—	—	—	—
PE	聚乙烯	不许可	不许可	不许可	不许可	不许可
PP	聚丙烯	—	—	内部/专用底漆（助粘剂）	—	—
PPO	聚苯醚	内部/无底漆	—	—	—	—
PS	聚苯乙烯	不许可	不许可	不许可	不许可	不许可
PUR、RIM或RRIM	热固聚氨酯	—	外部（规定使用柔性的底漆或添加剂）	—	—	外部

第七章

255

（续）

塑料代号	塑料名称	标准的挥发漆	柔性的挥发漆和磁漆	聚丙烯漆	乙烯树脂漆	尿烷漆
PVC	聚氯乙烯（乙烯树脂）	—	外部/无底漆 内部/无底漆	—	外部/无底漆	外部 内部/ 无底漆
SAN	苯乙烯丙烯腈共聚物	内部/无底漆	—	—	—	—
SMC	气塑模化合物（聚酯）	外部/底漆	—	—	—	—
UP	聚酯（玻璃纤维）	外部/底漆	—	—	—	—
TPUR	热塑性聚氨酯	—	外部（规定使用柔性的底漆或添加剂）	—	—	外部
TPR	热塑性橡胶	—	—	—	—	外部

二、硬塑料件的喷漆

1. 内部硬塑料件的喷漆

硬塑料（如 ABS）件一般不需要喷底漆和腻子。内部塑料件面漆的颜色由车身编码牌上的调整号决定，其面漆主要用丙烯酸漆。

> 喷涂内部硬塑料件的方法
> 步骤 1：用溶剂清洗塑料件表面。
> 步骤 2：按调整号码喷涂一般的内部丙烯酸漆。
> 步骤 3：按油漆厂规定时间干燥漆层，然后再装到车上。

2. 外部硬塑料件的喷漆

外部硬塑料件一般也不必喷底漆即可喷面漆。但也有个别厂家建议先喷一层底漆再喷面漆的情形。不论哪种情况，喷面漆的方法是相同的。

> 步骤 1：用清洗剂彻底清洗零件表面。
> 步骤 2：喷涂适当颜色的面漆，可选用丙烯酸漆、丙烯酸磁漆、尿烷漆或底层加光亮层漆。
> 步骤 3：待漆面完全干燥之后，再将零件装到车上。
> 步骤 4：对玻璃纤维件喷漆之前，应先涂腻子再按照喷涂车身钢板的方法喷面漆。

塑料零部件在进行完预处理后即可进行面层的喷涂。

三、汽车软顶的喷涂

有些车辆的车顶使用乙烯树脂、人造革等软质材料，这些软质材料的喷涂不能使用一般车用面漆和底漆，而必须使用专用皮革漆。

专用皮革漆的漆基为乙烯树脂，所以又称为乙烯漆。在喷涂汽车软顶时，可以采用单独的乙烯漆，也可以将乙烯漆和丙烯酸面漆按一定的比例混合使用。

乙烯树脂车顶外部的喷漆步骤如下：

步骤1：用漂白型洗涤剂、刷子和足量的水刷洗车顶。再用干净水彻底冲洗车顶和整个轿车外表。

步骤2：用漆面清洁剂充分洗净车顶。用漆面清洁剂充分洗净车顶。

步骤3：吹除所有缝隙中的灰尘，用黏性布擦拭车顶。

步骤4：将整个发动机盖和行李箱盖罩上，以免乙烯基漆溅沾在这些表面上。

步骤5：喷漆时，以低气压和较小的喷射直径喷涂带状涂层。

步骤6：按照制造厂的规定增大气压及正常喷射直径从轿车边缘向中心喷涂乙烯基漆。

步骤7：从轿车另一侧，由中心开始向另一侧喷涂湿涂层。使每个行程与上一行程约有50%左右的重叠，以保持漆层湿润。

步骤8：喷涂第二层湿涂层，以便完全遮盖表面。

步骤9：表面再喷一层200%稀释的乙烯基漆，经1h干燥后，可取下遮盖物，再经4h干燥即可投入使用。

步骤10：在乙烯车顶外部可以喷一层透明的保护层，起防水、防尘和抵御阳光、盐、雪等的侵蚀的作用。

也可以将乙烯漆和丙烯酸面漆按一定的比例混合使用，两种方式都可以按以下方式进行：

① 用清洗剂和软毛刷将旧顶篷和全车彻底冲洗。

② 用塑料清洁剂将需要喷涂的部位仔细清洁。

③ 仔细遮盖不需喷涂的部位，确保没有疏漏的地方。

④ 先将喷枪的气压调整得略低一些，喷幅调小，对边角等部位首先进行喷涂。边角等比较难处理的地方都喷涂过一遍以后，将喷枪调整到正常，以正常的喷涂方式对顶篷湿喷两层，喷幅的重叠程度以2/3为宜，两层的间隔时间以第一涂层稍干燥即可。

⑤ 两道湿喷完成后，用稀释剂以200%的比例稀释乙烯涂料，再薄喷一层，充分润湿车顶表面，以获得一致的外观。

⑥ 干燥至少1h后可以去除遮盖，但要进行下一步的维修需要4h以后。

四、塑料件喷漆实例

1. 聚丙烯保险杠喷漆

给聚丙烯零部件喷漆时，由于这种塑料很硬，应先喷一层专门的底漆内部聚丙烯漆，然后才能喷面漆。

聚丙烯保险杠的漆层，要加入黏性剂和柔软剂，且需用聚丙烯专用底漆作内涂层喷面漆，才符合使用要求。

喷涂面漆方法

步骤1：用溶剂清洁表面。

步骤2：按制造厂要求，喷涂经过稀释的、混合均匀的聚丙烯底漆，干燥1～2h，然后喷面漆。

步骤3：喷涂比例适当（含硬化剂）的丙烯酸磁漆，干燥8h，确保漆层硬化（由于是硬塑料件，面漆中不加弹性剂）。

步骤4：采用底层加光亮漆层时，应先喷底漆，干后再喷丙烯酸漆，干燥15～30min再喷光亮漆层。

受损伤的聚丙烯保险杠的重新喷漆工艺过程如图7-24、图7-25所示。

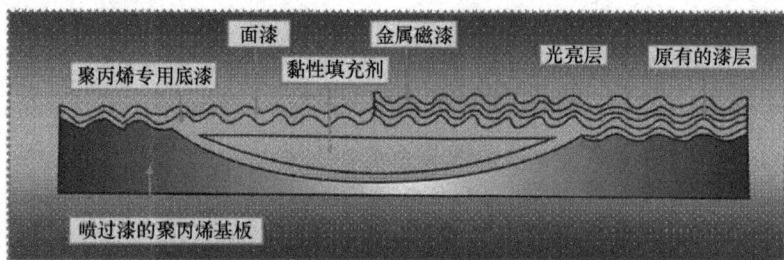

图7-24　对损坏的聚丙烯保险杠重新喷涂

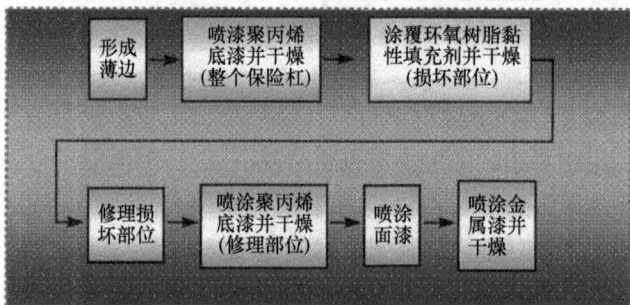

图7-25　聚丙烯保险杠重新喷涂工艺过程

2. 尿烷保险杠喷漆

尿烷保险杠有两种：经过喷漆的彩色保险杠和经过染色的黑色保险杠。后者由于加入了添加剂，可以防止日晒和雨淋造成的变形。如果对它喷漆，由于添加剂的作用，会使颜色发生变化，故一般不对黑色保险杠喷漆。

彩色尿烷保险杠喷漆步骤

步骤1：对邻近部位进行遮盖，用硅溶剂清洗需要修理的部位。

步骤2：在整个表面上涂一层腻子，修理所有的划痕。

步骤3：用600目砂纸湿磨整个表面，重新对整个表面喷漆。

步骤4：重新喷面漆使用两种成分混合型的丙烯酸尿烷漆，并加入柔软剂。如果喷金属漆，喷涂后应快速干燥5min，然后再喷涂光亮层。

第八章

汽车碰撞修复实例

第一节 桑塔纳汽车修复实例

一、桑塔纳轿车锈蚀车门的修复

上海大众桑塔纳轿车在行驶 2 ~ 4 年后，大多会出现车门玻璃外压条下沿口的锈蚀现象，严重的会出现大面积的腐蚀、油漆剥脱现象。图 8-1 所示为桑塔纳车门玻璃沿口锈蚀严重。程度轻微的锈蚀会有突出的锈点，铲去突出锈点就会出现锈蚀洞口。怎么会出现这种现象呢？总结多年车身维修经验，觉得产生这一现象的原因是：玻璃外压条内表绒面较大，接触雨水后，会有大量水分且短时间不会风干。加之车辆行驶过程中，压条与车的外皮间产生一定的摩擦，一旦磨破一点，就会产生锈蚀，还会越锈越大，越大越多，从而产生大面积锈蚀，严重的则有必要更换车门。

一般修复锈蚀车门外皮需采取如下步骤：

1）小点锈蚀使用铜钎焊，也有使用锡钎焊进行修复的。

2）稍大一点的锈蚀使用局部挖补技术。

3）较大的锈蚀面往往会切去上沿口的锈蚀面，根据原车尺寸使用折边机对上沿口边条内外进行折边成形，并采取贴补或挖补工艺，焊接时使用惰性气体保护焊（氩弧焊或二氧化碳气体保护焊）。

这里需要考虑折边成形材料的选择，可使用冷轧板、热轧板、镀锌板，也可使用薄的不锈钢板，最

图 8-1　桑塔纳车门玻璃沿口锈蚀严重

佳选择是使用事故报废的桑塔纳发动机罩外板。先将旧的发动机罩外板切割下来，展平，使用高速砂轮（轮刷）磨去外表面漆涂层，以降低加工板厚，内表面原厂漆保留。这时可根据需要与原车位尺寸，在上面划线，采取手工制肋、折边，由于发动机罩外板较薄，完全可以折成原车样弧度、曲折线，折边机折成形的棱角模糊，且都是直线形的。图 8-2 所示为焊补后钣金灰处理的效果；图 8-3 所示为原子灰加工棱角造型。

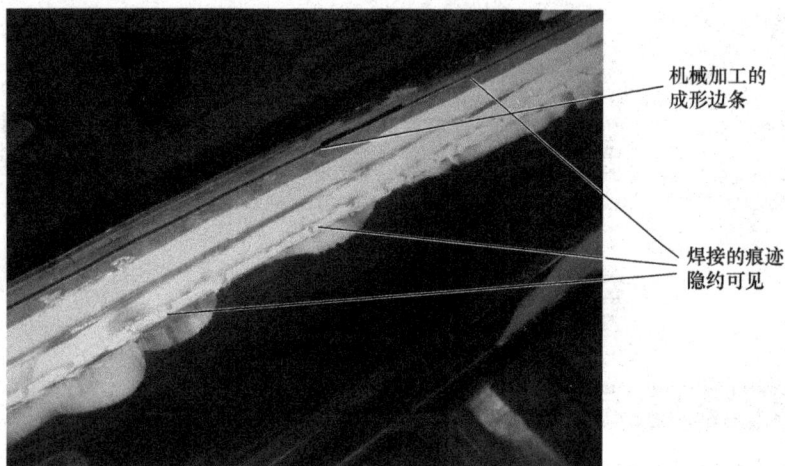

图 8-2　焊补后钣金灰处理

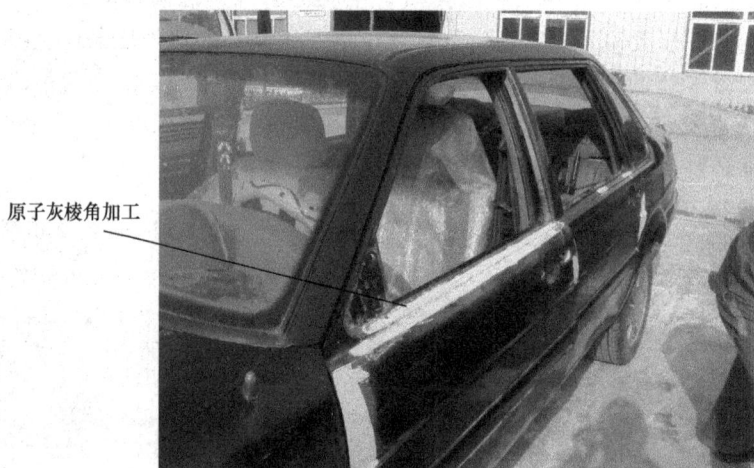

图 8-3　原子灰加工棱角造型

如果使用旧发动机罩外板加工的边条划线准确、加工精细，外形恢复是没有问题的。焊接完成后，外表面可依据一般车身外皮修复的油漆涂装工艺进行处理。内表面的处理会直接影响到修复后的使用寿命，因为锈蚀都是从内表面开始的。实际操作中，有使用黄油刷涂内表面的，有使用油漆喷涂的，有使用底盘胶或凹凸胶喷涂的，也有使用 PU 结构胶在焊接位涂刷，而后再喷漆、喷胶。

由于该位在车门上沿口无法进行彻底的防锈、防腐处理，所以一般经过上面所述的措施处理会对修复位的防锈、防腐起到一定的作用。因使用材料与抹涂工艺的技巧不同会有不同的效果，即到下次锈蚀时间的长短不同，一般为 1～3 年。如果再次出现大面积锈蚀现象，建议更换车门。

二、桑塔纳 2000 碰撞修复后有共振现象

一辆上海大众桑塔纳 2000 汽车碰撞修复后，驾驶人感到转向盘有很强的抖动，车辆有共振现象，乘员感觉很不舒服，脑袋"嗡嗡"响。据车主描述，此车前不久刚发生一次事故，头部栽进了一水沟里，整个发动机室前部严重变形，曾在一修理厂修理过，更换了散热器框架、散热器、发动机胶垫、变速器固定胶垫等部件。图 8-4 所示为桑塔纳 2000 发动机固定胶垫。

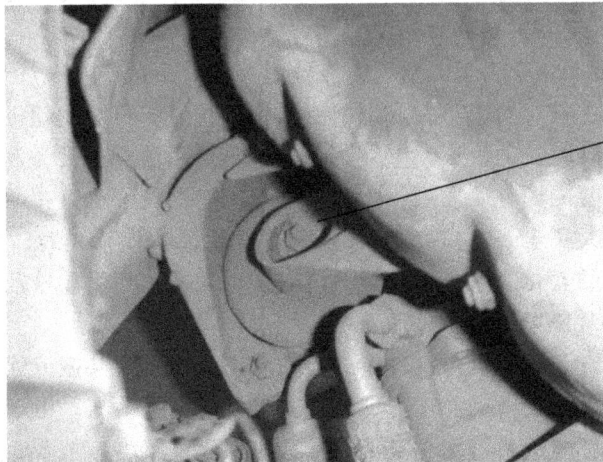

胶垫与发动机的固定

图 8-4　发动机固定胶垫

我们试车后发现，该车起动后车身的振动十分明显，行车向左跑偏不是很严重，驾乘人员感觉整个车辆都在颤动——典型的发动机、车身共振。打开发动机罩检查发现：发动机前部扭力支架紧固螺栓全部松弛，没有紧固牢靠，证明原修车人员发现此车的共振现象，并关注了扭力支架位的连接；发动机前部高抬且发动机上护板与发动机罩间有摩擦的痕迹，两前减振器上支座高度不一，测量两前减振器上支点与前风窗玻璃柱下尖角位的距离存在 20mm 的差距；打开前风窗玻璃下集水板，发现两 A 柱内侧都有明显的折痕存在。如此再仔细查看整个车身，又发现：该车两前门有点后翘，前翼子板中折线前部翘起 30mm 左右，但所有缝隙还算均匀，两翼子板固定孔均有修改的痕迹。因此，我们提出的解决方案：拆去发动机、变速器、前悬架系统、两翼子板、前保险杠等部件，对该车进行彻底的大梁测量、校正。

机电工拆去发动机、变速器、前悬架系统，车身维修师拆去前保险杠总成、两前翼子板、发动机罩等，把该车正确固定在车身大梁校正台上，进行例行的测量检查，并对比测量结果与原车标准数据图册。结果发现：元宝梁两固定点距后桥的长度一样，高度也一样，宽度符合原车数据要求。但是，元宝梁的两前固定点存在 22mm 的高度差，两侧前后距离存在右位大于左位 17mm 的差距。再检查原元宝梁，平地放置，有明显的翘曲，与标准元宝梁进行比较，发现该元宝梁四点对角线存在 25mm 的差距，前后径存在 20mm 的差距。据此确定该元宝梁必须更换。两前纵梁前部均有折痕存在，车身维修师使用减振器上支座专用夹具同

时夹持两前减振器上支座。由于左纵梁前部高翘厉害，在该元宝梁固定点位向下使用呢绒抱带向下拉伸，使用大梁校正设备的两动力塔柱向前下方拉伸两前减振器上支座，并密切关注A柱内侧折痕的变化状况。发现因拉伸展平时，曾使用锤击释放应力，故随时测量该点与前风窗玻璃柱下尖角的距离，符合要求后，该点位拉伸、校正结束。

再次测量元宝梁四个固定点位的位置尺寸，结合左前纵梁的前部拉伸，发现基本合格后，试装新的元宝梁。再次测量元宝梁四个紧固螺栓的位置尺寸、两前减振器对称点的距离（前后、对角线等数据），如数据不正确，则使用专用夹具对其进行夹持、拉伸、测量，结合锤击进行校正，使之符合要求的数据值。最后，还要对变速器后固定点的位置进行测量，可该点的数据一般车身数据图册上都没有标注。

对比另一无事故的桑塔纳2000轿车，发现该点位后移了15mm，对该点的拉伸使用了螺栓固定拉伸板向前拉伸，使之符合要求。在底部所有数据到位后，再对发动机室上部若干测量点进行测量。如有不对，随时拉伸校正，整体到位后，再对两前翼子板、发动机罩、前保险杠进行重新安装并结合必要的调整后发现：大多部件都回归原位了，只有两前翼子板与两前门间的缝隙，上部较下部大了3mm左右。细看该位，发现原碰撞修复时，钣金工对翼子板进行了修改，故引起现在的变化。整个前悬架系统安装结束后，测量前轮轴距发现两侧数值一样，并达到标准，这样对该车的重新拉伸、校正结束。

车身下校正台后，重新安装发动机等组件后，再次着车试验发现共振依然存在，只是共振程度较先前减轻了许多。拆去发动机前扭力支架，共振没有明显改变。由于该车的发动机是固定在两前纵梁上，而不像一般桑塔纳轿车那样是固定在元宝梁上，图8-5所示为桑塔纳轿车发动机胶垫与车身大梁连接方法。再次进行拉伸校正，所有数据都符合标准了，但共振现象依然没有排除，不可能是由于车身拉伸、校正不到位所致。再次对发动机、变速器固定点位进行检查，依次拆开螺栓进行试验，发现发动机垫有一个是新的，变速器后位的固定胶垫也是新的，拆下两新胶垫检查，结果是两胶垫使用了不合格的副厂配件，减振橡胶很硬。据此分析，再次共振的原因可能是由这两个胶垫引起的。更换合格的大众原厂胶垫后，试车共振现象消失，故障排除。

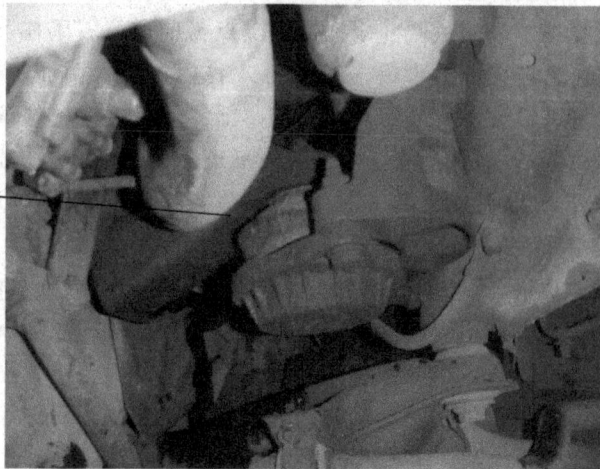

铝支架与
车身硬性

图 8-5　胶垫与车身大梁连接

经过整个修复过程，笔者认为，碰撞后的损伤修复，一定要去具有车身大梁校正设备及三维测量系统的专业修理厂或维修站、4S店进行。查勘、测量损伤一定要对比原车标准数据图册，必须更换的配件，质量一定要达到原车设计使用的标准。只有这样，才能够对碰撞损伤进行科学的修复。

三、桑塔纳底部受伤故障排除

一辆2003年上海大众生产的桑塔纳教练车事故修复后，经常需要更换前减振器上平面轴承、传动轴球笼，并总向右跑偏。据该车教练员介绍，大约一年前该车曾发生过交通事故，开上路边花池，车子底部受到损伤。当时的事故修复是在一家二类小厂进行的，由于当时整车上部没有明显折曲与漆面损伤，修理厂只简单地对车身底部进行了拉伸，更换了元宝梁。笔者总体观察了一下该车，发现此车整体左侧高出右侧3cm左右，坐在驾驶人座位观察车辆前后四角，对称位有明显的高低差存在，且左后车门与后翼子板间缝隙明显。因此，该车为碰撞修复后车身翘曲现象的典型实例。

现在生产的轿车，大部分采用承载式车身，即无车架承载式车身。承载式车身主要部件都焊接在一起，易于形成紧密的构造，有助于在碰撞时保护车内人员安全。承载式车身所采用的刚性较大的部件有助于把能量传递和分散到整个车身上，这样会引起远离冲击点的一些部位的变形，且其在碰撞损坏检查中经常被忽略。这些损坏在以后的操作中会引起操纵或动力系统的故障，如跑偏、啃胎、共振、翘曲，横置式发动机的车辆还有脱档现象等。

在对承载式车身进行事故碰撞损伤分析时，应特别仔细、小心，尤其要关注元宝梁固定部位的损伤检查和分析。前置发动机后轮驱动汽车前侧梁的损伤会引起元宝梁后固定点位置的高度下降，前置发动机前轮驱动汽车前侧梁的损伤也会引起元宝梁后固定点位高度上升。有时由于汽车托底蹭到硬物，元宝梁也会局部塌凹，引起元宝梁后固定点位高度的变化。当元宝梁受冲击时，固定元宝梁的螺栓、螺母也会产生弯曲变形。本书不对元宝梁进行分析校正，所涉及的元宝梁均符合技术要求不会引起四轮定位参数的变化。更多的时候由于固定元宝梁的螺栓刚性较好，连接牢靠，还会发生侧梁与元宝梁接触面的扭曲变形，甚至发生固定螺母的变形等。一般这个部位发生变形的变化量不大，难以发现，校正时又有很大的难度。其难度来源于螺母所在位置的结构元件的刚性特别强，且钢板厚度又远大于侧梁主体的钢板厚度，这时针对该部位的高度、宽度和长度（相对于车底盘其他部位）校正明显不易。大多数的车身翘曲现象因此产生。

元宝梁与侧梁相联系的紧固螺母多数是活动的，也有少数或全部是与侧梁焊接在一起的，由于各制造厂的车身设计风格不同，其结构也是多种多样，但有一点是共同的，即螺母所在位置的结构件的材料刚性极强，且厚度远大于其他部位。因此，这里变形面积小、硬度强，给测量校正都带来了很多的不便，如测量时结构件上开孔较大，且测量不够仔细，一般校正后，它的误差总在允许范围左右，这种情况下很多的车身维修师放弃了进一步的校正，造成了四轮定位参数的不准或偏差。至于校正就更加麻烦了，一般不允许开窗手术，即使使用局部加热，也不能有好的效果，但也有不少的维修操作人员，直接使用氧-乙炔焰进行局部切割，再加高温锤击校正。更有甚者，校正基本到位后，直接使用氧-乙炔焰进行焊接，这样做可能使该点的技术参数达标，但该点再也经不住"二次撞击"了。同时，该点经过氧-乙炔焰处理后，厚度降低，结构改变，刚性减弱或近乎消失，再次遭遇恶劣环境，如淋雨积雪后很快大面积锈蚀，稍微遇到冲击就会变形，改变整车的四轮定位参数和整车结构的技术参数，严重影响该车正常使用过程中的安全性能。

笔者认为处理这种结构复杂、点位参数要求高、元件刚性程度强的局部变形位置，可以在整形部位拉伸校正到位后，进行局部切割，正确牢固地焊接。比如，切割时使用高速电动砂轮锯、等离子切割器，其他相连部件，如侧梁围板上开较大窗口来方便变形点的整形、加工校正，焊接时使用惰性气体保护焊接，确认焊接牢固后（施焊前一定要在同型材料上试焊，并准确地调节电流、速度等），进行打磨平整，并关注它的存在状态是否合格。再精确测量该点，并应充分考虑元宝梁的存在。装上元宝梁（这时还应确认元宝梁紧固螺栓的曲直、螺母的可靠性等），并关注它的存在状态是否合格，这样才可以避免翘曲现象。

对于眼前这辆碰撞修复后出现车身翘曲的桑塔纳轿车，在笔者的建议下，做了如下处理：

1）机电工拆去发动机、变速器总成。

2）把整车固定在车身校正台上，并做相应修复。该车夹持时左后裙边明显高出 25mm，为确保四个裙角固定位高度一致，先将高度一致的三点夹牢，然后使用强大的车身校正动力塔柱向下定向拉伸，使得四个夹持点（裙角固定位）高度一致，然后牢固夹持。

3）拆去前、后悬架装置，元宝梁拆下后，发现左侧两胶套明显松旷，且左前胶套已经撕破，中间金属管脱落。

4）对比车身尺寸数据图册进行精确测量，结果显示：

① 该车前部元宝梁固定四点中后两点高度基本一致，前两点存在 27mm 高度差，左高于右。

② 左侧前后两点距离短 15mm。

③ 两前减振器上支点距离为 1048mm，符合要求，但高度左大于右 28mm。

④ 后桥位、后纵梁固定点位左高于右 5mm；减振器上支点高度左大于右 26mm。

⑤ 前后桥之间对称测量孔前后距离左大于右 15mm，对角线差 35mm；前后纵梁桥位前后也有明显的高度差存在。

检测结论为：该车车身翘曲现象很明显。

5）根据以上测量结果，笔者先对发动机室进行如下的拉伸校正：左侧纵梁上的元宝梁前固定点，使用多孔板专用螺栓紧固，并向前下方拉伸；左前减振器上支座使用专用夹具夹持向下拉伸，拉伸时结合锤击消除应力；元宝梁左后固定点使用 20t 液压千斤顶支撑，多次反复拉伸，随时精确测量。最终，元宝梁两前固定点高度一致，左右距离符合要求，四点对角线基本一致，两前减振器上支座高度一致。再测量两前减振器上支座与前风窗玻璃立柱下尖角点的距离，左右基本一致。

6）复测两前纵梁前部，并观察前保险杠固定孔的高度，左右数据一样后，试装元宝梁没有问题。再测元宝梁四固定点的左右对称位高度一致后，前部发动机室位的拉伸、校正结束。

7）接着对左后纵梁进行拉伸校正（较前部要更复杂些）。笔者采取方法是：在后桥固定点位与前部高度一致的点使用 20t 液压千斤顶支撑，后减振器上支座使用专用夹具（另外加工的）夹持，并向后下方拉伸。后纵梁后减振器加强位外焊拉伸板向下使用动力塔柱拉伸，并锤击纵梁棱角位消除应力。观察左后门与左后翼子板缝隙的变化，发现随着拉伸过程的进行，缝隙渐大，多次松开动力塔拉伸链，发现左后减振器上支座高度及缝隙没有明显改变。最后，采取

"拉伸——保持——再拉伸——测量"的步骤，结合加长拉伸保持的时间。终于，左后门与左后翼子板缝隙达到了4mm，左右后减振器上支座高度一致并符合车身数据图册的要求。

8）观察整车的情况：左右中折线弧线基本一致，所有缝隙基本一致，符合桑塔纳整车设计要求。

9）试装后桥，确认没有问题后，装配前后悬架机构、轮胎，测量前后轴距，确认基本符合要求后下校正台，试装发动机、变速器等。再坐上驾驶位，前后观察车辆前四角位左右对称，重新对整车进行四轮定位。路试没有问题后，该车的翘曲修复工作结束。

总之，车身碰撞修复过程中，一定要使用专业的车身大梁校正及三维测量系统，对照车身数据图册，结合整个碰撞损伤的查勘、分析、拉伸、校正，随时进行各点位的长、宽、高的测量对比工作。采取科学、合理的车身修复技能、技巧，是对各类事故碰撞损伤进行成功修复的关键。测量、拉伸、校正，合乎现代车身修复的最新理念，一次成形是容易做到的，翘曲现象也是可以避免的。

第二节 与汽车异响有关的车身修复实例

一、马自达6车门窗玻璃升降过程中的"咔嗒"声的排除

马自达6轿车使用一段时间后，车门窗玻璃在升降过程中会有"咔嗒"声出现，而且玻璃在上升和下降过程中也较为吃力，但并不影响其正常的工作。这说明玻璃电动升降器的工作是正常的，一般应打开车门内饰板进行检查，会发现：跟玻璃升降有关的构件和电动升降器没有明显外伤，玻璃轨道也无明显折痕存在。

但是发现：固定电动玻璃升降器的结构板使用了高分子有机材料，而不像帕萨特B5、宝来等轿车固定电动升降器的结构板为镀锌金属钢板，且所有连接均使用金属螺钉和螺栓。而马自达6轿车的电动玻璃升降器固定板与车门之间使用的是自攻螺钉，螺母为方孔内嵌呢绒卡扣。这样的连接在电动机的强力作用下，长期工作后会有松动，这是其一。

其二，玻璃升降器的升降轨道板与升降器固定板的连接采用了金属螺栓、螺母固定。长期工作也会使高分子有机板上的固定孔松旷，从而导致升降器开始松动。

其三，升降器与车门玻璃间的连接，也使用了呢绒扣和自攻螺钉（当然，目前生产的马自达6轿车已经改进，但"咔嗒"声还是没有根治）。呢绒扣和自攻螺钉间的配合间隙，也会在长期不断的工作后变大，从而使玻璃开始松动。只要松动现象不排除，就会产生"咔嗒"声。

在实际维修中，我们遵从生产商的要求，结合马自达6轿车自身的结构特点，一般采取以下几种方法解决松动问题：

1）对高分子有机结构的所有螺栓、螺母进行紧固，这个过程要控制力度，以防呢绒扣破损。

2）在玻璃与升降器、固定板之间增加使用了较大的平垫和弹簧垫。

3）玻璃和升降器间的连接更换：现在生产的马自达6轿车使用的连接构件为呢绒卡嵌金属螺母，使用丝扣螺栓增强连接紧固力度。一般经过这样处理后，松动就会排除，"咔嗒"声也会随之消失。通常紧固后，还可能有玻璃上升和下降过程的吃力现象存在。这时

可在内玻璃绒条内涂抹甘油、肥皂水或直接使用除锈润滑剂润滑，使用机油或其他润滑油润滑玻璃轨道的玻璃绒条，会腐蚀玻璃绒条，还会粘上尘土，从而进一步增大上升阻力。

只要控制紧固螺栓、螺母的力度，有效地紧固它们，松动就会排除，也能消除马自达6玻璃升降过程中的"咔嗒"声响。

二、本田车事故修复后异响排除

一辆广州本田雅阁车，左后翼子板碰撞较严重，修复后在行驶过程中会出现金属划响。据车主描述：该车不久前左后门与左后翼子板连接位受到侧撞，凹进去5cm左右，在较正规维修厂进行过修复。钣金师傅拆解后，通过在后翼子板凹陷位焊接（二氧化碳气体保护焊）拉伸板进行拉伸修复。

我们目测外观、内围后认为，此次拉伸修复基本准确到位，外观平滑，线条流畅。路试后，确有金属划响出现。拆去后座椅、靠背和行李箱内装饰板，仔细查看分析，没有发现异常现象，且拉伸过程中发生的点焊点开焊处都进行了有效的二氧化碳气体保护焊塞焊加工，焊接牢靠。拍打作业区及其四周，声响正常。静下心来细想，拉伸和焊接符合规范要求，那么异响因何而起呢？一定存在没有观察到的问题！我们安排一位有经验的钣金技师躺入后行李箱，上路再试，技师通过聆听声响来源，沿修复作业区慢慢地寻找，最终摸到了两根细金属丝，用手按住金属丝，异响消失，松开后划声又起。因此找到故障原因，剪掉两根金属丝，拿出来一看，确是二氧化碳气体保护焊焊丝。

故障排除后，分析此处二氧化碳气体保护焊焊丝的来路，驾驶人反映，此处在上次焊接拉伸时，钣金工在此处进行了二氧化碳气体保护焊搭铁焊接。那么二氧化碳气体保护焊丝的存在就清楚了：由于该车车身钢板较薄，焊接搭铁件拆除时没有打磨焊疤，硬掰搭铁件留下小孔，二氧化碳气体保护焊重新焊接时，焊丝就留在了后翼子板子内，且顶住了内层结构件，直接造成该车行驶过程中的金属丝划响声。

三、捷达轿车更换前纵梁后异响排除

一辆1996年一汽大众生产的捷达轿车，来厂要求更换两前纵梁及乘员室地板。车辆进厂后，车身维修师结合车主与厂长的意见对该车进行查勘，发现：此车前部曾经遭遇碰撞并有修复痕迹存在，没有合格地对两前纵梁进行拉伸校正，且两前纵梁根部与整个乘员室地板有大面积的锈蚀，更换两前纵梁与乘员室地板极为必要。

由于该车年久失修，车辆自身的价值有限，厂长结合车主的意愿为其更换两前纵梁与乘员室地板，并谈定使用副厂配件。在机电工拆去发动机、变速器、仪表台后，钣金工拆去座椅、地毯，并对原车地板、两前纵梁进行切割（使用氧-乙炔焰切割）。厂里发回的配件：两前纵梁两个颜色，两种品质，在完全去除原车地板纵梁后，进行新地板拼装焊接。纵梁拼整后，发现两纵梁元宝梁前固定点与前减振器上支点间距离相差4cm。对比其他同类车型后发现，一侧前纵梁可适用于捷达轿车，而另一纵梁两点之间距离相差4cm，为奇瑞车配件，与销售商协商后对该纵梁进行分离重组。依据捷达车标准进行整焊，并在挡泥板、减振器支座组件与纵梁之间增加连接件，使其两点之距离达到标准。全部焊接使用二氧化碳气体保护焊焊接，所有技术参数达到标准。车辆整体安装后试车发现该车在起步加速到80km/h时，有"轰轰"异响。

返厂研究总结：

1）有人怀疑异响来自消声器，该车消声器之前有过损坏。这次修复前拆卸时使用氧-乙炔火焰割卸，没有更换，建议更换消声器总成。

2）有人怀疑是纵梁焊接不到位，焊接点有缺陷，行驶加速过程中有共振现象存在，建议重新对整车数据进行复测并加强焊点。

3）有人认为，更换用两前纵梁为副厂产品，材料、焊点及接口处的处理不到位，如果副产材料、钢板薄、强度不达标，焊接点不牢靠，各组成构件之间配合有隙，行驶过程中就会有风哨声。

关注整个修复过程，发现捷达车右前纵梁腹部由于有油管通过，中间加入了一槽形件且焊接不结实，整个纵梁焊接后缝口处理没有到位，且还残留着原车使用过的底盘胶。喷盖的部位没有喷实，钣金胶也同样没有根据该品质的配件进行加强。发动机室喷漆浮于表面，搭接口没有喷实，组装时，纵梁、地板上还有一些吸能孔、出气孔没有加塞，各组件搭接缝间有隙，没有处理。车身材料品质弱、强度不达标等原因直接导致了该车修复后试车时，从起步至80km/h加速后有"轰轰"声出现。

因此他们认为想排除此异响，可采取以下措施消除影响：对外表看到或明显表现出来的缝隙、孔、洞进行加工，如使用合适材料塞孔、洞，在缝隙注入钣金胶，油管导向槽外使用堵缝胶灌注，两前纵梁前端开口处可塞入一块15cm×15cm×15cm的海绵块以吸收加速过程中的振动波，以减少异响。

结果，该车更换消声器总成后，加速过程中的"轰轰"声响没有排除，采取以上所有措施后，"轰轰"声消除，问题解决。

综上所述，为轿车更换结构件首先要考虑更换件的品质，结合车主要求合理科学地加工。其次，如果按车主要求使用副厂配件，善后处理一定要到位。试车过程中，该检验的科目一定要全部到位。再次，有问题发生时，采取措施前一定要反复试车，查明原因对症下药。当然车辆本身的品质、功能一定要了解清楚，否则头痛医头、脚疼医脚只能耽误工时，浪费材料。

该车维修后的试车科目有：

1）起步低速、中速（40～60km/h）、高速（80～120km/h）车辆整体的稳定性，驾驶感觉，乘员的舒适性。

2）跑偏：起步、低速、中速、高速时加速、减速后车辆的行驶状态、紧急制动时的反应。

3）声响。

4）共振。

5）转弯时的反应：起步、低速、中速、高速、加速、减速的表现，转向至最大限度的表现。

第三节　漏水、漏尘的车身修复实例

一、红旗轿车乘员室后排脚下雨后大量积水

很多红旗轿车驾驶人在大雨过后，来到一汽红旗轿车维修站修车。要求解决：红旗轿车

267

乘员室后排脚下雨后大量积水的问题。一般的漏水试验和常规检查很难发现积水现象的根本原因。可从以下几个方面考察车身，从而寻找雨后乘员室积水现象的原因：常规的外观密封检查即可进行简单的漏水试验。使用高压洗车冲水枪对全车特别是车门沿、前后风窗玻璃边沿部位进行冲洗。确认密封良好后，进行第二次检查，即打开前发动机罩，拆去前风窗玻璃下的集水板。图 8-6 所示为在集水板右部空调管寻找集水区放水孔。红旗轿车在集水板右部空调管下面有一个集水区放水孔，这个孔大约有直径 3cm 大小，孔周有一橡胶漏斗。漏斗形状很特殊，图 8-7 所示为放水塞的形状。红旗轿车在正常行驶 1~2 年后，会有大量的尘土和杂物，特别是一些树叶会把这个漏斗堵死，造成集水区大量集水，这样大量的集水，就会沿着车身外循环进风口流入乘员室内。红旗轿车乘员室前排座椅下有一直接从进风口引进来的风管口，这样大雨天前风窗玻璃下的大量积水就被直接引入了后排乘员的脚下。

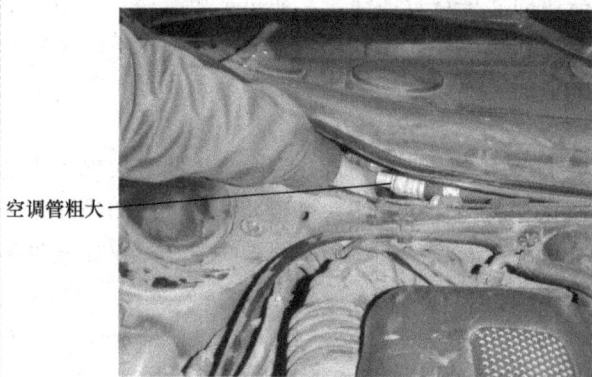

空调管粗大

图 8-6　在集水板右部空调管寻找集水区放水孔

图 8-7　放水塞的形状

解决这个积水问题，只要把前面提到的放水孔漏斗清理干净即可，至于乘员室的水，车身地板上左右两边各有一个放水孔，拆去孔堵放水即可，而地毯则需要拆下晾晒。

二、红旗轿车行李箱尘土多

在多年的车身修复实践工作中，笔者经常发现很多红旗轿车行李箱里尘土满仓，从而直接导致驾驶人及红旗车主们放置在行李箱里的干净衣服和物件布满浮土。图 8-8 所示为红旗轿车行李箱布满尘土。

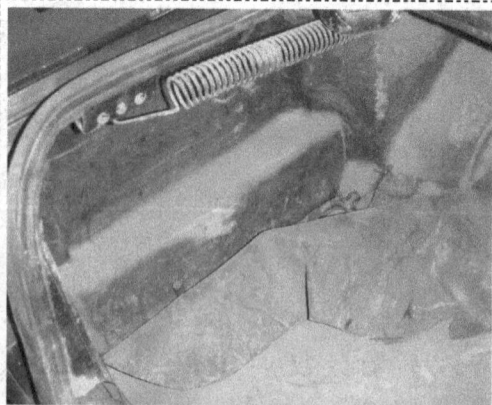

图 8-8　红旗轿车行李箱布满尘土

造成行李箱布满尘土的直接原因，往往是行李箱通风窗上的橡胶窗帘脱落或损坏。由于红旗轿车的行李箱通风窗的长方形的特殊结构，橡胶窗帘较一般车辆大，而窗帘的悬架点又是在一个楔形三角上的小孔，图 8-9 所示为红旗轿车的通风窗。如果该汽车在下雨或洗车过后行驶在尘土很多的路段时，潮湿的橡胶窗帘上往往会沾上尘土，直接造成橡胶窗帘自重的增加。行经颠簸路段时，就会引起橡胶窗帘的损坏脱落，这样路面上的浮土就会直接经通风

第八章

窗口溅入或直接飞入行李箱内，造成行李箱的大量浮土现象。一般只需更换行李箱的通风窗或通风窗的橡胶窗帘，即可彻底解决行李箱浮土问题。

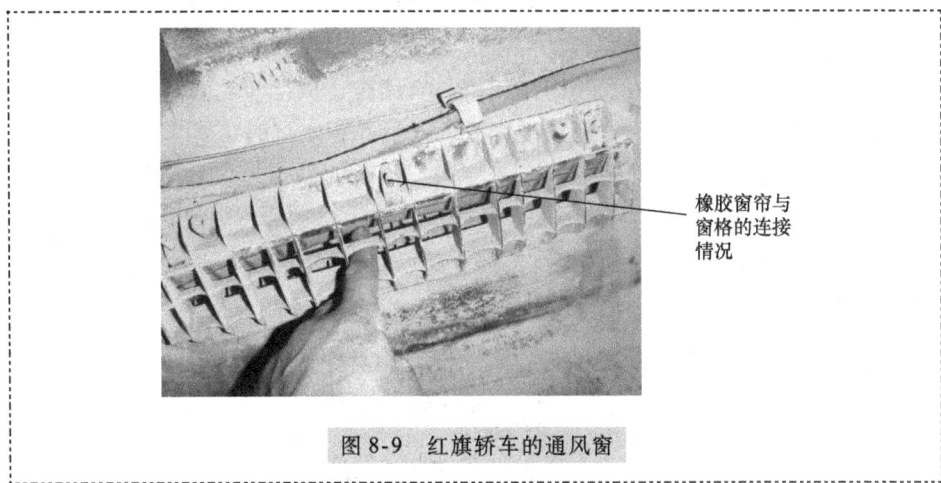

橡胶窗帘与窗格的连接情况

图 8-9　红旗轿车的通风窗

三、红旗轿车前乘客位滴水

一辆红旗轿车前乘客位乘员脚上方有滴水现象。据车主陈述，该车前乘客位最近经常有水滴下来，车间技术人员对该车进行了详细周到的外观检查，并结合当时的天气状况、车辆工作情况进行了解分析后认为，造成此车前乘客位滴水现象的原因有两种可能：

1）空调开启后，蒸发箱集水区破裂损伤或排水管路受阻。

2）冷却液进入大循环后，暖风机内的小散热器或小散热器连接管破裂损伤。

首先，检查蒸发箱空调系统。如果压力空气反向喷注下水管后，下水状态没有明显变化，则表明蒸发箱集水区排水路径没有泄水现象，下水管完好，从而排除是该系统漏水而造成漏滴水现象。

然后，再对暖风机及其内含小散热器和循环水路进行检查。据驾驶人介绍，最近该车经常需要补冷却液，特别是长途行驶前后，大散热器水位有所下降，发动机工作一段时间后，所滴水滴略有热感。据此断定，漏水部位发生在暖风机内的小散热器或小散热器连接管。仔细检查暖风机外壳及小散热器体，发现外壳无明显渗漏痕迹，但接缝处有水流出。拆下小散热器进行漏水试验，发现该小散热器锡焊点处有漏水现象，从而断定此车前乘客位滴水现象是由此产生的。我们建议车主更换小散热器和部分老化水管，从而根治了滴水现象。

事后，车主介绍此车已经工作两年多了，这当中曾在多家非正规维修企业进行过修理，并多次更换过冷却液。因此，我们怀疑该车曾使用了不合格的冷却液，从而直接造成了小散热器的腐蚀和漏水。我们为其彻底清洗了整个冷却系统，并更换了红旗轿车专用冷却液。最终，故障得以排除。

四、马自达6 2.0轿车门槛内积水

1. 故障现象及可能的原因

一辆带天窗马自达6 2.0轿车，长时间淋雨后，发现左侧门槛位在行驶中有"咕噜"、

"咕噜"的水流声。承修该车后，结合马自达 6 轿车自身的结构特点，进行故障分析后认为，造成该车左侧门槛积水的原因可能是：

1）天窗左前下水管滑落或出水口堵塞，造成天窗集水沿 A 柱下落至左侧门槛积存。

2）A 柱外围板与 A 柱结构加强板的焊缝有间隙，造成雨水大量流入。

3）A 柱或 B 柱上的线束出入孔没有封闭好，有缝隙造成雨水流入。

4）门槛箱形端面有外伤或孔，造成雨水流入或行经积水坑时，积水直接流入。

5）由于马自达 6 轿车自身的结构，门槛上装饰压板的固定方位和方法不到位，门槛上装饰压板的卡扣位是在侧围板上，卡孔为长方形，并位于门洞密封条外侧。装饰板卡扣不到位或车门密封不严，都会使雨水沿门框流至长方形孔而进入车门槛板内。图 8-10 所示为马自达 6 门槛位置。

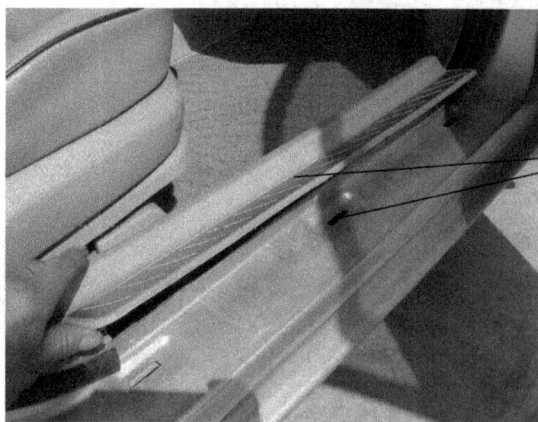

图 8-10　马自达 6 门槛位置

2. 故障诊断步骤

对故障进行进一步检查诊断，诊断步骤如下：

1）拆下左前门风窗玻璃柱内饰板，发现该装饰板干燥无潮湿；通过安装孔诊视，天窗下水管位置正常，柱内无水点，这说明天窗左前下水渠道正常，而且下出水口压力空气吹入后无污水流出。

2）把该车固定在举升机上并升起，拆去左侧前后轮胎及前左翼子板内衬，检查后翼子板内衬，发现后翼子板与门槛连接部位没有漏水湿迹。前左翼子板内 A 柱焊接缝上有两点水湿迹，疑是入水口，将车升起后，挖掉门槛下部一个孔堵，积水大量涌出，约有 5L 左右，拆去该车刮水器盖板，用大水泼向前风窗玻璃后，发现有大量的水沿 A 柱流入，恰好经过 A 柱前点焊缝处，由此断定该车门槛内积水有一部分是由于 A 柱焊缝间隙流入。待水流净后，用压缩空气吹干，对焊缝表面进行清洁处理，灌注钣金胶，从而解决此处雨水流入的问题。

3）由于积水量较大，还需继续排查，反复查看 A 柱、B 柱，两柱线束出入口密封均较好，不会有水流入。

4）对车门密封及门槛板上装饰板孔位进行检查，关上车门，发现该车左后门与左后翼子板间有 2～3mm 的高度差，打开车门，发现该车左后门槛上饰板与车门槛板间有缝隙，至此积水原因明朗。调整左后门锁止扣，使左后门与左后翼子板高度相平；拆去左后门槛饰板，看到孔周及饰板内有水珠，用压缩空气吹干后，在装饰板上的卡子四周缠上少量蛇形不干胶条。重新安装时，发觉该车在布胶脚垫时，后门槛位内侧没有布平整，这是造成该装饰板卡扣不严的根本原因，重新处理后，安装妥帖。

全部安装完备后，用高压水枪进行长时间冲洗试验，门槛下再放水时，没有水滴出，故障排除。

五、福特福克斯地毯下有水

客户描述福特福克斯车辆故障：地毯下有水。维修人员对故障的描述是：经检查发现左后脚垫处有积水，地毯浸泡在水里，因此给车加装了地板胶。于是水只能从乘员室左下空调出风口处流至左后脚垫下，拆下座椅及空调出风口，通过地板胶孔看到地板胶下有大量积水。

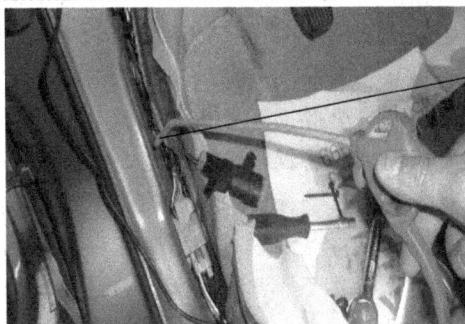

图 8-11　吹尘枪高压吹水

诊断、修理及说明：经淋水试验未发现门窗漏水，且客户确定每次都把门窗关好。因水漏到车辆乘员室左前侧，故确定不是空调水，且此车无天窗，拆下后座椅发现后座下有水迹，所以确定水是从左前下部漏进来的。

图 8-11 所示为用吹尘枪高压吹水。拆下左前座椅、地板胶、门槛饰板和仪表下饰板，从左侧 A 柱下部看到碰撞断油开关固定螺钉孔处有水迹。拆下断油开关，图 8-12 所示为断油开关。揭下防水防尘纸，用玻璃胶将孔封住(防止防尘纸老化脱胶再次漏水)，用玻璃胶把燃油断油开关螺母孔打胶后重现安装。图 8-13 所示为在断油开关固定孔位置加注钣金胶密封。再次做淋水试验，未发现漏水现象，故障消除。

图 8-12　断油开关

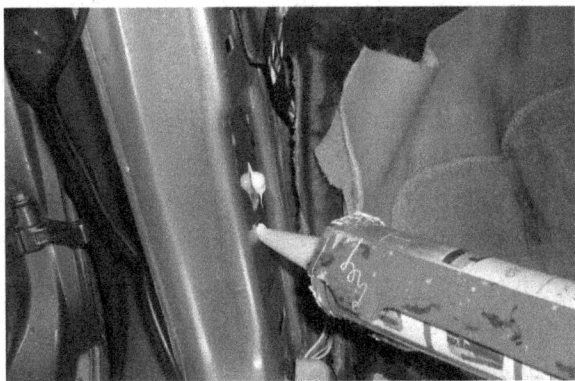

图 8-13　断油开关固定孔位加注钣金胶密封

建议将原有的固定螺母(开口式)更换为圆形密封式螺母!

第四节 帕萨特汽车车身修复实例

一、帕萨特 B5 碰撞修复实例

一辆正常行驶的上海大众帕萨特 B5 1.8T 轿车(时速 40km/h)遭遇桑塔纳轿车突然掉头而发生互相碰撞,帕萨特 B5 被桑塔纳撞击而严重变形。此时帕萨特 B5 左侧又恰巧驶来一辆中巴车,最后碰撞造成的结果是:帕萨特 B5 轿车前部严重变形,两气囊膨开,右前纵梁变形严重,左侧前纵梁头部向左偏离 9cm 左右。车前的发动机罩、散热器框架、保险杠、右前翼子板、左右前照灯全部损坏且无法修复。前保险杠内杠及散热器下横梁都严重变形、变性,右前门、右后门、右后翼子板被中巴车挤进 15cm 左右,整车损伤严重。

拆去发动机罩、右前翼子板、前保险杠、散热器框架、发动机及相关组件,发现前减振器上支座位有明显拆痕,蓄电池附近也有变形存在。因此,拆去工作台、蒸发箱与暖风机总成,发现前部防火墙有明显变形,右后车门总成、玻璃升降器等组件全部变形无法使用,右后翼子板局部严重塌陷。

下面就此车的修复过程展开描述:

1. 前部发动机室修复

首先,把已拆除相关组件的损伤车辆固定在车身大梁校正台(奔腾 2000 型)上。固定时,必须在四个裙边夹持点上进行,夹持时一定要调整四个脚的高度,以方便之后的查勘和拉伸、校正过程中的测量。然后结合帕萨特 B5 轿车的车身数据图,反复测量并做必要的记录,以方便接下来的拉伸、校正。

记录的结果显示:左侧前纵梁有折痕,前端偏离原位 95mm,右侧纵梁有严重的折痕,且右前翼子板上边梁、边梁加强件有严重变形,减振器上支座固定的三个点位也有偏离,约 30mm。因而有必要更换整个右前纵梁总成,考虑到更换整个纵梁总成的工作量大、购买散件不容易,钣金技师建议对右前纵梁进行就车强行修复,右前翼子板边梁、边梁加强件也同时进行整形校正。

这样钣金技师在对左前纵梁正位拉伸后,对右前纵梁也进行了归位拉伸,翼子板边梁同时进行了合适的拉伸、校正。由于该点位折褶较为严重,简单的拉伸、校正无法恢复到位。技师对右前纵梁采取了必要的拉伸、校正后,对右前纵梁、翼子板边梁组件、支撑件进行了合适的解体分割。电钻除削电阻点焊点,电动砂轮切割右前纵梁外侧,等离子切割器去除挡泥板上的二氧化碳气体保护焊焊点。

分割下来后,对多个折褶严重的组件进行冷加工整形校正,而对右前纵梁再次进行夹持拉伸整形校正,并结合该件的长度、宽度测量,进行严格冷作整形,密切关注该纵梁上部两卸力孔的变化。在对两前减振器上支座进行测量时发现距离缩短了 20mm,仔细查勘后发现左前减振器上支座位没有任何变形、变化。

因此 20mm 的误差来自右前减振器上支座的位移,在减振器上支座表面焊接拉伸用厚钢板,将右前减振器向前右方拉伸,结合在两减振器上支座间使用分离式液压千斤顶进行支撑,以期达到结果,并观察前防火墙变形位置的变化,结合锤击,使其复位,减振器上支座

第八章

前固定点的距离达到 556mm + 556mm。同时测量该点与前风窗玻璃柱尖下角的距离达到一致后，该点位的拉伸校正结束。

反复测量比对标准数据，该车的元宝梁变形不大，说明元宝梁后固定点位没有变形。测量发现位置没有变化，因而在对两前纵梁进行拉伸校正时，没有拆除原车元宝梁。而右前悬架系统由于右前减振器上支座位有变化，拉伸校正前，拆去了右前悬架系统，以方便右前减振器上支座的整形、锤击成形。采用两前纵梁拉伸校正结合前桥测量点的测量长度、对角线距离的方法可便于拉伸到位。一切数据标准后，仔细对右前纵梁进行冷作加工成形，因外皮已经切割下来，故方便对比左侧进行加工整形。焊接时对照原点焊焊点进行复位焊接（二氧化碳塞焊），在切割缝处增加连接件并用二氧化碳气体保护焊焊接。

接下来，安装散热器框架、下横梁及前保险杠内杠，以控制两前纵梁前端的距离及安装孔位置，正常安装时可使用拉伸支撑工具调整距离、孔位。调整左前翼子板使其与左侧弧线一致，安装调整发动机罩，使其与左前翼子板间的缝隙符合标准。结合发动机室上部多点间距离的测量，关注翼子板的点位栓孔，前后两个安装螺母之间的长度为847mm，两侧翼子板安装螺母的对角线长度为1605mm，让发动机罩居中，使其与左前翼子板的缝隙均匀，且缝隙以3mm为宜，试装右前翼子板以期配合发动机罩。

如有不当，使用拉伸系统定向拉伸翼子板边梁，然后测量其前端高度，焊接边梁支撑件，且一定要对照原切割焊点进行焊接（二氧化碳气体保护焊焊接）。有关焊接部位的防锈、防腐处理遵从轿车结构件更换时的处理方法进行，其中包含透焊底漆、钣金胶的处理。之后，进行散热器框架、发动机罩锁的试装调试。这个过程有必要对整个发动机室的总体尺寸进行复检，复检时可结合后桥对称测量点进行。将前照灯、格栅、前保险杠试装并调整至合格位。

2. 右侧车门、后翼子板的恢复

右前门变形不大，只在变形的折边位置进行必要的二氧化碳气体保护焊焊接加固，之后再锤击复位。门皮使用车身外形修复机进行修复，而右后门外皮变形严重，需更换此门或此门外皮。随整个车身流线、间隙对后翼子板进行拉伸整形。由于该翼子板折褶很深，变形、变性较为严重，本应采取局部切割分离后整形或更换来解决，后挡泥板内外板在被碰撞过程中也有不同程度的变形、变化。如果局部切割外皮，就方便进行整形校正，而强行对后翼子板进行外焊拉伸板拉伸、校正，容易在焊接位产生"过度拉伸"，焊点位会因严重受力而出现孔洞，整形到最后的边沿线条自然会由于焊位拉伸点的存在而不可能十分流畅。最后由于工期要求，采取了就原车强行拉伸校正。修复后车辆的大体表皮、线条都显露出来，大块深陷位置的校正借助了车身大梁校正系统的拉伸塔柱进行，性能稳定，没有出现更多的凸点，但内部板组件无法全面恢复到原车的形状与功能。

整车的涂装、总装、路试过程在此不进行详述。

综观整个维修过程不难发现，只有熟悉车辆结构、合理使用车身数据、结合先进的钣金修复工艺，再加上同事间的密切友好合作、管理人员的有力协调，才能够科学、合理地对碰撞损伤车辆进行恢复，也才能有效地抗拒不幸遭遇的"二次碰撞"，同时也会为"二次碰撞"带来的"二次修复"或更换构件提供方便。

二、帕萨特领驭碰撞损伤修复实例

一辆购买不久的上海大众帕萨特领驭 1.8T 轿车，前不久因为驾驶人酒后驾驶，傍晚时撞上路边骑电动自行车的路人。以下就车身受碰撞、损伤及以后的恢复过程展开。

1. 车辆碰撞损伤的拆解与评估

该车在事发后被拖入汽修厂进行拆解、评估、修复。当时从外围目测到：右前轮毂严重受损，铝圈破裂不堪，两条轮胎被碰得无法修复，从前向后发动机罩严重变形，左右翼子板、前保险杠、右前照灯、右前车门严重受损，无法修复，前风窗玻璃严重破损，车顶大面积塌陷，天窗无法使用，主副气囊已膨开。

1）打开发动机罩发现：散热器框架破碎，空气滤清器壳总成严重破裂。拆去前保险杠、发现发动机罩、左右翼子板及内衬、散热器框架，又发现该车内部深处多点受损。如左侧转向助力液压缸、喷水壶、中冷器及其采风口受损，前保险杠内杠因其为高强度钢制成，故碰撞受损后不可以修复。如果修复，发生二次碰撞后的车辆受损将更加严重。前保险杠支架玻璃钢破损，造成其右侧的空调管、冷凝器、干燥瓶和蒸发箱也受损。

2）支起车辆发现右侧悬架系统的受损情况严重。右前减振器折曲严重，上下铝摆臂球头脱出臂曲，右侧转向拉臂弯曲，传动轴球笼脱出，元宝梁连接位置严重变形，前后两角也严重撕裂，发动机下护板破烂不堪，右后车轮倾角严重失准，车轮上部贴近车轮内板，无法运转。

3）最为严重的是，右前轮因受力变形而后移，造成右前门立柱下部，即乘员室地板前部加强肋、门槛组合件，严重扭曲变形，并波及右后车门，使右后车门与右后翼子板几乎没有间隙。乘员室内，由于主副气囊爆开，造成仪表台表面严重变形，弯曲面无法修复。拆去顶篷吸音板发现天窗玻璃滑行轨道也有多处破裂变形，尤其前部电动机连接位置是由玻璃钢制成而无法修复，天窗玻璃虽未破裂，但也有多处伤残点。

2. 维修方案

1）承修方即汽修厂需要有一类汽修资质，或是上海大众维修站。根据拆解过程，出示更换部件名录同时进行报价。（注：本书不涉及零部件价格，工时费等。）需更换的部件有：前保险杠总成及其外皮主体、下格栅（左、中、右）、左右角装饰条含电镀条、前格栅总成、右前雾灯、散热器框架、右前翼子板含内衬、发动机罩、前保险杠内杠、支架、空调管（冷凝器-干燥瓶、干燥瓶-蒸发箱两组）与空气滤清器壳总成、中冷器及其集风口、喷水壶、转向助力油罐、右前减振器、右前悬架上下铝摆臂、下撑臂、元宝梁、发动机前支架（左右）、变速器左右支架、右A柱含内加强肋、右前车门上下铰链、右前乘员室地板加强肋、仪表台面板、主副气囊、气囊游丝、电脑板、天窗总成、后桥总成、活性炭罐及其连接管道，而右前门采用整形修复。

2）维修方案的确定与计划。拆除发动机总成、仪表台总成、蒸发箱及暖风机总成、空调管总成，掀开乘员室底毡，拆除顶篷吸音板，然后对车顶外皮进行整形校正。这之后，把车壳安装在大梁校正台上进行整车的测量—校正—测量—安装外观覆盖件、外形调整—内表面油漆—总体安装调试—外部油漆—总试车—试验合格—出厂。确定维修工时、工期（约45天左右），车主确认后签订承修合同。

3）维修过程（含车辆维修前后的误差，修复状态的测量）。由于该车碰撞受损严重，多处严重变形，较深位置也有变形，在将该车夹持到车身大梁校正台前，应先对其进行全面拆卸，如发动机室、乘员室、右前车门总成等。

① 将受损车辆在车身大梁校正台（本文所涉及的车身大梁校正台并非上海大众B5轿车

专用"使力得"车身大梁校正台）上按标准居中定位夹持并固定。左侧门槛位没有变形因而方便夹持，而车身右侧后部可以对称夹持，右前角由于 A 柱下部与车门槛严重变形扭曲而无法夹持，因施工需要在右侧门槛位置取方便处进行夹持，然后拆除前后桥及悬架系统，方便钣金工进行测量施工。

② 对事故车辆进行车身大梁、地板系统的精确测量，并进行底部、大梁变形位校正。测量结果显示（测量过程略）右前 A 柱下部偏差较大，后桥固定点的偏差在允许误差范围内，左侧前纵梁参数基本准确。据此，车身维修主修师确定先行校正 A 柱下部。

首先根据"先进后出，后进先出"的原则，对 A 柱下部多点反碰撞受力方向进行有效拉伸展拓。主要测量指标达标后，对 A 柱进行解体，局部整形校正，更换 A 柱内加强板、外皮（在右侧围上局部按需要锯割）。右前门槛由于 A 柱下部的拉伸校正归位也同时被拉伸回位，进行局部锤击卸力后，达到了应有的参数标准。对照左侧进行强制夹持，以方便进一步对 A 柱及整个车身的拉伸校正。这个点位的精确夹持将标志着整车乘员室地板的拉伸校正工作结束。

A 柱内加强肋与外皮的更换、焊接牢靠（惰性气体保护焊接）完毕后，对右前车门进行调试安装过程中发现此车门合页原位固定后有点上翘，车门框数据测量显示：右 B 柱上角与 A 柱下角测量距离偏小。用分离式液压千斤顶对撑，对撑过程中发现右后门与右后翼子板的间隙增大。此现象显示了承载式车身一个整体的概念，形象地讲就是承载式车身如同一个火柴盒的道理：牵一角而动全身。撑持锤击有关力点进行卸力，撤去千斤顶再测量，并关门试验，如此反复进行，直到测量数据达标，车门开关自如，门沿一周间隙均匀且达到标准，撑持过程中有必要对前风窗玻璃上沿边梁进行拉伸校正。

在拉伸、校正、整形、更换内加强肋的过程中，应同时对乘员室地板、右前乘员室地板加强肋进行拉伸、校正，并更换此加强件。如此还应对元宝梁右后部固定点参数的测量进行密切关注。虽然在拆解后没有发现该车的前右侧纵梁有明显的折皱，关注此点的参数，是直接关系到整车拉伸校正修复工作结束后的整车性能的关键点。

此过程结束时还应对车身大梁尤其是右前纵梁各测量点的参数进行更进一步的精确测量，并将其与标准数据图进行比对，如有偏差则应及时进行拉伸校正，再测量，再比对。当然最后还要对两个前减振器上支架点的数据进行测量比对，在确保参数准确外，也为下一步的左右翼子板、发动机罩等发动机室外围覆盖件的安装调试提供理论依据。

③ 发动机室外围覆盖件的调试初步安装。发动机室外围覆盖件包括：左右前翼子板、发动机罩、散热器框架、前照灯、前保险杠、支架、外皮。调试安装注重的是翼子板上边梁的点位数据测量、拉伸校正。

翼子板、发动机罩、散热器框架、前照灯、前保险杠等部件的质量问题也值得一提：市场上供应的汽车部件的规格、质量、生产厂家良莠不齐。当然组装线上的配套部件在市场上是很难买到的，选用的配件一定要与该车配套合适。如果出现两翼子板由两家生产商供应，就很有可能由于两生产商使用的模具尺寸不一致而造成两侧车身的前后整体弧线不一，与发动机罩、前照灯、前保险杠的配合间隙也就很难统一，且达不到标准。所谓的原厂正宗配件在这里的效果是显而易见的，哪一个部件的产品质量不合格，它与周围部件的配合就会出现偏差，勉强使用就会直接影响整车修复后的外形美观与效果，甚至影响到行驶性能。

④ 前风窗玻璃、天窗的安装调试及车顶外皮的整形修复。该车的前风窗玻璃安装调试

重点在于上边缘线的协调即玻璃上边缘口边梁的校正（弧线对照）、对角线的一致。天窗是关键，很多的带天窗的车辆整形修复后，出现天窗漏水、开关不自如、有异响等现象。

> 防止天窗漏水，关键要注意以下事项：
>
> a. 天窗玻璃与玻璃边缘的吻合很重要，必须四周及四角水平一致，顺应车顶外皮的整体流线，外皮修复应使用外形修复机进行整形修复。
>
> b. 有些车顶塌陷严重会引起天窗周围固定点位的边梁即加强件的变形，这些变形有时不是很显著，在天窗整体安装过程中容易被忽视，往往会引起天窗两侧轨道在被固定后出现扭曲而直接导致天窗漏水、玻璃前后移动时产生困难、出现异响等。
>
> c. 更换天窗质量的检验。天窗跟"小女人"一样，非常娇气，质量的检验通过比对原车天窗来进行，不合格的产品坚决不能使用。
>
> d. 天窗四角的水流泄放软管也应引起足够的注意。天窗在安装车顶吸音板前，必须使用压力空气吹试天窗四角的水流泄放软管。出气口一定要在此管的规定出口位，只有这样才能保障车顶天窗在遭受大雨天气和洗车时能使积水沿泄放软管按规定路径顺利排出，而不再出现天窗漏水与吸音板潮湿的状况。

⑤ 防锈、防腐蚀、防漏水的处理。根据汽车维修行业规定的标准，汽车在维修后两年内不得出现维修部位锈蚀的现象。维修过程中，必须对切割、焊接、更换结构件的部位进行有效的处理，一般做如下处理：对箱形截面内腔，可从不同的孔径喷涂防锈蜡，焊接面使用可透焊锌底漆，接触缝边缘使用 PU 结构胶进行处理，底面和朝下的面再加喷底盘胶或凹凸胶。当然，在这过程中，车身的切割、焊接必须遵从有关技术工艺要求的规定。

⑥ 车身内表面、更换件内表面的油漆处理。由于此车碰撞损伤较为严重，使用的车身大梁校正设备又非此车专用校正台，总装工作必须分期、分批进行。

⑦ 内外饰物、主要构件的总装调试。由于前面的车身大梁、地板等的拉伸校正整形工作参照了原车的数据图册，并进行了精确的反复测量比对工作，数据基本到位，故可以进行总装工作。前后悬架系统的安装调试，要看过程更要关心更换部件的规格质量，即可为以后的四轮定位、路试提供有力保障，发动机的安装、整车线束的布局、仪表工作台位的零部件的安装要关注线束及线束插头、插座的统一。

总装结束后，必须进行简单的路试，然后回厂检查再次紧固相关部件，连接螺钉、螺母等，上四轮定位仪参照系统数据进行比对调试，确定符合规定参数后，打印测试报告供车主检验，再次路试（路试科目要到位）。路试合格后再交油漆工进行外表喷漆加工。

总结维修过程：关键要注意钣金修复过程中，更换的结构部件、可拆卸的零部件，必须更换原厂正宗配件。操作过程应使用合理、合适的生产加工工具、技艺和设备等，避免野蛮操作。不可对不应整形修复的部件强行修复，坚持避免使用氧-乙炔焰切割、焊接、加热处理有关部件。只有这样才能保障此车修复后的形状、性能达到原车的设计要求，使得该车在以后的行驶中遭遇二次碰撞后的碰撞损伤达到最低，方便再次修复。

三、帕萨特领驭轿车碰撞修复实例

一辆 2007 年 6 月生产的上海帕萨特领驭轿车，以 120km/h 的速度在高速公路上行驶，侧向近距离超越一辆以 80km/h 的速度正常行驶的大型载货车时，载货车备胎突然脱落，砸在了领驭轿车的右前方。领驭轿车紧急制动，结果还是摔向高速公路护栏，车毁人伤，护栏毁坏三节。

领驭轿车前部、右侧严重变形，发动机罩、右前翼子板、前保险杠、格栅、前照灯全部损坏，右前轮挤在右前门柱上，主、副气囊膨开，整个右侧车身变形、车顶翘曲、天窗无法起动。由于突遭袭击时采取措施得当，驾驶人安全无事，前排乘客没系安全带，造成骨折，除前排乘客侧安全带没有锁死外，其他安全带全部锁死。后排尽管无人乘坐，但安全带是紧贴靠背的，车身瞬间受撞击，安全带张紧器爆炸而锁死。

检测车身外观，测量车身损伤部位，基本情况如下：

1）左前纵梁根部后缩 10mm，元宝梁连接部位上移 8mm，前部左移 20mm，元宝梁后固定点螺栓位歪斜。

2）右前纵梁部分的右侧保险杠内杠固定位后缩 35mm，翼子板边梁、边梁加强件折褶严重，翼子板边梁支撑组件折死，右前减振器上支座测量点内移 28mm，前围板右侧折褶严重。

3）右 A 柱根部被轮毂击中后移 40mm，车门上下铰链间立柱存在折褶，上下距离缩短 15mm。

4）右前门严重挤毁，右后门挤伤较前门轻可以修复，右后翼子板轮框部位挤陷 25mm。

5）后桥由于右后轮撞击高速公路护栏，右侧前叉测量显示外斜 15mm。

6）其他前后悬架系统的铝合金拉臂、撑杆全部变形或损坏，前桥系统的变速器托架（元宝梁）严重变形，铝合金构件全部损坏，所有悬架系统的胶垫也全部撕开。

决定对该车车身进行较彻底的修复，分三步进行，并达到相关车身修复质量目标：首先校正车身底部大梁、地板，以期前后桥悬架系统尺寸符合要求；然后将前围、仪表台支座、地板整形到位；再对两前门立柱进行拉伸校正，试装车门，力求使其与后门外皮的缝隙上下均匀，达到 3.5mm（维修手册要求是：车门与翼子板间 3.5mm；车门与车门间：4.5mm）左右，同时使翼子板、发动机罩间隙均匀达标。

下面是笔者按上述方案对该车车身进行修复的详细过程。

1. 在车身大梁校正台上的夹持固定车身

由机电工拆去发动机、变速器、前后悬架、仪表台、暖风机、空调蒸发器总成以及整车线束总成等，钣金工拆去座椅、地毯等，把车身夹持固定在车身大梁校正台上（非 B5 轿车专用校正台）。由于右 A 柱严重变形，夹撑点暂时放置在 B 柱下方，图 8-14 所示为事故车在车身大梁校正台上的固定及右 A 柱下部的拉伸校正。

这里有一点需要说明，由于整车在拆卸分解时没有考虑到领驭轿车车门玻璃升降器工作时有记忆系统存在，且升降器电动机插头是由多根线头组成的，用蓄电池直接升降玻璃不方便，修理人员在对全车分解定损时，没有考虑到此点。

2. 检修后桥部位

考虑到该车身在车身大梁校正台上固定夹持时，左前、左后、右后三个夹持点的夹具高度一致，测量左后、右后门槛折点的高度也一致，行李箱地板的纵梁没有变形，后桥在车身上的固定点均没有变形，于是决定先更换后桥，组装后悬架系统，之后再查看两后轮的状态。由于后桥与车身大梁的连接使用的是两铝合金胶套，且螺栓孔是前后可调整的，在测定

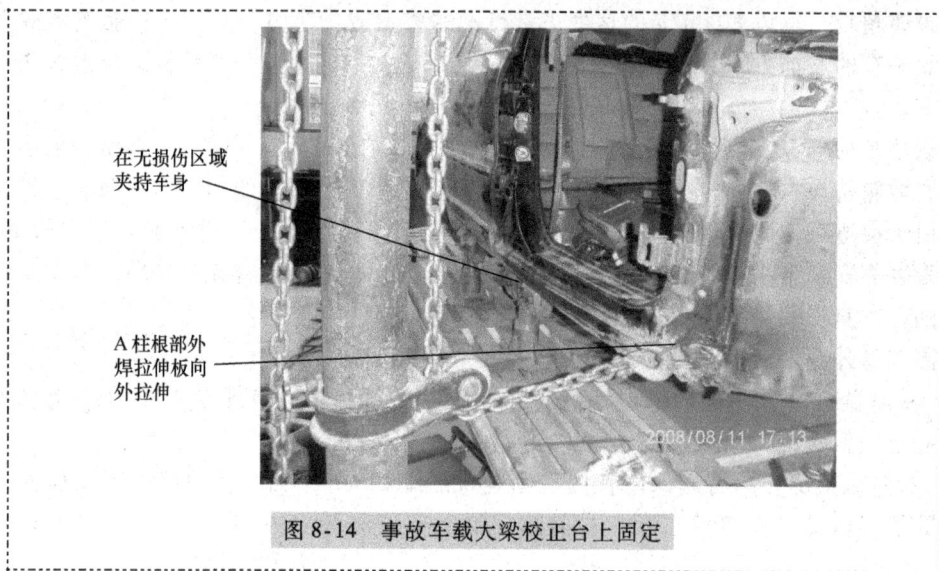

在无损伤区域夹持车身

A柱根部外焊拉伸板向外拉伸

2008/08/11 17:13

图 8-14　事故车载大梁校正台上固定

两固定点位置高度、宽度符合原车设计要求后，试装后桥及后悬架系统，一切正常。

3. 元宝梁两后固定位置的校正

经测量发现，乘员室地板后部变形较小，两侧 B 柱没有变形，元宝梁两后固定点与后桥固定点距离基本一致，左侧高于右侧约 10mm，左右两前纵梁主体没有明显折曲存在，只有两前元宝梁螺栓固定件存在变形。因此，确定先对元宝梁两后固定位置的宽度进行拉伸、校正。同时，随机对乘员室地板的折曲进行锤击展开，见机对前围板上的下部折曲进行锤击，以消除应力、加工整形复位。当元宝梁两后固定点位置宽度距离达到 620mm 时，使用 50mm×100mm 的槽钢钻孔，孔径 ϕ12mm，使用元宝梁螺栓先行固定，以期在以后对其他位置进行拉伸、校正时，保证这两点距离不变。当然这个过程中有必要对两 A 柱根部使用外焊拉伸板同时向两侧拉伸，元宝梁后固定点的拉伸、校正使用分离式液压千斤顶支撑。宽度数据达标时，用槽钢螺栓紧固。图 8-15 所示为元宝梁两后固定位置的校正。

使用槽钢对元宝梁两后固定位的宽度控制

图 8-15　元宝梁两后固定位置的校正

4. 两 B 柱的校正

两 B 柱的校正是结合前减振器上支座位的拉伸校正同时进行的，图 8-16 所示为前减振器上支座位的拉伸校正。

图 8-16　前减振器上支座位的拉伸校正

由于左 A 柱没有明显的折曲存在，两铰链固定位置有一点内移，使用等离子切割器在铰链位内板上开口、锤击立柱加强件，使之复位。这个过程中，两前减振器上支座宽度调整仍然使用分离式液压千斤顶支撑。两支座外部螺栓固定孔间距离达到 1028mm 时，使用 50mm×50mm 的角钢钻孔（φ12mm）并用螺钉固定，同步展开前围板上的所有折曲。

5. 右 A 柱的整形修复

由于右 A 柱变形折曲严重，笔者对右 A 柱进行解体，用电钻钻削点焊点，在上铰链下部锯开外皮并剥下，A 柱加强件分上下两件且没有焊接。右前门槛随着 A 柱根部的变化而发生较大变形，钻削 A 柱与门槛内加强件，并对 A 柱外皮进行冷作加工整形。A 柱与门槛内加强肋在门槛拐角位置是一件整体，变形不太大，只是前部内移了 20mm 左右，外焊拉伸板外拉校正。加强件上的铰链固定部位与上铰链距离符合车门安装要求后，拼焊外皮，用千斤顶上下支撑两铰链，试装车门，焊接锯缝，调整两前车门时充分顾及两后门与后翼子板间的缝隙及两侧流线形的一致性。A 柱、门槛外皮组焊后，右前夹具前移至右 A 柱下夹持位置，并保持与其他三夹具高度一致。调整车门间隙时使用分离式液压千斤顶支撑门框，图 8-17 所示为用千斤顶上下支撑两铰链。当所有车门外皮间隙达到 3.5mm 时，试装前门锁块，确认锁闭牢靠，开启自如时，两 A 柱拉伸、校正结束。

6. 元宝梁两前固定位置的测量、拉伸、校正

随着整车拉伸、校正过程的展开，两 B 柱的拉伸、整形结束。测量两元宝梁后固定点高度时发现，此时两点高度基本一致，两前减振器上支座对称固定孔位置高度也基本一致。这说明承载式车身是一个整体，局部变形整体有变化，个别部位的拉伸、校正复位能够促使关联部位的复位。这时，元宝梁两前固定位置的测量、拉伸、校正工作开始，由于元宝梁前固定位置是由超高强度钢板制造的，并外焊在纵梁主体上，考虑到就车拉伸的难度和纵梁主

焊接锯缝前的间隙调整

上下铰链距离
由千斤顶调整

图8-17　千斤顶上下支撑两铰链

体的结构，笔者钻下了两固定位置组件，冷作加工整形，二氧化碳塞焊牢靠后，再测量两螺母点位置的高度、宽度以及元宝梁后两点的距离，长度两侧一致，宽度达到813mm。图8-18所示为元宝梁两前固定位置的测量、拉伸、校正。

宽度确定后
分离千斤顶
调整高度

图8-18　元宝梁两前固定位的测量、拉伸、校正

高度基本一致后，拆去后位槽钢试装元宝梁，确认拆卸方便，且左右调整有效时，再测量元宝梁四个固定点与后桥对称固定点的前后长度、对角线数据，并符合领驭轿车的数据要求后，试装元宝梁。这时，左前纵梁前部基本复位，原来偏移的20mm，随着元宝梁固定点成功复位而复位了。

7. 右前纵梁的拉伸、校正、整形

由于该纵梁前部折曲较为严重，翼子板边梁、边梁加强件支撑组件均有较严重的折曲，因此，钻下翼子板边梁加强件，对其进行冷作钣金整形，更换边梁支撑组件，对翼子板边梁进行独立的拉伸、校正，最后将其与左侧翼子板边梁进行对比。图8-19所示为右前纵梁的拉伸、校正、整形。

翼子板支撑组件钻孔塞焊

底盘胶防腐蚀

图 8-19 右前纵梁的拉伸、校正、整形

按照车身数据要求将右前纵梁拉伸、校正到位，同时保证发动机罩铰链前部固定点之间的距离为 1416mm，翼子板两前固定孔之间的距离为 1274mm，以上四点对角线长度为 1578mm，两前纵梁前端四方内杠支座内下孔距离为 820mm。试装中冷器进气弯钢管、前保险杠内杠。然后使用二氧化碳气体保护焊对右前纵梁前部外皮、翼子板边梁、加强件、支撑组件进行拼焊，焊点为原钻削点、切割点。连接纵梁时，采用内附连接板塞焊。

8. 装复其他机件，进行检查与调试

试装两前翼子板、发动机罩、散热器框架等（前照灯、格栅、保险杠待下步整形、校正时再试装、调整）。至此整车的底部拉伸、校正到位，上部基本达标，对仪表台底座附近部件，如前围板、落水槽、A 柱、纵梁的构件搭接处重新抹刷钣金胶进行防漏、防腐蚀处理。图8-20 所示为抹刷钣金胶的防漏、防腐蚀处理。

集水区构件搭接处抹刷钣金胶

图 8-20 抹刷钣金胶进行防漏、防腐蚀处理

对原车喷涂底盘胶的部位重新喷涂凹凸胶。之后由油漆工对发动机室、乘员室、仪表台等部位进行油漆处理。这里补充一点，修复本车的过程中，焊接前均对结构件内表面和相关连接件进行过凹凸胶喷涂处理，这样切割分离构件的有效防锈蚀措施得到保证。

机电工总装整车线束、前后桥系统、发动机、变速器等相关组件，车辆着地后，测量车轮轴距，两侧基本一致，车轮着地后的状态良好。接通电源，起动车门玻璃及天窗开启装置，拆去两前车门玻璃、天窗总成……笔者紧接着依原车要求对四车门进行重新调整，需要整形的一并加工校正。外皮使用车身外形修复机的介子整形炭棒收火技术，结合锤击消除应力。重点是右前门槛外部的整形也同样使用了外形修复机整形，操作时，借助了其他有关的动力设备。最后，对车门密封条、装饰件、车门玻璃进行试装，确定线条流畅，两侧弧线一致，车顶天窗启闭自如后，起动发动机试车，并进行必要的漏水试验（大水车顶倾泻、高压枪喷洗），试车、试验后都没有问题。

接下来，笔者对前照灯、格栅和前保险杠进行试装调整。整车总装结束后对汽车进行四轮定位，机电工对前后桥进行简单的调整后，打出来的检验报告符合原车设计要求。这里说明一点：领驭轿车后桥铝合金固定支座可前后调整，元宝梁（变速器托架总成）可左右调整，调整幅度为±5mm。

路试（低速、高速）后，车辆没有问题，交油漆工进行外表涂装。安装前风窗玻璃，基于前风窗玻璃框架没有明显变形存在，前面的整车拉伸、校正过程没有涉及前风窗玻璃的状况。

这样，整个修复过程历时35天。尽管没有使用定位拉伸夹具的B5、A6专用校正台进行整车的拉伸、校正、整形，费了不少周折，结果还是喜人的。如果使用B5专用校正台会使车身修复工作的难度、强度降低很多，专用校正台的"拉伸—测量—定位夹持—保持"过程将修复点的拉伸校正一步到位，车身修复也是一次成形。专用的设备方便专门的车身修复，开动脑筋使用现成的设备，多想办法，同样可以成功修复典型的碰撞损伤。

还有一点提请关注：凡带记忆的车门升降系统，即升降电动机插头上的线数多于2根时，在整体分解前，应首先考虑拆除相关的车门玻璃以方便以后的车门、车身整形校正。

四、帕萨特B5轿车更换空调风扇后出现共振

一辆2004年出厂的帕萨特B5轿车配置2.0L发动机、自动变速器，行驶18万多公里。2009年4月份在4S店更换了空调风扇后，打开空调开关，起动风扇有明显的共振现象，驾乘人员感觉很难受。去更换空调风扇的原4S店要求解决此问题，先后几次都没有排除此共振现象。后又在其他综合修理厂修过，五、六次都未能如愿，最后来我厂维修。

车主讲述，此车虽然行驶超过18万km，但没发生任何事故，第一次维修就是在4S店更换空调风扇，且是由几个学徒工更换的。考虑到：他先后去了4S店、综合修理厂解决过很多次，对该车采取了如下措施进行维修：

1）拆除保险杠，检查发动机前扭力支架的状况。发动机扭力支架胶垫下部有新的磨损痕迹。据此，笔者重新安装并调整了扭力支架位置，考虑到此处不可能产生共振，当然如果产生共振，车身将有明显的颤动现象，而该车的颤动不明显。

2）检查发动机爪垫、变速器爪垫，发现它们都是原车的配置，且工作状况良好，没有问题。

3）由于是更换了空调风扇引发的共振，有人建议重新更换一只大众原厂空调风扇试一下。于是拆卸了另一在修车的空调风扇，再试共振依然存在。

4）起动发动机，打开空调，没有共振。起动风扇，头依靠枕，能感觉到明显振动，且注意到发动机排气管声响增强，踩下加速踏板时，共振现象消失。据此，向驾驶人询问排气管三元催化转化器有没有更换过，该车驾驶人介绍，大约在今年三月在4S店更换过三元催化转化器。由此，三元催化转化器堵塞引起发动机排气不畅而诱发的发动机无力的可能排除。

那么，到底是什么原因造成了该车更换空调风扇后，打开空调，风扇正常起动后的共振现象呢？打开空调开关、起动风扇后，发动机负荷增加，稍微增加一点振动感是正常的，可该车让人明显感觉不舒服，甚至难受。

认真分析上述过程后，明确两条：

1）此车的共振与空调风扇无关。

2）建议检查发动机功率，4月份更换空调风扇前不需要起动空气压缩机工作，这一条可能被所有维修人员忽视了。更换空调风扇后打开空调，起动风扇，发动机负荷增加而诱发共振现象。

这样，先检查了空气压缩机，没有发现问题，再检查发动机功率。

技师试车发现：该车在热车怠速时的确存在抖动现象，但并不严重；急加速时变速器自动强制降档，但仍存在加速迟钝的现象；车辆行驶到120km/h时，明显感到发动机噪声比较大，转向盘不抖，不跑偏，踩制动踏板工作正常，所以基本可以判断底盘、变速器、传动机构和制动系统存在问题的可能性不大。由此可初步确定，该车故障可能是因为发动机本身动力不足导致加速无力，即初步确定该车故障现象为发动机怠速抖动和发动机怠速功率不足。

重新起动发动机怠速运转，用专用诊断仪 V. A. G5051B 检查此车，故障码显示该车存在一个故障。一般情况下，单独的一个此故障可能存在于节气门。因节气门有积炭而引起节气门开度失准。于是拆下节气门，发现节气门比较脏，即清洗节气门，并用 V. A. G5051B 对其进行匹配，匹配成功，同时清除故障，起动发动机，怠速有所好转，但仍然感觉抖动不正常。因节气门已经进行了清洗和匹配，所以可确定怠速抖动不是节气门的问题，应该是发动机本身动力不足导致的怠速抖动，于是查看发动机主要数据流，如图8-21所示。

由此图8-21可以看出，所有的怠速数据都在标准范围之内，但是怠速转速不太稳定，一直在720r/min左右跳动，且跳动比较频繁，即在BFF电脑版的怠速下限值处一直变化，而且进气质量和喷油时间修正也比较频繁。既然没有故障，那应该检查诊断仪不能检测到的故障，即部分电子元器件和机械故障。而影响发动机动力不足的因素大概有以下几个：三元催化转化器堵塞、喷油压力不足或喷油雾化不好、废气循环系统内压大、发动机本身缸压不足。于是逐项进行检查：

1）拆下气缸列1号氧传感器，用内窥镜检查三元催化转化器的高温化合物，发现高温化合物很少，基本不影响排气性能。

2）接上 V. A. G1318 燃油压力表，起动发动机，看怠速、中速和急加速压力分别为3.5bar(1bar = 10^5kPa)、3.5bar和3.9bar，拔下燃油调节器上的真空软管，压力变成4bar，拆下喷油器模拟喷射，雾化良好。

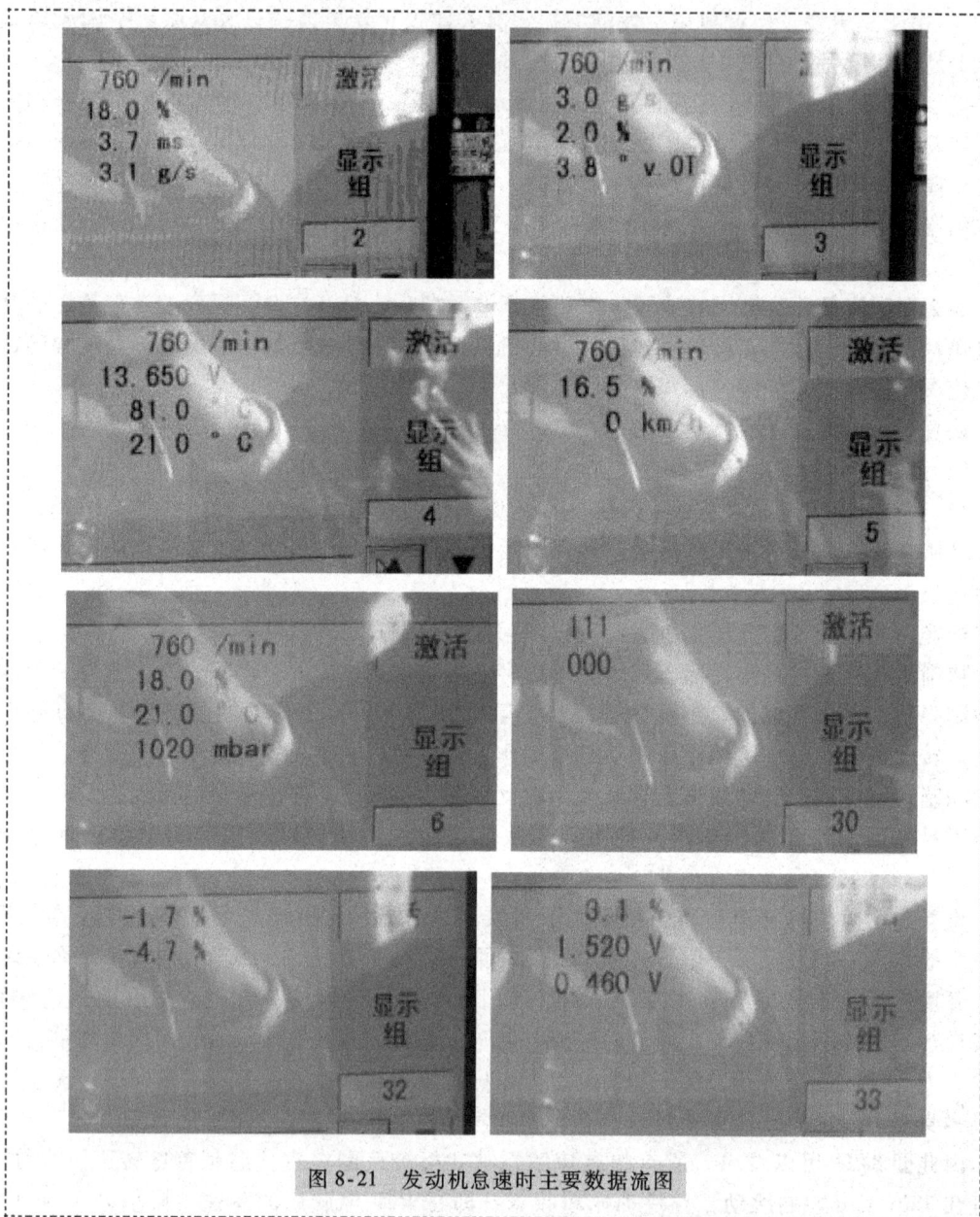

图8-21　发动机怠速时主要数据流图

3）起动发动机并怠速，拔下机油尺，感觉无负压，工作正常。

4）拔下点火线圈，拧下火花塞，火花塞工作良好，用缸压测试仪 V. A. G1763 检测四个缸的压力，发现第3缸的压力偏低，如图8-22所示。

由此确定问题出在第3缸上，于是拆下气缸盖，检查发现缸壁磨损正常。于是又分解气缸盖的配气机构进行检查，发现第3缸的气门弹簧（小的）已经折断。问题就出在这里，由于该车已经行驶近20万 km，于是建议客户给发动机做个"三保"，并更换此气门弹簧，装车后试车，发动机工作正常，故障排除。

通过以上的维修过程知道，此车故障的原因为第3缸的进气门弹簧（小的）折断，导致第3

缸做功时关闭不严，从而导致第3缸压力不足，致使怠速抖动和发动机动力不足。从而引起打开空调、起动风扇后，发动机负荷增加而诱发共振现象。前面的维修过程走了很多的弯路。综合考虑车辆各部位的整体状况，是维修人员在进行汽车故障排除时必须认真思考的问题。

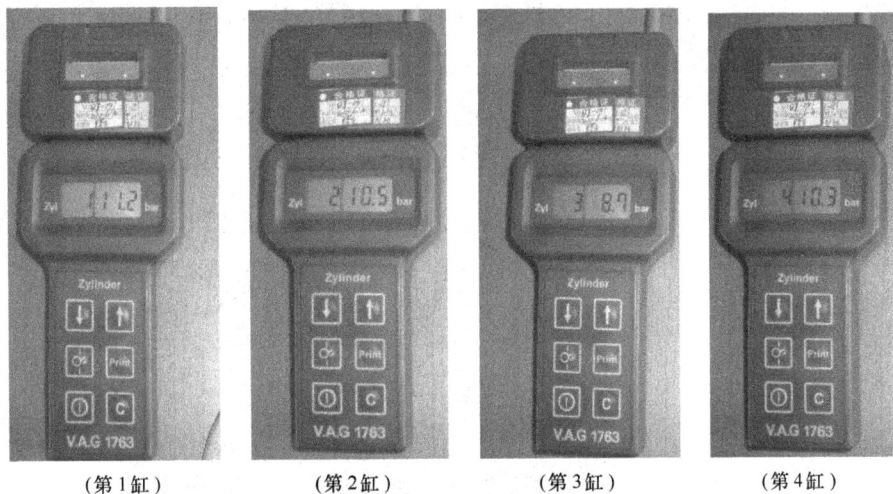

（第1缸）　　（第2缸）　　（第3缸）　　（第4缸）

图 8-22　各气缸缸压

第五节　其他车身修复实例

一、奇瑞 A5 散热器框架的组焊过程

随着现代汽车制造业的迅猛发展，钢性材料在汽车车身中得到广泛的应用，相应的金属加工技术对现代汽车车身维修来说变得更为重要，而氧-乙炔焰是乙炔和氧经焊炬混合，由喷嘴喷出混合燃烧并发生一系列化学反应所形成的火焰，它的温度可达到3000℃，足以熔化汽车车身结构件的材料。由于氧-乙炔焰的成本较低，焊接技术也简单易掌握，因此，得到了不少汽车修理商和修理工的广泛认可和使用。但是，这也给现代新材料汽车碰撞修复后的性能带来很多危害。图8-23所示为用惰性气体保护焊组焊奇瑞A5散热器框架的过程。图8-24所示为氧-乙炔焰焊接过的雷克萨斯轿车的A柱。

现代汽车车身结构件一般使用高强度钢，而高强度钢受到碰撞变形时，比低强度钢更难恢复到原状。传统的氧-乙炔焰焊接技术用于此类汽车车身结构件的修复过程时，要严格温度控制标准（650℃以内）。对于汽车前后纵梁、A柱、B柱、车门槛板、保险杠、保险杠加强肋等，在进行碰撞修复时的加热温度不可超过370~480℃，加热时间不可超过3min。一些私营小规模汽车维修企业主，为了降低维修成本，根本就没有购买惰性气体保护焊设备，不经高温处理很难加工成形的结构部件，统统使用氧-乙炔焰进行加热和焊接。在施工操作过程中，由于高温作业，使得高强度钢在高温下氧化脱碳后变薄，有可能变成了低强度钢，原有的性能大大降低，使得这些被修理部位在遭遇"二次碰撞"后，会造成更大、更严重的碰撞损伤，有可能失去原有的安全性能，直接危及乘客与驾驶人的生命安全。当然，如果

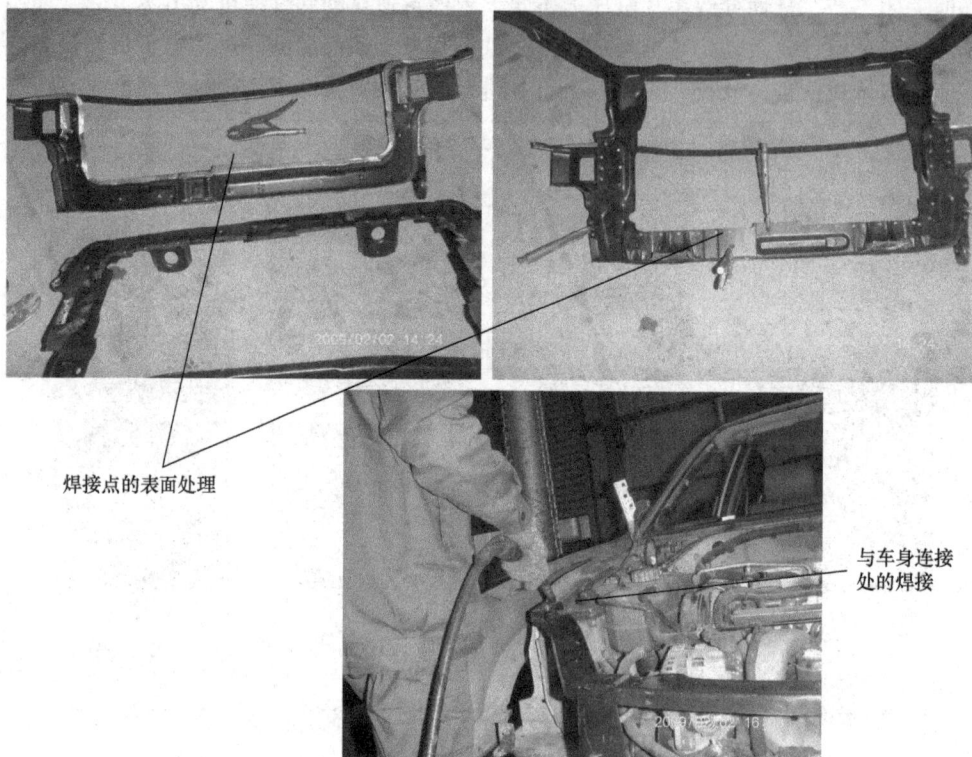

焊接点的表面处理

与车身连接
处的焊接

图 8-23 奇瑞 A5 散热器框架的组焊过程

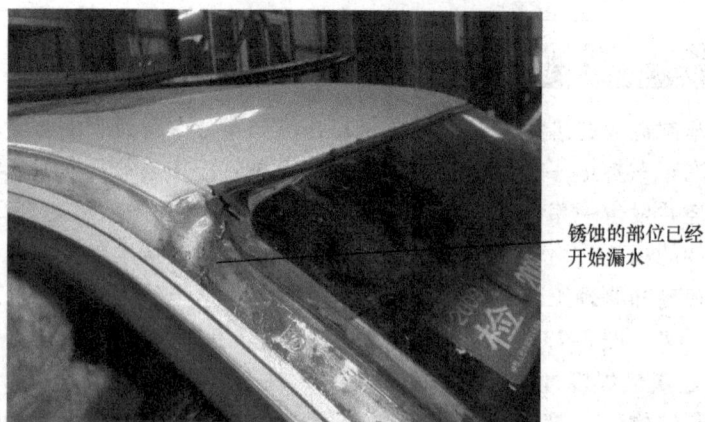

锈蚀的部位已经
开始漏水

图 8-24 氧 – 乙炔焰焊接过 A 柱

没有发生"二次碰撞",被氧 – 乙炔焰加工过的部位,也会在遭遇潮湿后,很快生锈、腐蚀,大大缩短该车的使用寿命。

汽车维修理念要求:高强度钢结构件遭遇严重碰撞损伤后,必须更换;焊接必须使用惰性气体保护焊或电阻点焊技术,这样才能有效地恢复碰撞修复后的汽车使用性能,使得维修汽车的技术性能恢复到原有设计水平,从而更好、更有效地保障乘客与驾驶人的生命财产安全。

新材料结构件的修复，尽量避免或不使用氧－乙炔焰焊接和切割，这能有力保障汽车碰撞维修的质量和修复后的性能和技术指标。建议广大汽车维修企业，无论规模大小，在碰撞修复过程中，都使用惰性气体保护焊。气体使用体积分数为20%的二氧化碳加体积分数为80%的氩气，焊丝达到美国焊接协会要求的AWS—EX—70S—6的标准，这是广大新型汽车生产商所要求和建议的焊接标准，并关注现代汽车车身维修工具的发展，使用气动切割工具和高速砂轮切割技术。

二、奥迪A6事故修复后跑偏现象的排除

一部奥迪A6轿车，在一非专业维修站进行事故碰撞修复后出现跑偏和啃胎现象，来到我厂，要求解决这一故障。用举升机将车升起后，我们进行简单测量后发现：固定元宝梁的四个螺栓间的距离不符合奥迪A6轿车的技术数据，存在偏差且整车对角线长度数据差为2cm左右。我们认定此车在上次的碰撞修复过程中，使用的工具、设备落后，且没有参考奥迪A6轿车的车身大梁数据图册，进行了简单粗暴的拉伸修复。据此排除故障，必须进行前部发动机室拆解，使用专业的大梁测量系统，进行认真仔细的测量，并更换元宝梁等部件。使用专业的大梁拉伸设备，重新拉伸校正，才能解决跑偏、啃胎问题。在与车主、保险公司协调后，同意在我公司使用奔腾2000系统车身大梁校正、测量设备，重新进行大梁拉伸、测量校正修复。

为了进一步了解此车的碰撞损伤状况，准确进行二次拉伸校正，拆除了发动机室内的发动机及整个前悬架系统，在奔腾2000车身大梁校正仪上，结合奔腾公司提供使用的奥迪A6轿车车身大梁修复数据图册，进行了多次认真仔细的测量工作。数据结果显示：

1）该车的右前纵梁虽然没有明显的外伤，可它固定元宝梁的两个螺母，已经发生损伤，螺母所在的平面歪斜，但它们的前后距离、高度尺寸符合要求。螺母的歪斜严重地影响了元宝梁固定后前悬架系统的整体坐标。

2）前左纵梁有明显没有展开的折痕，前端有使用氧－乙炔焰焊接的痕迹。各要点的坐标数据与标准数据尺寸存在严重差距。

3）拆去前左翼子板还发现，翼子板的支承固定梁也有拆痕，前端还使用了一个φ8的螺母调整该翼子板的高度。

以上三点，足以表明该车前次的拉伸修复是失败的，简单、野蛮的操作和不正确的焊接措施直接影响了该车的修复质量和结果。

我们根据奔腾2000车身大梁校正仪使用的工作要求，将此车在校正台上准确固定，车辆中心面（线）与校正平台中心线的重合是该车重新拉伸、校正测量的关键。我们动用了大量的人力，使用了大梁校正仪的拉伸系统，将该车在校正平台上进行了准确定位，轿车底部裙边的夹紧固定均遵从奥迪A6轿车的自身特点，正确固定、精确定位。在车身整体固定好后，使用奔腾2000的配套测量系统测量整个车身，特别是前发动机室内的几个重要固定点：元宝梁的四个固定点、两前减振器的上固定点、前保险杠的固定点，并对这些固定点进行了多次反复的测量、记录。首先根据奔腾2000拉伸设备、测量系统及奔腾公司提供的数据，使右前纵梁达到了标准数据册中的数据要求，固定元宝梁的两个歪斜螺母也使用了氧－乙炔焰焊接，严格控制加热温度，并进行了校正定位。最关键的是左前纵梁的拉伸校正。

1）长度的拉伸校正。元宝梁的后固定点在该车上的三维坐标符合标准，前固定点由于该纵梁上存在折痕而缩进1.5cm，需要进行拉伸。在向前拉伸的过程中，严格控制对折痕周

围的加热温度为 370～480℃，加热时间在 3min 以内，加热部位选择在纵梁棱角上，并进行了多次反复测量、拉伸，以防拉伸过度。最终使两点之间的距离达到了数据图册的要求。

2）对左前纵梁高度的测量也随后进行，并同时进行了拉伸校正，使其达到了图册要求，同时我们也对前桥前固定点间的距离（813.2mm），前桥后固定点之间的距离（620.2mm），前桥固定点对角线的距离（901.2mm），进行了精确测量。

在确定达标后，对前元宝梁进行了先行安装固定，以保证后期对减振器支座固定点的测量校正不会受到影响。

接下来的工作就是对减振器支座固定点的测量、拉伸校正。这里我们注重了减振器支座外固定点之间的距离（1070.2mm）的测量对比，对照车身测量坐标数据的对比，发现左前支座固定点内移了 1.5cm，高度数据的误差在允许范围内。就此将左前减振器支座外固定点向外进行了水平拉伸，同时锤击有关的力点消除应力，使其两减振器支座外固定点之间的距离达到了要求的 1070.2mm。剩下的左前翼子板支承梁的拉伸就显得简单多了，直接对照翼子板的固定孔进行拉伸修复即可。

最后，试装翼子板、发动机罩、散热器框架、保险杠、前照灯等，通过调整各自的配合间隙，使其达到了奥迪 A6 轿车的技术要求。

进行这样的二次修复校正是科学的，也符合奥迪 A6 轿车的技术要求的。当然，最终进行四轮定位时，只通过简单的部件调整，对存在故障的部件进行更换，四轮定位所要求的数据都达到了要求，试车的结局皆大欢喜。这里应该强调在对事故碰撞损伤车辆拉伸、校正的过程中，车辆中心面（线）与车身大梁校正平台中心线的重合或平行的重要性。正确合理地使用"中心面（线）与平台中心线"技术，是能够科学、精确测量事故车辆，准确拉伸定位的重要手段。

上文中所沿用的技术数据结合奥迪 A6 轿车维修手册和奔腾 2000 测量系统提供的技术参数，车身测量系统为三维米桥式测量系统。

三、广州本田轿车铝合金缸体螺纹修复

一辆本田雅阁汽车需要更换气缸垫。在拧紧气缸螺栓时，有几只螺栓未达到标准力矩（98N·m）时，螺栓打滑。退下打滑螺栓，发现铝合金缸体螺纹被螺栓带出，有的也已经损坏了，有的整体螺纹被带出，呈弹簧状。

由于螺孔周围就是水道壁，它们之间的厚度很小，无其他加工方法。通常只有更换气缸体，但更换气缸体代价太高，有的客户舍不得弃之换新。我们研究了一套修理方案，用 ϕ1mm 的钢丝加工了一只螺钉，其外径比被带出的螺纹外径大 0.15mm。放进缸体螺孔内拧紧缸盖螺栓，力矩能大于 100N·m，效果很好。运用此方法已修复两例本田轿车，现将此方法介绍如下：

专用工具：取 ϕ10mm×390mm、ϕ12mm×300mm、ϕ12mm×50mm 的铜管各一根，按图 8-25 所示方法制作拼装。

螺纹加工：先加工一根 M12×1.5mm×120mm 螺栓并经淬火处理，然后把淬火后的螺栓一头夹在台钻上。取 ϕ1mm 钢丝数米，先将钢丝的一头用铜焊焊在螺栓 A 点上，如图 8-26 所示。利用焊枪对钢丝边加热边沿螺栓螺纹绕制 30 圈左右，绕制时用小锤敲击钢丝，使钢丝截面形状与螺纹牙型相适应，将末端 B 点与螺栓焊接在一起。起动台钻，再用平板锉等

对绕制件的外圆进行加工（或在车床上加工），使钢丝螺纹外径为 $\phi12.15mm$（起初为 $\phi12mm$）。最后取下钢丝螺纹，用专用工具将钢丝螺纹放入缸体螺孔内，即可拧紧气缸螺钉。注意安装钢丝螺纹时不必取下气缸盖及气缸垫，以免损坏其他螺纹及气缸垫。

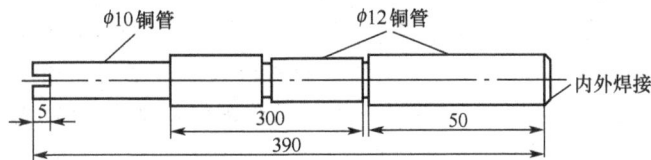

图 8-25　拼装方法

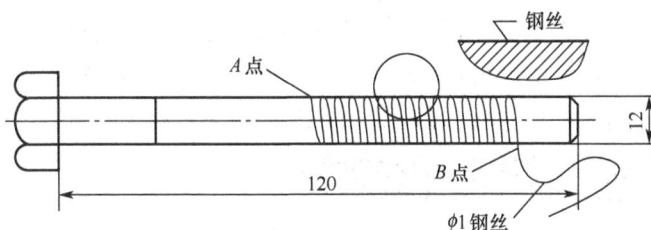

图 8-26　螺纹加工方法

四、北京现代索纳塔电动后视镜故障

一辆北京现代索纳塔轿车更换后视镜后，电动调节功能失效。打开控制开关检查，发现所有连接插头均插实完好，且车门线束完好，车门线束总插头也完全插牢。

首先，检查有关电动后视镜电路系统，资料显示，此系统只有熔丝而无继电器。此款北京现代索纳塔轿车的熔断器有两个，发动机室左侧一个，驾驶人座位左膝侧一个，分别打开检查，发动机室左侧熔断器的中文说明书上没有后视镜一项，驾驶人座位左膝侧的熔断器中文说明书也没有后视镜一项。那么，该系统的熔丝在哪里？其他部位又没有熔断器，使用试灯依次检查后，发现点烟器熔丝被熔断，检查点烟器，发现该车的点烟器一直处于被动工作状态，故怀疑该点烟器可能烧结。拔出点烟器，换上熔丝，再次起动电动后视镜开关，发现左右两个电动后视镜都可以调节了，因此判断此款车后视镜与点烟器共用一个 15A 的熔丝。到此故障排除。

通过该检修过程，得出一个结论：**了解车身电气设备的工作原理和车身结构是有效解决车身电气系统工作故障的必要手段。**

五、捷达轿车左前门玻璃升降失灵

之前，接连有三部捷达轿车来我厂要求解决左前门玻璃升降问题，三部车辆都是主控开关无法控制左前门玻璃的升降，而又可以操纵控制其他三个车门。打开主控开关总成，检查没有发现外伤，拆去车门内饰板，试图用蓄电池直接控制玻璃升降，可三辆车的玻璃升降器电动机插头均为 5 线，无从下手。电动升降器及电动机总成没有外伤及摩擦痕迹。因而，考虑先更换主控开关试验一下。

结果新开关换上后，只能控制右前门，其他三个车门均无反应，且原来能动的三个车门使用各自门上的开关能够升降玻璃。因而断定新主控开关不符合该车的要求。打开原主控开关集成线路板，发现没有任何锈蚀点，原开关也没有问题。用万用表依次检查左前门升降系统的线束，在通电、断路、短路情况下，发现主电源没有电，且线束偶尔搭铁，其他三个车门玻璃有升降现象。剖开线束总成外包裹，结果这三部车子分别发现有以下情况：一部车的电源转换插头有铜绿存在，用质量分数为75%的酒精擦拭干净后，故障排除；一部车辆搭铁线断开，接上搭牢后，故障排除；还有一部车辆在车门与A柱的导线管附近有几根导线断路，依线色接牢后，故障排除。

通过三部车的维修，可知总成替换修理法在4S店被广泛采用与推广，但却不适用于条件不充裕的一般综合修理厂。比如，前面提到的捷达左前门玻璃升降器失灵问题，简单地使用"总成替换法"是无法解决的。因此，进行汽车维修工作要敢于拆卸一些电子控制模块，并检查它们的锈蚀情况，然后根据情况再对故障进行排查。不能迷信"总成替换修理法"，轻易进行更换，这点在电路系统的故障排查方面尤为显著。

六、别克君威车门锁芯易撬故障

长期以来，维修站每天总有4~5例别克君威轿车要求解决车门（特别是右前门和行李箱盖）锁芯被撬，车内财物被盗的问题。

车身维修师采用了很多维修方法：更换新的锁芯；把旧的锁芯拆下，重新依其原车钥匙对锁芯的弹簧舌片进行整形，再重新安装使用；直接拆除锁芯与中控执行器的联动拉杆，使得下次锁芯再次被撬而打不开车门，有效地解决车内被盗的现象。拆除中控执行器与联动拉杆并不影响整个车身的控锁装置。因为别克君威轿车的车载遥控装置是非常有效的，它本身可以绕过匙控，遥控车门锁控装置，直接指挥车门及行李箱的开启或关闭。

为什么别克君威轿车的匙控装置如此脆弱呢？

作为长期从事车身维修的钣金技师，我们曾对比过各类国内外轿车的匙控装置及联接部件，特别是锁芯与车门外把手的材料与性能。研究对比发现：别克君威轿车包括别克其他几款轿车的车门外把手的材料为高分子树脂材料，且其与锁芯连接固定部位的强度较低，车身包围锁芯的材料的厚度也很薄。不像部分日本车的车门锁芯周围还有一块钢性材质的金属片包围；也有不少车门的锁芯包围在外把手内，车门外把手使用了其他合金材料且强度足够抗拒来自锁芯内硬物的撬拆，即使锁芯材料被损坏，车门外把手也不会因锁芯被撬而开启，从而打开车门。

当然君威车的行李箱锁芯也很容易被外力开启。把硬物插入行李箱锁芯并用力扭动，这样很容易就打开行李箱。其原因为行李箱盖的外皮材料有点软。车身维修师常采用摘除其匙控拉索装置，自配轿车遥控器直接开启行李箱盖，而不受拉索控制。

七、福克斯行李箱打不开故障

在日常维修工作中发现多起福克斯轿车行李箱盖打不开的故障，可归纳为两种不同情况：一种只是行李箱把手开关打不开而用遥控器能打开，另一种是行李箱把手开关和遥控器都无法打开行李箱。针对福克斯行李箱打不开的不同故障现象，笔者进行分析、排除的具体方法介绍如下：

1. 行李箱把手开关打不开用遥控器能打开

1）故障原因：行李箱把手开关防水橡胶密封不好，水进入把手内微动开关，如图8-27所示，致使开关失灵。

2）解决方法：只要拆下行李箱内饰板，再拆下把手开关及密封橡胶，用气枪把微动开关吹干，去除原密封橡胶内密封胶，换上新密封胶，重新安装好把手开关，故障即排除。

图8-27　行李箱开关

2. 行李箱把手开关和遥控器都无法打开行李箱

1）故障原因：车身连接到行李箱的线束因断裂而引起断路。经分析发现线束断裂的原因有两个：一是线束捆扎不好，如图8-28所示；二是线束走线位置不好，如图8-29所示。

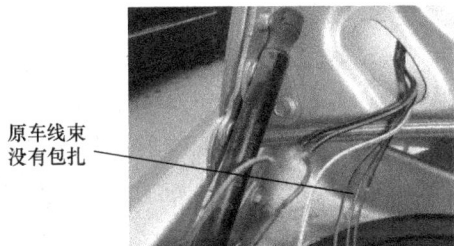

原车线束没有包扎

图8-28　原车线束没有包扎

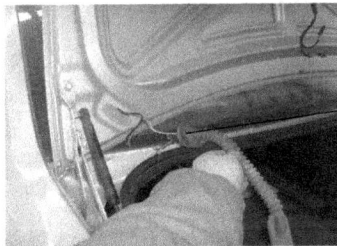

原车线束磨破位

图8-29　线束断开处

车身与行李箱连接线应从行李箱密封条以内走线，使线束得到良好的保温。从外面走线使线束直接暴露在室外，冬季温度低，经常开关行李箱是线束断裂的主要原因。

2）解决方法

① 打开后排座椅靠背，进入行李箱，直接给行李箱锁执行器送12V电打开行李箱。

② 拆下线束，用锡焊把断线焊好，如图8-30所示。用3M胶带裹好（裹胶带之前最好用扎带或棉线把这段线束扎紧，胶带不能裹得太紧，但要密，如图8-31所示。若太紧，温度低了胶带会收缩断裂），重新安装好线束，故障即排除。

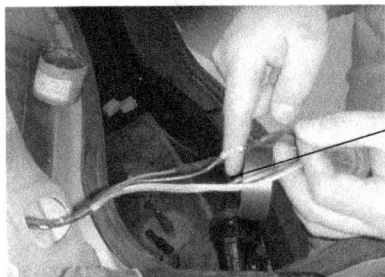

焊接断开

图8-30　焊接断开点

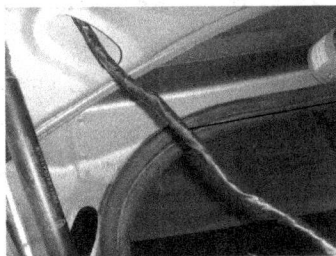

新包扎重线束

图8-31　重新包扎行李箱线束

八、轿车后翼子板的局部更换

随着汽车保有量的不断增加，交通事故频频发生，对事故车的修复工艺提出了更高、更新的要求。车身板件的损伤修复也越来越受到广大车身修复师、车主、保险公司车险查勘师的关注！事故车中有关轿车后翼子板的损伤、破损的修与换问题，以及怎样修、如何换？大家的看法各异，下面将围绕轿车后翼子板损伤后的局部更换，结合自己多年车身修复的经验谈点个人看法：

目前，"用最小的成本完成受损部位修复"是评估、修复受损汽车的基本原则，同时也是衡量车身修复人员从业能力的重要标准之一。美国汽车修理协会经过大量研究，得出关于损伤结构件修复与更换的一个简单的判断原则，即"弯曲变形就修，折曲变形就换"；我们国内形成了"弯曲变形就修，折曲变形可以换"的观点，"可以换"在具体执行的过程中，"换"的度的控制往往没有标准，难以控制。

图 8-32 所示的是一部 2007 年出厂的丰田凯美瑞 2.4L 轿车，正常行驶过程中遭遇碰撞：左后门及 C 柱下部严重变形，位陷 6cm，C 柱下部还有破损存在，左后门后位折曲严重，左后翼子板腹部也因此碰撞而弯曲变形多处，左后翼子板轮框内陷严重，有局部的破损情况。有关人员给出了不同的看法：4S 店认为，该车左后翼子板变形严重无法修复，必须更换；车险查勘师认为，该车左侧 C 柱下部折曲严重，范围不大，腹部就是弯曲，可以修复。几番商量研究后保险公司同意了对该后翼子板进行更换，一般的车身修复师会考虑最短的两道切割、焊接位，如图 8-33 所示。效果不错，焊接位打磨后用环氧底漆液处理了。

其实，这样的损伤还可以采用 C 柱下部局部更换、后翼子板腹部整形修复的工艺来完成对该后翼子板的修复。

为了更加准确地了解弯曲和折曲这两个概念，必须记住下面的内容：

1. 弯曲变形的特点

1）损伤部位与非损伤部位的过渡平滑、连续。

2）通过拉拔校正可使它恢复到事故前的形状，而不会留下永久的塑性变形。

2. 折曲变形的特点

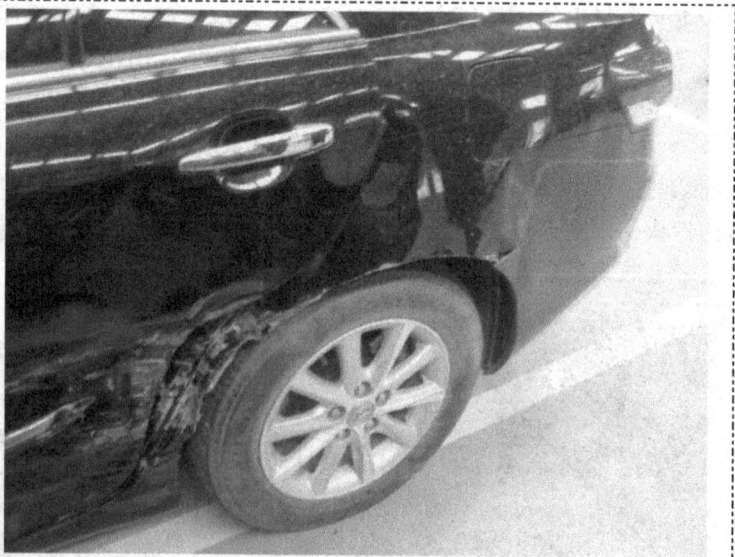

图 8-32　遭遇碰撞的丰田凯美瑞 2.4L 轿车

1）折曲变形剧烈，曲率半径小于 3mm，通常在很短的长度上弯曲可达 90°以上。

图 8-33　整体更换后翼子板的效果（焊接位环氧底漆处理过）

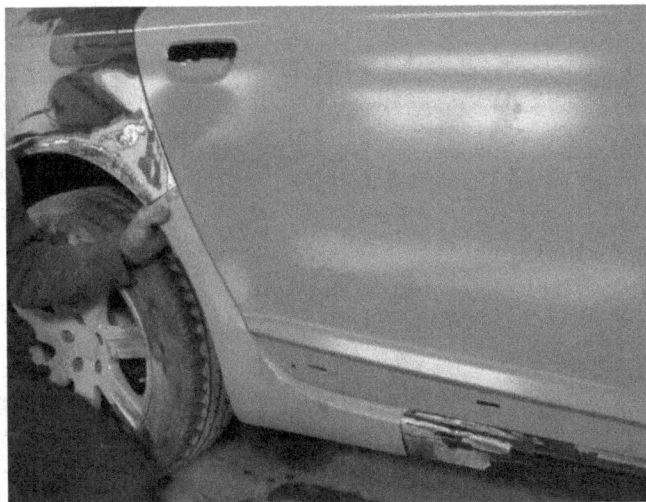

图 8-34　利用后门进行比对、调整配合间隙

2）校正后，零件上仍有明显的裂纹或开裂，或者出现永久变形带，不经调温加热处理不能恢复到事故前的形状。

美国人认为的"弯曲变形就修，折曲变形就换"在我们国内的汽车维修行业不容易被推广，慢慢地就形成了"弯曲变形就修，折曲变形可以换"的观点。这里的"折曲变形"指的是：局部变形严重，单位长度上折曲至少存在 3 处，而不是只要有折曲存在就提出或直接更换此部件，图 8-32 所示的丰田凯美瑞轿车的后翼子板，虽然 C 柱下部变形严重，且多为"弯曲变形"，但是，这里的结构原本折曲复杂，一旦变形，修复难度大；图 8-34 所示的奥迪 A6L 的后翼子板下部情况，几乎没有完全修复的可能，而整个后翼子板的腹部存在几处大的凹陷弯曲，如此，一般车身修复师多会采取以下两种措施解决：

1）整体更换后翼子板，如图8-33所示的结果，此法需要将后风窗玻璃、后部相关联部位的内饰件拆除，工作量比较大，拆装风窗玻璃存在风险，同时增加维修成本，对汽车本身的损伤也较为严重。如果更换过程中的切割、焊接手段粗糙，将直接影响到该车的使用性能，由此发生"二次修复"，后果不堪设想！

2）将该后翼子板腹部凹陷弯曲的变形，采取合理的拉伸手段、科学的外部整形措施将腹部的弯曲变形恢复还原，针对C柱下部的折曲严重部分进行局部更换。这样的局部更换，不仅没有涉及整个后翼子板的多处关联部位，也没有拆卸后风窗玻璃，整个切割、焊接过程只存在两处35cm左右的焊缝，整车的原始状态得到保证。修复成本较低。

在实际的轿车后翼子板损伤更换过程中，大多数的车身修复师往往会采取如下方法：C柱下部没有变形或变形较小时，将C柱从锁柱螺钉位（内有加强件存在）向下3～5mm保留，而更换其他变形严重的部位，如图8-35所示的广本雅阁轿车的后翼子板更换效果照片，整个新后翼子板的C柱下部得到保存，遇到上面提到的情况，可以再次使用。一个后翼子板，解决了两个部位不同、严重损伤的后翼子板损伤。既经济，降低了维修成本、符合节能的时代要求；又没有大范围地波及整车结构，原车性能不受影响。

保险公司的车险查勘员、车身修复师及广大的汽车维修企业主应该支持和鼓励这样的后翼子板的局部更换工艺和技巧。

图8-35　广本雅阁轿车的后翼子板更换效果

九、承载式轿车前纵梁的更换

汽车一旦遭遇碰撞或撞击，就会发生损伤。承载式轿车前纵梁在遭受猛烈撞击时，会发生严重的弯曲、折曲、翘曲等变形、变化。有时甚至会出现撕裂，前端与散热器框架连接或焊接位由于焊点相对集中，造成了应力高度集中，此位置在车辆发生撞击或碰撞时，往往会折曲成死褶或豁口，如图8-36所示。这给车辆车身的修复工作造成了很大的困难。实际的车身修复过程中，一旦碰到前纵梁折曲、弯曲严重或已撕破的纵梁，往往放弃对原纵梁进行拉伸、整形修复，而是经过粗放拉伸后，对原损伤纵梁进行科学分割，更换新的纵梁组件。

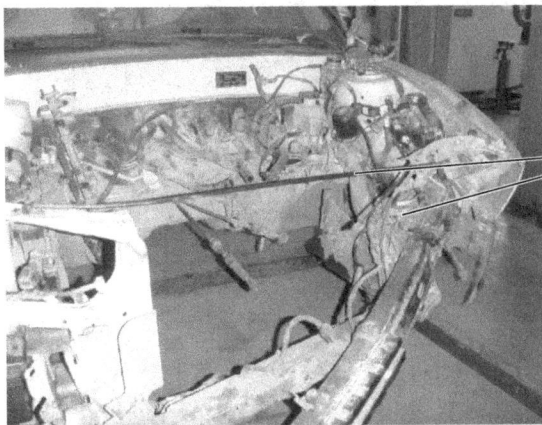

图 8-36　左前纵梁严重损伤

下面就承载式轿车前纵梁损伤依据伤害程度不同而进行的几种更换手段进行简单的分析：

1）目前，绝大部分的品牌汽车 4S 店对承载式轿车前纵梁发生折曲变形、弯曲严重或有撕裂现象的，一般采取整体更换的修复方法对事故车进行修复。如广州本田 4S 店就要求对所有广州本田汽车的前纵梁，只要达到更换标准的一律整体切割、更换前纵梁组件总成，包括前纵梁根部的加强件、乘员室地板加强件等。虽然这样做要拆解仪表台总成、前排座椅、乘员室地毯等，有相当大的工作量。当然，现阶段绝大多数 4S 店都在用气动、电动孔钻、孔锯对损伤构件进行分离，个别角落部位使用等离子切割器进行瞬间分割。焊接使用惰性气体保护焊或 CO_2 气体保护焊接技术，焊点牢固、可靠。

这样做，一来，保证了前纵梁整体更换的完整性；二来，由于所有的分离、切割与焊接点的位置相对都比较掩蔽，焊接后的外观效果相当显著；三则，更换后的前纵梁的设计、加工功能没有受到任何损失。整体更换还有一个大的优势：乘员室地板前后纵向加强件在纵梁主体根部与地板加强件上有一定位孔存在，直径为 10mm 左右，它的存在极大地方便了对前纵梁试装定位，减少了大量的人力、物力，同时也能减少和缩短比对的工期。

2）前纵梁主体局部更换。一般承载式轿车遭遇撞击时，瞬间局部受力严重，前端变形、折曲严重而无法修复，后部由于吸能区的作用，几乎没有变形或些许移位，在对损伤纵梁进行粗放拉伸的过程中，已经回位，所有控制点的三维参数已符合原设计标准，这时不少的 4S 店和综合修理厂车身修复人员会考虑只更换前部纵梁主体，而后根位加强件、连接件使用气动或电动钻，钻削剔除，如图 8-37、图 8-38 所示的为伊兰特轿车左前纵梁旧、新组件的分离位。

图 8-37　伊兰特轿车左前纵梁分离后

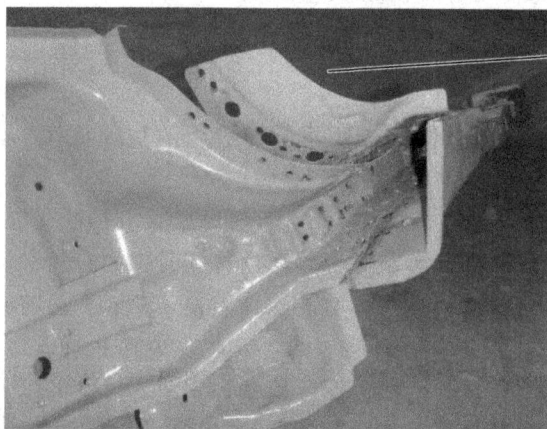

图 8-38　伊兰特轿车新左前纵梁组件的分离位

　　然后，使用钣金锤加工整理前纵梁与车身连接位构件的形状，使其充分吻合，使用大力钳并借助千斤顶稳固新纵梁组件，连接位可先使用螺钉固定，然后测量其他控制点的三维数据，进行调整，合格后进行焊接。图 8-37 所示的伊兰特轿车因其散热器框架为焊接连接的结构组件，在上述过程中，可同时比对测量无误后，码焊到位。试装元宝梁（副车架）如图 8-39 所示，然后试装外观覆盖件（比对试装过程略）。最后，使用惰性气体保护焊对钻削孔全部焊接。这样操作，焊接点位整形、加工要求比较高，如果分离前的拉伸不能一次到位成形，焊接的难度增加；钣金修复后机电工装配难度同样增加，从而工期增长；如果误差超过极限而无法调整时，会导致返工重新修复，因此，在对前纵梁主体局部更换时，要注意分离前的拉伸、测量精度要求高，一定要把误差控制在 ±3mm 以内，现在很多的汽车要求控制在 ±2mm 以内，以提高修复质量。

　　3）截梁局部更换。截梁局部更换是指汽车碰撞后最前端局部折曲严重、折皱、撕裂，而中后部没有变形、移位，或变形、移位很容易通过对该纵梁的拉伸、测量、校正到位，前纵梁组件主体没有太大的变形、变性。在这种情况下，大多的车身修复人员往往都是对损伤

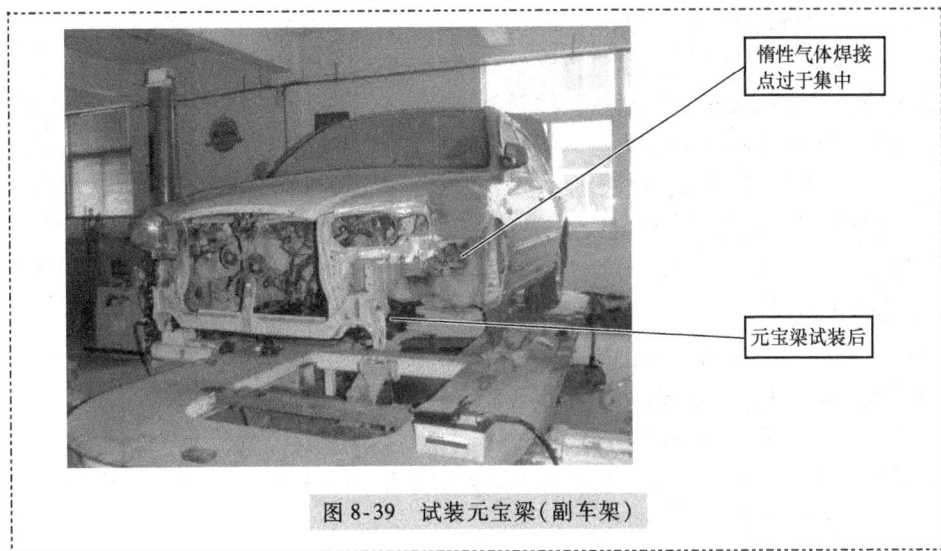

图 8-39　试装元宝梁(副车架)

纵梁的损伤部位进行局部切割分离,切割分离一般使用气动、手动割锯或等离子切割器瞬间分离。这时的更换件可以是同车型的拆车件,也可以对新购前纵梁组件进行割锯(手段同上)。如果采用局部切割更换,焊接缝位一定要插入连接件,一般连接件材料层厚与主体同,宽度为 30 ～ 60mm 或以上。这里说明一点,使用的拆车件必须基本没有损伤,切割分离必须符合前面提及的要求,当然,还必须征得车主的同意。

以上是承载式轿车前纵梁更换的三种常见方法和工艺的简单说明,在一些设备落后、交通不便的中小修理厂,有人会对折褶严重、弯曲变形很大的纵梁进行就车强行拉伸,野蛮的拉伸手段、粗糙简单的测量,结合氧 - 乙炔焰的高温处理,很多的时候也能够把这样的纵梁形状恢复好,出厂时的安全性能只能保持一段。这样的做法与前面分析的更换,对承载式轿车事故修复后形状与功能恢复的效果是截然不同的,更换可有效地抗击和抵御"二次碰撞",减少"二次损伤";强行修复的后果可能是"车毁人亡"。车祸猛于虎,车身修复技巧与工艺同样关乎生命安全!

十、使用拔坑器修复奥迪右侧围凹坑

选择胶枪、热溶胶棒、尼龙拔头、漆面拔坑器,如图 8-40 所示。

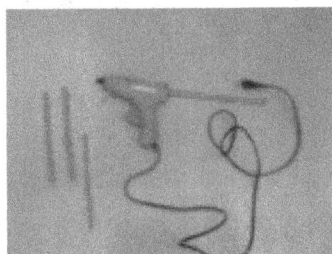
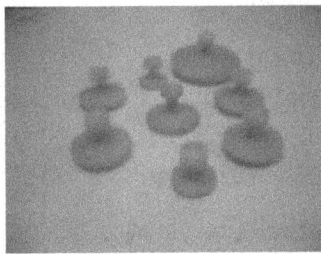
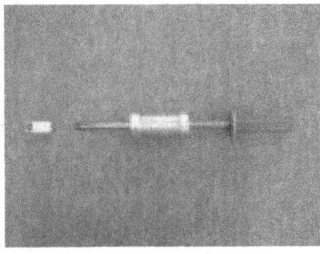

a) 胶枪和热溶胶棒　　　　　　b) 尼龙拔头　　　　　　c) 漆面拔坑器

图 8-40　胶枪和热溶胶棒、尼龙拔头及漆面拔坑器

　　将胶枪接入电源加热，将热溶胶棒插入胶枪，待达到足够的温度时，扣动胶枪扳机，胶以熔化的状态流出枪嘴。对缺陷处进行除灰、除油等清洁处理。根据缺陷的大小选择合适的拔头，将胶均匀地涂在拔头上，如图8-41所示，胶层的厚度大约是2～3mm，迅速将拔头粘在坑的最低点，并用手轻按拔头，防止滑动，等待胶冷却到拔头粘贴牢固为止，如图8-42所示。

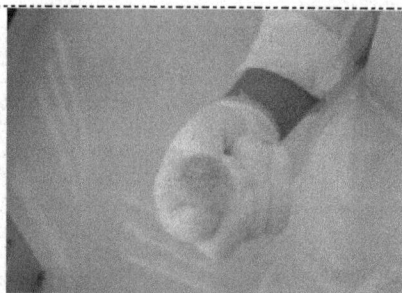

图8-41　胶均匀地涂在拔头上

　　将拔坑器的头部卡在拔头上，如图8-43所示。一只手握住拔坑器的把手，并保持拔坑器与缺陷表面成垂直角度，另一只手握住拔坑器的滑锤，试探性地用力滑动滑锤冲击把手前的挡板，并不断观察缺陷的修复状态，调整冲击力的大小，直到拔头处的坑消除，如图8-44所示。

　　取下拔坑器，在拔头处喷涂酒精，用尼龙铲轻轻撬动拔头与车身相互粘贴的胶，如图8-45所示，这时不要用力过大，以免造成坑或变形等缺陷。取下拔头后用带有酒精的纱布将车身表面残余的胶清除干净。

图8-42　迅速将拔头粘在坑的最低点

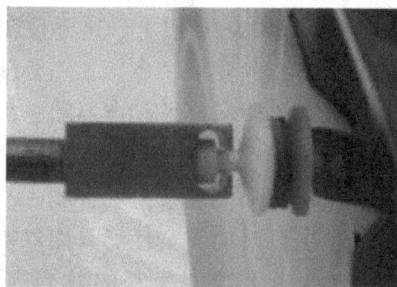

图8-43　拔坑器的头部卡在拔头

图8-44　拔坑的操作要领

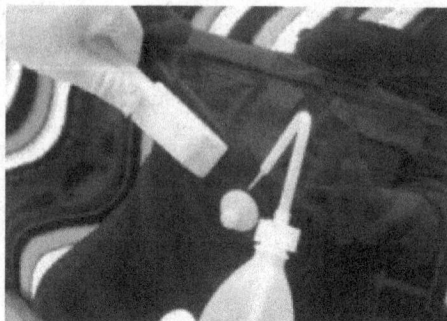

图8-45　尼龙拔头的拆卸

第九章

汽车涂装技术

一、漆面修复材料的准备

在准备给汽车喷漆前，必须首先确定需要进行哪种修理：局部漆面修复、板件漆面修复还是整车重新喷漆。必须订购或调配喷漆材料，还必须检查车上原有哪些漆，以前是否做过漆面修复。如果准备进行局部或板件漆面修复，一定要按原漆色购买和调配，使新喷的面漆色与原漆色完全一致。

1. 检查汽车以前是否做过漆面修复

有3种方法可确定汽车以前是否做过漆面修复

1）打磨法。打磨待喷漆板件的边直到露出裸金属。如果汽车以前补过漆，那么在原漆膜上可以看到附加的底漆与面漆层。

2）测量漆膜厚度法。如果待修漆膜比正常的漆膜厚，一般表明补过漆。新车的标准漆膜厚度：美国产汽车为 $4 \sim 6 \text{mil}$（$1 \text{mil} = 25.4 \times 10^{-6} \text{m}$）；欧产汽车为 $5 \sim 8 \text{mil}$；亚洲产汽车为 $4 \sim 6 \text{mil}$。可以使用漆膜厚度测量仪来测量漆膜厚度。检查所有要喷漆的板件。如果测量结果显示漆膜厚度为正常值的两倍（$12 \sim 15 \text{mil}$），表明汽车可能重新喷过漆。喷新漆前需要清理旧漆减少漆膜厚度。

3）直观检查法。仔细检查汽车看有无漆面修复的迹象。查找遮盖条生成的漆道、过喷和其他修补迹象。如果漆面修复够专业水平，所有修复迹象可能掩饰得很好，很难看出汽车是否重新喷过漆。

2. 确定旧漆的类型

在计划如何进行漆面修复时，需要先确定汽车原先所用漆的类型。可能是原厂漆，也可能经过修复采用了其他类型的漆。确定漆面类型的方法有涂溶剂法、硬度法和清罩层法。

采用涂溶剂法时，用白布蘸硝基稀料擦涂漆面看漆是否容易溶解。如果漆膜溶解，在布上留下色痕，说明是某种风干漆。如果不溶解，可能是烘干漆或双组分漆。丙烯酸氨基漆不像风干漆那样容易溶解，但有时稀料会渗进去使漆面失去光泽。

采用硬度法时须检查漆面的一般硬度，漆面并不会干燥或固化成同一硬度。一般而言，双组分漆和烘干漆干燥后形成的漆膜硬度比非催化的风干漆高。

使用清罩层鉴定法可以确定漆面是否罩有清罩层。在板件底端干打磨一小块漆面，如磨下的粉尘是白色的，表明有清罩层，如粉尘为车身的漆色，则表面采用的是纯色漆或单级漆。只要不是白色单级漆，都可以使用这个方法鉴定。而白色单级漆和清罩层打磨时形成的粉尘都是白色的。

不要在磁漆上面喷硝基漆，但在硝基漆上喷磁漆不会有问题。如果在磁漆上面喷硝基漆，可能会出现漆面隆起等不相容的问题。

3. 漆色调配

要订购或调配面漆颜色，需要先找到汽车铭牌（VIP）。记下铭牌上所示的原厂漆代码。如果汽车原漆面状态良好（未褪色未粉化），按原厂漆代码订购或调配一般可以获得很好的效果。复查最好用车漆手册中的色片与实际汽车的漆色做一下比较。汽车之前维修时喷了别的漆色是常有的事，可从供应商处订购面漆材料或使用普通色标号自己调配。大型修理厂往往自带调漆间，调漆间中备有各种颜料和其他常用的成分，可以自己调漆，不必向外面的供应商订漆，既省时间又省钱。

4. 选择漆的溶剂

往底漆、密封剂、面漆或其他液体材料中加入溶剂（还原剂或稀释剂）降低黏度使其能通畅地流入流出喷枪。溶剂或还原剂还能影响漆在现有温度和天气条件下固化或干燥的速度。漆的溶剂有两种基本类型：还原剂——用来稀释当今氨基磁漆材料；稀释剂——过去用来稀释旧式硝基漆材料。

面层色漆在运输时通常保持尽可能高的黏度以减缓沉降速度。在喷涂时就需要将这种黏稠的漆料加以稀释，使漆料有足够的流动性，能够通过喷枪进行正常雾化。也有可直接用于喷涂的油漆产品，称为"即喷漆"，不需要稀释。

5. 喷涂温度与湿度

汽车喷漆有两个重要的影响因素：温度和湿度。其中温度更为关键。如果喷漆房没有全时温度控制系统，则需要在调漆时使用不同的还原剂通过化学上的措施来补偿温度和湿度的影响。

6. 调和溶剂

调和溶剂有助于喷涂时新漆溶入旧漆。在给调和后的修理部位喷清罩层时常使用调和溶剂。调和溶剂比普通溶剂的侵蚀性强，能够侵入旧漆层。调和溶剂可以溶解旧漆，使其与清罩层更密切配合。调和溶剂有助于两种漆流更平滑地溶在一起。

例如，在进行后侧围板与车顶的调和时，在翻板处的清罩层即新旧清罩层汇合处应使用调和溶剂。调和溶剂有助于交界处的羽化，使新旧清罩层溶合在一起，防止调和部位漆面出现差异。

7. 调配漆料

印在漆罐标贴或产品说明书上的漆料调配说明中给出了漆产品中应加的各种成分（溶剂、固化剂、弹性剂等）的比例，给出的可能是百分比。百分比还原意味着每种成分以一定比例或份数添加。如漆需要50%还原，意味着一份还原剂（溶剂）须与两份漆混合。按份混合意味对于一定体积的漆料或其他材料，须加一定量的另一种材料。

二、面漆涂装工艺

1. 面漆施工准备

面漆施工准备工作有喷涂环境的清洁、待涂工作表面的清洁、涂料的准备、喷涂环境温度的准备和空气喷枪的使用与调试等内容。

（1）喷涂环境的清洁　喷涂环境的清洁包括喷漆房的清洁和涂装人员工作服的清洁（图9-1）。

（2）待涂工作表面的清洁

1）待涂工作表面的除尘、除水（图9-2）。

2）待涂工作表面的脱脂处理（图9-3）。

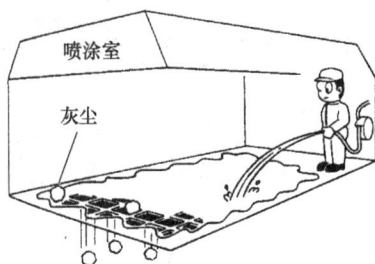

图9-1　喷涂环境的清洁

图9-2　待涂工作表面的除尘、除水

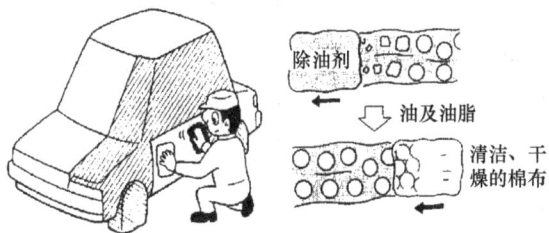

图9-3　脱脂处理

3）待涂工作表面的粉尘处理（图9-4）。

4）涂料的准备，包括**涂料的搅拌、添加剂的添加、涂料的过滤**（图9-5）。

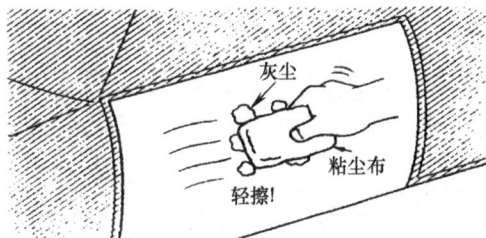

图9-4　粉尘处理

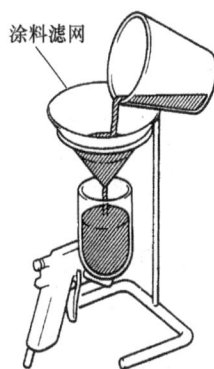

图9-5　涂料的过滤

（3）喷涂环境的温度准备　**喷涂环境温度包括喷漆房的环境温度、车辆表面温度和喷涂涂料的温度等。**

（4）空气喷枪的使用与调试　喷涂面漆时要根据面漆的黏度选择适当口径的空气喷枪，以HVLP（环保型空气喷枪）重力式空气喷枪为例，选用1.3～1.5mm口径的空气喷枪比较合适。**喷涂黏度较高的涂料使用口径大一点的空气喷枪，喷涂黏度低的涂料使用口径稍小的空气喷枪。**

2. 面漆的喷涂

车身面漆的喷涂按照修补面积的大小划**分为整车喷涂和局部修补喷涂**，按照修补涂料的不同可以划**分为素色漆喷涂和金属闪光漆喷涂**。

（1）素色漆的整车喷涂　素色漆一般喷涂三次就能形成所需要的涂膜厚度、光泽和色调。如果色调还不满意，可将涂料稀释到14Pa·s再喷涂修正一次。素色漆的整车喷涂方法见表9-1。

表9-1　素色漆的整车喷涂方法

作　业　步　骤	喷　涂　参　数	喷　涂　方　法
步骤1：预喷涂，提高附着力	（1）涂料黏度：16～20Pa·s（20℃） （2）喷涂气压：343kPa （3）喷束直径：全开 （4）喷涂流量：1/2～2/3开度 （5）喷涂距离：25～30cm （6）空气喷枪运行速度：快	以喷雾状沿车身整体薄薄喷涂一层。喷这一层的目的为：一是提高涂料与旧涂膜的亲和力；二是确认有无排斥涂料的部位，如果有就在该部位稍微加大气压进行喷涂，以覆盖住排斥涂料的部位
步骤2：着色喷涂，形成涂膜	（1）涂料黏度：16～20Pa·s（20℃） （2）喷涂气压：343kPa （3）喷束直径：全开 （4）喷涂流量：2/3～3/4开度 （5）喷涂距离：20～25cm （6）空气喷枪运行速度：适当	在该工序可基本形成涂膜层，要达到一定的涂膜厚度。该工序要注意尽可能喷厚一些，这是最终获得良好表面质量的基础，但同时**要注意涂膜过厚会产生流挂，涂膜厚度以不产生流挂作为标准**
步骤3：表面色调和平整度的调整	（1）涂料黏度：14～18Pa·s（20℃） （2）喷涂气压：294～343kPa （3）喷束直径：全开 （4）喷涂流量：全开 （5）喷涂距离：20～25cm （6）空气喷枪运行速度：适当	第二次喷涂已形成了一定的涂膜厚度，第三次喷涂的主要目的是调整涂膜色调，同时要形成光泽，此时要加入透明涂料，有时为调整色调要加入干燥速度慢的稀释剂

（2）金属闪光漆的整车喷涂（表9-2）

表9-2　金属闪光漆的整车喷涂

作　业　步　骤	喷　涂　参　数	喷　涂　方　法
步骤1：预喷涂，提高附着力	（1）涂料黏度：14～16Pa·s（20℃） （2）喷涂气压：393～490kPa （3）喷束直径：全开 （4）喷涂流量：1/2～2/3开度 （5）喷涂距离：25～30cm （6）空气喷枪运行速度：快	以喷雾状沿车身表面整体薄薄喷涂一层，既提高涂料与旧涂膜的亲和力，同时确认有无排斥涂料的现象。**如果出现了排斥现象，就在有排斥现象的部位提高喷射气压（637kPa左右）进行喷涂**

（续）

作业步骤	喷涂参数	喷涂方法
步骤2：着色喷涂，形成涂膜	（1）涂料黏度：14～16Pa·s（20℃） （2）喷涂气压：393～490kPa （3）喷束直径：全开 （4）喷涂流量：2/3～3/4开度 （5）喷涂距离：20～25cm （6）空气喷枪运行速度：稍快	第二次喷涂决定涂膜的颜色。喷涂时不必在意出现的喷涂斑纹和金属斑纹。喷涂时，**空气喷枪移动速度稍快一点为好**。丙烯酸聚氨酯涂料遮盖力较强，一般喷两次即可，但有的色调需要再喷涂一次
步骤3：过渡层的喷涂，目的是消除金属漆表面的斑纹	（1）涂料黏度：11～13Pa·s（20℃） （2）喷涂气压：393～490kPa （3）喷束直径：全开 （4）喷涂流量：1/2～2/3开度 （5）喷涂距离：20～25cm （6）空气喷枪运行速度：快	取金属闪光磁漆50%、透明漆50%相混合。第三次喷涂可修正第二次喷涂形成的喷涂斑纹和金属斑纹，目的是形成金属质感，防止喷涂透明层时引起金属斑纹
步骤4：透明清漆的预喷涂	（1）涂料黏度：12～14Pa·s（20℃） （2）喷涂气压：294～343kPa （3）喷束直径：全开 （4）喷涂流量：1/2～2/3开度 （5）喷涂距离：20～25cm （6）空气喷枪运行速度：稍快	透明层清漆的预喷涂不能太厚，一次喷涂太厚会使金属颗粒的排列被打乱，所以要采取薄喷的方法
步骤5：透明清漆的精细喷涂	（1）涂料黏度：11～13Pa·s（20℃） （2）喷涂气压：294～343kPa （3）喷束直径：全开 （4）喷涂流量：2/3到全开 （5）喷涂距离：20～25cm （6）空气喷枪运行速度：普通或稍慢	以第五次喷涂结束涂膜的喷涂工作。喷涂时，**要边观察涂膜的平整度边仔细喷涂**。如果采用快速移动空气喷枪的方法往返两次覆盖，能得到很理想的表面色泽。尤其是**在车顶、行李箱盖、发动机罩等处喷涂两次为好**

注意：消除金属斑纹时，原则上清漆和金属闪光漆各占**50%**，但随颜色不同多少有些变化。

3.面漆的干燥

修补面漆的干燥可以采用自然干燥的方法，也可以采用强制干燥的方法。

强制干燥前，须静置10～20min，然后用烤漆房或红外线烤灯进行干燥。一般情况下，面漆需在60℃条件下干燥30min左右。

强制干燥结束后，要趁汽车车身还未冷却就揭去遮盖胶带和遮盖纸。若采用自然干燥方式，应在喷涂后10～15min再揭去遮盖胶带和遮盖纸。

三、面漆喷涂的方法和技巧

1. 面漆的喷涂方法

面漆的喷涂方法通常有以下几种：干喷、湿喷、湿碰湿喷涂、虚枪喷涂、雾罩喷涂、带状喷涂。

2. 面漆喷涂的涂料准备

喷涂前的再检查与涂料准备

（1）喷涂前的检查作业　在开始喷涂作业之前，下列工作一定要做：一是检查全车车身外表有无覆盖遗漏之处；二是检查有无打磨作业和清扫作业没有进行完备之处；三是检查喷枪和干燥设备有无异常。

（2）涂料的准备　将调好色的涂料按所需要的量取出，视需要加入固化剂，调整好黏度。通常的做法是将主剂和固化剂调配好之后，再加入稀释剂调整黏度。

（3）涂料的过滤　调好色的涂料，难免混有灰尘和杂质，必须过滤之后才能使用，如图9-6所示。

（4）黏度的调整　涂料黏度并非常量，随温度而发生变化。即同一种涂料，冬季比夏季显得稠。黏度越高的涂料，随温度而变化的特征越明显，因此，即使加入相同量的稀释剂，夏季的黏度为 $13 \sim 14 Pa \cdot s$，冬季黏度就为 $20 Pa \cdot s$ 左右。

1）面漆的混合与搅拌。需要喷涂的面漆因为颜色的需要，很少有使用某一种纯色母直接喷涂的，绝大多数面漆都是由多种色母混合而呈现出需要的颜色。

涂料中往往需要加入一些添加剂来提高涂膜的性能、改善或适应喷涂环境等。

2）稀释剂的使用。稀释剂在涂装工作中是非常重要的添加剂，在使用稀释剂时需要**注意根据施工条件和施工对象合理地选用不同的品种。**

图9-6　涂料的过滤

稀释剂的主要作用是用来调节涂料的黏度以利于涂装工作和保证涂膜厚度的均匀。

3）固化剂的添加。双组分涂料必须加入固化剂才能干燥并保证涂膜具有优良的硬度、韧性等力学性能。不同种类的涂料，由于使用的树脂不同所用的固化剂化学成分也不同，必须按照涂料的要求配套使用，切不可任意添加。

固化剂也具有稀释涂料的作用，但切不可当作稀释剂使用。

在使用固化剂时还要注意安全操作，**尤其是含异氰酸酯的固化剂，因异氰酸酯极具活性，如果使用不当会对人体造成危害。**

4）其他添加剂。使用以防止涂膜故障为目的的添加剂时，应根据当时的情况，结合产品说明进行添加。对于硝基涂料使用的化白水、醇酸基涂料使用的催干剂、在涂膜发生鱼眼故障时使用的走珠水等往往需要视情酌量添加，需要有一定的实际操作经验。

很多涂料在制造过程中已经添加了颜料稳定剂，在正常使用过程中不需要额外添加。

四、面漆层的干燥

用烤漆房进行面漆的干燥，如图9-7所示。

强制干燥结束后，要趁汽车车身还未冷却就应揭去粘贴覆盖物的胶带纸，这样比较省力，因为冷却后胶带纸会变硬，难以揭掉。

图9-7　面漆的干燥

五、塑料件的漆面修复

塑料件在经过修理和"表面准备"后，即可以涂底漆和面漆了。塑料件一般需使用一种特殊的塑料底漆。如未涂塑料底漆或普通底漆，有可能出现鼓起或脱皮的问题。半刚性塑料件，如保险杠，漆里还需要加弹性添加剂防止漆面开裂。按厂家推荐确定某种喷漆系统能否用于特定的塑料件上，或是否需要塑料底漆或弹性添加剂。汽车塑料件一般都可以使用普通喷漆系统做面漆。半刚性（弹性）塑料件常常需要往漆里加一种"弹性"添加剂。由于柔软的塑料件容易振动或弯曲，因而需要加添加剂。油漆弹性添加剂可增加漆膜的弹性使固化的漆膜受到弯曲后不会开裂。给弹性保险杠之类的零件喷漆时应在漆里加弹性添加剂。

基层/清罩层一般使用氨基漆。有的厂家推荐在色漆中加弹性剂，在清罩层中不加。因为添加剂可能影响漆的光泽。而有的厂家的说法正好相反。所以一定要按标贴上的说明决定是否使用弹性添加剂。

参 考 文 献

[1] 戴耀辉,孙凤英. 轿车车身修理与涂装技术培训教程[M]. 北京:机械工业出版社,2003.

[2] 程玉光,李迅. 机动车维修车身修复人员岗位技能训练[M]. 北京:机械工业出版社,2006.

[3] 詹姆斯 E 杜菲. 汽车碰撞后的修复[M]. 李杰,译. 北京:机械工业出版社,1998.

[4] 臧联防. 汽车车身修复基础知识讲座[J]. 汽车维护与保养,2008(9)~2009(7).

[5] 吴兴敏. 汽车车身结构与维修[M]. 西安:西安电子科技大学出版社,2006.

[6] 陈志. 车辆尾部碰撞修复浅谈[J]. 汽车维修与保养,2007(7).